国家社科基金
GUOJIA SHEKE JIJIN HOUQI ZIZHU XIANGMU
后期资助项目

后发大国经济发展视角下财政制度变迁与二元经济结构转换：
基于中国的研究

Fiscal System Change and Dual Economic Structure
Transformation from the Perspective of Economic
Development of the Late-Developing Country:
A Research Based on China

文峰 著

中国财经出版传媒集团

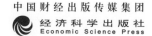

经济科学出版社
Economic Science Press

国家社科基金后期资助项目
出版说明

  后期资助项目是国家社科基金设立的一类重要项目，旨在鼓励广大社科研究者潜心治学，支持基础研究多出优秀成果。它是经过严格评审，从接近完成的科研成果中遴选立项的。为扩大后期资助项目的影响，更好地推动学术发展，促进成果转化，全国哲学社会科学工作办公室按照"统一设计、统一标识、统一版式、形成系列"的总体要求，组织出版国家社科基金后期资助项目成果。

全国哲学社会科学工作办公室

前　言

　　中国是典型的后发大国，其经济发展机制和路径具有双重属性：其一，遵循经济发展的一般规律，经历各国经济发展的一般发展阶段，具有经济发展的一般性、普遍性。其二，作为典型的后发大国，其经济发展必须符合后发大国经济发展的具体国情，体现后发大国经济发展的特殊性；经济发展的思路、战略、路径具有不同于其他类型国家经济发展的特殊性。在发展经济学理论中，大国都具有典型的城乡二元经济结构特征，从经济结构演化的角度看，大国经济发展的过程就是城乡二元经济结构向一元经济结构转化的过程。因此，后发大国经济发展过程可以归纳为：遵循该类型国家经济发展的内在逻辑，立足后发大国经济发展的内部与外部条件，遵循经济发展的一般逻辑，制定和实施符合后发大国经济发展国情的经济发展战略，配置不同经济发展战略下的政治、经济和社会制度，依次经历不同的经济发展阶段，将经济发展不断推向更高发展阶段的过程。

　　后发大国具有大国的典型特征，这些特征决定后发大国经济发展的特殊性。后发大国的典型特征主要体现在：国土面积辽阔，要素种类齐全，绝对规模大，人口数量多，地区间、城乡间经济发展条件异质性明显。后发大国的这些特点蕴含着如下优势：具有劳动力成本优势，具备建立门类齐全的工业和国民经济体系，并进行专业化分工和大规模生产的优势；潜在市场规模大，市场需求大，能够为大规模生产提供市场需求条件；国内地区之间在形成便利交通运输硬件条件的情况下，在统一的国家内部交易成本低（相对于同等市场规模的多个小国之间交易而言）；地区之间要素禀赋、经济发展水平和经济结构差异大，可以容纳不同技术水平和要素禀赋结构的经济形式，经济具有多层次性和多元性。当然，大国特点也存在潜在的劣势，地区间、城乡间发展差距大意味着在要素自由流动的情况下、在市场机制作用下存在城乡与地区间经济差距扩大的趋势和可能，可能出现经济结构的失衡甚至严重的失衡，影响经济的持续增长。

后发大国具有后发国家的基本特征，存在后发优势与后发劣势两个并存的、可能互相转化的发展趋势。后发大国作为后发国家的基本经济特征包括：人均收入水平低、人均国民收入低、技术水平低、经济结构水平低、劳动力丰富、资本短缺、要素收益率低、经济发展相关制度落后等。这些特征蕴含着后发优势和后发劣势。后发优势是指技术水平低意味着后发国家在条件具备的情况下可以低成本获得先发国家的成熟技术，在一段时期内实现技术上的快速进步；劳动力丰富、人均收入水平低、资本短缺意味着资本要素潜在收益率高，在条件具备的情况下，后发国家具有吸引先发国家大规模资本流入并与国内劳动力、自然资源等要素结合实现经济持续快速增长的优势；经济发展相关制度落后意味着后发国家具有引进先发国家先进、适用制度，形成与相关要素禀赋结合促进经济快速增长的条件，可以节省本国自己探索经济发展制度的时间、成本的潜在优势。当然，后发大国也存在后发劣势，比如，技术上长期模仿先发国家，技术研发能力弱，长期跟随先发国家的技术进步步伐，技术难以超越先发国家，长期处于对先发国家技术的依附地位；随着技术水平提高，可以低成本从先发国家引进的存量技术减少，自身研发能力弱，技术进步有陷入停滞的可能；尽管某些正式制度可以从先发国家引进，但由于非正式制度的内生性，难以从国外直接引入，而正式制度需要与非正式制度相互协调才能有效发挥作用，这就意味着后发国家从先发国家引进技术的空间远小于制度上的差距，与先发国家制度上的差距可能长期存在。

后发大国经济发展的基本逻辑是：从后发大国的要素禀赋出发，创造条件充分享受后发优势和大国优势的红利，抑制后发劣势和大国劣势。后发大国的基本特征是同时具有大国和后发国家的特征，这两个特征蕴含着后发大国的大国优势、后发优势和大国劣势与后发劣势，即后发大国经济发展存在两个不同的发展趋势或者可能：其一，在条件具备的情况下，后发优势和大国优势充分发挥出来，后发大国经济维持较长时间的持续快速增长、技术进步、经济结构改善和提高，依次经历几个递进的发展阶段后逐渐步入发达国家行列，实现经济发展的目标；其二，由于后发优势和大国优势发挥的条件不具备，后发劣势与大国劣势发挥作用，经济停滞、城乡与地区经济结构恶化，技术进步缓慢甚至停滞，经济发展长期徘徊不前甚至倒退，与先发国家经济发展的差距进一步扩大。

财政制度是奠定后发大国经济发展基础的重要制度安排。后发大国的后发优势和大国优势是有条件的：全国统一市场的形成需要有相对完整的交通运输和通信基础设施；劳动力不仅需要健康的身体条件，还需要基本的文化知识和劳动技能，必要的教育投资是形成劳动力要素优势的前提；劳动力、资本、技术结合形成一定生产能力还需要有能源、重要的原材料以及必要的生产生产资料的生产资料，这要求后发大国有基本成体系的能源、原材料和装备工业部门；产权界定与保护、市场交易规则等制度也是经济增长的重要条件。上述后发优势和大国优势的条件具有很强的互补性，只有当这些条件基本具备后，后发优势和大国优势才能充分发挥出来。形成后发优势和大国优势发挥的条件需要投入大量的要素，这需要借助于具有资源配置职能的财政、金融等制度有效配合。在后发大国经济发展初始阶段，资本要素严重短缺的条件下，要筹集一定规模的资本要素，在较短时期内形成具有很强互补性的经济发展条件，资金需求量大，尤其需要财政制度发挥资源配置职能。

根据后发大国的经济发展的内在逻辑，后发大国经济发展一般经历如下几个不同的阶段：第一阶段，在具备基本的现代经济发展的经济起飞前的阶段，通过财政等经济制度安排，通过执行城乡之间非均衡的、城市偏向的经济发展战略奠定后发优势和大国优势发挥的基础条件。第二阶段，随着后发优势与大国优势发挥所需条件的形成，后发大国经济进入市场机制主导的经济发展阶段，该阶段是后发优势和大国优势充分展开阶段，经济持续快速增长，技术快速进步，与此同时国内地区间、城乡间差距快速扩大，经济结构失衡问题逐渐累积。第三阶段，伴随国内经济结构问题的累积和技术后发优势的减弱，后发大国进入经济缓慢增长时期，在此条件下，后发大国发展进入平衡国内经济结构、积累技术进步能力的经济持续增长阶段。第四阶段，如果后发大国能够在第三发展阶段调整国内经济结构，形成持续的技术进步能力，经过一定时期的持续、高质量的经济增长，可能逐渐缩小与先发国家的发展差距，甚至利用机会赶超先发大国，完成经济发展的目标。

后发大国经济发展的过程中财政制度具有十分重要的作用。作为一种重要的资源配置方式，财政在后发大国经济发展不同阶段分别承担不同的职能。在经济发展水平较低时期，为了奠定大国优势和后发优势所需的基础，财政制度主要通过在全国范围内配置资源优先发展处于城市经济空间的装备工业、基础设施和重要的能源原材料工业部门。在后发优势与大国优势充分发挥阶段，财政制度主要服务于市场机制在资源配置中发挥决定性作用，主要提供市场机制不能有效提供的公共品和公共服务。在后发劣势和大国劣势可能影响后发大国经济发展的情况下，财政制度主要通过配置资源促进城乡、地区、产业等经济结构协调，积累经济持续增长和科技进步能力，培育、壮大产业竞争能力，促进后发大国经济持续增长。

后发大国财政制度是服务于后发大国经济发展并贯穿于发展全过程的一种财政制度。后发大国财政制度具有财政制度的一般属性，又具有后发大国特殊性。从财政制度的一般性看，财政制度是一系列财政运行规则的总和。财政制度从形式上看包括财政收入制度、支出制度、财政体制、政府预算等具体制度，实质上反映了政治结构、经济发展水平、国家职能等内容。财政制度、财政现象、财政规律与财政政策是相互联系、相互依存又各自具有一定独立性的范畴。财政现象是财政运行各种现象的总和，是财政的外在表现形式，具有复杂性、多样性、易变性的特点。财政规律是财政现象内在的、稳定的、必然的联系，相对于财政现象具有稳定性、必然性和抽象性的特点。财政制度是一定社会政治结构下通过一定程序制定的，反映财政运行内在规律、体现一定价值追求目标的一系列规则的总和。

二元经济结构是后发大国内部的重要经济结构，城乡经济是二元经济结构的重要内容，城乡经济的空间协调和良性互动是后发大国经济协调发展的重要内容，也是经济发展的重要条件和基础。城乡二元经济结构协调机制可以从封闭经济和开放经济两个视角分别考察。

首先，从封闭经济视角考察城乡二元经济协调的基本条件。农业部门主要负责提供城市和农村居民消费和生产所需的农产品，同时为城市部门工业和服务业提供市场；城市部门为农村和城市提供生产和生活所需的工业品和服务，并提供满足农村部门农业生产和农民生活消费的市场需求。当城市部门和农村部门的工业品、服务和农产品供求均衡时，城市和农村之间实现静态均衡和协调。在动态的发展中，农业部门提供的农产品是制约城市工业和服务业发展水平的重要因素，即农业部门提供的可供城市部门生产和消费的农产品的规模和增长速度决定城市部门工商业规模与人口规模和人口增长速度；城市工业部门和服务业部门提供的非农就业机会决定了城市可以容纳的非农就业人口的规模和增长率；城市基础设施等因素决定的城市人口容纳能力决定了一国一定时期的城市化水平；城市基础设施等因素的增长率动态决定城市化速度。来自农业和城市非农业部门的税收通过财政配置于农村与城市部门的结构必然影响到农业和城市非农业的发展速度、水平，影响城市对人口的容纳能力，只有当财政资源配置所影响的农业部门的发展水平决定的可以提供给城市非农农业部门居民消费的农产品的规模和增长速度、城市非农业部门发展所提供的非农就业机会和城市对人口容纳能力基本一致时，农业与非农业、城市与农村经济结构才会基本协调。

其次，考察开放经济条件下城乡二元经济结构均衡的条件和机制。开放经济条件下城乡二元经济结构均衡依赖于国内农业与非农业部门农产品与工业品的供给、需求和国际市场农产品与工业品的进出口形成农产品、工业品与服务的总供给和总需求。总供求的协调和均衡是决定开放经济条件下城乡二元经济结构协调与否的重要条件。在开放经济条件下，一国农产品供求均衡条件是，本国农业部门生产的农产品和国际市场进出口农产品共同形成的农产品供给能力与本国的农业部门和城市非农业部门居民对农产品的需求相等，或者动态的农产品总供给与总需求增长速度一致；工业品和服务均衡条件是本国的城市部门生产的工业品和服务与国际市场进出口工业品和服务形成的总供给等于本国城乡部门对工业品和服务的总需求，或者，工业品与服务的总供给的增长速度与需求增长速度一致；城市工业部门与国际市场进出口带来的非农就业机会决定的城市人口规模与城市基础设施等决定的人口容纳规模基本一致。显然，开放经济条件下的城乡二元经济结构均衡条件因为加入了进出口因素，比封闭经济条件下的均衡复杂得多，均衡难度也更大。从财政制度安排对开放经济条件下城乡二元经济结构的作用看，财政制度配置到农业部门的资源影响本国农产品供给规模和增长率，对城市非农业部门的发展规模和速度的影响由于受到国际市场农产品供求的影响，可能会有所弱化，但由于国际市场的不稳定性，国际市场也可能对农产品供求均衡带来一定的不确定性。财政制度决定的配置到城市非农业部门的资源，通过影响本国工业品和服务的供给规模和增长速度对国内工业品和服务总供给规模的影响因为受到国际市场的影响也会有所弱化，国际市场工业品和服务的供求和价格波动也会传导到国内，对城乡工业品和服务总供求均衡带来一定不确定性的风险。从需求角度看，财政制度影响下的城乡要素配置结构决定的城乡对农产品、工业品和服务的需求也会因为加入了国际市场的需求因素在一定程度上有所弱化，国际市场波动也会传递到国内，导致开放条件下的财政制度对城乡二元经济结构均衡具有一定程度上的不确定性。从农业部门与非农业部门的农产品、工业品与服务的总供求均衡，城市非农部门的提供的就业机会决定的城市人口规模、城市基础设施等投资决定的城市人口容纳能力协调的角度看，财政制度影响的城乡农业与非农业部门以及城市公共基础设施等投资结构对城乡二元经济结构均衡和动态协调发展具有重要的作用。

城乡二元经济结构状况还可以从微观经济主体经济行为角度来考察。农户、工商业企业是二元经济结构演进中的重要微观经济主体，它们的行为对城乡二元经济结构演变产生重要影响。微观经济主体行为对城乡二元经济结构的影响可以从三种不同财政金融制度条件来考察：其一，在假定没有金融和财政制度的条件下，农户和工商企业各自依靠自我积累、自主经营、自主发展，由于农业生产与非农业生产各自生产的不同的技术条件、生产方式、市场需求、资本周转周期、面临的市场与自然风险等差异，农户生产经营具有萎缩倾向，城市工商业企业具有逐步扩大的倾向，城乡差距具有累积性扩大的趋势，或者因为农业瓶颈导致国民经济崩溃或被迫进行强制调整。其二，在中性的财政金融制度安排下，财政资源配置根据经济增长率高低确定，即要素收益率高低决定财政支出的规模与结构；同样，由于农户和工商业不同生产方式和要素收益率差距，财政制度会强化城乡发展差距。中性金融制度意味着金融企业根据金融服务成本、风险和收益率标准选择服务对象和金融支持力度，由于农户和工商业不同生产方式、经营风险和要素收益率，工商业会由于获得更多金融服务而快速增长，农业则因为难以获得有效的金融服务而衰落，城乡差距具有持续扩大的趋势。其三，在非中性的城市工商业偏向的财政金融制度下，城乡二元经济结构差距持续扩大，但也可能因为农业发展瓶颈使国民经济陷入困境，增长停滞；在农业农村偏向的财政金融制度下，城乡二元结构差距较小，但可能因为财政和金融对工商业支持不足影响要素配置效率提高和城乡要素配置结构优化，抑制经济增长。

作为典型的后发大国，新中国成立后在完成国民经济恢复任务以后，选择了重工业优先的、城市偏向的经济发展战略；同时，选择了以经济建设为主要目标的城市偏向的财政制度安排。新中国成立后的经济发展战略选择是当时面临的国内国际政治经济和社会环境、经济理论准备以及后发大国经济发展的内在强制等因素共同作用的产物。为实施重工业优先的、城市偏向的、以经济建设为主要目标的发展战略，城市偏向的、中央集权的、经济建设为主的、重工业优先的财政制度成为必然的选择。这种财政制度安排为在较低国民经济发展水平基础上开启重工业为主的工业化，进而奠定后发大国经济发展的基础，为形成后发优势和大国优势发挥的基础条件发挥了重要作用，但同时也因为过度地从农业部门抽取资源抑制了农业和农村的发展，导致城乡差距扩大。随着后发大国经济发展基础的形成，市场机制在资源配置中发挥基础性甚至决定性作用的物质条件基本具备，中国经济进入后发优势和大国优势充分发挥阶段，适应市场机制作用发挥的中国特色的公共财政制度逐渐形成。由于经济建设成为该阶段国家的主要目标，城乡不同生产方式差异引致的要素城乡空间流动、城乡经济发展基础设施条件的明显差异以及事实上的城市偏向的、纵向分权的、支出结构失衡的财政制度安排导致经济持续、快速增长，城乡差距持续扩大。

　　我国财政制度安排和变迁对城乡二元经济结构的影响可以从实证结果中得到体现。运用全国数据对财政制度安排与城乡二元经济结构的关系的实证结果显示：1952～2015 年、1952～1978 年、1978～2015 年这三个时间阶段的财政支农支出占财政支出比重提高都有助于缩小城乡二元差距；经济建设财政支出占财政支出比重提高导致三个时间段的城乡差距扩大；中央财政支出占全部财政支出比重提高和财政支出占 GDP 比重提高有助于缩小城乡二元差距。运用省级面板数据建模对 1994～2015 年的财政制度变迁对城乡二元差距作用的回归结果显示：财政分权和财政支出占 GDP 比重导致城乡差距扩大，但财政分权与财政支出占 GDP 比重提高则有助于缩小城乡二元差距。1978 年前后财政制度与城乡二元差距的关系有明显的差别：其一，财政资源配置对城乡差距的影响机制不同。1978 年前财政主导甚至完全控制城乡资源配置格局，城乡要素不能基于要素收益率差距在城乡之间自由流动；1978 年后，财政和市场机制共同影响城乡资源配置格局，财政资源配置结构通过影响城乡要素收益率引致更大规模的要素在城乡之间流动，对城乡差距产生重要影响。其二，财政对城乡经济差距的责任不同。1978 年前，国内农业与非农业、农村与城市之间的均衡与协调只能依靠国内制度安排解决，财政支出占 GDP 比重、中央财政支出占财政支出的比重必须统筹考虑城乡、农业与非农业经济的协调与均衡（既可能是主动协调也可能是被动地协调城乡、农业与非农业的均衡）；1978 年后的开放经济条件下由于国际市场可以在一定程度上协调国内农产品与非农工产品的供求均衡，财政的责任有所弱化，导致财政对城乡差距的影响与之前存在一定差异。

　　中国长期实行城市偏向的二元财政制度，导致城乡二元经济差距扩大，不利于城乡经济结构协调发展，不利于产业结构优化和升级，也不利于后发大国优势的充分发挥。从后发大国经济发展的内在逻辑出发，需要对长期运行的、城市偏向的、经济建设偏向的财政制度做出有助于城乡二元经济协调发展的调整。中国当前在财政制度属于由奠定后发大国发展基础的财政制度向有助于后发优势与大国优势发挥的财政制度转变并进一步完善，以便抑制后发劣势与大国劣势，积累经济可持续发展能力，实现经济可持续发展的阶段。因此，实现服务于奠定后发大国发展基础的城市偏向的二元财政制度向服务于后发优势与大国优势的中国后发大国特色的公共财政制度转变，并适应经济发展新阶段、新任务、新目标的要求，是我国财政制度变迁的主流和关键。

根据理论分析和实证分析的结果，我国城市偏向的纵向财政分权导致城乡二元差距扩大、财政支出占 GDP 比重提高是导致城乡二元差距缩小的重要原因，为缩小城乡二元经济差距，促进城乡经济协调发展，需要逐渐实行农村偏向的、城乡协调均衡发展的财政制度安排。在市场经济条件下，纵向财政分权具有一定的合理性，稳定甚至随着经济发展水平提高适当提高财政支出占 GDP 比重也具有一定合理性，关键是如何优化财政分权制度安排，使财政制度运行有助于缩小城乡基本公共服务和经济发展基础条件的差距。从城市偏向的、经济建设偏向的财政制度向城乡协调、均衡发展的财政制度转变需要考虑一系列条件：明确我国作为后发大国经济发展所处的阶段和城乡经济结构演变所处的时期，了解财政制度转变的约束条件，如政府的财政能力、财政制度变迁的动力，建立财政制度变迁的机制，找准财政制度变迁的"抓手"，执行乡村振兴战略和农业农村优先发展政策，调动相关主体积极参与财政制度变迁；建立财政制度变迁阶段性成果的巩固机制，建立配合财政制度变迁的相关配套制度是顺利推进财政制度变迁的主要策略。

目　录

第一章 为什么研究后发大国经济发展视角下财政制度变迁与二元经济结构转换问题

第一节 选题背景

改革开放以来，中国作为世界上最大的后发大国，经济保持了40多年的持续快速增长，经济市场化、城市化快速推进，人均收入快速提高。与此同时，伴随着城乡居民收入差距同步扩大，财政制度也发生显著变化。改革开放以来，中国在财政制度变迁的路径上最明显的特征是财政分权、财政支农支出占财政支出比重下降，经济建设性支出占财政支出比重下降，科学、教育、文化、卫生、社会保障等满足民生需要的财政支出比重上升。经济的市场化、城市化、经济增长、财政制度变迁和城乡二元差距扩大这些经济现象之间具有什么样的内在联系吗？

不可否认，经济的市场化、城市化、经济增长、财政分权和城乡经济发展差距扩大具有内在的关联。市场化意味着市场价格机制、供求机制、竞争机制及其对微观经济主体的激励约束机制在资源配置中发挥主导和决定性作用。在市场机制的作用下存在要素向收益率高的产业、行业和经济空间流动，加快各种要素合理流动，提高资源配置效率的潜在趋势。市场机制在得到社会硬件基础设施和软件基础设施支持的情况下促成资源配置效率提高，带来经济快速增长。城市化意味着要素向区位优势更明显、要素收益率更高，具有要素收益递增效应的经济空间集聚，并进一步强化城市的空间集聚优势，从而在空间上进一步优化城乡资源配置，促进城市经济快速增长，进而带动整体经济快速增长。在追求更高要素收益率的经济动机驱动下，农村可流动的要素（包括劳动力、资金、技术等）按照流动性强弱、质量优劣程度从高到低依次向城市流动、集聚。要素流动在强化城市空间要素集聚优势的同时，农村和传统农业的劳动力、资金、技术等要素大量流失，资本、劳动力等要素流失进一步恶化农村经济空间的要素结构，形成对农村经济增长的要素约束，导致农村经济增长缓慢。要素集聚强化城市经济增长，要素流失强化农村经济增长停滞，城乡之间经济发展差距逐渐扩大。

改革开放以来，我国城市化水平逐渐提高，以二元对比系数反映的城乡二元差距经历了1978～1984年的缩小，1985～1994年的扩大，1995～1997年短暂缩小后再长期扩大，直到2004年后逐渐趋向缩小，但2014年后又有扩大的趋势。经济在波动中以较高速度增长，2008年后增速逐渐下滑。改革开放后，中国经济增长、城市化和城乡差距变化路径见图1－1。

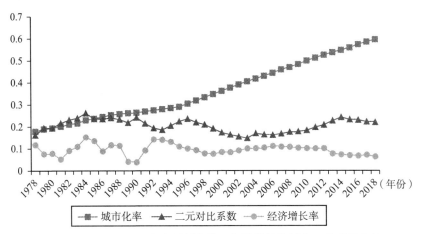

图1－1　1978～2018年中国城市化、经济增长和城乡二元差距走势

资料来源：根据历年《中国统计年鉴》相关数据加工处理而成。

在改革开放以来的经济增长、城市化和城乡差距变化过程中，财政分权、财政支出结构变化尤其是财政农业支出比重下降是财政制度变化的重要特征。财政支农支出占财政支出比重在1978～2004年整体上处于下降区间，2004年后比重逐渐提高。财政支农支出占总财政支出比重变化的趋势见图1－2。

财政制度发挥的资源配置作用导致城乡差距一度扩大。分权化的财政制度安排通过强化财政资源城乡不对等的空间配置结构，导致城乡差距的扩大。如果说市场配置资源是追求效率，财政配置资源则服从于政府经济社会发展的目标。从新中国成立以来我国经济发展的轨迹来看，1952年之

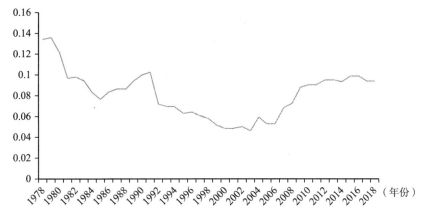

图 1 - 2　1978～2018 年我国财政支农支出占财政支出比重变化趋势

资料来源：根据国家统计局相关数据整理而成。

说明：2007 年以后的财政支农支出数据与之前的统计口径有较大差别，故本书 2007 年以后财政支农支出数据近似地以财政农林水事务支出替代，可能存在一定偏差。

后计划经济体制下的相当长一段时期内都是在实行重工业优先的经济发展战略，目标是尽快建立工业和国民经济基本框架，建立国民经济装备工业体系。在人均国民生产总值和人均收入很低的条件下为集中有限财力奠定国家安全、稳定和发展基础，启动工业化进程，实行包括城市偏向、工业尤其是重工业偏向的包括财政、金融、外贸等宏观经济政策和包括国有企业制度和农村集体经济制度等微观经济制度安排都具有一定的合理性。计划经济体制下的财政、金融、外贸制度安排对城市和工业发展起到了不可否认的促进作用；同时，由于从农村和农业提取过多资源阻碍和抑制了农业和农村经济的发展，导致了城乡二元经济差距扩大，并对后期城乡差距变化产生了长期的影响。改革开放后，在纠正计划经济体制对经济发展的制约作用的同时，实行了一系列包括放权让利等财政制度改革及其他经济制度改革。率先启动的农村经济体制改革释放了农村经济发展的活力，尤其是恢复了农业和农村经济发展活力，短期内缩小了城乡经济发展差距。随后，以城市为重点的经济体制改革，解除了制约城市经济发展的桎梏后，城市经济本来已经积累起来的相对于农村的资本、技术优势和之后的分权型财政制度安排又导致基础设施等公共资源向城市倾斜，城市通过高要素收益率和远高于农村生活的福利吸引要素向城市集聚，这进一步强化了城市非农产业的发展，也再次拉大城乡发展差距。

从经济发展阶段视角下财政制度安排的逻辑顺序看，在建立起国家稳定与发展基础后的财政制度应该及时转入城乡平等发展的模式，但分权型财政制度安排和政绩考核制度与事实上形成并延续的、城市偏向的财政制度安排形成了多种财政经济制度并存的制度格局，这种制度安排与城乡经济发展基础、农业与非农业经济发展不同特征，以及城乡经济发展区位差别相叠加，必然进一步扩大本已存在的城乡二元差距。随着农村剩余劳动力的转移和进一步减少，农村要素结构事实上发生着明显的改变，即农村劳动力人均可支配土地要素逐渐增多，如果有资本和技术要素流入，传统农业就可逐渐开启现代化进程。如果农村经济发展所需的基础设施、教育、社会保障等条件不能改善，资本、技术不仅不能流向农村，还会继续从农村流出，农村要素结构改变所带来的农业现代化的潜在经济增长趋势将难以实现，城乡二元差距将继续扩大，城乡经济发展差距难以进入收敛区间。财政制度安排本身可以借助于非市场的政府预算机制配置资源，加大对农村基础设施、教育、农业科技、社会保障等投资，提高农村经济空间要素投资的收益率和农村居民的生活福利，引导要素向农村流动，促进和加快农村经济发展，缩小城乡二元差距。显然，调整财政制度，改变先前一直实行的城市与工业偏向的倾向，转而实行以加大对农业和农村投资，实现农业农村优先发展的财政制度是加快农村经济发展，缩小城乡二元差距的必然选择。

因此，在理解中国经济发展的事实和逻辑的基础上刻画典型后发大国城乡二元经济结构演变的趋势和轨迹，厘清后发大国财政制度变迁的逻辑及其对城乡二元经济结构演变的影响机制，清楚我国财政制度变迁的主要线索及其存在的问题，对于优化财政制度、加快农业和农村经济发展、缩小城乡二元经济结构差距和促进城乡经济社会协调发展具有十分重要的理论和现实意义。

第二节 研究意义

财政制度作为经济社会发展重要基础性制度在经济社会发展中对优化资源配置、公平收入分配、协调经济社会发展和保障国家长治久安具有十分重要的作用。新中国成立之初，立足于当时的国际政治经济环境和后发大国经济社会发展的国情，我们选择了以城市为重点、重工业优先的经济发展战略。服务于该经济发展战略，国家系统地安排了城市偏向的财政、金融、外贸等宏观经济制度和城市国有企业和农村集体等微观经济制度。

这套系统的制度安排在较短的时间里达到了建立相对完整的工业和国民经济体系的目标，为新中国经济社会的后续发展奠定了必要的物质基础，这套制度安排可以说是作用重大、效果显著。城市偏向的经济制度也在一定程度上扩大了城乡经济社会发展差距，导致城乡二元差距扩大。尤其是在社会主义市场经济条件下，城市较好的经济基础和明显优于农村的基础设施等公共品供给条件吸引农村劳动力、资本等要素流入更是扩大了城乡之间要素禀赋的差异，形成"经济发展基础差距—城乡要素收益率差距—要素城乡空间流动和城乡发展差距"的因果循环累积，导致城乡二元差距的累积性扩大。

服务于城市偏向、重工业优先经济发展战略的经济制度在完成其历史使命后逐渐暴露出其制度安排的局限性。随后，中国逐渐开始了市场经济体制导向的经济体制改革进程，国有企业和农村集体经济的微观经济制度、金融制度、财政制度、外贸制度等经济领域的制度安排相继开始改革。在计划经济体制下，财政制度主导的资源配置是国家资源配置的主体，它直接影响着市场与政府的资源配置结构和效率，也影响着各级政府之间尤其是地方政府发展经济的动力和能力，它的变革关系到整个经济体制改革的全局。

在完成奠定国家发展基础之后，具有典型城乡二元特征的城市偏向、工业偏向和经济建设支出偏向的财政制度开启了以分权为主要特征的改革历程。"分灶吃饭"、大包干和分税制等财政制度改革在调动地方政府发展经济，增加财政收入的同时也由于以建设为主的指导思想和与此相适应的以经济增长为主要内容的政绩考核制度强化了地方政府之间的竞标赛竞争，突出和强化了地方政府在财政资源配置中的主体地位，导致财政支农支出绝对额增加但占财政支出比重下降，民生性财政支出比重逐渐被动式上升，经济建设性财政支出比重先下降然后提高等现象。随着财政、金融、外贸和微观经济制度的相继改革，在经济中形成了经济体制改革、经济市场化、财政分权、经济增长和城乡二元差距扩大之间相互依存，相互促进，相互强化的经济社会生态。该生态的典型特征就是经济市场化伴随财政分权带来经济快速增长和城乡二元差距的快速扩大。

中国城乡二元经济结构演变与财政制度安排之间互动关系是典型后发大国经济发展特殊性的重要表现。现实中的财政制度一方面反映并体现财政运行的一般规律，另一方面还要与国家特定经济发展阶段的经济社会环境相适应。随着经济社会发展阶段的推移，财政制度的具体目标、内容也将相应发生变化，因此，现实的财政制度是财政的一般性与特殊性的统一。财政制度的一般性必然体现财政制度内在本质，并具有较强的稳定性。财政制度的特殊性意味着在财政制度发展的不同阶段又具有不同的阶段性特征。对于不同国家而言，现实、具体的财政制度的特殊性还受到该国的历史、文化、政治、经济等因素的影响，从而使财政制度具有更加丰富的具体形式。

在经济社会发展中，国家规模和经济发展阶段两个因素对财政制度安排具有重要的影响。其一，国家规模是影响财政制度安排的重要因素之一。一般来讲，国家规模主要表现在国家的领土面积、人口规模、经济规模、国内经济区域间的差异性。财政制度主要通过集中一部分社会资源用来提供各种类型的公共品和公共服务，一方面满足社会公众对公共服务的需求，另一方面为经济社会发展提供必要条件。大国财政制度的特殊性在于：国家规模越大，财政制度为了满足国内公共品和公共服务需求所需要筹集的资源就会越多，在提供公共品和公共服务中越有机会形成并获得规模经济效益；通过公共服务促成国内统一大市场形成，有利于大国内部经济活动的规模效应的形成，有利于促进经济增长和增强经济的自我稳定性；为充分享有大国经济的优势就需要在一定程度上维护和体现中央政府的权威，需要确保某些公共服务供给水平的全国统一性；大国内部区域之间差异性大，财政制度安排需要考虑地区之间公共服务需求的特殊性，要调动地方政府在公共品和公共服务提供中的积极性和主动性，就需要在财政制度上实现适度分权。其二，国家经济社会发展的不同阶段也会对财政制度产生明显的影响。财政制度主要是通过处理政府与市场的关系，提高资源配置效率，促进社会公平，提高全体社会成员的福利水平，实现经济社会发展的目标。一国经济社会发展不同阶段的市场发育程度及其在资源配置中的地位和作用存在差别。政府在资源配置、收入分配、经济稳定和经济发展以及培育市场弥补市场缺陷中的作用和地位也会有所不同，因此政府和市场的具体关系也存在阶段性。事实上，在自然经济阶段、商品经济阶段，尤其是在现代商品经济阶段市场在资源中的具体形式以及作用大小存在明显的区别。为适应不同经济发展的需要，财政制度安排也必然具有阶段性。随着经济发展阶段的推移，财政制度的具体内容也应该做相应调整。新中国成立以后，我国经济发展整体上已经经历了国民经济恢复、奠定大国经济发展物质基础、经济快速的发展阶段，还将经历积累发展能力，促进国内区域与城乡经济协调发展，缩小与先发国家发展差距和追赶先发国家的发展阶段。总之，经济发展的不同阶段的财政制度在制度目标、制度重点职能、制度具体内容等要素上都需要与经济发展阶段相适应。

　　二元经济结构是后发大国经济发展特定阶段的典型特征，这也是影响财政制度安排的主要因素。二元经济结构是由发展经济学家刘易斯在《二元经济论》中系统阐述的发展中国家经济典型特征之一。二元经济结构也是后发大国在经济发展一定阶段的典型特征。对于后发大国，在经济发展初期阶段，由于幅员宽广，各地经济发展区位条件差异大，资本短缺，资本、技术等现代经济发展的重要要素主要集中于交通运输、通信比较方便，人口密度较大，商业基础较好的城市经济空间。广大农村地区主从事传统农业生产，空间经济结构呈现出现代工业集中的城市和传统农业集中的广大农村地区并存的城乡二元经济结构。随着经济发展阶段推移，由于要素的空间流动、集聚，大国内部还会出现整体经济发展水平较高的先发达地区和欠发达地区的区域二元经济结构。城乡空间二元经济结构和地区二元经济结构的形成和演变一定程度上有助于要素空间配置结构的优化和经济增长质量的提高。要素空间配置结构优化需要包括基础设施、教育、医疗、社会保障等公共品和公共服务的配套，财政制度安排是促成要素空间配置结构优化和经济增长质量提高的重要条件。伴随要素空间流动和资源空间配置结构的调整，要素空间配置引致的空间经济发展速度和水平差距将累积性扩大，导致空间发展差距扩大。由于土地等要素的空间固定性，以及人口空间流动成本等因素，长期、持续、悬殊的空间经济差距又将不利于空间经济结构优化和社会公平。为引导要素向经济发展水平较低的经济空间流动，加快经济欠发达地区经济发展，改善欠发达地区经济社会发展的公共服务状况，财政制度需要发挥重要作用。由此可见，财政制度适应经济发展条件变化的调整是后发大国经济发展的必然要求。

　　后发大国财政制度变迁具有其内在的机制和路径。立足于后发大国经济发展实际的财政制度安排具有明显的大国特征和阶段性特征。后发大国经济开始发展时基础差、工业化压力大，具体表现为人均国内生产总值低、第一产业产值比重高、农业劳动力比重高、工业基础差，尤其是装备工业部门的技术水平低；由于是后发国家，工业化可选择的技术受到世界各国技术水平的约束，因此后发大国工业化起点是先发达国家要素禀赋决定的资本密集度高的工业水平对应的技术类型。为有效服务后发大国经济发展，后发大国需要通过一定措施奠定经济发展的物质基础，最直接的是要发展资本密集程度较高的基础产业部门，如基础设施和国民经济的装备工业部门。发展一系列资本密集程度高的经济部门对资本的需求量极大。由于基础设施和装备工业部门及其内部各组成部分具有一定程度的不可分割性和互补性，这更加增强了后发大国经济发展初期的资本供给压力。为了在人均收入水平很低的情况下奠定后发大国经济发展的物质基础，财政制度需要具有更强的集中配置资源的特征。随着经济发展基础的形成，市场机制配置资源的物质条件基本具备后，财政制度必须由前期的城市和工业（尤其是重工业偏向）偏向的制度安排向弥补市场失灵，为各产业和经济主体提供一视同仁公共服务的公共财政转变。在市场经济条件下，城乡各产业自由发展。由于各产业间劳动生产率、市场需求等不同，产业间发展差距具有扩大的趋势，最明显的是农村传统农业部门与城市非农产业发展的差距逐渐扩大。城乡差距和农业与非农业发展差距扩大导致的城乡空间经济和产业结构失衡，这种失衡必然影响国家经济整体的可持续协调发展。因此，对资源配置空间和产业格局具有重要影响的公共财政制度必须向优化要素空间和产业配置结构的财政制度转变，即通过财政制度安排改善农村和经济欠发达地区发展的外部条件，促进城乡经济和三次产业协调发展。由此可见，在后发大国经济发展不同的阶段，财政制度的作用、功能、内容存在明显差异，对二元经济结构转换的影响也具有阶段性特征。在奠定后发大国经济发展基础阶段城乡二元差距可能会扩大，在城乡各产业在市场机制作用下的自由发展阶段下可能会进一步扩大，在统筹城乡和各产业协调发展阶段的可能会趋于缩小。只有理解后发大国经济发展不同阶段财政制度的作用目标和制度安排的基本内容才能科学评价财政制度安排的经济发展效果。

　　立足后发大国经济发展，探索中国城乡二元经济结构演变各阶段的基本特征、发展趋势，明确当前处于哪个阶段，了解财政制度在二元经济结构转换中的功能、作用，以及财政制度与金融等其他经济制度在二元经济结构转变中的关系，对于统筹城乡经济社会发展和全面深化改革阶段的中国如何建构一个具有较强解释力的经济发展框架，并科学认识、评价中国经济发展过去的成败得失、现在遇到的问题和存在的困难以及未来还将面临的问题和可能的对策具有重要意义。中国财政制度对二元经济结构转换和经济发展作用的相关理论与实践对同类型国家经济发展也具有十分重要的借鉴意义。

　　第一，后发大国经济发展视角下二元经济结构转换机制的研究有助于全面厘清中国城乡二元经济结构内各部分之间的关联机制，对于深刻理解中国城乡二元经济均衡协调发展的机理和条件继而科学把握我国城乡二元经济结构演变的方向、趋势和路径，合理预期相关经济政策对二元经济结构转变的影响十分必要。

第二，财政制度是我国二元经济结构演变中的重要制度安排，它必然通过一定的机制作用和影响中国二元经济结构转换的进程和效果。在从理论上明确财政制度安排和变迁对二元经济结构转变影响机制的基础上，通过计量经济模型实证检验财政制度对中国二元经济转换的影响方向和效果既是对理论的进一步深化，也是理论指导实践的必然要求。通过实证分析发现财政制度在二元经济结构转换中存在的问题是对财政制度的经济发展效果评价的必然要求，也是进一步优化财政制度促成二元经济结构转换的基础。

第三，财政制度的变迁受到客观经济、政治和各种社会条件的约束，由于财政制度变迁也是利益结构的调整，因此，理解财政制度变迁的必要性、变迁的方向和客观条件对于推进财政制度变迁十分必要。审视财政制度变迁的关键环节，寻找制度变迁的推动力量，探索财政制度变迁的机制是推进财政制度变迁的必然要求。运用制度变迁的相关理论分析我国财政制度的典型特征、变迁的条件、动力机制，探寻我国财政制度变迁的机制，有助于减少财政制度变迁的阻力，加快制度变迁的步伐，有助于缩小城乡二元差距，促进城乡经济社会协调发展。

第二章　相关研究文献述评

财政制度与收入分配和城乡发展差距的关系是财政学关注的重要问题。从相关文献看，人们主要从财政分权、城市偏向财政制度安排与地方政府竞争等角度探究财政制度影响城乡收入差距、城乡二元经济结构的机理，实证财政分权、政府间竞争等财政制度对城乡收入差距与城乡二元经济结构的影响。

第一节　国内外研究现状

一、后发大国经济发展的相关研究

后发大国经济发展是发展经济学研究的重要内容之一，该问题的研究涉及后发国家的后发优势与后发劣势、大国优势与劣势、大国经济发展机制等内容。中国作为典型的后发大国，其经济发展具有后发国家和大国经济发展的特征，因此，在后发大国经济发展框架下研究中国经济发展的规律、战略、路径等也是发展经济学研究的重要内容之一。

（一）后发国家经济发展理论的相关研究成果

1. 经济后发优势与后发劣势

在关于后发国家经济发展的相关理论中，存在两种相互联系的观点，即后发展国家存在后发优势和后发劣势。

后发优势理论的创立者是出生于俄国的美国经济史学家亚历山大·格申克龙（Alexander Gerchenkron）。他在总结德国、意大利等国经济发展经验的基础上，于1962年发表了《经济落后的历史透视》，提出了后发优势的概念。他提出了六个重要命题：一个国家工业化越落后，其工业化起步越具有不连续性；越是容易出现制造业的快速发展；越是强调大工厂和大企业；越是强调生产资料的生产；经济发展制度中的强制性成分越明显；国民消费水平越低等。

纳尔逊等（1966）的研究证明，后发国家技术水平提高的速度与技术前沿地区技术差距呈线性正比，随着与先发国家技术差距缩小，后发国家技术进步速度会逐渐减慢，并保持着一个"均衡技术差距"。

美国经济学家比较了先发国家和后发国家经济发展的前提，指出后发外生性现代化与早发外生性现代化的条件有明显差异。列维（Levy，1966）在《现代化与社会结构》一书中，把后发式现代化归纳为五个方面：对现代化的认识比先发国家开始现代化时对现代化认识更丰富；可以借鉴先发国家计划、技术、设备、制度等；可以跨越先发国家某些发展阶段，尤其是在技术方面；后发国家对现代化的认识具有更强的预见性；可以获得先发国家在资本和技术上的支持。

阿伯拉莫维茨（Abramovitz，1989）在"追赶假说"基础上提出了追赶理论。该理论认为，无论是以劳动生产率还是以单位资本收入指标衡量的一国经济发展水平、速度与其初始的经济发展水平都呈反向相关关系，即一国经济越落后，其经济增长速度越快。鲍莫尔（Baumol）则在阿伯拉莫维茨的追赶假说基础上指出后发国家经济发展的瓶颈约束，即对贫穷落后国家而言，其低下的教育水平和工业化水平使其不能有效利用技术差距实现经济追赶。

多瑞克和格莫尔则通过实证分析验证了鲍莫尔的理论假说。希尔曼针对拉丁美洲发展中国家工业化的特征分析了格申克龙的理论假说，指出了其不适合拉美各国经济发展的实际。

韩国学者金泳镐提出了工业化的代际理论。该理论认为随着历史或国际条件的变化，每一代工业化都有其独有的特征，后发优势也有其独特的内容和表现形式，工业化的模式及其发展机制的差距很大。

日本学者南亮进（1992）探讨了日本后发优势的产生和消亡过程。他认为20世纪50~60年代是日本从后发优势中受益的时期，以20世纪70年代为转折点，日本已经失去了后发优势，70年代后，日本没有从根本上将其模仿能力改造成为真正的自主创新能力，经济发展失去了动力和方向。

伯利兹和克鲁格曼（Rrezis and Krugman，1993）在总结发展中国家发展经验的基础上提出了基于后发优势理论的技术发展"蛙跳"（leap-frogging）模型。他们认为后发国家在技术发展到一定程度、具有一定的技术创新能力的条件下，后发国家可以直接选择和采用某些处于技术生命周期成熟前阶段的技术，以高技术为起点，在某些领域、产业实施对先发国家的追赶。

国内经济学家在研究后发优势相关理论的基础上，指出了后发国家具有多维后发优势。郭熙保、胡汉昌认为后发国家具有资本后发优势、技术后发优势、人力后发优势、制度后发优势与结构的后发优势，后发优势是中国经济发展的动力。[①] 郭熙保在指出后发国家发展障碍的同时，指出后发国家还有包括可利用大量的先进技术、先发国家的大量知识经验、结构变化引致的资源配置效率、经济全球化等发展优势。[②] 胡汉昌、郭熙保系统地比较分析了比较优势和后发优势的关系，指出二者的差别在于优势来源、涉及范围和作用机制等方面。[③]

经济发展战略与后发优势具有内在的联系。为了充分发挥技术后发优势，后发国家必须根据经济与社会发展需要制定并执行适当的发展战略。郭熙保、王松茂回顾了我国经济建设各阶段的技术后发优势战略，剖析了各阶段战略存在的问题，指出已经实施的技术后发优势战略存在如下问题：以生产能力替代技术能力导致技术引进质量较低，技术引进缺乏整体的协调机制，"以市场换技术"没有达到预定目标。在此基础上，他们结合经济全球化对技术后发优势的影响从三个方面提出了如何重构我国技术后发优势的战略，包括重构技术后发优势的知识基础、重构产业追赶机制、重塑技术后发优势的微观实现机制。[④] 郭熙保、崔晓勇探讨了信息化、工业化与后发优势的关系，提出以信息化带动工业化，发挥后发优势，实现社会生产力跨越发展的思路。[⑤] 简新华等认为中国是最大的发展中国家，必须充分认识经济发展中的后发优势和后发劣势，充分利用知识经济时代对传统后发优势和后发劣势的影响，发挥后发优势，克服后发劣

①　郭熙保、胡汉昌：《后发优势新论——兼论中国经济发展的动力》，载《武汉大学学报》2004 年第 3 期，第 351～357 页。

②　郭熙保：《经济发展：理论与政策》，中国社会科学出版社 2000 年版。

③　胡汉昌、郭熙保：《后发优势战略与比较优势战略》，载《江汉论坛》2002 年第 9 期，第 25～29 页。

④　郭熙保、王松茂：《我国技术后发优势战略的回顾与重构》，载《福建论坛》2004 年第 3 期，第 13～18 页。

⑤　郭熙保、崔晓勇：《信息化、工业化与后发优势》，载《教学与研究》2003 年第 3 期，第 10～14 页。

势实现跨越式发展。① 林毅夫在对发展经济学各发展阶段进行较全面回顾的基础上提出了新结构经济学的基本框架，并在系列研究中作了进一步完善。他指出后发国家应该根据国家整体的要素禀赋选择主要发展的产业，这样会使企业具有较强的自生能力。在市场机制对资源配置发挥决定性作用的基础上，政府应该承担提供经济发展基础设置（含硬件基础设置和教育、产权保护等软件基础设置），提供必要产业发展指导。随着一国要素禀赋结构的改变，后发展国家需要逐步提高技术水平，实现经济的持续、快速发展。②

2. 制度后发优势与后发劣势

后发国家制度上的后发优势和劣势也是发展经济学家关注的重点。郭熙保等认为后发国家的制度后发优势主要表现在制度模仿上。通过对制度模仿和制度创新的比较分析，他们认为后发国家为发挥制度上的后发优势有必要进行制度模仿，这也是后发国家实现对先发国家追赶的重要途径。③ 制度模仿是后发优势的重要内容，其中，正式制度中的法律体制、政治体制都可以模仿，但正式制度的模仿要受到宪法秩序、关联制度及非正式制度制约。相对于正式制度而言，非正式制度由于根植于一国的传统和历史，可移植性就差得多了。后发国家的制度后发优势的发挥需要正式制度和非正式制度的协调互动。④

后发国家不仅具有后发优势，也存在后发劣势，技术后发优势和制度后发优势之间具有较复杂的关系。杨小凯等认为以技术模仿代替制度模仿是后发国家的后发劣势，后发国家的经济发展和制度变革上应该先通过宪政改革实现制度模仿，后对先发国家的技术进行模仿。宪政改革是后发国家对先发国家制度模仿和经济转轨的核心。后发国家可以通过激进的制度改革实现制度模仿，政治的不统一对制度模仿具有推动而不是阻碍作用。⑤ 针对杨小凯等的观点，林毅夫认为，技术模仿是后发国家后来居上的主要依据，是后发优势的主要内容。制度是内生的，制度转变是一个长

---

① 简新华、许辉：《后发优势、劣势与跨越式发展》，载《经济学家》2002 年第 6 期，第 30～36 页。

② 林毅夫：《新结构经济学——重构发展经济学的框架》，载《经济学（季刊）》2010 年 10 月第 10 卷第 1 期，第 1～32 页；林毅夫：《新结构经济学》，北京大学出版社 2012 年版。

③ 郭熙保、胡汉昌：《论制度模仿》，载《江汉论坛》2004 年第 3 期，第 10 页。

④ 郭熙保、胡汉昌：《论制度后发优势的实现机制》，载《上海行政学院学报》2005 年第 6 卷第 1 期，第 66～75 页。

⑤ Jeffrey Sachs、胡永泰、杨小凯：《经济改革和宪政转轨》，载《经济学（季刊）》2003 年第 2 卷第 4 期，第 961～988 页。

期缓慢的过程，宪政体制不是经济长期发展成功的充分和必要条件，也不具备短期内建成的可行性。① 郭熙保、胡汉昌对杨小凯和林毅夫的观点从制度模仿和技术模仿的相关性、制度模仿中基础性制度与其他制度的相关性、制度与经济社会发展的内生性、制度模仿的激进性和渐进性等方面进行了系统比较的分析。②

（二）大国经济发展相关研究文献

1. 关于大国特征和大国优势的相关研究成果

国内学者立足中国经济发展对大国经济的特征和优势也进行了广泛的探讨，取得了一系列研究成果。张培刚教授是国内最早关注大国经济发展的学者。他认为发展经济学应该"突出重点，注重对发展中大国的研究"。"发展中大国是一个既包含自然地理特征，又包含社会经济特征的综合概念，具体的特征是人口众多、幅员辽阔、资源丰富、历史悠久和人均收入水平低"。③

李由对大国经济的国家规模及其市场结构、资源禀赋、区域经济、经济开放、产业政策和管理体制等进行了归纳与分析，揭示了大国国家规模约束下的经济发展特征。④

童有好从大国的地域、人口、资源、国内市场、经济规模、工业体系研究了大国的基本特征。⑤ 欧阳峣主要从经济方面概括了大国的基本特征，包括国民经济体系的完整性、经济发展的非均衡性、与世界经济联系的双向性和经济发展的相对稳定性等方面。

张李节认为一国内部一个完备的国内分工体系要求有一定的国土面积、资源禀赋结构，一定的人口总量，才具备一定的市场购买力，因此国土面积和人口数量是大国经济的基础特征，同时也是导致大国经济发展不平衡和层次性的原因。⑥

大国经济课题组从国家幅员、人口规模、资源储量、国内市场等四个

① 林毅夫：《后发优势与后发劣势——与杨小凯教授商榷》，http：//ccer. pku. cn/download/1819 - 1. cn。

② 郭熙保、胡汉昌：《技术模仿还是制度模仿——评杨小凯和林毅夫关于后发优势与劣势之争》，载《学术月刊》2004 年第 4 期，第 29～36 页。

③ 张培刚：《新发展经济学》，河南人民出版社 1992 年版，第 30～31 页。

④ 李由：《大国经济论》，北京师范大学出版社 2000 年版。

⑤ 童有好：《大国经济浅论——兼谈我国的经济发展战略》，载《经济体制改革》1999 年第 3 期，第 25～29 页。

⑥ 张李节：《大国优势与我国经济增长的潜力》，载《现代经济》2007 年第 6 期，第 182～184 页。

方面界定大国。① 欧阳峣等比较全面地探讨了大国经济的内含和特征，他们认为，大国经济最大特征是多元性和适应性。② 大国经济的特征包括规模特征、内源特征和多元特征。其中，规模特征表现为自然资源储量大、人力资本规模大、经济总量突出等；内源性主要表现在依托国内资源、国内市场的内源性增长；经济多元性主要表现在大国经济的多元结构、城乡多元结构。③ 此外，他和他的团队还对大国经济综合优势及其在中国的运用进行较广泛、系统的探讨。④ 王俏荔、唐志军认为大国综合优势发挥的前提条件是适宜的激励机制和治理结构，由经济分权和政治集权所生成的地方政府竞争是实现和发挥中国大国综合优势的最重要的激励机制，地方保护主义、产业选择中的重复建设、招商引资中的"滑向底层的竞争"、地方政府投资过度和宏观经济波动等因素会抑制中国大国综合优势的发挥，加大地区发展差距。⑤

曾铮认为"不均质"是大国经济的一个重要特征，提出了"不均质"大国的基本经济学逻辑，并设计了相应的经验测算方法。⑥ 李玉双、彭晓莲认为，区域经济周期差异是大国经济的重要特征之一，他们通过对中国省级样本研究发现，大国区域经济周期存在差异性。⑦

刘建国对发展中大国区域经济发展的若干理论进行了探讨。他认为区域平衡与不平衡发展问题、区域专业化与区域综合发展等问题是辩证的统一关系，发展中大国过分强调区域专业化分工容易加剧区域发展两极分化；在发挥区域比较优势的基础上建立区域专业化分工的同时，注重发达

① 大国经济课题组：《大国的经济特征及其评价指标体系》，载《求索》2009 年第 9 期，第 1~4 页。

② 欧阳峣、刘智勇：《发展中大国人力资本综合优势与经济增长——基于异质性与适应性视角的研究》，载《中国工业经济》2010 年第 11 期，第 26~35 页。

③ 欧阳峣等：《大国经济发展理论》，中国人民大学出版社 2014 年版，第 59~92 页。

④ 欧阳峣：《大国综合优势的提出及其研究思路》，载《经济学动态》2009 年第 6 期，第 20~22 页、第 48 页；欧阳峣、刘智勇：《发展中大国人力资本综合优势与经济增长——基于异质性与适应性视角的研究》，载《中国工业经济》2010 年第 11 期，第 26~35 页；欧阳峣、易先忠等：《大国综合优势：中国经济竞争力的一种诠释——兼与林毅夫教授商榷》，载《经济理论与经济管理》2009 年第 11 期，第 26~31 页。

⑤ 王俏荔、唐志军：《比较优势背景的大国优势与机制催生》，载《改革》2010 年第 2 期，第 82~87 页。

⑥ 曾铮：《"不均质"大国的理论框架及其经济学界定——基于逻辑、测算模型和对中国的分析》，载《中国工业经济》2008 年第 6 期，第 25~34 页。

⑦ 李玉双、彭晓莲：《大国区域经济周期的差异性：以中国省际数据为例》，载《湖南商学院学报》2013 年第 20 卷第 4 期，第 12~16 页。

地区经济综合发展是保持区域经济相对平衡发展的重要政策选择。① 欧阳峣、刘智的研究认为中国具有后发大国人力资本的综合优势，认为后发大国较低水平的人力资本仍然可以促进经济较快增长。

陆铭认为，在现代经济增长中，像中国这样的大国，可以借助于国内市场规模发挥大国的优势，加强地区之间的分工，提高地区之间的资源配置效率。在世界范围内出现逆全球化趋势的大背景下，中国恰恰可以借助于国内的统一大市场，减少逆全球化所产生的负面冲击。如果在统一货币区的视野下来看中国经济的发展，由于现代经济发展所具有的规模经济效应，如果人口不能自由流动，又要追求地区间经济的均匀分布（即通常所理解的"平衡"发展），就必然依赖大规模的财政转移支付，或者表现为欠发达地区沉重的债务负担。这些政治经济因素既阻碍了中国实现原本应有的国内统一大市场的"规模红利"，也不利于提高中国经济的国际竞争力，不利于实现人民币国际化带来的"大国红利"。②

2. 大国经济发展的特征、机制、战略相关研究文献

亚当·斯密在《国民财富的性质和原因的研究》中分析了分工对经济发展的作用。他认为"分工起因于交换能力、分工的程度，因此总要受到交换能力的限制，换言之，要受到市场广狭的限制"，即市场规模会影响分工，进而影响经济增长。③ 实际上，不受关税限制的大国内部潜在的大市场是国内分工的重要前提，这也是大国的重要优势之一。

新古典经济学家马歇尔在《经济学原理》中分析了分工规模的问题。在书中，马歇尔阐述了大规模生产的规模经济效益，指出大规模生产有利于采用新机械和新技术，大企业大量采购导致价格低廉，大量运输导致运输费用节省。显然，马歇尔关于生产规模的分析为大国经济研究提供了理论养料。

小艾尔弗雷德·钱德勒在《规模与范围：工业资本主义的原动力》一书中升华了对规模经济的认识。在书中，他首先分析了规模经济、范围经济与新制度的紧密联系，接着分析了规模经济的成因和内涵，最后分析了生产和经销上的规模经济。大国具有幅员广、市场大的特点，在工业生产

---

① 刘建国：《发展中大国区域经济发展若干理论探讨》，载《江淮论坛》1991 年第 5 期，第 41~45 页、第 103 页。

② 陆铭：《城市、区域和国家发展——空间政治经济学的现在与未来》，载《经济学（季刊）》2017 年第 4 期，第 1499~1532 页。

③ 亚当·斯密：《国民财富的性质和原因的研究》，商务印书馆 1972 年版，第 16 页。

和经销上具有潜在的规模经济和范围经济的优势。①

迈克尔·波特在《国家竞争优势》一书中从产业集聚和集群角度研究了规模优势。② 首先，产业集群可以产生规模优势，集群不仅降低交易成本、提高效率，而且有助于增强激励、创造信息、共享信息、营造创新环境。其次，集群有助于产生规模经济效应。当企业产量达到一定水平后，就可以降低成本，增强出口竞争力。大国的国内大市场有助于企业集群和规模化生产，有助于企业享受产业集群带来的经济效益。

西蒙·库兹涅茨在 1965 年出版的《现代经济增长》和 1971 年出版的《各国的经济增长》中分析了大国的概念以及国家规模对经济增长的影响。在《现代经济增长》中，他认为对大国内部经济结构差异和变动分析应该与大国内部经济发展不同阶段的地区差异与统一程度联系起来；相对于小国，大国对国际贸易的依存度更小；大国的国内市场及资源条件有利于发展专业化和规模经济。③ 在《各国的经济增长》中，他指出国家大小对外贸易在生产的比重大小导致国外供求对国内产值结构有大小不同的影响；国家大小可能决定经济规模和国家的生产结构；国家大小与人均产值表现的经济发展水平没有显著联系。④ 霍利斯·钱纳里和莫伊思·塞尔昆在 1975 年出版的《发展的型式》中研究了 1950～1970 年间大国经济型式及规模效应，在书中作者指出大规模经济体在经济效益上表现为：经济比较平衡、变动较小；大规模出口的资源配置效益要求国家在发展早期阶段改变经济结构；大国的投入和储蓄水平比较高，增加较快；大国过度注重内部发展容易导致一整套缺乏广泛后果的内向政策；大国劳动力非农化和城市化程度较低，教育水平略高于小国；大国政治和行政管理困难会影响其创造优势。⑤ 在 1986 年出版的《工业化和经济增长的比较研究》中，钱纳里、鲁宾逊和塞尔奎因专门研究了"大国模式"，他们提出了三种贸易模式，即大国模式、制成品出口导向的小国模式和初级产品出口导向的小国模式；分析了大国模式的特点，如倾向于选择内向型政策，出口专门化

---

① 小艾尔弗雷德·钱德勒：《规模与范围：工业资本主义的原动力》，华夏出版社 2006 年版，第 16 页。

② 迈克尔·波特：《国家竞争优势》，华夏出版社 2002 年版，第 2 页。

③ 西蒙·库兹涅茨：《现代经济增长》，北京经济学院出版社 1989 年版，第 14 页、264 页、265 页。

④ 西蒙·库兹涅茨：《各国的经济增长》，商务印书馆 1999 年版，第 145 页。

⑤ 霍利斯·钱纳里、莫伊思·塞尔奎因：《发展的型式（1950～1970）》，经济科学出版社 1988 年版，第 94～107 页。

程度低；大国模式由于普遍实行制造业进口替代而导致工业化起步早。[1]

进入 21 世纪后，西方学者从不同角度对大国经济特征进行了进一步研究。比如对大国经济发展的驱动因素、大国财政分权以及大国经济传导机制等问题进行了研究。

进入 21 世纪后，国外一些学者对大国宏观经济特征也进行了相关研究。比如，阿提拉·奇坎、伊尔塞贝特·克瓦科斯和通德·塔崔等利用 OECD 的数据从库存投资角度研究了 14 个大国宏观经济状况。[2] 金菁、邹恒甫以中国为例研究了发展中大国财政分权、收入与转移支付的问题，研究发现他们之间的关系可以协调，利用财政分权在收入与转移支付之间的桥梁作用，可以促进区域经济的有效增长和协调发展。[3] 彼得·爱尔兰和斯科特·舒利用二战后美国的数据研究了生产率与大国宏观经济表现之间的关系。结果显示，20 世纪 70 年代的全要素生产率放缓都是由于消费滞后导致的，但这种影响具有短期性，投资的滞后对全要素生产率的影响则是持久的；20 世纪 90 年代全要素生产率的大幅度提高主要是由于技术变革导致的投资冲动。[4]

张培刚教授在概括发展中大国经济发展经验基础上提出了发展中大国经济发展的模式，具体内容包括：第一，发展中大国人口多，国内市场容量大；第二，由于大国发展对基础设施等需求大，要求有大规模的国内储蓄和总投资；第三，大国有必要在工业化起步阶段就建立起门类齐全的工业体系，从而在收入水平较低阶段就会进入经济结构变动时期；第四，为保持经济发展的优势，大国需要及时改变和变革组织结构和制度结构。[5]

李德伟认为，19 世纪初中国现代经济发展启动之前的经济属于典型的封闭大国传统经济，这维持了几千年的自然经济社会制度，一旦对外开放，最可能的经济发展模式是在体制改革和对外开放的同时，从局部地区启动，然后以点带面向全国推进。姜文学分析了大国参与国际经济一体化

① H. 钱纳里等：《工业化和经济增长的比较研究》，上海三联书店、上海人民出版社 1995 年版，第 94～107 页。

② Chikan, Attila, Erzsebet Kovacs, and Tunde Tatrai, "Macroeconomic Charactericstics and Inventory Investment: A Multi-Country Study", *Production Econominics*, 2005, 1.

③ Jin, Jing, and Hengfu Zou, "Fiscal Decentralization, Revenue and Expenditure Assignments, and Growth in China", *Journal of Asian Economoics*, 2005, 16.

④ Ireland, Petter, and Scott Schuh, "Productive and US Macroeconominc Perfomance: Interpreting the Past and Predicting the Future with a Two-Secion Real Business Cycle Model", *Review of Econominc Dynamincs*, 2008, 11.

⑤ 张培刚：《新发展经济学》，河南人民出版社 1992 年版，第 147～162 页。

的战略选择。比较了小国主动参与战略和大国被动跟进的战略，并分析了各自形成的机理。① 洪银兴指出成为经济大国后的中国经济应该注意的经济发展方向：其一，改变科技和产业创新方面的跟进战略；其二，在全球化经济格局中改变对西方的依附性；其三，从根本上实行经济发展方式转型；其四，通过创新推动经济发展。②

李由认为大国的经济规模特征体现在国家内部和区域分工发达，市场结构相对完备，储蓄、投资和积累水平高，产业结构门类齐全，区域发展差距大，外贸依存度低等方面。

李稻葵主要从六个方面提出了大国发展战略，包括：尽快建立国内统一大市场；思考大国贸易战略问题；协调中央和地方之间的关系；宏观政策中要有独立的货币政策和稳定的汇率；要实现关键产业的技术突破；要有大国的经济外交和国际舆论主导权。③

欧阳峣等从大国的特殊性出发，提出大国发展战略应包括四个方面的内容：基于大国经济发展的规模性，大国产业发展上要整体推进、重点突破；由于大国发展具有差异性，区域发展要整体推进；根据大国经济发展的内生性，在开放上应该采取内外循环战略；基于大国经济发展的自主性，在国际上应该采取积极进取的战略。在《大国经济发展理论》中，欧阳峣等较系统地阐述了大国经济发展的机制和主要内容。首先，他们对大国经济的基本特征和典型特征进行了系统归纳，提出了大国经济最本质的特征。其次，重点强调了大国经济的发展中国家规模和经济增长之间的关联机制，工业化、资源约束和产业结构演进之间内在机制以及劳动力城乡和产业转移、城市化与统筹城乡发展的关联机制。再次，探讨了大国制度变迁、经济体制转型和经济增长之间的关系。最后，论述了国家规模约束下的治理结构、政府行为和宏观调控之间的关系。④

张皓介绍了大国经济发展的模型，并对促进中国经济增长的未来政策选择进行了分析。⑤ 靖学青（2005）研究了大国经济发展模式与中国经济增长的主要支撑点，他认为，中国经济增长主要依赖于内需符合大国经济

① 姜文学：《国际经济一体化的新特征与大国战略》，东北财经大学出版社2009年版。
② 洪银兴：《成为经济大国后的经济思维》，载《光明日报》2010年3月16日，第10版。
③ 李稻葵：《大国发展战略》，北京大学出版社2007年版，第8~13页。
④ 欧阳峣等：《大国经济发展理论》，中国人民大学出版社2014年版，第65~108页。
⑤ 张皓：《大国模式与中国经济增长》，载《经济理论与经济管理》2001年第9期，第10~14页。

增长的基本规律。[1]

在大国产业发展战略上，国内学者也进行了大量的研究。白旻认为后发大国产业发展要关注要素禀赋和国家规模，不能仅仅遵循比较优势战略和后发优势战略，要充分利用超大型国家规模内生的大国优势，积极采取自主创新战略。[2] 孙早等在后危机时代的视角下研究后发大国产业政策应该通过产业创新维持在新的全球价值链中的系统集成者地位，应该利用新一轮科技革命的机会，借助政府力量加快战略性产业发展，实现产业结构转型升级。[3] 蔡昉等在中国产业升级的大国雁阵模型框架下探讨了中国东、中、西三大地区的产业布局，提出三大地区产业重新布局的新思路。东部沿海地区产业转型升级与中西部地区的产业承接，可以在发挥中西部地区回归劳动力丰富的比较优势的同时，保持劳动力密集产业在中国延续。[4] 欧阳峣分析了国际贸易增长的大国效应，认为发展中大国出口产品的各自行动容易导致"合成谬误"；出口产品多样化和鼓励进口偏向性技术基本不可以避免"合成谬误"。[5]

江小娟从总需求的角度提出了大国双引擎增长模式理论，并从大国优势、开放优势、发展阶段优势和体制优势等方面分析了这种模式的特点和可持续性。[6] 黄琪轩从海外贸易、国内市场和权力转移的视角分析大国经济增长模式及其国际政治后果，指出不同的大国增长模式往往会带来不同的国际政治后果，和平发展需要国内基础，即国内市场的拓展是大国和平成长的重要基础。[7] 毛中根也认为，作为一个内部市场容量巨大且日益发展的经济大国，为了增强抵御外部不利冲击的能力，增强国民经济发展的

①　靖学青：《大国经济发展模式与中国经济增长的主要支撑点》，载《上海经济研究》2000年第5期，第23~28页。

②　白旻：《大国优势、边界效应与后发大国产业发展的自主创新战略》，载《北方经济》2009年第3期，第3~5页。

③　孙早等：《后危机时代大国产业战略与新兴战略产业发展》，载《经济学家》2010年第10期，第84~95页。

④　蔡昉等：《中国产业升级的大国雁阵模型分析》，载《经济研究》2009年第9期，第4~14页。

⑤　欧阳峣：《基于大国综合优势的中国对外直接投资战略》，载《财贸经济》2006年第5期，第57~60页。

⑥　江小娟：《大国双引擎增长模式与中国经济增长的主要支点》，载《管理世界》2010年第6期，第1~7页。

⑦　黄琪轩：《大国经济增长模式及其国际政治后果——海外贸易、国内市场与权利转移》，载《世界经济与政治》2012年第9期，第107~130页。

稳定性和可持续性，中国在发展对外贸易的同时，必须注重扩大内需。①
杨汝岱、姚洋通过对有限追赶的大国经济发展的研究发现，在大国经济
中，实行有限追赶的国家经济增长更快。② 曾剑秋、丁珂通过探讨内外循
环之间的关系发现，作为大国，中国需要重视内循环，发挥大国经济的优
势。③ 张焕明、陈年红从经济分权与人口迁移的视角分析了大国发展，指
出中国经济高速增长的主要经验在于政治集权下的经济分权，但经济分权
并不能有效缩小城乡、地区与贫富差距。④ 陆铭认为，中国是一个大国，
恰恰应该通过市场整合来享受大国本应有的规模经济红利。但是如果存在
地方政府之间的相互博弈，导致市场分割、重复建设和低效率的跨地区资
源配置，那么，中国的大国规模经济效应反而无法得到发挥。⑤

3. 大国公共经济和国家治理的相关理论文献

大国财税制度安排、财税制度安排的经济效应以及与大国国家治理之
间的关系也是大国经济发展研究的重要内容。菲利克斯·比尔布劳尔和马
丁·黑尔维希采用标准机制设计方法对大国公共产品供给进行了规范分
析。他们认为大国经济的典型范例是数百万人的社会，人口规模大小决定
一国公共资源的水平。因为这些公共资源涉及国防等关系到所有人员的整
体利益事务，需要人口达到一定规模才有利于决策。

在大国财政治理机制上，钱颖一、周业安较早提出了具有 M 层级制
的中国地方政府竞争有助于地方政府为增长而进行产权改革和制度创新的
实验。⑥ 王永钦等分析了分权背景下中国的大国发展道路，他们认为大
国分权在提供经济增长动力的同时，也造成城乡和地区间差距的持续扩
大。⑦ 李稻葵、陆铭等认为大国治理的政治结构应该是经济分权加政治

---

①　毛中根：《大国经济内需驱动的国际经验及启示》，载《中国流通经济》2011 年第 2 期，
第 101 ~ 105 页。

②　杨汝岱、姚洋：《有限赶超和大国经济发展》，载《国际经济评论》2006 年第 4 期，第
16 ~ 19 页。

③　曾剑秋、丁珂：《内外经济循环理论与大国经济发展策略》，载《北京邮电大学学报（社
会科学版）》2007 年 6 月第 9 卷第 3 期，第 42 ~ 47 页。

④　张焕明、陈年红：《经济分权、人口迁移与大国发展之路——基于人均产出增长地区差
距的实证分析》，载《财经研究》2012 年 1 月第 38 卷第 1 期，第 4 ~ 16 页。

⑤　陆铭：《城市、区域和国家发展——空间政治经济学的现在与未来》，www. profluming.
com。

⑥　钱颖一、周业安：《地方政府竞争与经济增长》，载《中国人民大学学报》2003 年第 1
期，第 97 ~ 103 页。

⑦　王永钦等：《中国的大国发展道路——论分权式改革的得失》，载《经济研究》2007
年第 1 期，第 4 ~ 16 页。

集权。陆铭把中国的大国发展道路概括为四个方面：经济分权＋政治集权的治理结构；强政府推动的经济发展模式；中国特色的社会主义民主；基于关系的社会结构。中国成功的发展经验是"发展共识＋必要的政府执行力＋政治的竞争＋有效地激励＋制度实验"。① 李由提出了大国管理体制改革的思路，包括：处理好中央和地方之间的关系，发挥地方政府的活力；合理划分行政区，实行分级管理制度；运用产业政策进行管理和控制，合理配置资源；改革国有企业产权制度，实行分级所有和分级管理的体制。②

在 2014 年全国财政工作会议上，财政部部长楼继伟提出要牢固树立"大国财政、统筹内外"理念和全球意识、安全意识，积极参与国际经贸规则制定，主动参与国际财经交流和全球经济治理。刘尚希等立足于大国崛起和全球化视角，从应对全球化风险、大国经济发展的等方面思考了大国财政的内涵、目标、挑战和战略。他们认为，建立大国财政是化解、分散大国崛起面临的风险的需要。③④贾康也在中国全面建设小康社会的视角下提出：中国大国财政新任务是解决"三农"问题；促进区域经济协调发展；提供满足民生需要的公共品和公共服务，建立创新型国家；建立社会保障体系等。重点是应对大国城乡与区域发展不平衡，保证市场在资源配置中发挥决定性作用。⑤ 胡亚文等认为大国财政应当保证政府管理职能的履行，应当反映大国的基本特征，应当在服务大国国家目标的同时承担国际责任。他们还指出，构建大国财政需要树立大国财政理念，需要立足国情、统筹内外、放眼全局，需要把握大国财政带来的机遇，积极应对大国财政带来的挑战。建设大国财政有助于实现中华民族伟大复兴的中国梦。⑥ 邓力平、曾聪认为，构建"中国特色社会主义大国财政"应该要体现"两特两统筹"，即体现"中国特色"与"时代特征"，统筹国内外两个大局。应在"统筹推进国家财政治理现代化与参与国际财政治理体系构建"进程中发挥应有的作用。⑦ 李建军认为，建设中国式的大国财政与现

---

① 陆铭：《中国的大国发展道路》，中国大百科全书出版社 2008 年版，第 336～338 页。

② 李由：《大国经济论》，北京师范大学出版社 2000 年版，第 174～265 页。

③ 刘尚希等：《大国财政》，人民出版社 2016 年版，第 1～67 页。

④ 刘尚希、李成威：《国家治理与大国财政的逻辑关联》，载《财政监督》2015 年第 10 期，第 5～7 页。

⑤ 贾康：《大国财政的新任务》，载《当代经济》2007 年第 12 期（上），第 7 页。

⑥ 胡亚文等：《浅谈关于大国财政的几点看法》，载《财政监督》2015 年第 10 期，第 10～11 页。

⑦ 邓力平、曾聪：《浅议"大国财政"构建》，载《财政研究》2014 年第 6 期，第 2～8 页。

代财政制度具有天然的契合性，应该坚持现代财政制度和大国财政并举，国家利益和世界共同利益并重，稳步推进，有所作为。中国在建设大国财政中应全面深化财政改革，建设现代财政制度，积极主动参与国际财经交流、国际经贸规则制定和全球经济治理，积极参与全球公共品的提供。①

吕冰洋从社会治理视角提出大国财政要能起到提升大国治理能力的作用，大国治理能力的核心是经济治理和社会治理。②

二、财政分权理论及财政分权对经济发展的影响

财政分权是指中央政府给予地方政府一定的税收权和支出责任，允许地方政府自主决定其预算支出规模和结构。在严格意义上，财政分权又称为"财政联邦主义"，是指分权的财政体制，其中的分权特指地方政府或地方立法机关具有相对独立的税权，包括与征税有关的一系列权利，包括税收立法权、税收政策制定权和税收征管权三方面。财政分权的核心是，地方政府有一定的财政管理自主权。财政分权的程度在实证研究中通常采用地方财政收入、地方财政支出、省级政府预算收入中平均留成比例、次级政府支出与中央政府支出之比、预算收入的边际分成率、自治权指标和支出－收入指标、垂直不平衡度等指标来衡量。③

第一代财政分权理论以哈耶克、蒂布特、马斯格雷夫、奥茨为代表。其核心观点是，如果将资源配置的权力更多地向地方政府倾斜，那么，通过地方政府之间的竞争，能够迫使政府官员的财政决策更好地反映纳税者的偏好，从而强化对政府行为的预算约束，相当程度上改变中央政府在财政决策中存在的不倾听地方公民意见的状态。

奥茨（1999）认为，地方政府比中央政府更了解当地居民对公共品的需求，而且政治压力还会限制中央政府对某些地区提供较高水平的公共产品。财政分权还可以发挥地方政府在提供地方公共产品方面的信息优势，并借此改善社会福利状况。奥茨的分权理论主要是从效率角度说明分权的必要性的。奥茨通过模型证明得出结论：对于某种公共品，如果对其消费被定义为是涉及全部地域的所有人口的子集，并且，关于该物品的每一个产出量的提供成本对中央政府和地方政府是相同的，那么，地方政府能够

---

① 李建军：《现代财政制度下中国式大国财政构建》，载《财政监督》2015 年第 10 期，第 15～16 页。

② 吕冰洋：《大国财政与社会治理》，载《财政监督》2015 年第 10 期，第 8～9 页。

③ 杨灿明、赵福军：《财政分权理论及其发展述评》，载《中南财经政法大学学报》2004 年第 4 期，第 3～10 页。

向各自的选民提供帕累托有效的产出量，而中央政府则无法向全体选民提供帕累托有效的产出量。"俱乐部"理论模型的核心内容是，在没有政府强制的条件下，出于私利的一组公共品的消费者，能够通过自愿协议谈判方式，达成一种联合提供的契约，来解决公共品的共同消费及其成本分摊问题，并且只要满足一系列严格假设，这种方式在实现各自利益的同时，能够实现集体利益的最大化。[1] 财政分权可能促进地方政府进行竞争，但是，地方政府竞争方式的不正当性、财政分权不规范性会加大地方之间的差距。奥茨（Oates）的研究表明，地方为了吸引新的公司，可能通过降低环境标准以减少对所在地的污染控制来进行竞争。地区间竞争也可能导致公共服务水平不足。

马斯格雷夫从考察财政的三个主要职能：资源配置、收入分配与经济稳定出发来分析中央与地方政府存在的合理性与必要性。在马斯格雷夫的分权模型中，它强调了由于公共产品的受益范围不同造成了不同的公共产品由不同的政府来提供。他指出了中央政府存在的必要性在于其对于全国性公共品的提供以及分配、稳定职能是必不可少的，而且更有效。[2] 马斯格雷夫明确地界定了分税制的含义。他指出，"财政联邦主义的核心在于，资源配置政策应该根据各地方居民的偏好不同而有所差别；而分配与稳定政策则主要归中央一级政府负责。"[3]

施蒂格勒则主要从实现资源配置的有效性和分配的公正性论证了地方政府存在的合理性，中央政府则在协调地方政府之间的利益关系，有效解决分配不公问题方面具有更强的优势。[4] 他指出，行政级别较高的政府对于实现资源配置的有效性和分配的公平性目标来说是必要的。中央一级政府对于解决分配上的不平等和地方政府之间的竞争与摩擦这类问题必不可少。[5]

夏葡（Sharp）认为，不同级次的政府部门具有不同的职能，相互之间不能替代。从国家的经济职能来看，实现调控的职能和社会福利分配职

①　Oates, W., *Fiscal Decentralization*, Harcourt, Barce and Jovanovich, 1972.

②　理查德·A. 马斯格雷夫、配吉·B. 马斯格雷夫：《财政理论与实践（第五版）》，邓子基、邓力平译，中国财政经济出版社 2003 年版，第 6～16 页。

③　Musgrave, R. A., *The Theory of Public Finance*, NewYork：McGraw-Hill, 1959, pp. 181–182.

④　方晓利、周业安：《财政分权理论述评》，载《教学与研究》2001 年第 3 期，第 53～57 页。

⑤　李齐云：《西方财政分权理论及启示》，载《山东科技大学学报》（社会科学版）2003 年9 月第 5 卷第 3 期，第 74～79 页。

能要由中央政府来实施，也应由中央政府来执行。①

格雷厄姆（Graham，1963）从公共产品或服务的不可分割性的角度论述了均衡性财政转移支付的必要性。他认为，如果公共品或服务能分割，且完全能根据受益原则提供，则纳税多，受益多，纳税少，受益少，因而不存在财政净受益的不均衡。当然，受益均衡是基于个体负担与受益相适应的原则，其实施结果将造成人与人之间由于收入差别而造成的受益不均衡，进而形成人与人之间不均等的局面。②

第二代财政分权理论假定政府并不是普济众生式的救世主，政府官员也有物质利益，官员有可能从政治决策中寻租。一个有效的政府结构应该实现官员和地方居民福利之间的激励相容。在此框架下，中国部分学者结合中国实际作了一些实证分析。

乔宝云通过模型分析发现，财政分权有助于经济增长，却降低了财政资源分配的均等性；在总体的经济增长与财政资源分配的均等性之间存在着彼此替换的关系；富裕的地区倾向于隐藏自己的财政资源，而贫穷的地区则倾向于公开自己的资源。他使用中国 1985～1998 年间各省份的有关部门数据，对经济增长率、财政资源配置的均等性和财政分权之间的关系进行了估计。结果显示，财政分权在促进经济增长的同时加剧了财政资源分配的不平等。③

尽管在 1994 年以后，中央政府与地方政府的税收收入划分模式发生了变化，但支出责任的划分很大程度上依然承袭了计划经济体制下的特点，并没有随着税收划分模式的改变而做出相应的变化。地方政府需要承担提供很多基本公共品供给的责任，例如，教育、卫生和医疗、社会保险体系、基本建设和城市维护、支援农业建设等支出责任。④

方晓利、周业安认为，在实施财政政策的过程中，由于其具有巨大的分配效应，人们往往会主观地认为中央政府统一制定和实施政策是有效的，因为这样可以保证分配的公正性。如失业保险由中央统一制定标准可

① 彼得·M. 杰克逊：《公共部门经济学前沿问题》，郭庆旺等译，中国税务出版社、北京腾图电子出版社 2000 年版，第 258 页。

② Gradam, J., "Economic Development of the Atlantic Provinces in a National Perspective", *Dalhousie Review*, 1963, 4, pp. 50 – 60.

③ 乔宝云：《增长与均等的取舍：中国财政分权政策研究》，人民出版社 2000 年版，第 156～169 页。

④ 平新乔、白洁：《中国财政分权与地方公共品的供给》，载《财贸经济》2006 年第 2 期，第 49～53 页。

以避免各个地方单独制定标准所出现的不一致。然而，在中央政府缺乏有效信息的前提下，中央政府的政策制定可能达不到帕累托最优。相反，如果这些政策由地方政府制定则可以充分显示居民的真实偏好。地方政府履行相关职责是否会带来分配的不公平呢？他们的研究结果表明，只要居民具有选择社区的权利，流动性可以确保均衡的实现。也就是说，如果一个地方政府制定的失业保险水平过低，就可能导致本地的居民向外迁移迫使本地政府提供不低于其他地区的福利水平。从这个角度看，居民的流动性可以确保分权下分配的公正性。另外，分配是初次分配和再分配两个环节的统一，从再分配的角度看中央政府拥有相对的优势。初次分配中的分权有利于发展生产力，有利于真正缩小地区差别、行业差别和城乡差别，能够从更为基础的层面实现分配的公平。

平新乔通过实证分析发现：财政分权背景下的财政激励不仅显著地改变了公共品供给的结构，而且改变了政府预算内支出模式和预算外支出模式。1994～2004年间，随着预算外收入的不断增加，中国的地方政府明显地增加了在公路建设部门，特别是高速公路建设上的公共支出；在卫生和医疗部门的预算外支出也有适度的增加；同时，地方政府的预算外支出对于随机发生的自然灾害更加敏感。随着地方经济的发展，预算外行政管理费比预算内的行政管理费增加得更快。地区的预算内支出主要负责提供教育、城市维护和支农等基本的公共品。在财政分权的背景下，财政激励导致了所谓公共支出的"偏差"（Keen and Marchand，1997），但是，这样的偏差不仅出现在预算内支出结构和预算外支出结构之内，而且出现在预算内和预算外支出之间。这种支出结构的偏差一定程度上导致经济社会发展的失衡，其中，包括城乡收入差距扩大。

马万里、李齐云和张晓雯认为中国式分权是导致收入分配差距的体制根源。政治激励扭曲引致地方政府行为选择异化，使收入分配向企业和政府倾斜而劳动报酬下降；财政激励使收入差距进一步扩大，成为收入差距的强化机制；政治激励和财政激励的叠加，使中国收入差距处于循环累积状态。他们通过数据比较和图表分析指出政府在面临政治激励和财政激励的过程中支出结构存在偏向性，这导致了收入差距的扩大。同时，马万里（2013）还指出，在中国式分权所特有的激励下，地方政府教育投资支出不足，影响了人力资本积累及对经济增长的贡献，导致收入分配差距扩大。

三、城市偏向的二元财政制度对城乡收入差距影响的国内研究文献

城市偏向的二元财政制度作为财政制度的重要形式受到了学术界高度

关注,对于其形成的机制、表现、对中国经济社会发展产生的影响及其向城乡一体财政制度转变的必要性和对策已有大量的研究,梳理这些文献对于洞悉城市偏向的二元财政制度转变的机制和转变对策的选择具有十分重要的参考价值。①

学者们在探讨了城市偏向的二元财政制度的形成机制时大多从新中国成立以来的重工业优先的发展战略和城市偏向的经济制度与政策安排角度展开。

我国城市偏向的城乡二元财政制度是导致城乡二元差距扩大的重要原因。研究者对城市偏向的二元财政制度的主要特征进行了较全面的归纳,形成了大致一致的认识。文峰认为,我国财政资源配置对农村和农业而言具有多取少予的特征,当农村和农业基本完成了向城市工业提供原始积累任务之后,仍然延续了城乡和工农业之间不平等的财政政策。② 刘明慧和崔慧玉指出,在工业与农业之间,国家的资源配置严重不均,长期过度倾斜于工业,对农业公共投资严重不足,导致农业发展严重滞后于工业发展。③ 陈宗胜等从国家对农业和农村的财政投入不足、乡镇财政危机、农村居民不合理的税费负担、积重难返的农村税费改革、农村公共品供给不足、农村社会保障制度缺失等方面总结了城市偏向的二元财政制度的主要内容。④ 卢洪友、朱华荣则从公共品角度归纳了我国城市偏向的二元财政制度"一品两制"和"一纵两横"的特征。"一品两制"是指国家在城乡居民间实行两套完全不同的公共品生产成本分摊和收益分享的制度。"一纵两横"是指中央与地方以及上下级地方政府在有关社会公共事务治理责任划分、支出负担分配以及相应的税与非税分享制度安排上,存在公共事务治理责任及支出负担下沉,财权财力层层上收,导致基层财政能力与其所承担的公共事务治理责任及相应的支出负担之间严重失衡。在各级政府、农村自治组织与农户三者之间,在有关农村公共品供给义务及支出负

---

① 本研究论述的城市偏向的二元财政制度是指服务于重工业优先发展的工业化战略的一种财政制度安排,目的是通过在城乡间区别配置财政收入和支出制度,从农村和农业提取剩余转移到城市工业,以加快以重工业为核心的工业化进程。该制度具体表现在城乡财政收入制度上农民负担重于城市居民,在城乡公共品供给和消费上的严重城市偏向和农村歧视等方面。

② 文峰:《消除二元财政体制,促进二元经济结构转换》,载《开发研究》2004 年第 2 期,第 45 ~ 48 页。

③ 刘明慧、崔慧玉:《二元结构下的财政支出结构调整》,载《东北财经大学学报》2006 年第 1 期,第 13 ~ 17 页。

④ 陈宗胜等:《中国二元经济结构与农村经济增长和发展》,经济科学出版社 2008 年版,第 92 ~ 154 页。

担分配上政府间职能严重缺位，财政投入不足，导致农村公共品供给不足。在各级政府内部，公共财政资源在城乡公共品配置长期向城市倾斜。① 郭金洲则把城市偏向的二元财政制度归纳为农村财政收入分配格局和城乡财政资源配置的倾斜性、城乡公共服务供给和城乡税费体制的二元结构等方面。② 秦海林指出，中国财政管理体制具有鲜明二元特征，表现在城乡居民承担的税收义务和税收负担不同，财政支出的优先顺序和比重不同。③④ 蒲晓红和成欢从缴费、待遇和补贴水平等三个维度对西部地区的新农保制度进行评估分析发现新农保制度具有鲜明的二元财政色彩。⑤

　　城市偏向的二元财政制度与城乡差距之间的关系是学术界研究的重点内容，形成了一些基本一致的共识。不少文献指出，中国 1978 年改革开放以后，伴随着经济快速增长出现的城乡间收入差距加剧现象与中国政府实施的城市偏向的经济政策有关（Yang，1999；Chen，2002；陆铭、陈钊，2004；Lu and Chen，2006）。李实（2003）指出影响城乡收入差距的城市偏向的经济政策主要表现在：政府对农副产品价格的控制；农村居民承受的不合理的税费负担；城乡劳动力市场的分割和城市劳动力市场的封闭；社会福利和社会保障的歧视性。此外，一些学者（Yang，1999；Tian，2001；Yang and Zhou，1999）还强调了金融体制中系统性的城市倾向，包括通货膨胀补贴和对城市部门的投资贷款；政府在政治晋升和分权体制双重约束下也存在降低支援农业公共支出比重的倾向。陆铭及其团队（陆铭、陈钊，2004；Lu and Chen，2006；陆铭、陈钊、万广华，2005）用中国省级面板数据全面地考察了城市偏向的经济政策对城乡收入差距的影响。发现中国改革以来的一系列经济政策（如经济开放）都使得城市部门获益更多，具有扩大城乡收入差距的效果。其中，政府财政支出中用于支持农业生产的支出的比重下降是典型事实。有学者研究认为城市偏向政策下存在对农村劳动力向城市流动的限制，这导致了中国的贫困问题主要

---

　　① 卢洪友、朱华荣：《论二元财政结构非均衡制度安排及化解路径》，载《现代财经》2006年第 8 期，第 3～6 页、第 23 页。

　　② 郭金洲：《统筹城乡发展的财政政策——基于二元财政结构的分析》，载《经济研究参考》2008 年第 56 期，第 49～54 页。

　　③ 秦海林：《二元经济中的二元财政测度与分解研究》，载《中央财经大学学报》2007 年第 1 期，第 7～12 页。

　　④ 秦海林：《农村居民实际税负变化与二元财政测度》，载《财经论丛》2010 年第 5 期，第 31～38 页。

　　⑤ 蒲晓红、成欢：《西部地区新型农村社会养老保险制度水平的评估》，载《经济理论与经济管理》2012 年第 8 期，第 91～100 页。

体现为农村贫困。在城市偏向的政策下，城市居民在住房、医疗、养老及教育等方面拥有更好的福利，加剧了实际的城乡收入差距。即使取消了户籍制度对劳动力流动的限制，这些偏向性政策也会使流动到城市后的农村居民面临更高的生活成本，所以劳动力的流动依然难以缓解城乡收入差距。实际上，城市偏向的经济政策还有一系列对城乡收入差距的间接影响。

代述强认为，改革开放以来，虽然我国城乡居民收入均得到了高速增长，但是城乡收入差距没有随着我国现代化工业化体系的建立和城市化水平的逐步提高而缩小，而是随着市场经济体制的确立和市场竞争的不断加剧而扩大。长期以来，我国城乡的非均衡发展问题非常突出，农村与城市的差距较大，城乡二元经济结构成为城乡收入差距拉大的重要原因。① 彭真善认为，导致我国城乡收入差距扩大的财税政策因素包括：财政对农业支持不足，政府为城乡居民提供的公共品不平等，国家税收政策不合理等。其中，城乡居民公共品消费不公平十分明显，具体体现在：国家对农村基础设施的投入过低，城乡居民受教育机会不平等，社会保障机会不平等等。② 刘后平认为，导致我国城乡收入差距扩大的原因是多方面的，其中，我国特殊的身份制度、等级制度和户籍制度、城乡二元投资体制、劳动就业制度、双重义务教育体制、社会保障和福利制度是重要原因。城乡二元化的财政资源配置是主要的原因。③ 王培刚指出，我国的分配机制存在明显的缺陷，主要表现在：城乡居民不平等的社会福利和社会保障制度；国家城乡居民个人税负方面的差异等。④

马从辉认为，城乡居民收入差距拉大的原因是从农村转移的资金太多，包括通过工农业产品价格"剪刀差"的转移、预算转移、诱发的资金外流、对农业投入的减少、扶贫资金的转移及农村居民其他资金的转移。因而解决城乡居民收入差距过大问题的对策是缩小"剪刀差"，提高农业生产的收益率，以此遏制农户的储蓄和其他资金通过金融系统流向收益率

---

① 代述强：《对我国城乡二元经济结构与城乡收入差距的探讨》，载《新学术》2007年第6期，第201~202页、第176页。

② 彭真善：《缩小我国城乡居民收入差距的财税对策》，载《税务研究》2006年第12期，第22~24页。

③ 刘后平：《我国城乡居民收入差距问题研究》，载《山西财经大学学报》2006年8月第28卷第4期，第46~50页。

④ 郭超利、王晓蓉：《我国城乡居民收入差距研究》，载《兰州交通大学学报》2006年10月第25卷第5期，第12~15页。

更高的部门；加大对农业的资金投入，增加农业预算支出；彻底改革现有城乡分割的户籍管理制度，完全开放劳动力市场；管好用好扶贫资金；切实减轻农民负担。①

刘明慧和崔慧玉认为，在工业化初期，为了实施追赶发展战略，受"工业偏好"思想的支配，中国对城市和乡村、工业和农业、市民和农民实行不同的资源倾斜政策。② 陈宗胜等认为，为了保证重工业优先发展战略的实施，除了实行城乡分治的户籍制度，中国财税和社会保障体制方面也长期实行城乡有别的二元歧视性政策。③ 文峰从后发大国经济发展视角分析认为，为了在人均产值很低的条件下启动和实施资本密集型的重工业化，中国实行了农业支持工业的城乡二元财政体制。④

傅道忠指出，在很大程度上，我国的城乡差距与长期推行城乡有别的二元财政政策和制度有关，农业歧视性财税政策的客观存在给我国城乡的协调发展和全面建设小康社会带来了极为消极的影响，并使城乡二元社会结构固定化。⑤ 何振一认为公共分配城乡二元结构制度安排长期没有得到改革，是造成农村财政困境的根本症结所在。⑥ 秦海林认为，在过去的60年里，城市偏向的二元财政制度及相关的配套制度是农村居民长期贫困的根源之一。他认为二元财政转换有利于促进二元经济增长。如果不考虑税收政策对城乡差距的影响，而仅仅着眼于调整财政支出结构，在客观上可能进一步拉大城乡差距。⑦⑧⑨ 李春根指出，二元财政结构是我国农村居

① 马从辉：《我国城乡居民收入差距原因分析》，载《经济学家》2002年第4期，第29～37页。

② 刘明慧、崔慧玉：《二元结构下的财政支出结构调整》，载《东北财经大学学报》2006年第1期，第13～17页。

③ 陈宗胜等：《中国二元经济结构与农村经济增长和发展》，经济科学出版社2008年版，第126～134页。

④ 文峰：《消除二元财政体制，促进二元经济结构转换》，载《开发研究》2004年第2期，第45～48页。

⑤ 傅道忠：《城乡差距及其二元财政成因探析》，载《财贸研究》2004年第2期，第59～63页。

⑥ 何振一：《关于城乡二元结构下农村财政困难的深层思考》，载《地方财政研究》2004年第1期，第5～8页。

⑦ 秦海林：《二元财政转换与二元经济增长》，载《经济学家》2007年第5期，第27～32页。

⑧ 秦海林、李志勇：《二元财政政策影响城乡差距的实证分析》，载《中央财经大学学报》2011年第9期，第7～12页。

⑨ 秦海林、席文：《二元财政的制度变迁：基于路径依赖的视角》，载《经济理论与经济管理》2013年第7期，第46～57页。

民税负沉重的重要原因。[①] 郭金洲认为，长期以来，二元财政政策没有兼顾城乡公共品供给的均衡性，导致了农村基础教育、社会保障、基础设施等建设的滞后以及公共服务能力的严重不足。另外，我国的税收体制将财富从农村转移到城市，未体现量能纳税原则。[②] 曾国安、胡晶晶把我国城市偏向的二元财政制度归纳为财政支出制度和税收制度两个方面，这种城市偏向的财政制度强化了城乡分离的二元经济结构，导致了城乡居民收入分配失衡的进一步恶化，拉大了城乡积累、教育、社会保障和基础设施差距，导致了农村居民税外费用负担的加重。[③] 这些研究成果反映出城市偏向的二元财政制度是导致农村发展滞后和城乡发展差距扩大的重要原因。

四、财政分权对城乡居民收入差距影响的研究

改革开放以来，中国经济持续快速增长的同时居民收入差距也在持续扩大，特别是，城乡和地区间居民收入差距的持续扩大（陆铭、陈钊，2004；Lu and Chen，2006；万广华、陆铭、陈钊，2005）。如果追根溯源的话，城乡和地区间的收入差距都在一定程度上与经济分权体制有关，尤其是与财政分权具有明显的内在关联。由于经济增长的主要来源是城市部门，因此，地方政府存在着优先发展城市，更多考虑城市利益和实施城市倾向的经济政策的激励，进而，财政支出等财政制度安排也具有明显的城市偏向性。1994 年以来，财政分权是我国财政制度安排的主要内容，财政分权通过对地方政府城乡之间财政资源配置结构对城乡居民收入差距产生影响。由于研究方法、数据、指标的选择等原因，实证研究结果存在较明显的差异。

大部分学者的研究成果认为财政分权扩大了城乡收入差距。陈丽华、许云霄和辛奕认为分级财政管理体制以及政绩考核机制的不完善是造成我国独特的城市化以及过大的城乡收入差距的根本性原因。财政收支的城市倾向，直接导致包括资金在内的资源配置的城市倾向，使得城市化进程中农村与城市发展的差距未得到有效抑制。财政体制不完善降低了财政资金

① 李春根：《制度外财政、农民负担与政权合法性——对农村税费改革的一个解释》，载《山西财经大学学报》2006 年 6 月第 28 卷第 3 期，第 108～111 页。

② 郭金洲：《统筹城乡发展的财政政策——基于二元财政结构的分析》，载《经济研究参考》2008 年第 56 期，第 49～54 页。

③ 曾国安、胡晶晶：《论中国城市偏向的财政制度与城乡居民收入差距》，载《财政研究》2009 年第 2 期，第 36～39 页。

使用效率，未能有效实现财政在调节分配实现公平方面的有效职能。① 赖小琼和黄智淋指出，如果地方政府将由于财政分权而增加的可支配财政资源更多地用于提高城镇居民收入水平，财政分权将不利于城乡收入差距的缩小。她们基于 1978 ~ 2009 年的数据，采用城镇人均可支配收入的实际值与农村人均纯收入的实际值之比衡量城乡收入差距，以地方政府所有财政支出占全国所有财政支出的比重衡量财政分权，通过建立 VAR 模型实证分析得出结论：无论长期还是短期财政分权都不利于城乡收入差距的缩小。② 李尚蒲和罗必良认为分税制改革形成的财权上移、事权留置，地方财政缺口直接导致地方政府努力追求预算内财政收入和预算外与非预算资金收入的增加。这是地方政府城市偏好的内在逻辑，导致城乡收入差距扩大。他们基于 1978 ~ 2008 年的面板数据，采用泰尔指数作为衡量城乡收入差距的指标，财政支出占本级预算内财政支出份额作为财政分权的指标，通过建立 VAR 模型实证分析得出财政分权扩大了城乡收入差距。③ 贺俊和吴照龙（2013）认为在分权体制下，地方政府的行为激励主要来源于绩效竞争，而衡量绩效的重要指标就是 GDP 的数量。因此，中央将更多的财政支出自主权下放给地方政府造成地方政府的财政支出更倾向于投入城市而不是农村，造成城乡收入差距的进一步拉大。他们基于 1997 ~ 2011 年的省际面板数据实证分析得出财政分权导致城乡收入差距扩大的结论。④马光荣和杨恩艳认为改革开放以来中国城乡间巨大收入差距的根源之一是中国式的分权体制。在这种体制下，地方政府在经济分权和政治晋升的双重激励下，就会倾向于城市而非农村，倾向于增长而非收入再分配。他们使用 1994 ~ 2004 年的省际面板数据，用城市居民人均可支配收入与农村居民人均纯收入之比代表城乡收入差距，以各省份预算内人均本级财政支出与中央预算内人均本级财政支出之比表示财政分权度，建立最基本的回归模型，实证分析结果显示财政分权扩大了城乡收入差距。⑤

---

① 陈丽华等：《城市化进程中以财政制度创新缩小城乡收入差距》，载《财政研究》2012 年第 1 期，第 50 ~ 53 页。

② 赖小琼、黄智淋：《财政分权、通货膨胀与城乡收入差距关系研究》，载《厦门大学学报（哲学社会科学版）》2011 年第 1 期，第 22 ~ 29 页。

③ 李尚蒲、罗必良：《城乡收入差距与城市化战略选择》，载《农业经济问题》2012 年第 8 期，第 38 ~ 42 页。

④ 贺俊、吴照龙：《政府公共支出结构与内生经济增长——基于省际面板数据的分析》，载《上海经济研究》2013 年第 6 期，第 14 ~ 22 页。

⑤ 马光荣、杨恩艳：《社会网络、非正规金融与创业》，载《经济研究》2011 年第 3 期，第 83 ~ 94 页。

也有部分学者认为，财政分权有助于缩小城乡收入差距。苏素和宋云河指出财政分权的提高能够缩小城乡收入差距。对于中部地区增加人均财政支出，特别是增加福利支出，将缩小该地区城乡收入差距。① 李伶俐、谷小菁和王定祥研究发现在分权背景下，政府增加城市化的相关预算支出能够有效推动城市化进程，就全国总体和中东部地区而言，政府主导的城市化进程能通过促进农村就业、收入增长等缩小城乡收入差距，且 1994 年分税制改革以后城乡收入差距的收敛效应更加明显。② 许海平和傅国华以 1990～2009 年中国 29 个省份的样本数据为基础，以城乡居民收入比衡量城乡收入差距，采用人均各省份财政一般预算支出占人均总支出的比重和人均各省份财政一般收入占人均总收入的比来度量地方财政的自主权，通过空间计量模型检验发现，当前的财政分权有利于缩小城乡收入差距。认为财政分权让地方政府拥有合适的自治权力，减少预算软约束，提高政府效率，降低了收入差距。③

还有一部分学者认为财政分权对城乡收入差距的影响不能简单地认为不是缩小就是扩大。陈工和洪礼阳的研究发现，在其他条件不变的情况下，分权程度越高，政府的生产性支出和公共产品支出越偏向城市部门，使得对城乡收入差距的扩大作用越明显；在加入分权和上述两类支出的交互影响以后，财政分权是有利于城乡收入差距收敛的。④ 贾俊雪、宁静指出，支出分权总体上加剧了地方政府支出规模对居民收入分配的不利影响，收入分权则有助于遏制这种负面效应。⑤ 余长林指出财政分权对我国城乡收入差距没有显著影响，但存在地区差异性，财政分权对东部地区的城乡收入差距有显著作用，对中西部地区的影响不显著。⑥ 范晓莉采用 1978～2009 年的年度数据，用城市居民的人均可支配收入与农村居民的人均纯收入之比来度量城乡收入差距，用地方政府所有财政支出占全国所有

① 苏素、宋云河：《中国城乡收入差距问题研究》，载《经济问题探索》2011 年第 5 期，第 1～7 页。

② 李伶俐等：《财政分权、城市化与城乡收入差距》，载《农业技术经济》2013 年第 12 期，第 4～14 页。

③ 许海平、傅国华：《城乡收入差距与财政分权的空间计量研究》，载《经济与管理研究》2013 年第 6 期，第 27～37 页。

④ 陈工、洪礼阳：《财政分权对城乡收入差距的影响研究——基于省级面板数据的分析》，载《财政研究》2012 年第 8 期，第 45～49 页。

⑤ 贾俊雪、宁静：《地方政府支出规模与结构的居民收入分配效应及制度根源》，载《经济理论与经济管理》2011 年第 8 期，第 24～32 页。

⑥ 余长林：《财政分权、公共品供给与中国城乡收入差距》，载《中国经济问题》2011 年第 9 期，第 37～45 页。

财政支出的比重度量财政分权程度。通过建立 VAR 模型发现，财政分权从长期来看显著缩小了城乡收入差距，但短期却对城乡收入差距带来较大的正向冲击效应，即财政分权通过财政支出影响城乡收入，在短期内地方政府以 GDP 为先导的政绩考核下财政支出的结构重经济建设投资，轻科教文卫和农业支出，导致城乡收入差距进一步拉大。但在长期，基于地区经济发展的长远考虑，科教文卫和农业投资会逐步加大，农民生活水平显著提高，结果将有利于缩小城乡收入差距。① 李雪松的研究显示，短期内财政分权程度的扩大导致了城乡收入差距的扩大。原因是在分权制度下政府偏向于实施城市偏向而忽视农村的政策。对于中国这样的农业大国，"三农"问题是重中之重，从长期发展的角度来考虑，财政分权具有缓解财政分权的调节机制。李雪松和冉光和利用 1985～2010 年的数据，基于向量自回归模型 VAR 的模型实证分析发现，财政分权在短期内会加剧城乡收入差距，但长期内会缓解城乡收入差距。②

五、缩小城乡二元差距的财政制度和政策研究

财政分权和城市偏向的财政制度安排和政策既然是导致城乡差距扩大的重要原因，优化财政分权制度和调整城市偏向的财政制度及相关政策就是理所当然的缓解城乡二元差距扩大的重要措施了。

鉴于城市偏向的二元财政制度对城乡经济发展的不利影响，研究者从不同角度探讨了转变城市偏向的二元财政制度的对策。文峰、李正彪从制度变迁路径依赖角度分析了阻碍城市偏向的二元财政制度转变的因素，从外在经济环境、国家在制度供给中的作用、减少财政制度变迁阻力等方面论述了推进城市偏向的二元财政制度转变的对策。③ 秦海林、席文在分析二元财政制度安排的"内在的自我增强机制"基础上，指出如果没有来自外部的巨大冲击打破现行制度的供需均衡，城市偏向的二元财政制度就会沿着既定的轨道运行下去。并且，城市偏向的二元财政制度变迁中还存在一种恶性的路径依赖现象。基于以上分析，他们提出采取边际调整的改革措施和借助市场化的手段改善经济环境等方面的措施促进城市偏向的二元

① 范晓莉：《城市化、财政分权与中国城乡收入差距相互作用的计量分析》，载《现代财经》2012 年第 3 期，第 44～53 页。

② 李雪松、冉光和：《财政分权、农业经济增长和城乡收入差距》，载《农业技术经济》2013 年第 1 期，第 86～94 页。

③ 文峰、李正彪：《制度演进视角的中国城市偏向的二元财政制度变迁》，载《经济问题探索》2008 年第 6 期，第 1～4 页。

财政制度转变的对策。①

马万里认为优化中国式财政分权的政治激励结构有助于缩小城乡二元差距，即改革 GDP 增长激励，重塑地方官员的政绩考核体系。具体而言，需要建立"自上而下"与"自下而上"双向政治激励约束机制，强化民众的参与权和表决权，使社会民众对政府官员的政治晋升施加影响，使民众参与政府官员的政绩考核，从制度上保证政府官员对民众负责，使各级政府真正为人民服务。此外，还需要优化中国式分权的财政激励结构，实现地方政府财力与事权的匹配，合理确定政府间转移支付规模，优化转移支付结构，建立自上而下科学、规范、有效的转移支付制度。从长期来看，应该优化税制结构、完善地方税体系，确保地方政府一定程度上的财政自主性。建立健全财政分权所必需的法治基础，包括分权体制的法律安排、必要的财政透明度以及社会公众有效的监督和约束机制。解决中国收入差距具有艰难性与长期性的特征，未来改革必须使从中央到地方各级官员能够权衡效率和公平，在注重经济增长的同时更加关注社会公平问题。

陈工和洪礼阳则从公共选择中意愿表达角度进行了探讨。他们认为应拓宽农村居民意愿反映渠道、增加农村居民在人大代表中的席位等，逐渐提高他们对公共决策的影响力。在短期中谈判地位的差距难以改变的情况下，可以通过提高农村居民福利在政绩考核中的权重等措施提高对农村居民福利的关注。

贺俊、吴照龙主要从优化地方公共支出结构角度缩小城乡差距，即地方政府应该提高投资效率，避免重复投资与形象工程，适当减少行政管理方面的开支，提高对经济增长和缩小城乡收入差距具有双重好处的科教文卫和社会保障方面的支出所占的比重。②

李伶俐、谷小菁和王定祥重点从财政支农资金使用效率的角度进行了探讨。他们认为要提高支农财政资金对其他支农资金的引导、带动作用和使用效率，切实扭转地方政府在投资、贸易、财政、金融、教育等方面过度的城市化偏向，真正落实工业反哺农业、城市反哺农村和其他支农惠农政策，加快现代农业发展，培育农村新的经济增长点，促进农村居民收入大幅度增长。同步推进城市化与工业化进程，通过在城市培育二、三产业

————————

①　秦海林、席文：《二元财政的制度变迁：基于路径依赖的视角》，载《经济理论与经济管理》2013 年第 7 期，第 46～57 页。

②　贺俊、吴照龙：《政府公共支出结构与内生经济增长——基于省际面板数据的分析》，载《上海经济研究》2013 年第 6 期，第 14～22 页。

和新兴产业，走内涵城市化道路。提高城市化质量，以增强城市对农村剩余劳动力的吸纳能力和对农村经济发展的辐射带动作用，促进农民非农收入的跨越式增长，缩小城乡居民收入差距。①

范晓莉认为，从长远考虑，应着力转变城市偏向的经济政策，促进城乡基本公共服务均等化，全面提高财政保障农村公共事业发展的水平；进一步提高农村居民的社会福利水平，改善农村居住环境；加大农村教育及基础设施的投入，为农民生产发展和生活改善提供有效的保障；要长期稳定和完善农村基本经营制度，加大财政支持力度持续地支持现代农业产业发展，从根本上解决城市偏向政策带来的城乡收入差距拉大问题；应遵循市场规律推进农业现代化产业经营，并加大扶持力度，优化适合农业现代化发展的外部环境，致力于提高农民的收入水平，缩小城乡居民收入差距，努力实现城乡经济的和谐发展。②

第二节　现有研究文献的评价

一、后发大国经济发展研究评价

国内外对后发优势和大国经济研究的相关研究文献反映了后发大国经济发展问题的研究成果，但这些研究成果主要集中在后发大国经济发展问题研究的局部或某一层面，还有进一步深化的空间。现有的研究成果表明：

第一，经济发展理论是研究后发国家或者一定时期的发展中国家经济发展的一般理论，对后发国家和发展中国家经济发展具有一定的指导意义。但是，任何一国的经济发展都不能简单、直接套用发展经济学的一般经济发展理论，必须把一般的经济理论和相关国家经济发展的实际结合起来，在一般理论的指导下，明确不同国家经济发展的基础、禀赋、优势和劣势，找到适合各国经济发展的具体道路。

第二，后发国家或者发展中国家具有不同的类型。其中，后发大国是

---

① 李伶俐等：《财政分权、城市化与城乡收入差距》，载《农业技术经济》2013年第12期，第4~14页。

② 范晓莉：《城市化、财政分权与中国城乡收入差距相互作用的计量分析》，载《现代财经》2012年第3期，第44~53页。

后发国家中具有大国特征的一类国家，其独有的要素禀赋、优势和劣势决定了其经济发展具有不同于一般后发国家和一般发展中国家经济发展的战略、路径，会面临特殊的问题，需要采取特殊的战略、制度安排。

第三，现有文献要么主要集中于后发国家经济发展的优势、劣势、战略的研究，要么主要研究大国经济的特征、优势、劣势和发展战略，较少文献把后发国家和大国综合起来全面探讨后发大国经济特点、优势、劣势、战略。后发国家作为一个类型的国家或者处于特定发展阶段的国家必然具有其共性的特征、优势、劣势和经济发展的内在机制和规律。同理，大国作为一种类型的国家，也有这类国家的共性特征、优势、劣势和发展的内在机制与规律。但同时具有后发国家和大国两个特征的后发大国的特征、优势、劣势必然具有不同于后发国家或者大国的单一类型国家的属性和发展规律。已有的研究成果部分在大国框架下研究了中国经济发展的相关问题，包含了后发国家经济发展的成分，但明显还有进一步深化的空间。比如，还需要进一步提炼、归纳后发大国这一类型国家在经济发展视角下的特征、优势、劣势及其经济发展机制。

第四，现有文献研究重点集中在后发国家或者大国经济发展特定阶段的发展机制或者发展规律，对后发大国经济发展中不同阶段的特殊性还有进一步深入的空间。比如，关注后发国家与先发达国家在技术、制度方面的后发优势，或者关注大国经济发展的初期、中期或者某一特定事件（如 1997 年东南亚金融危机或者 2008 年的美国金融危机）背景下的经济发展的机制和对策，但缺乏对后发大国经济发展全过程发展机制的关注，缺乏对后发大国经济发展全过程机制的深入探讨、后发大国经济可能经历的主要阶段之间转换机制和主要面临的问题及对策研究，难免给人一种"包治百病的灵丹妙药"的感觉。因此，深入探讨后发大国经济发展全过程的机制、可能经历的发展阶段、不同阶段之间转换的机制和应对策略对于厘清后发大国经济发展的机制十分必要。

二、财政制度与城乡收入差距研究评价

现有文献关于财政制度安排与城乡收入差距的研究主要来源于对国外财政制度的借鉴或者利用国外相关财政制度与收入差距的理论分析、验证财政制度安排对我国城乡收入差距的影响，立足中国经济发展实际的财政制度与城乡收入差距的原创性研究较少。毋庸讳言，任何一国的财政制度都具有财政制度的一般属性，即反映财政运行一般规律并服务于特定经济

社会发展目标。尤其在现代市场经济条件下，各国财政制度中都包含如何处理政府和市场之间的关系，确保市场在资源配置中的决定性作用。但任何一国的财政制度安排都需要与该国的政治、经济、社会、文化等相适应，与相关的政治、经济、社会和文化相关制度协调才能正常运行、发挥作用并达到预期目标。无论是城市偏向的财政制度安排、财政横向与纵向分权、服务于追赶发展战略的重工业偏向的财政制度安排，还是服务于区域非均衡发展的财政制度安排都具有一般性和特殊性。如何结合中国典型后发大国经济发展的内在逻辑，阐述相关财政制度安排的必要性，并对财政制度效应做出合理评价，尤其是对城乡差距影响效果做出合理评价是理解中国财政制度安排的必然要求。

重视将国外财政制度安排的前提，尤其是财政体制安排的前提假设在设计我国财政制度安排中十分必要。在财政分权制度理论中，无论是第一代财政分权理论，还是第二代财政分权理论都是假定市场经济是在健全的市场制度下正常运行，这与中国转型国家的国情差异太大，不完全适合中国的实际。中国财政分权的运行机制和制度效应也与国外的相应财政制度的制度效应存在较大差别。国外的财政制度安排有一个隐含的背景就是政府是在民选基础上产生，其制度安排和政策具有偏向于竞选中获胜政党的执政目标和利益的倾向，即政府执政目标和政策具有偏向性。事实上，政府在社会成员利益倾向上一方面具有一定程度的偏向性，具有"非中立性"政府的特征；另一方面，政府又必须在诸如提供公共服务等方面具有非歧视性，具有中立性政府的特征。具体在中国政府的特征上，相当大部分学者在财政制度理论中是假定政府具有自利性经济人特征或者在代表利益群体利益上具有偏向性，只有很少部分研究文献认为政府具有"中立性"的特征，并将其纳入财政等经济制度安排中对改革开放以来经济快速增长提供理论解释。贺大兴、姚洋认为，中国政府在过去三十多年是一个中性政府，采纳了有利于经济长期发展的政策，但同时，政府把有限的资源分配给生产力较高的群体或地区，必然会扩大收入差距。[①] 陆铭、周业安等在分析中国财政分权对经济增长和城乡、地区收入差距的影响中考虑了我国政治集中、经济分权、官员任期制、异地交流等政治、文化特征使财政分权理论更接近中国实际，反映财政分权一般理论和中国政治、经济、文化和社会制度相互作用，相互影响的实际，对中国经济社会发展具

① 贺大兴、姚洋：《社会平等、中性政府与中国经济增长》，载《经济研究》2011 年第 1 期，第 4～17 页。

有更强的解释力。

现有文献对我国财政制度安排对城乡收入差距影响的基本判断是该制度安排导致城乡差距扩大，不符合社会公平原则，事实上，这一判断不符合经济发展不同阶段空间经济结构演变的规律。众所周知，立足于市场经济的财政制度应该关注社会公平，同时也要关注经济效率，但在经济发展不同阶段的侧重点是不一样的。一般情况是，在经济发展水平较低阶段财政更多关注效率，随着经济发展水平的提高，对公平的关注程度逐渐提高。由于发达国家已经进入经济发达阶段，财政制度的主要政策目标是关注社会公平，比如关注地区间发展差距缩小。国内学者一定程度上忽略了财政制度目标在国家发展不同阶段的差异性，认为我国市场经济条件下的财政制度无疑应该将缩小城乡和地区差异放在最重要的地位。但改革开放以来在我国经济快速增长的同时城乡和地区间发展差距快速扩大，人们认为这些差距扩大都来源于财政制度安排，认为我国财政制度安排主要目标一直就应是缩小城乡和地区间发展差距。事实上，这忽略了经济发展过程中要素在城乡和地区空间流动和再配置也是导致城乡和地区发展差距扩大的重要原因，甚至是主要原因。或者是没有科学分析改革开放以来我国城乡和地区间差距扩大是空间经济结构演变、财政制度安排和其他多个因素导致共同结果，属于典型的多因一果或者多因多果的逻辑。在没有精确实证分析依据但将导致差距扩大的原因全部或主要归结在财政制度安排上可能会导致存在严重偏差的财政制度建议。因此，结合后发大国经济发展的内在逻辑，从经济发展的时间和空间视角分析城乡差距演变机制、规律和路径，分析财政制度作用于城乡收入差距的机制，有助于深化财政制度与收入差距关系的理解，有助于提出更加科学的、具有较强针对性的财政制度优化的对策和建议。

三、后发大国财政制度变迁与城乡差距相关研究评价

现有文献关于后发大国财政制度变迁与城乡二元经济结构转变的研究在某些方面达成了共识，但还有需要进一步深入的空间。从现有文献看，学术界对中国财政制度变迁的研究主要集中在由计划经济条件下的、以经济建设为中心、以城市为重点、重工业偏向的财政制度向适应市场经济要求的公共财政制度转型和以中央集权为典型特点的财政体制向地方分权的财政分权的转变，较少将财政制度变迁放在后发大国经济社会发展的框架下全面思考后发大国财政制度安排的逻辑和演变的机制；对中国财政制度

变迁的动力机制的分析主要立足于如何建立完善的、适应市场经济要求的公共财政制度，如何在纵向与横向财政分权的框架下完善分级财政体制，较少系统地将财政制度的变迁放在经济社会发展阶段转换的框架下探讨中国财政制度变迁的机制；主要立足于市场经济条件下政府和市场关系的视角探索财政的职能及相关制度安排，较少全面思考财政的另外四个方面的形态，即国家财政、发展财政、转型财政、国际财政的影响对中国财政制度及制度变迁的全面理解。当然，也有一些研究者对多元视角的财政制度有一定探索。[①]

现有文献关于我国后发大国财政制度的研究主要涉及对城市偏向的二元财政制度、财政制度转轨和大国财政三个方面。其中，关于城市偏向的二元财政制度的含义、表现、特征及其对城乡经济社会发展的影响有比较一致的认识，对城市偏向的二元财政制度转变的方向也有较一致的目标，即改变城市偏向的二元财政制度，加大对农村财政投入力度，建立城乡一体的公共财政制度；调整上级政府对下级政府的政绩考核制度，优化财政分权相关制度安排，促使地方政府的财政资源配置以满足社会成员公共品和公共服务需求，实现基本公共服务均等化。但在城市偏向的二元财政制度转变的机制，即条件、路径和动力机制和对策等方面还缺乏系统的研究，还存在进一步深入的空间。尽管上述三方面的研究直接针对中国财政问题展开，但是，至今还有没看到比较系统的关于后发大国财政制度研究的内容、特征、职能、演化机制的论述。后发大国财政制度相关研究是介于财政一般理论和具体国家财政制度安排之间的、关于某一类型国家财政制度一般性的研究，对于指导后发大国财政制度建设和经济发展无疑具有十分明显的指导意义。同时，通过对后发大国这类国家的一般财政制度的研究也有助于丰富和完善现有财政理论。

现有文献对财政制度对城乡二元经济结构影响研究的主要逻辑与后发大国经济发展的实践之间存在一定偏差。现有关于中国财政制度安排、变迁和城乡二元经济结构转换之间关系的主流观点是财政制度安排应该有助于缩小城乡二元差距，实证分析也主要验证财政制度对城乡二元差距的影响，对策主要是如何优化财政制度缩小城乡二元差距。但后发大国经济发展并不是线性地缩小城乡二元差距，可能的机制是在城乡要素自由流动条件下，要素先向具有集聚效应的城市和沿海等具有较好经济区位的区域集

---

① 邓力平：《中国特色的社会主义财政：“四位一体”的分析》，经济科学出版社2011年版。

中，城乡差距扩大；在确保基本公共服务均等化的情况下，财政资源配置需要在一定程度上适应要素空间配置结构转变的趋势，由此，财政制度可能会导致城乡二元差距扩大，但会提高资源配置效率，促进经济增长，为下一步缩小城乡和地区差距积累公共资源；随着城乡差距进一步扩大，财政均衡城乡发展的能力增强，以及城乡差距扩大对经济增长的边际收益递减，财政制度通过对农村和欠发达地区投资，缩小空间经济差距的能力增强，城乡二元差距进入逐渐缩小区间。因此，立足于后发大国经济发展内在机制研究财政制度变迁机制和财政制度如何影响城乡二元差距更符合后发大国经济发展的实践和理论逻辑。

现有文献关于中国财政制度变迁与城乡二元差距的研究主要集中在财政制度变迁对城乡居民收入差距的影响上，涉及财政制度变迁对城乡二元经济结构转变方面的影响较少。城乡二元经济结构转换是经济发展中的结构转换问题，主要涉及城乡居民收入差距变化但不仅限于城乡居民收入差距变化。从整体上看，衡量城乡二元经济结构需要采用综合性的指标，比如，农业与非农业比较劳动生产率、二元对比系数、二元反差系数，指标不仅要反映城乡居民收入结构变化，还要反映就业结构、产值结构，甚至城乡公共品供给差距。因此，采用综合性的城乡二元经济结构指标来衡量城乡二元差距能有效反映财政制度变迁对城乡二元经济结构变换的影响。

综上所述，现有文献关于后发大国财政制度变迁与城乡二元经济结构转换研究在最核心的后发大国经济发展理论的构建、财政制度的内容、特征、形成和演化机制，以及城乡二元经济结构转换的内容和指标设定等方面都还有较大的拓展和丰富空间。在阐述后发大国经济发展内在机理的基础上，厘清后发大国财政制度的内容、特征、功能、演化机制以及对城乡二元经济结构转换的作用机制对于深化后发大国经济发展、财政制度变迁和经济结构变化的内在关系，提高对后发大国经济发展中可能遇到问题的预见性，增强应对能力，促进后发大国经济发展可持续发展具有十分重要的理论和现实意义。

第三节 城乡二元经济结构的相关研究文献

自从刘易斯正式提出二元经济理论以来，国内外相关学者对该理论进行了大量的补充、完善和拓展，国内学者也在借鉴国外相关研究的基础上，结合我国城乡二元经济结构及其演变机制与路径展开了大量的研究，产出了大量的相关研究成果。

一、国外二元经济结构理论

（一）刘易斯的二元经济模型

刘易斯第一次正式、系统提出二元经济理论模型。刘易斯认为，发展中国家存在两个异质的经济部门：以传统农业为主的传统部门和以现代工业为主的现代部门，传统部门主要分布在农村广大区域，现代部门零星分布在面积很小的城市区域，相对于传统农业部门，现代部门就像是汪洋大海中的"孤岛"。农村的传统农业部门和城市的现代工业部门构成发展中国典型的二元经济结构，这两个异质的部门在要素结构、劳动生产率、收入分配方式等方面存在明显区别：传统农业部门属于劳动力过度累积，人均土地少，资本严重短缺，基本上不使用资本的经济部门；现代部门是主要是用资本和劳动力，使用现代技术的经济部门；传统农业部门的劳动生产率低，收入分配以维持农民基本生存为目标，按照劳动力平均产品价值进行分配；现代部门按照劳动力边际产出的效率原则分配劳动产品；传统农业部门人均收入水平低，主要满足劳动者基本生存需要，现代部门人均收入水平由于决定于劳动力边际产品，且大量使用资本，劳动力边际产品价值远大于农业部门的平均产出，因此，现代部门人均收入水平远高于传统观农业部门的人均收入。由于农村土地短缺，劳动力数量大，存在大量边际产出为零的劳动力，理论上讲这部分劳动力属于剩余劳动力，把这部分劳动力从传统农业部门转移出来不会导致农业部门农产品产量减少。由于现代部门劳动力边际产出决定的工资水平高，传统部门有大量边际产出很低，甚至为零的劳动力，因此现代部门可以以略高于农村劳动力满足基本生活水平的工资，但又低于城市现代部门边际产出的理论工资水平获得大量农村剩余劳动力。现代部门通过支付低于从农村转移过来的这部分劳动力理论工资的劳动力价格雇佣传统部门劳动力的方式进行生产可以获得超额利润。现代部门将部分或者大部分超额利润进行再投资可以进一步扩大生产经营规模，进而可以继续吸纳传统部门的剩余劳动力。按照这样的逻辑发展，直到现代部门把农村的传统农业部门剩余劳动力完全吸纳，使农业部门的人均土地占有规模扩大，劳动力边际产出提高，农业部门的收入分配也按照劳动力边际产出分配，这时候，城市现代部门和农村农业部门的劳动生产率趋近，都按照劳动力边际产出进行收入分配，发展中国家形成一元化的现代部门。伴随这一过程，发展中国家劳动生产率和人均收入水平逐渐提高，城乡二元差距逐渐缩小，逐渐达到发达国家经济发展水平，二元经济结构最后消失。

相对于先前的经济学家，刘易斯第一次提出了比较系统的二元经济结构理论模型，清楚地阐述了发展中国家二元经济结构转换的机制和路径，对后发展国家经济发展理论探索和经济发展实践都具有十分明显的指导意义。刘易斯的二元经济理论显著贡献在于：提出了两部门划分的标准，即从要素结构、劳动生产率、收入分配依据等将发展中国家划分为传统农业部门和现代工业部门；提出了农村存在大量剩余劳动力的假说，由于相对于大量劳动力而言土地严重短缺，劳动力边际产出很低甚至为零，以至于将边际产出为零的劳动力从农业部门转移出去不影响农村总产出；提出了收入分配结构与经济发展的内在关联的机制，即收入向利润获取者倾斜有助于现代部门吸纳农村传统农业部门的剩余劳动力，改善农业部门要素结构，提高农业劳动生产率，促进农业部门向现代部门转变，缩小传统部门和现代部门的差距。

（二）费景汉和拉尼斯的二元经济理论

在汲取刘易斯二元经济理论模型基本思想营养的基础上，费景汉和拉尼斯在1961年合作发表的论文中提出了新的二元经济理论模型。该模型仍然假定农业部门中存在"伪装失业的劳动力"或者"隐性失业劳动力"，即边际产出低于农业部门内部平均农业产品的劳动力。他们在模型中将发展中国家的二元经济结构转变分成三个阶段：

第一阶段，农业部门的劳动力边际产出小于或者等于零。劳动力从农业部门转移到现代工业部门不减少农业部门的粮食总产出，农业粮食总产出减去农业部门劳动力按照不变制度工资消费的粮食后形成农业部门的剩余，通过农业部门与工业部门的商品交易市场或者两部门间的金融市场转移到工业部门形成工业部门的资本积累。由于第一阶段农业剩余不变，两部门的交换条件保持稳定，工业部门劳动力可以按照用工业品来表示的不变的制度工资继续工作，维持工业部门的利润水平，扩大对农村劳动力的需求，促进农村劳动力的转移。

第二阶段，农业部门劳动力边际产出大于零，但小于不变制度工资。随着农业部门劳动力向工业部门转移，农业部门劳动力逐渐减少，劳动力边际产出转为正，但仍低于农业部门的平均消费水平。农业部门总产出因为农业劳动力的转出而减少，随着农业劳动力的减少，每个工业劳动力能够获得以农产品量衡量的农业剩余逐渐减少，农产品相对于工业品的价格出现上升。为维持农业部门和工业部门以农产品衡量的相等的收入水平，工人工资水平开始上升。随着工资水平的上升，厂商利润空间被压缩，工业部门的规模扩大受到抑制，对农业部门的劳动力需求相对减少。这一阶段直到农业部门劳动力的边际产出等于农业部门平均农产品（不变制度工资）水平为止。

第三阶段，农业部门劳动力边际产出超过不变制度工资，农业中的"隐性失业人口"消失。随着农业部门劳动力的进一步减少，劳动力边际产出大于农业部门的平均产品，农业剩余消失。在这个阶段，农业部门的地主和工业部门的资本家只有竞争性地雇佣劳动力才能有利可图。农业部门和工业部门一样，劳动力价格通过竞争性的劳动力市场形成，取决于劳动力的边际产品，农业部门也被商业化，发展中国经济进入自主增长阶段。

在整个经济发展和劳动力在农业与工业部门的配置过程中，粮食是十分重要的一个约束因素。如果粮食短缺，贸易条件会出现不利于工业部门的局面，即农产品价格提高，为维持工人的以农产品消费为目标不变制度工资，厂商被迫提高工人工资，这将导致厂商利润空间变小，导致厂商减少对劳动力的需求，影响农业部门劳动力的转移。为了避免粮食减少，或者出现农产短缺，就必须改善农业生产条件，提高农业劳动生产率。此外，在费景汉和拉尼斯的二元经济理论模型中，如果人口增长率不为零，从而劳动力增长率为正，要通过工业部门的发展吸纳农业部门的"隐性失业劳动力"，就还必须考虑到工业投资的技术偏好、投资强度等因素。

（三）乔根森的二元经济理论

1961 年，美国经济学家乔根森创立了一个新的二元经济发展模型。与刘易斯、费景汉和拉尼斯的二元经济理论一样，乔根森也把发展中国经济划分为两个部门：以工业部门为代表的先进的现代部门和以农业部门为代表的落后的传统部门。农业部门被假定没有资本积累，农业产出只投入劳动和土地。工业部门的土地不是生产要素，工业产出是资本和劳动的函数。假定两个部门产出随时间而自动增加，即这种随时间而出现的产出增加来源于技术进步，乔根森假定这种技术进步是中性的。与刘易斯、费景汉和拉尼斯不同，乔根森的二元经济理论模型不是建立在剩余劳动力和不变工资的假定上，他不承认农业有边际生产率等于零的剩余劳动存在，也不认为农业和工业的工资水平是固定不变的。

在前述假定基础上，乔根森的二元经济发展模式内在逻辑如下：人口增长取决于人均粮食供给。如果粮食供给是充分的，人口增长将达到生理最大值。当人均粮食供给增长率大于最大人口增长率时，农业剩余就产生了。农业剩余出现后，农业劳动力就开始向工业部门转移，于是工业部门就开始增长。农业剩余的大小决定农业转移劳动力的规模。

在农业部门，乔根森首先假定发展中国家没有工业，所有生产活动都集中在农业部门。农业总产出取决于技术进步、劳动力和土地，土地固定不变，人均农业产出的增长率与技术进步率正相关，与人口增长率负相关。乔根森继承了马尔萨斯的人口理论，认为人口增长依赖于人均农业产出或者人均粮食产出的增长，这就意味着在达到最大人口增长率之前，总人口增长率随人均粮食产出增长而增长。在人口增长率达到生理最大增长率之前，人口和粮食总产出增长以同一比率增长，而人均粮食产出不变。乔根森把这种人均粮食产出不变而人口增长率为正的情况叫作低水平均衡陷阱。如果一个经济处于低水平陷阱中，它就不可能存在劳动力从农业部门转移到工业部门的问题，即所有的人口都必须从事农业。当人口增长率达到生理最大量时对应的人均粮食产量后，粮食产出增长率才可能超过人口增长率，产生农业剩余。农业剩余的产生是劳动力从农业部门转移到工业部门的必要和充分条件。乔根森把人口增长达到生理最大量时的最低人均粮食产出叫作临界人均收入水平。

乔根森认为，农业剩余的产生使得总人口中有一部分可以从农业部门转移到工业部门，从而农业劳动力向工业部门的转移就开始了。农业劳动力向工业部门转移的规模是必须与农业剩余的规模相适应。即农业剩余在全部农业产出中的比例等于工业部门的劳动力在总人口中的比例。这意味着，如果没有农业剩余，工业人口等于零，所有人口都必须从事农业生产；如果农业剩余在农业总产出中的比例越大，农业劳动力转移到工业部门中去的比例也会越大。

在工业部门内部，乔根森认为：从农业产出达到临界最低水平开始，人口以生理最大比率增长。农业产出增长始终与总人口增长保持同步性，而人均粮食消费是不变的，等于临界水平的人均粮食消费水平。经过数理推导，乔根森指出，在农业剩余存在的条件下，总人口的增长快于农业人口增长，从而工业人口的增长快于总人口的增长，这意味着农业人口流入工业部门的速度快于人口增长速度。

乔根森的二元经济理论模型典型特点在于：第一，他否认农业部门中存在边际生产率等于零和低于实际工资的剩余劳动力。即使一个经济体陷入低水平均衡状态中，人口增长也伴随着农业产出而增长。如果人口增长率快于农业产出增长率，人口增长率会自动慢下来，最终与农业产出相适应。第二，工资水平不是固定的，而是上升的。他认为，农业部门和工业部门的工资水平都是决定于技术进步率，技术总是进步的，因此，工资水平是上升的。第三，人口增长是由经济增长决定的。尽管经济增长会引起人口增长，但人口增长有一个生理最大量，一旦经济增长使人口增长达到生理最大量，人口增长率就不会再增长了，这时，经济增长超过人口增长率，农业剩余也就产生了并将持续扩大。第四，农业劳动力转移的意义不在于生产率的增加而在于消费结构的必然变化。在经济发展中，农业劳动力向工业部门转移的动力在于消费结构的变化。由于人们对粮食的消费是有限的，对工业品的消费是无限的，即当人均粮食产出超过最大人口增长的临界水平后，农业部门进一步发展受到限制，于是劳动力从农业转向工业部门生产工业品。

（四）托达罗的二元经济理论模型

20 世纪 60 年代末 70 年代初，美国发展经济学家托达罗发表了一系列的论文，阐述了他的人口流动理论。托达罗不认为农村存在剩余劳动力，认为农业劳动力的边际生产率始终是正数，城市现代部门不是充分就业的，劳动力是否从农村传统部门前往城市，取决于城市现代部门和农村传统部门工资水平的绝对差距和城市的就业概率。只有当城市部门的绝对工资和就业概率决定的期望工资率高于农村传统部门绝对工资一定水平后，能够补偿劳动力乡—城迁移必须支付的成本后，劳动力才会从农村向城市迁移。托达罗的乡—城人口迁移模型的政策含义体现在如下几个方面：第一，依靠工业扩展不能解决当今发展中国家城市中严重失业的问题。资本积累率的提高必然伴随着劳动生产率的提高，工业产出率增长必然高于劳动需求的增长。因为现代部门工作创造率等于工业产出增长率减去现代部门的劳动生产率增长率，即现代部门的劳动机会增加越快，就业概率越高。在现代部门和传统部门绝对工资差距一定的情况下，城乡预期收入差距越大，越是会吸引农村劳动力向城市迁移。从而，城市部门扩张越快，创造的就业越多，农村劳动力前往城市的动机越强，城市失业率越高。第二，他认为扩大城乡收入差距的措施必须消除。由于城乡实际收入差距是决定人口流动的重要因素，由于政治因素降低城市部门工资水平是困难的，因此，改善农村的生产生活条件可能是缩小城乡收入差距的可行办法。第三，大力发展农村经济是解决城乡收入差异的根本出路。政府改变重工业轻农业的发展战略，改善农村的生产生活条件，提高农业劳动者的实际收入水平有助于减少农村劳动力向城市迁移的压力，从而有助于降低城市失业率。托达罗模型强调农村和农业部门在经济发展中的重要性明显与刘易斯、费景汉和拉尼斯的二元经济理论模型不同，也区别于乔根森的二元经济理论模型。乔根森尽管强调农业，并把农业剩余作为工业发展的一个充分条件，但在他的模型中，农业仍然是工业发展的一个工具。托达罗是直接把农业发展作为一个发展目标来考虑和论述，一定程度上有助于扭转前期发展经济学家在工业和农业在经济发展中优先顺序上的偏差，对于国家整体经济协调发展具有一定启迪。

相对于刘易斯、费景汉、拉尼斯和乔根森的二元经济理论模型，托达罗基于人口的乡—城流动二元经济理论特点十分明显。首先，他明确了城市部门不是充分就业的现实，这更接近发展中国家的现实。其次，厘清了发展中国家在城市部门和农村部门存在绝对工资差距条件下劳动力流动的影响因素和机制。最后，其对策建议将先前发展经济学家发展经济的重点从城市现代部门转向农村部门，强调了农村部门在发展中国家经济发展中的短边约束，有助于缩小现代部门和农业部门之间的发展差距。但是，托达罗忽略了农业部门和现代部门在劳动生产率方面存在的差距，如果仅仅考虑到降低农业部门劳动力向城市工业部门转移导致的城市部门失业率的压力，人为阻止了劳动力在两个部门间的优化配置可能会阻碍劳动力资源的配置效率的提高，不利于发展中国家经济发展。

（五）新兴古典经济学的二元经济理论

杨小凯在新兴古典经济学的框架下，从分工、交易效率的视角研究了二元经济结构转换问题。无论是刘易斯、费景汉和拉尼斯的古典主义二元经济理论还是乔根森、托达罗、迪克西特的二元经济理论都主要是从资源配置角度研究发展中国家的二元经济结构转换问题，都把二元经济结构作为起点来研究发展中国家的经济发展问题，都假定发展中国家二元经济结构是一个典型特征，即把二元经济当作一个外生给定。杨小凯重新审视了斯密的研究思路，提出了交易效率、分工演进和经济发展的研究框架。他认为城市现代工业和农村传统农业的二元经济结构是由于两个经济部门不同的分工水平决定的；工业化和城市化的兴起及其规模扩大是来源于交易效率的提高、交易成本的降低和分工的深化。高帆在杨小凯的研究框架和研究基础上进一步验证了交易效率、分工和经济发展的关系，提出应该通过国家对基础设施、产权制度等制度安排改善交易条件、提高交易效率、降低交易成本促进传统农业部门内部的分工和劳动生产率提高，推进工业化和城市化进程，缩小传统农业部门和现代工业部门之间的发展差距，促进二元经济结构的转换和融合。

新兴古典经济学框架下的二元经济结构转换理论主要贡献在于：首先，揭示了发展中国家农业和现代工业两部门经济结构形成的原因和内在机理，将二元经济结构内生于交易效率、分工演进和经济发展之中。其次，在突出市场机制条件下分工对经济发展的决定作用的基础上，也为政府在提供基础设施、安排产权制度、发展教育等方面留下了足够的空间，更加接近发展中国家经济发展的实际。最后，基于新兴古典经济学框架，其提供的促进农业内部分工、工业化、城市化和经济发展的对策在一定程度上弥补了新古典经济学在发展中国经济发展中片面强调市场机制忽视政府作用的倾向，具有更强的针对性。

（六）其他二元经济理论

此外，还有一些经济学家分别从不同角度对二元经济理论展开了相关研究。舒尔茨重点从传统农业现代化改造角度，提出政府应该加大对农村人力资本投资，打破传统农业内部低水平均衡的视角提出了缩小农业与工业部门差距，促进二元经济结构转换。

迪克西特从凯恩斯主义的视角揭示了发展中国家商品市场不发达、信贷市场的无组织性、土地偏好等制度等原因导致总需求不足，在农业和现代工业部门的生产能力、工资率和不同阶层消费倾向给定的情况下，通过调节自发性支出以达到市场出清，可以获得最大的产出和就业水平，而低于或高于这个均衡点的所有投资水平都没有实现产出的最大化。迪克西特指出，当经济存在需求约束时，凯恩斯提高投资水平对实现短期和长期均衡目标都是有用的。一旦农业和现代工业部门生产率上升了，所有阶层的收入水平也会提高。①

二、中国二元经济结构相关研究成果

中国学者对二元经济结构问题的研究主要借鉴了刘易斯的二元经济理论，并结合中国经济实际展开的理论探索和相关实证研究，具体主要集中在如下几方面：

---

① Dixit, A. K., "Growths Patterns in a Dual Economy", *Oxford Economic Paper*, 1978, Vol. 30, 3, pp. 199 – 204.

第一，从中国经济结构的视角对二元经济结构问题进行研究。这方面的研究主要涉及如下几种观点：其一，以刘易斯、费景汉和拉尼斯的二元经济理论为基础，将中国经济结构抽象为城乡二元经济结构或者区域二元经济结构，并重点并分析中国城乡二元经济结构的形成、演化的机制，强调农村剩余劳动力转移与工业化之间的关系。当然，国内也有学者认为，中国经济结构很复杂，不能简单归纳为城乡或者区域二元经济结构，在城乡、发达地区与欠发达地区之间还存在一些中间地带。其二，将中国经济结构归纳为三元经济结构，即经济发展水平高的城市现代工业部门、农村乡镇企业和传统农业这三种经济形态。认为中国经济发展的路径是在传统农业中产生并分化出乡镇企业，随着乡镇企业的发展，带动城镇化和农业现代化，并逐渐向以现代工业为主的城市转化，进而实现经济结构的演进和高度化，达到经济现代化的发展水平。实际上，三元经济结构是城乡二元经济结构演变的一种过渡形态。随着乡镇企业发展的局限性的逐渐显现和国家政策的调整，乡镇企业作为一种独立的经济形态逐渐萎缩，中国经济结构重新恢复到城乡二元经济结构状态。其三，中国存在双重二元经济结构，即农村的传统农业与乡镇企业和城市的非正规经济部门和正规的现代经济部门。应该说，这种观点实际上综合了刘易斯、费景汉和拉尼斯的二元经济结构理论、托达罗的二元经济结构理论中关于城市正规部门和非正规部门以及中国三元经济结构理论的成果，形成的一种更加体现中国经济结构特点的理论框架，比较客观地反映了中国经济的现实。在双重二元经济结构理论构架下，农村劳动力梯次转移，即由传统农业部门向乡镇企业、城市非正规经济部门和城市现代经济部门梯次转移。其四，我国经济结构具有环二元经济结构的特征，即在农村的传统农业、城市工业、地区之间、产业内部、社区内部也呈现出二元结构的特征。实际上这种理论反映了中国各种经济形态内部的结构性差异，具有客观性，但要消除这种差异，难度极大，或者说，这种结构差异或者发展不均衡性本身就存在，是经济发展的一种常态。

第二，从不同角度对中国二元经济结构演变机制进行探索。国内学者在中国城乡二元经济结构转换视角下分别探讨了一些重要的经济结构演化问题，比如，王检贵（2000）主要从社会总需求对中国经济持续增长约束的角度探讨了劳动力和资本双重过剩条件下的经济发展问题。苏雪串（2005）从城市化与二元经济结构转换角度研究了我国的二元经济结构转化；张清泉（2008）在中国二元经济结构的框架下重点研究了中国农民工问题；张新生（2009）对我国二元经济结构背景下的农村多元社会保障过渡、并存的问题进行了研究；刘明慧（2008）从二元经济结构形成、演变过程中财政制度的作用，对中国经济发展不同阶段，工业化、城乡公共品的供给、农村剩余劳动力转移等对财政制度需求和财政制度供给进行了研究；王修华（2010）研究了二元经济结构转化中金融结构演变的作用和机制；夏耕（2005）从要素流动、制度变迁和市场机制作用角度研究了中国二元经济结构转化；蔡昉（1995）、郎永清（2007）从劳动力转移角度研究了二元经济结构条件下的经济结构调整与经济增长问题；高帆（2012）在新兴古典政治经济学框架下研究了交易效率、制度安排与二元经济结构转化的机制；陈宗胜等（2008）从二元经济结构与农村经济增长与发展的角度研究了中国二元经济结构问题；文峰（2004）从制度变迁角度研究了中国二元经济结构转化问题；郭剑雄（1999）研究了二元经济与农业发展问题；王积业、王建（1996）在二元经济结构背景下研究中国工业化战略问题；等等。从上述研究文献看，将财政制度变迁与二元经济结构转化联系起来的文献还不是很多，将中国二元经济结构转化和财政制度变迁放在后发大国的框架下进行研究的文献更少，而单纯研究中国二元经济结构转化与财政制度演变之间关系而不将其纳入后发大国这种类型国家的经济发展框架中进行讨论并将研究成果直接用于对中国财政制度与经济发展实践可能会因为没有充分关注到后发大国的重要背景而存在严重缺陷，甚至带来严重的后果。

从国内关于中国二元经济结构问题的研究成果看，要么研究中国经济结构的异质性的现状、结构特征、演化的趋势，要么将中国城乡二元经济和区域二元经济结构作为背景并在此背景下研究经济波动、增长、工业化、城市化、农业现代化、社会保障等问题，但较少有系统地关注中国作为典型后发大国在经济发展框架和视野下的城乡二元经济结构的形成机制、演化机制和路径，尤其是较少在后发大国经济发展全过程视野下研究财政制度安排的阶段性及其对城乡二元经济结构演变的影响机制，进而研究在此背景下的演化路径。应该说，所有研究中国城乡二元经济结构与财政制度相互作用的问题都不能忽略中国作为后发大国这一最基本的特征，并长期影响中国经济发展路径和政策安排的背景，只有在此背景下的研究才能真实揭示中国经济运行的内在逻辑，以此为依据的研究成果对中国经济发展的对策和建议才可能有针对性、可行性。

第四节　结构安排

后发大国经济发展视角下财政制度变迁与二元经济结构转换关系的研究拟作如下安排：

首先，分析后发大国经济发展的内在机理。在明确后发大国在经济上的典型特征后，归纳出后发大国潜在的经济发展优势和劣势。明确后发大国经济发展主线是充分发挥后发大国的优势，抑制后发大国劣势。后发大国经济优势的发挥需要一定的前提条件，为充分发挥后发大国的经济优势，抑制后发大国经济劣势，后发大国需要奠定国家经济发展的物质和制度基础。在系统考察后发大国城乡二元经济结构关联机制及其在经济发展中的作用和地位后，分别考察后发大国经济发展不同阶段的基本特征，以及适应不同经济发展阶段的发展战略、城乡经济发展的重点和思路。

其次，将制度内生于后发大国经济发展之中，分析后发大国财政制度的属性、基本特征及其演变的阶段。现实的经济制度安排是在遵循制度安排和运行一般逻辑的基础上，结合国家发展的战略需求，理性设计和自发演进的结合。财政制度作为经济制度的重要组成部分也必须适应经济发展战略的要求，并与相关经济和政治制度相兼容。后发大国经济发展一般会经历四个阶段，即为发展奠定基础的阶段、后发优势与大国优势发挥阶段、抑制后发大国劣势的阶段和经济持续增长积累发展能力追赶先发国家阶段。相应地，后发大国每一发展阶段面临的关键问题会对财政制度产生相应的需求，国家需要提供相应的财政制度，实现财政制度的一个阶段向另一个阶段转变。

再次，考察后发大国财政制度演变与二元经济结构变化的关联机制。后发大国典型结构特征之一的二元经济结构是财政制度的经济基础，它决定财政制度的主要目标和范围。同时，二元经济结构本身也受到财政制度的影响。财政制度既可能强化城乡二元经济结构，也可以弱化城乡二元经济结构。财政制度作用于城乡二元经济结构的目标需要适应后发大国经济发展的整体要求。从后发大国经济发展内在逻辑出发，财政制度安排可能会在后发大国经济发展初期扩大城乡二元差距，在中期阶段可能会导致城乡差距扩大并达到最高水平，当经济发展到较高水平后财政制度需要转向弱化城乡二元经济结构的方向，促使二元差距进入缩小阶段。

在理论分析的基础上，借助计量经济模型，运用中国财政制度变迁与城乡二元经济结构的相关经济数据，检验财政制度变迁和城乡二元结构变化之间的相关理论假说，为对策研究提供实证支持。

最后，根据中国经济发展阶段演进的路径和所处的发展阶段提出适应经济发展阶段要求的财政制度变迁的建议。中国经济经历为后发大国奠定发展基础的城市偏向财政制度安排、城乡差距初步形成的阶段后，进入城乡依靠各自财力实现自我发展阶段，该阶段城乡二元差距继续扩大，与此同时，经济快速增长。当前，中国城乡二元经济结构已进入城乡差距逆转的拐点，从整体上看应该转向城乡协调发展导向的财政制度安排。基于上述判断，从财政制度安排的目标定位、动力机制、制度设计等方面提出财政制度变迁的主要逻辑框架。

本研究的内容包括基础理论和运用两个部分：

基础理论部分主要包括：

第一章，主要介绍本研究的背景、意义等。以中国经济发展为观察点，立足对后发大国经济发展理论的深化和提升理论对经济发展实践指导意义，增强后发大国应对经济发展中问题的能力，更好促进后发大国经济发展的视角阐述研究问题的理论意义和实践意义。

第二章，文献综述，对后发大国经济发展理论、二元经济理论、财政制度与二元经济结构相互关系等相关文献做全面梳理、总结。本章将全面梳理、介绍后发大国经济发展的相关理论、后发大国财政制度变迁对城乡二元经济结构转换的影响机制和相关实证文献，并结合拟研究问题的角度对相关文献做必要评价。

第三章，分析后发大国经济发展内在机制。首先，分析后发大国的经济的基本特征特征、经济优势与劣势；其次，综合发展经济学、空间经济学、公共经济学、制度经济学相关理论，运用新结构经济学的框架，阐明后发大国经济发展机制、发展阶段和对应的各阶段的发展重点、难点等。

第四章，系统考察后发大国城乡二元经济结构演变和协调机制。先从理论上一般性考察城乡二元经济结构之间的关联机制和二元经济结构演化的机制。然后，借助于数理经济模型考察后发大国城乡二元经济结构协调机制。

第五章，分析后发大国财政制度的基本属性、特征和演进的阶段。作为内生于后发大国经济发展的一种经济制度安排，财政制度既受到后发大国经济发展阶段影响和制约又反作用于后发大国的经济发展。后发大国的经济发展具有阶段性，其财政制度必须与不同经济发展阶段相适应，因此，财政制度也具有阶段性，并随着经济发展阶段的推移而推移，但不是被动地跟随经济发展阶段的转变而转变。

第六章，后发大国财政制度变迁对城乡二元经济结构转换的作用机制分析。分别从财政制度安排对农业与非农产业、对城乡经济以及对以农业生产经营者为代表的相关微观经济主体行为的影响三个角度分析其对城乡二元经济结构转变的影响。

实践部分：主要研究中国作为典型的后发大国的财政制度形成机制、中国财政制度变迁的二元经济结构转换效应，探讨中国财政制度演变机制、路径与方向。

第七章，中国财政制度的形成机制。首先，分析新中国经济发展的经济与政治条件、理论条件和形成过程。其次，分析中国作为典型后发大国财政制度的主要特征，重点关注城市偏向的二元财政制度的形成过程及其特征、功能、主要表现和对二元经济结构转换影响。最后，分析中国财政制度变迁的方向及其可能对经济社会发展的影响。

第八章，描述中国财政制度变迁与城乡二元经济结构转换的典型特征。通过构建城乡二元财政对比度、农业财政支出比重、经济建设财政支出比重、中央财政支出比重、财政支出占 GDP 比重等指标刻画中国财政制度演变的典型特征和基本事实；通过构建二元对比系数、二元反差系数、城乡居基尼系数、城乡居民收入比等指标，对中国城乡二元经济结构转化的基本事实作出描述性分析，为实证分析提供基本事实材料。

第九章，中国财政制度变迁的城乡二元经济结构转换效应的实证分析。分别使用时间序列计量经济模型和省级面板数据计量经济模型，检验我国财政制度安排对二元经济结构转换的影响，揭示我国财政制度对城乡二元经济结构转变的作用。分析实证结果与理论推断存在的偏差及其原因，为下一部分的对策研究提供实证指导。

第十章，中国财政制度变迁的阶段、条件、机制、路径。从中国后发大国经济发展阶段推移的客观事实出发，分析我国财政制度进一步变迁的机制。具体分析新中国成立后一段时期内实行的、服务于奠定后发大国发展基础的城市偏向的二元财政制度向有助于后发优势与大国优势充分发挥的财政制度转变的条件、动力、策略等。

第三章　后发大国经济发展的基本逻辑

实现国富民强一直是发展中国家经济发展追求的目标。从第二次世界大战结束至今，发展经济学研究主题经历了由注重发展中国家经济发展一般理论的研究到关注特定类型国家经济发展，进而转化为对特定经济发展项目的关注的过程。后发大国是发展中国家中具有典型特征的一类国家，它们的领土、人口占发展中国家很大比重，其发展成绩本身就是世界经济发展的重要组成部分，对其他国家经济发展具有很大的示范、带动作用。包括中国、印度、巴西、南非、俄罗斯等在内的后发大国一度持续快速的经济增长为观察、提炼后发大国经济发展的内在机制提供了重要的经验材料。总结、归纳出后发大国经济发展的一般理论不仅有助于对经济发展理论的发展和充实，也有助于为后发国家经济发展提供必要的理论支持，增强后发大国经济发展政策和制度安排的针对性和可行性，提升经济发展的业绩。

第一节　经济发展理论的回顾与反思

人是经济社会中生产和消费的统一体。人作为消费者，追求消费效用的最大化，但消费需要有消费的对象，为了能够获得更多可消费的物品，作为生产者的人必须在要素约束下生产出尽可能多的产品。由于要素的有限性、技术条件短期的刚性约束，合理配置资源使其产出最大数量的产品满足社会消费需求就成为人类经济活动的主要使命之一。当然，经济增长的成果能否为所有人所分享即收入分配也会影响经济增长，甚至影响经济增长的持续性和经济发展的质量。

对于一个主权国家而言，经济发展是提高国民福利水平的重要前提。主权国家既是一个地理范畴，又是一个政治范畴，其凝聚力和向心力跟国家为国民提供的福利密切相关。国家经济增长速度越快，发展水平越高，物质产品越丰富，在收入分配比较公平的条件下，国民福利水平越高，国民对国家的忠诚度越高，国民的归属感越强，政府的凝聚力越强。反之，经济增长越慢，人们生活水平提高越慢，政府对国民的凝聚力和吸引力越弱，政府的威信越低，政局越难以稳定。

一国经济发展水平是其在国际社会中政治经济地位高低的重要基础。包括经济实力、科技实力、政治实力、军事实力和文化实力在内的综合国力是一国实力的综合体现，其中经济实力无疑是决定政治、军事、文化实力的重要基础。只有经济发展水平提高了国家才有能力和动力加大对科研教育的投入，提高国民文化知识水平，提高科技研发和创新能力，增强国家文化的影响力，才能提高和增强军事实力，才能在国际舞台占有一席之地；在国家事务中发挥重要作用，才能获得国家和国民尊严。

经济发展水平还是一国步入持续发展轨道的基础。一国经济发展无疑是需要包括资本、技术、人才、自然资源等要素的支撑，随着经济的发展，资本、技术、人才等要素在经济发展中的地位和作用越来越重要，这些要素的可获性和转化为产品或社会财富的生产力是决定一国经济发展可持续性的重要因素，赢得这些要素最主要的方式是提高要素的产出率和收益率。只有在经济发展水平提高的条件下，要素的产出率和收益率才可以有进一步提高的空间，才能进一步吸引优质要素的流入。优质要素积聚产生集聚效应，有利于进一步提高要素产出率，进一步增强对要素的吸引能力，形成经济发展、要素收益率提高、要素集聚的良性因果循环累积机制，使一国经济发展步入良性、可持续发展的轨道。

经济发展的实践离不开理论的指导。经济发展理论从亚当·斯密开始，经历了三个大的发展阶段。相对于前一发展阶段的每一个后续发展阶段都是对前一阶段发展理论与实践的反思和对成功经验的吸纳，是对先前经济发展理论与实践的扬弃。这个过程一方面表现为对前一阶段理论和实践的否定；另一方面又包含着对新的发展环境的适应和前一阶段优秀成果的继承，经历着螺旋式上升的曲折发展路径。

从亚当·斯密时代直到 20 世纪初，绝大多数经济学家都认为，自由放任的市场经济是实现一国经济持续增长的最佳途径。在市场经济里，经济个体是经济决策主体和资源配置主体，经济活动不受政府的任何干预；价格机制、供求机制和竞争机制组成的市场机制能够有效引导微观经济主体的经济行为。家庭和企业为了追求各自的利益最大化，在市场机制这只

"看不见的手"的引导下，从事直接为了自己利益同时也间接提高他人和社会福利水平的经济活动。尽管受到了马克思主义和其他一些经济学家的挑战，但自由放任市场的思想在相当长一段时间内是研究国家经济发展的主要分析框架。当前更有相当部分经济学家认为经济发展理论应该回归到斯密分工与专业化促进经济发展的经济发展理论。尽管该类理论在经济发展过程有许多真知灼见，但这个框架忽视了不同国家经济发展的国情差异这个重要的经济事实，该理论指导下的收入分配不公和经济波动也值得认真的反思。

第二次世界大战结束到 20 世纪 60 年代是结构主义发展经济学理论主导发展经济学的阶段。第二次世界大战以后，新独立的一批发展中国家经济发展的实践急需理论指导，这些国家经济发展的制度条件远远不符合发达国家经济发展的成熟市场经济条件，这就在一定程度上决定了其难以依靠市场机制自动实现经济发展的目标，这些国家必须寻求新的经济发展思路。持类似观点的经济学家包括诺贝尔经济学奖获得者刘易斯和缪尔达尔、纳克斯、罗森斯坦 – 罗丹、赫希尔曼、普雷维什、辛格等人，他们一般被称为结构主义经济学家。结构主义经济学家观察到的发展中国家大多具有以下特征：国家刚刚取得独立，国民经济具有浓厚的殖民地色彩，在落后的本土原有经济中，一方面存在由原殖民者建立起来的服务于殖民地宗主国经济的先进企业，如农业中的种植园，工业中的采矿业和交通、动力企业等；另一方面是本土落后的低水平的传统农业，整体经济结构就像在传统农业的汪洋大海中零星点缀着少许现代工业企业的小岛。这是一种典型的二元经济结构，表现为本土固有意识形态与先进资本主义意识形态的对立；本土固有技术和先进技术之间的对立；本土落后的具有隐蔽性失业的农业和少量的先进工业之间的对立。

结构主义发展经济学家提出了具有典型二元经济结构特征的发展中国家经济发展的思路。他们认为，由于发展中国家经济中存在二元结构，具有很强结构刚性，难以发生变化；仅凭市场机制的调节和私人经济难以改变经济整体上的贫困恶性循环的低水平发展状态；应该由国家承担起规划和推动工业化的重任，而国家推动工业化的有力手段则主要是依靠像"五年计划"那样的综合性总体计划，以确保国民经济发展中各部门的结构协调和经济平稳增长。

结构主义发展经济学家的发展理论和主张在发展中经济发展的实践中并没有取得满意的成效。主张国家在经济发展中起主导作用的观点几乎在所有发展中国家得到认同并付诸实施，以期尽快实现工业化。在经济发展中，发展中国家普遍采取国家主导的大规模的工业投资，实行工业和城市偏向，农业歧视的经济政策。政策实行的结果尽管建立了一定规模的工业企业，但经济效益很差；农业发展长期停滞；工业和农业之间的发展差距日益扩大；人民生活水平长期不能提高。这一切表明结构主义发展经济学家的理论在实践中没有取得预期的成果。

结构主义经济学家的理论和政策主张没能得到预期发展目标的原因是多方面的。他们强调发展中国经济发展中结构性问题和国家在经济发展中部分领域投资具有一定合理性，但是全面否定市场的调节功能，否定自由贸易理论和政策。国有企业缺乏激励，效率低下可能是重要的原因。事实上，尽管市场机制在资源配置中发挥决定性作用的条件不完全具备，肯定存在一定程度上的市场失灵，但完全忽略市场机制的作用，采用政府作用代替市场机制的资源配置作用可能会带来更大程度的政府失灵或者计划机制失灵，即用一种失灵代替了市场可能存在的失灵，甚至由于政府管理经济能力不足，政府失灵程度还远远严重于市场失灵程度，从而导致经济发展失败。结构主义指导下的发展战略通过政府主导发展严重偏离本国资源禀赋的资本密集型工业，以及扭曲要素价格的经济制度会人为导致市场发挥作用的制度错配，市场发挥作用的制度基础缺失，会进一步加剧市场的无效。此外，严重偏离本国资源禀赋的资本密集型企业的产出多为中间产品，难以直接转化为企业利润，导致企业自我生存能力低下，迫使国家被迫长期大量投入资金等稀缺要素，也必然进一步扭曲要素配置结构。大量资本有机构成高的企业难以提供较大规模的就业机会，导致该类企业就业者和其他就业者劳动产出差距悬殊，收入差距扩大。不能有效吸引农业劳动力导致农业剩余劳动力在农业部门继续累积，人均土地占有量少，农业劳动生产率低下，农业现代化迟迟难以启动，从而导致工业部门和农业部门二元结构固化、僵化甚至强化。

毫无疑问，结构主义经济发展理论指导的经济发展实践的效果不尽如人意的原因是复杂的，完全否认结构主义的发展经济学理论并不公平，毕竟从经济理论到指导经济实践的经济政策，再到经济发展的绩效受到多方面因素的影响。理论的一般性与实践的多样性和复杂性要求理论向政策转化必须对经济实践的条件做全面、深入调查和思考；否则，即使理论是正确的，在其指导下的实践也难以达到合意的结果。确实，过度强调政府计划和国有企业的作用，忽视市场机制的作用是结构主义经济发展理论的重要缺陷。

20 世纪 60 年代后，在反思结构主义经济发展理论和政策主张的基础上，新古典主义的经济发展理论与政策主张成为发展经济学的主流。在新古典发展经济学形成和主导经济发展理论和政策中，以鲍尔、哈勃勒尔、凡纳等为代表的新古典主义发展经济学家主张采取新古典经济理论的长处，充分发挥市场机制的调节作用，刺激私人经济活动，减少国家干预来扩大对外贸易，实行出口导向的经济发展战略达到推动发展中国家经济发展的目的。

新古典主义的发展经济学理论和政策主张在经济发展的实践同样没有取得满意的效果。除了亚洲"四小龙"（韩国、新加坡、中国香港地区、中国台湾地区）等几个小型国家或地区通过发展外向型经济取得较好经济发展成绩外，广大的第三世界国家经济发展结果大多不尽如人意，与发达国家之间的发展差距并没有出现缩小的趋势。

反思新古典主义发展经济理论及其实施的效果，可以发现一些导致其经济发展绩效不好的原因：重视市场机制对私人经济活动的调节作用和对外贸易在经济发展中的作用具有一定合理性，但忽略市场机制有效发挥作用的前提条件，如必要的基础性制度的建立、教育投资以提高劳动力受教育水平、形成一定的人力资本、具有公共品特性或者正外部性特征的基础设施的投资等不足限制了市场机制作用的充分发挥。显然，作为经济发展基础的制度供给、教育、基础设施仅仅依靠市场机制调节下的私人经济活动是难以形成有效供给，最终成为阻碍经济发展的制约因素。不可否认，发达国家的某些基础设施、教育、基础医疗卫生等具有公共品的特征或外部性特征的物品和服务也可以由市场提供或者政府和市场合作提供，但这实际上是经济发展到一定水平后出现的结果，并不是经济发展的前提。很难想象欠发达国家在经济发展水平较低的阶段可以借助于市场机制提供经济社会发展所必需的公共基础设施和公共教育服务。诸如产权界定和产权保护等基础性制度安排没有政府作用的充分发挥也难以借助市场机制达到满足经济发展的要求，因此，单纯借助市场机制难以真正达到经济发展的目的。

在反思结构主义经济发展理论和新古典主义经济发展理论的基础上，林毅夫教授等提出了新结构主义的经济发展理论，提出了相关的政策主张。结构主义和新古典主义发展经济学理论和政策主张的核心区别在于如何看待和处理政府和市场在经济发展中的作用。结构主义重视政府的作用忽视市场机制在资源配置中的作用，新古典主义重视市场的作用忽视政府在经济发展中的作用，从而两种发展理论在政府和市场中都走了极端，没有把政府和市场在经济发展中的作用有机结合起来。林毅夫教授不仅全面反思了结构主义和新古典主义发展经济学理论和政策主张的利弊得失，还充分利用其在世界银行担任副行长期间所全面了解的广大发展中国经济发展的丰富经验，提出经济发展中既重视政府在基础设置（教育、基础设施、制度等）、产业政策等方面的主导作用，也重视市场机制的作用，重视企业自我生存能力的经济发展微观基础的作用，利用国际贸易加快后发展国家经济发展。该理论为亚洲"四小龙"和改革开放后中国经济发展提供有力的解释。

此外，新兴古典主义的经济发展理论也是在结构主义经济发展理论和新古典主义经济发展理论反思基础上的一种重要的经济发展理论流派。该观点认为经济发展理论应该回归到斯密的分工、专业化、交易费用的框架下重视市场机制的作用，重视企业、企业家的作用。值得注意的是，交易费用受到交易效率的影响，而交易效率受到交易条件的影响，交易条件中包括道路交通、通信、交易规则进而交易环境的稳定等因素都不是免费的，更不是市场机制可以有效提供的。尽管其中某些交易规则及其他要素可能在经济行为中自发地、缓慢地形成，但大多数影响交易效率的交易条件需要借助于政府的作用才能形成，因此，政府在经济发展中发挥其应该发挥的作用是提高交易效率，降低交易成本，促进专业化、分工、协作，进而促进经济发展的重要前提。

纵观发展经济学理论发展的历程，可以发现发展中国家经济发展的指导理论的演进脉络。结构主义发展经济学侧重于从发展中国家经济中的结构性特征及其持久性角度出发，力图通过国家计划的主导作用替代市场机制下私人经济活动，通过大推进式的投资活动促进宏观经济中供求规模和结构的协调，推动经济持续增长，走出贫困恶性循环。但由于忽视市场机制驱动的微观经济主体的经济行为，政府主导的经济行为的决策信息瓶颈和激励不兼容构成结构主义经济发展政策失效的根本原因。新古典主义发展经济理论及政策主张充分关注了市场机制驱动的私人经济行为的效率特征，但忽视政府作用，导致基础设施、教育、基本制度供给等作为经济发展的基础性设置短缺或者缺失，导致市场机制作用难以充分发挥，进而成为该类经济发展政策失效的根源。亚洲"四小龙"由于在充分发挥市场机制作用的同时注重政府在经济发展中的作用，因而取得了较好发展成绩。

新结构主义发展经济理论同时注重市场机制和政府在经济发展中的作用，并且把企业的生存能力的培养作为经济发展关键，激活了微观经济主体的活力，既解决了企业的生存发展问题，也同时关注了企业经济行为正常展开的前提和基础以及与企业发展相关的就业、产业结构合理化和高度化、城市化、收入分配、财政收入等经济发展问题。

值得注意的是，新古典主义经济发展理论和政策取得成功的主要对象是亚洲人口、土地面积、资源等要素符合小国特征的经济体。尽管改革开放后我国经济发展也取得了显著的成绩，但我国是典型的后发大国，单纯用新古典主义经济发展理论来指导中国经济发展显然不符合经济发展的事实，即新古典主义经济发展理论指导的经济发展成功只是在小样本国家中获得成功，并不具有普遍性。尽管各国经济发展都应该遵循一般的经济发展规律，但由于不同类型国家具体国情存在较大差异，不同类型的国家经济发展还应该考虑该类国家的具体特点。只有找出各类型国家的共性，再参照经济发展的一般规律，进而制定经济发展战略和具体政策，才能取得较满意的经济发展绩效。仅从国家规模看，由于不同规模国家的国土面积、人口、资源禀赋、潜在供给能力、市场需求等存在显著差异，这些差异可能通过对总供给、总需求、工业化模式、对外经济发展战略等经济发展要素影响，形成不同类型的经济发展模式。找出某种类型国家经济发展的规律，才能制定具有针对性的经济发展战略和政策，并在经济发展实践中取得满意的效果。

后发大国的经济发展在世界经济发展中具有十分重要的地位和作用。当今世界，包括中国、俄罗斯、印度、巴西、南非等后发大国，这些的国土、人口、资源总量占世界总面积、资源、人口的比重很高，找到适合其经济发展的经济理论和经济模式对于其经济的持续快速发展、摆脱贫困、走向富裕具有十分重要的作用。这些大国经济发展取得明显成绩后通过其对其他发展中国经济发展的支持、带动和示范作用可以加快全世界发展中国家经济发展。

第二节　发展战略与资源配置模式的相关性

一、国际环境对一国经济发展的作用

任何国家经济发展过程都是在一定经济发展理论指导下，从本国经济

发展实际出发，制定并执行一定的经济发展战略的过程。一个国家发展经济面临的约束包括国际国内两个方面。当然，不同国家经济发展的不同时期对国际环境依赖程度存在一定的差别，大体上是在经济全球化以前各国经济发展对国际经济环境的依赖较小，经济全球化以后，国家之间相互联系越来越多、相互依赖程度越来越高，国际经济环境对各国经济发展的影响越来越大。在一国经济规模比较小的阶段，对国外要素和市场依赖程度较低，随着经济规模的扩大，对国外要素和市场的依赖程度逐渐提高。理论上，国家领土面积越大，资源种类越多、总量越大，市场规模越大，国家经济发展的独立性越强，越能够主要依靠本国资源和国内市场发展经济。当然，由于要素数量和质量在不同国家之间分布的非均衡性，即使是大国，国内资源也不一定完全满足本国经济发展的需要，也有必要通过在全球范围配置资源，更好地实现经济发展的目标。

不同的国家开启现代经济发展时所面临的发展环境差异会影响其资源配置的基本模式。任何国家的经济发展随着经济规模的扩大，对生产要素需求越来越大，对产品消费市场的需求也会越来越大。现代经济发展起步越早，处于同一发展阶段的国家越少，国家经济发展面临的要素和产品市场越宽松，越能够以较低成本获得发展所需的要素和市场（当然也可能面临市场自我封锁国家的阻力）；现代经济发展起步越晚的国家，要素和产品市场面临的国际竞争越激烈，获取发展要素和产品市场的难度越大。也就是说，先发国家在获取要素和市场方面具有一定的先发优势。但对于后发国家而言，在开放经济的条件下，先发国家经济发展中积累的技术、经验、经济制度等也可以在一定程度上为后发国家所用，后发国家可能利用先发国家长期研究开发出来的先进技术，借鉴先发国家长期探索、实验成功并行之有效的制度，节省经济发展中的技术进步和制度探索的成本，或者以远小于先发国家的成本取得经济发展的成效，从而具有后发优势。由此可见，经济发展起步早的国家可以获得要素和产品在内市场的优势，现代经济发展起步晚的后发国家则可以获得技术和制度上的后发优势。当然，任何优势的获得都需要一定的条件，承担一定的成本和风险，而国家财政制度、金融等制度安排就是获得发展条件的重要制度。

二、知识与经济发展战略的关系

国家经济发展战略受到国家经济社会等条件的约束。与个人行为的目的性相似，一国经济发展也具有目的性、计划性。处于不同发展阶段的国家由于对经济发展规律的认识水平不同，可以借鉴和参考的发展经验和模式也不同，经济发展战略的选择空间也存在较大差别。现代经济发展起步越早的国家，由于先前研究成果较少，可以借鉴的经验不足，对经济发展规律的认识主要是在不断地总结经验教训中积累，经济发展战略和道路也是在不断的试错中形成的。当然，随着对规律认识越来越深入和全面，经济发展战略的自觉性程度也越来越高，逐步进入有意识地、自觉地制定和执行经济发展战略的阶段，相关经济制度安排的计划性、目的性也越来越强。

利用经济理论和经验制定经济发展战略，并在战略指导下，确定资源配置模式是各国经济发展的一般逻辑。经济发展战略是基于对国家在较长时期发展环境的全面了解，在经济发展理论指导下制定的经济发展长期的、全局性的发展规划。从不同角度考察，经济发展战略有不同的分类，比如，根据经济发展与国际市场的关系可以形成外向型经济发展战略和内向型经济发展战略；根据经济发展优先顺序可以形成工业优先、农业优先或第三产业优先的经济发展战略；根据国内不同产业和区域发展重点不同可以形成均衡和非均衡的经济发展战略；等等。

厘清经济理论与经济发展战略进而经济发展绩效之间的关系对于经济发展实践具有十分重要的作用。经济规律是经济运行中内在的、本质的、必然的联系；一般性的经济理论是所有经济活动的内在的、必然的、稳定的联系；经济理论是对经济运行内在规律的系统表达；经济理论具有层次性，既有一般性的经济理论，也有反映特定对象（如经济发展阶段）的经济规律的经济理论；不同要素禀赋特征的国家经济运行的规律既体现经济运行的一般规律，也具有特定要素禀赋国家经济运行的特殊性；指导特殊类型国家经济发展的经济理论需要有特殊类型国家经济运行理论作指导；后发大国的经济发展实践需要有后发大国经济发展的理论作指导，仅仅依靠一般经济理论难以为后发大国经济发展提供有效的指导。指导先发国家经济发展实践的经济理论并不能直接指导后发大国经济发展，但先发国家经济证明具有真理性的经济理论对后发大国经济发展具有一定指导意义。由此可见，后发大国经济发展战略的制定既可以吸收先发国家经济发展的经验，借鉴先发国家经济发展证明是正确的经济理论，更需要理解后发大国经济发展的内在规律。从后发优势的角度看，后发国家可以获得先发国家经过探索、试错而获得的经济理论，但不能仅仅依靠先发国家提供的经济理论和经验。

三、经济发展战略与要素配置方式的关系

要素配置方式的选择与经济发展战略具有一定的相关性。无论哪种经济发展战略都会涉及要素的配置模式的选择。根据要素配置主体的不同，可以将要素配置方式概括为以企业和家庭为主体的资源配置方式和以政府为主体的资源配置方式。前者是分散的资源配置，后者是集中的资源配置，前者更多是基于微观经济主体在市场和相关信息约束下自主的资源配置，后者是基于政府对经济发展目标制定，运用国民经济计划直接干预微观经济主体经济行为的非市场化的资源配置。在现实的经济发展实践中，很少存在单纯的市场配置资源或者完全的政府集中的资源配置方式，更多是哪一种资源配置方式在同一时期同一国家的资源配置方式中处于主导地位，发挥支配性作用，哪一种资源配置方式处于从属地位，发挥辅助性作用。

一般地讲，分散的资源配置方式对应着家庭是资源配置主体并发挥主导作用的自然经济和市场机制，这种模式为在资源配置中起决定性作用的市场经济体制；集中的资源配置方式对应着计划机制在资源配置中处于主导地位，发挥支配作用的计划经济体制。分散的资源配置方式可以充分发挥微观经济主体对自身经济利益的关注，充分利用市场机制的优势，灵活调节供求关系，提高资源配置效率。由于这种资源配置方式的动力来源于微观主体对自身利益的关心，能够充分调动微观经济主体发展经济的积极性和主动性，在竞争性领域的资源配置效率较高。但一些公共利益、全局性的、不能直接分解为个体利益的公共品和公共服务由于缺乏关心的主体，会导致资源配置不足，形成微观高效、宏观低效和无效并存，容易出现公共利益、全局利益无法保障，个体利益也无法充分实现的局面。还有，市场机制发挥作用的前提条件也不能自发地在市场内部形成、完善起来，尽管有部分市场交易规则可以在市场内部渐进形成，但大多数市场机制发挥作用的硬件设施和规则需要借助于外在力量尤其是借助于政府作用形成。相对而言，集中的资源配置模式可以利用集中信息优势，集中配置资源于那些关系到国家发展的基础性、全局性、长远性的领域，解决经济社会发展的关键性、基础性、瓶颈性的问题，为微观经济行为提供有力保障。但这种模式可能会存在信息收集、处理成本高，容易导致决策失误，也可能由于行政干预导致寻租，带来资源低效甚至无效配置的问题。

市场和计划这两种资源配置方式在经济发展不同阶段的优势与劣势存在差异。一般地讲，在经济发展的初期，由于经济总量较小，经济结构简

单，决策的信息成本较低，通过集中的资源配置方式发展那些关系全国经济发展全局的重要产业部门，比如重要的装备工业部门、基础设施等，有利于经济体系的合理化和经济增长质量的提高。随着经济发展水平提高，市场需求多元化、复杂程度提高，生产行为多元化后，集中资源配置的劣势明显超过其优势，市场分散配置资源的优势变得更加明显。此外，随着经济发展水平提高，人们的消费结构中公共消费的比重提高，而满足国内公共消费的对象主要是具有公共品特征或者具有较强外部性特征的准公共品。理论上尽管这类物品或者服务更适合由政府提供，但由于伴随经济发展水平提高，技术水平也会提高，制度上的创新也会更多，这将使传统政府集中配置资源提供的物品或服务转化为通过市场分散配置资源向社会提供成为可能。

资源配置方式的选择在一定程度上决定了政府和市场配置资源的相对比重。由于资源一般被分解为归家庭、企业支配的资源和由政府支配的三个部分，分散的以家庭和企业为主的资源配置方式意味着市场支配的资源或要素占全部资源或要素的比重高；反之，集中的资源配置意味着由政府支配的资源或要素比重高。实际上归政府配置的资源占全部资源的比重可以用政府的全口径财政收入或支出占一国经济总量的比重来衡量，也就是用广义的宏观税负来具体和量化，宏观税负高的资源配置格局可以粗略界定为集中的资源配置方式；反之，界定为分散的资源配置方式。事实上，即使由政府配置的资源，其具体配置方式，尤其是资源具体使用方式也可能更多借助于市场机制来实现，即使市场配置的资源也有可能受到政府政策、制度等的强有力干预从而体现较强的政府意图。此外，以政府为主体的资源配置并不能简单地以具体财政收入或支出占 GDP 的数量比重来衡量，还应该结合政府配置这部分资源所处的经济领域在整体经济中的地位和作用，以及政府通过行政和法律方式对资源配置的干预范围和强度等来综合确定。

在政府配置资源的情况下，政府还可以通过调整财政制度中的财政收入、支出制度和预算管理制度来调节资源配置，或者在同一资源配置方式内部进行局部调整。比如，通过调整财政收入制度，增加或减少税种；调节税目，增加或减少国债发行，调整税率、税收优惠等措施来调节由政府支配的资源的规模；通过调整财政支出的重点领域，扩大或缩小财政支出领域，调整中央与地方政府财政管理权限等来调节政府内部不同层级政府的资源配置权限。财政制度的局部调整不影响资源配置方式，但会局部改变由政府配置的资源配置的结构，根本性的财政制度的调整和变化则会导致资源配置方式的根本改变，甚至导致经济体制的改变。

第三节　后发大国经济发展的基本逻辑

一国的经济制度安排要受到一定时期内的政治制度、社会发展伦理、经济发展环境等因素影响。在政治制度和社会发展伦理相对稳定的条件下，经济发展环境和经济发展战略就成为影响经济制度安排的决定性因素。后发大国在要素禀赋方面的特殊性决定了其自身内在的优势和劣势。后发大国经济发展的目的就是通过制度安排形成经济优势发挥的条件，充分发挥潜在的经济优势，抑制潜在经济劣势，并随着经济发展条件的变化适时调整经济制度，促成不同经济发展阶段的依次转化，最后实现经济发展的目标。

一、后发大国的基本含义

后发大国是同时具备大国特征和后发展国家特征的一种类型的国家。大国主要是从国家规模角度来描述一国的基本特征，一般主要从国土面积、人口、资源禀赋等实体要素角度来界定的。具体而言，可以根据国土面积达到多大，人口总量达到多少，自然资源种类、绝对量和人均数量达到多少等指标总体上达到某种标准来判断一个国家是否属于大国。国土面积、人口、资源禀赋的大国与以经济总量或者人均产值来衡量的大国有一定区别。前者意味着这类大国有可能成为经济总量大国，或者人均产值大国，或者说是潜在经济大国，但这只是一种可能。后者是衡量一国经济发展水平的指标，是资源禀赋大国潜在优势发挥的结果。当然，前者的发展结果可能是达到较高发展水平的经济发达国家，但后者并不意味着该国就是人口多、幅员辽阔、资源丰富的大国。后发国家是指经济发展水平、技术水平、制度完善程度、国民福利水平相对于经济发展水平很高，技术很先进，制度很完善，国民福利水平很高的国家要落后一些，但只是从时间上来看暂时落后于发达国家。后发国家并不意味着一定是长期或者永远落后的国家，也许随着时间推移，后发国家经过持续的经济增长、技术进步和制度创新会赶上甚至超过先发国家。后发国家与发展中国家有一定联系，即在静态的某一时点或者某一时期，后发国家相对于先发国家而言是欠发达国家或者发展中国家。但是，从动态考察，后发国家有可能通过持续的经济增长变成发达国家，甚至超越先前的发达国家。比如在历史上，英国超过西班牙，美国超过英国，日本超过英国，中国从经济总量上先后超过德国、日本等国家成为经济总量仅次于美国的经济大国。不仅经济总量上存在后发国家追赶先发国家的情况，技术水平和国民福利水平方面也存在此类情况。

后发大国同时具备后发国家和大国的特点，是大国也是后发国家，后发大国经济发展的禀赋、潜在优势、劣势也同时兼有大国和后发国家的特点，这也决定了后发大国的经济发展战略、路径必然受到大国和后发国家的基本特征和内在规定性的影响。

二、后发大国的典型特征

典型特征是在对研究对象外在表现的各种特征进行全面考察的基础上，从中提取的能够反映该类对象普遍性和共性的特征，它是对研究对象基本特征的归纳，不是对研究对象外在特征的简单挑选。后发大国的基本特征是大国特征和后发国家特征的综合。

大国的基本特征集中体现在规模性、内源性和多元性三个方面。具体来看，主要表现在以下几个方面：其一，资源总量大，通过对大国特征的全面梳理，可以发现大国的国土面积大、人口总量多、资源种类齐全、总储量大。这些特征为大国经济发展提供了一些重要的条件。国土面积大意味着土地辽阔，土地资源丰富；人口多意味着劳动力资源丰富和潜在的市场需求大；资源种类多和绝对量大意味着可以为国民经济发展提供必要的矿产和非矿产资源，有利于大国经济的全面发展。其二，大国经济具有内源发展的潜在条件。由于要素绝对量大、总量多，决定了大国的潜在供给能力强，能够提供大量的产品，满足人们多方面的需求；由于人口多，人均收入水平提高后，市场需求会很大，能够消化国内生产的产品，进而在本国内部实现总供求的基本均衡，可以在一定程度上避免国际市场波动对大国经济增长的不利冲击。另外，市场需求大有助于企业专业化分工和规模化生产，有利于降低企业的生产成本，使企业获得专业化生产和大规模生产的经济利益。其三，大国国内经济发展具有多元化的特征。由于幅员辽阔，各地区的自然地理条件差异可能会比较大，不同地理特征和气候特征的地方同时存在，既有广大的农村地区，也有城市；既有适合从事农业生产的区域，也有适合从事牧业、渔业、工业、服务业的地区。这种多元性、异质性自然地理区域的存在意味着大国经济结构可能是多元化的，各地区之间发展经济的自然地理禀赋不同意味着地区间发展差距可能会很大，并将长期存在。多元化也意味着不同地区之间的经济发展水平差距明显，地区间发展梯度明显，技术和产品的生命周期不同阶段可以在一国内部不同地区并存，有助于不同生命周期阶段的技术潜在经济效益的发挥，进而充分发挥技术对经济增长的促进作用。其四，大国经济发展具有转型特征。尤其多元异质性自然地理区域的存在，决定了地区间经济发展水平和经济结构差异会始终存在。随着经济发展水平提高，产业结构、区域结构以及城乡经济结构将长期处于梯次转变之中，从而决定了大国经济发展将长期伴随着经济结构的转变和发展方式转型。由于技术进步、市场需求变化和经济增长动力的变化，不排除经济欠发达地区利用某些资源、技术实现跨越式发展的可能，从而在大国内部地区间发展路径上出现不同于一般的梯次、渐进发展的特征，这也使后发大国地区间经济发展具有明显的结构转变的特征。

后发国家的基本特征主要表现在以下几方面：其一，后发国家相对于先发国家经济总量较小，人均产值较低，国民整体福利水平较低。由于后发国家整体上落后于先发国家，因此，在表征经济发展的各项指标上都具有欠发达国家的特点。但是，这种落后状态只是从特定时间点或时间段来考察的，如果后发国家能够实现持续的经济增长，这种经济指标上的落后早晚会发生转变。其二，技术落后。后发国家相对于先发国家的技术水平较低，技术进步缓慢，技术对经济增长的贡献率低，有利于技术进步的相关制度缺失或者不完善，经济体内缺乏促进技术进步的动力和激励。这种与先发国家之间的技术水平的差距意味着后发国家如果能够利用先发国家的成熟技术，有可能经历一段时间的快速技术进步，进而快速缩小与先发国家的技术差距。其三，后发国家经济结构水平低。后发国家一般第一产业产值比重高，农业就业人口占总就业人口比重高；相反，第二、第三产业产值比重和就业人口比重偏低，尤其是第三产业对应的产值比重更低。在第二、第三产业内部也表现出经济结构水平低的特征，即低端、传统制造业占第二产业产值比重偏高，高端制造业占第二产业产值比重偏低，工业经济体系不完整，技术水平低；第三产业内部的传统服务业比重高，金融、保险、教育、保健等现代服务业的比重低。其四，制度落后。后发国家相对于先发国家而言制度整体上落后，缺乏鼓励创新、经济增长、社会公平等的制度安排，制度体系内部结构不合理，甚至存在部分关键制度缺失的情况，例如，产权保护制度、分散风险的各种保险制度缺失或者不完善。存在制度僵化的情况，制约经济增长和社会发展的落后制度把持、控制着经济社会主要领域，制度长期处于僵化状态，缺乏制度变迁的动力。制度的僵化和落后导致了经济社会发展落后，经济社会落后又反过来固化落后制度，形成制度落后和经济社会发展停滞的因果循环累积机制。需要说明的是，后发国家经济发展中的上述落后现象之间具有内在关联性、耦合性，构成低水平发展的一种均衡状态。但这种低水平发展的均衡状态也是从特定时点或者某一时间段来讲的，也许当其具备经济发展的某些条件后，这种低水平发展均衡就会从某一方面被打破，进而进入持续增长和发展时期，经过一段时间持续发展，逐渐改变经济落后的状况，上述经济落后的特征随之消失。

后发大国的特征是大国特征和后发国家特征后的综合，具体体现在国内资源总量大、潜在供给能力强、市场需求大，具有内源发展的特征；国内经济结构多元并存，经济长期处于转型状态；暂时性表现为经济发展水平低、技术落后、经济结构水平低、制度落后等。这些特征蕴含着后发大国特有的发展优势、劣势，以及对应的经济发展战略、经济发展转型等发展特征。

三、后发大国经济发展的优势和劣势

后发大国的基本特征决定了其独特的经济发展优势和劣势。后发大国的经济优势和劣势是大国经济优势、劣势和后发国家经济的优势与劣势的综合，如果能够充分发挥后发大国经济发展的优势，规避劣势，后发大国经济发展可能取得好的发展业绩。

（一）大国经济的优势与劣势

大国经济的优势主要表现在以下几方面：

其一，规模经济优势。经济规模包括的供给要素、需求要素是大国规模优势的重要条件。从供给角度看，大国幅员辽阔、人口数量多、要素种类齐全、绝对数量大。大国幅员辽阔、人口数量多对应的劳动力资源丰富，劳动力成本优势明显；要素种类齐全、绝对数量大能够满足大国建立完整的工业和国民经济体系的需要。上述要素优势决定了大国经济发展的要素供给（含数量、种类、价格）受到国际市场波动的影响较小，经济独立性较强，稳定性较好，具有实现持续较长时期经济增长的要素条件。从需求角度看，大国潜在市场需求大，可以为经济增长提供市场条件。由于

人口总量大，随着人均收入增加，国内消费需求绝对量大，可以为国内经济增长提供庞大的市场需求支持，使大国经济增长更少受制于国际市场的约束，实现较长时期的持续增长。市场需求大还意味着可以支撑深度的分工，有助于专业化生产，提高劳动生产率；市场需求大还预示着企业可以进行大规模生产，降低生产成本，获得规模经济优势。由此可见，无论从要素种类和数量决定的供给能力和人口数量决定消费能力看，后发大国的潜在经济规模都比较大，后发大国无须像小国一样通过大规模出口、深度依赖国际市场等途径实现经济增长，可以避免小国为参与国际市场所承担的国际市场供求和汇率、关税壁垒等风险。大国大规模生产有助于企业降低生产成本。企业大规模生产的成本优势不仅有利于消费者福利的增加，也有利于生产者积累资本进行扩大再生产和进行技术创新，提高经济增长的质量。大国的规模优势还意味着通过规模化生产可以降低技术研发和创新的风险和成本，当其具有一定的技术研发和创新能力后，就会推动技术持续快速进步。

其二，经济结构多元化优势。大国内部经济空间差异明显，要素禀赋差异大，导致其国内三次产业、三次产业内部不同技术水平的经济形态、不同经济水平的城乡经济空间等同时存在。在经济发展中，时间上依次呈现的产业结构演进阶段在大国内部不同经济空间可以并存。三次产业结构、区域经济结构多元化有助于大国经济结构的动态调整，使大国具有兼容不同经济发展阶段的经济结构，使多种经济形式相互依存、相互补充、相互促进。由于自然地理条件差异大，大国内部具有经济结构多元化的特征，这就意味着大国内部同时存在不同经济发展水平和利用不同要素禀赋优势发展的特色经济区域，从而使大国内部可以容纳不同发展阶段、发展水平和要素禀赋的经济形式，能够在经济发展的任何阶段都保持较稳定的发展状态和增长速度，使大国经济具有较强的稳定性和抗风险能力。

大国经济也存在一定的劣势。主要表现在：其一，奠定大国经济发展基础需要大规模资本积累，大国为奠定经济长期发展的基础有必要建立相对完整的工业和国民经济基础。这些工业大多属于资本密集型工业，在经济发展较低阶段建立体系相对完整的资本密集型的重工业体系需要大量的资本。由于资金需求量大，投入转化为最终产出的链条长、时滞长，国外投资者缺乏投资积极性，这容易让大国经济发展初期面临较强的资金"瓶颈"。如果通过国内传统农业部门来积累奠定发展基础所需资金也需要传统部门长期承担过重的资本积累的压力，对国内经济结构协调造成长期的压力。同时，让传统农业部门长期为重工业部门提供资本积累也容易引起国家发展成本在城乡居民之间的不公平分配，强化城乡居民的不公平感。

其二，国内地区间、城乡间自然条件差异大，容易出现经济发展差距大、结构失衡的问题。由于地区间、城乡间经济区位条件差异大，发展经济的条件差异大，当经济发展进入快速增长通道后，要素在地区间自由流动很容易出现部分地方要素快速集聚，经济持续快速增长，其他地方要素大量流失，要素密度降低，经济增长缓慢甚至停滞，继而导致地区间、城乡间发展差距扩大，经济严重失衡的局面。尤其是在经济快速增长时期，地区间和城乡间发展差距快速扩大的时期，如果不能妥善处理地区和城乡之间的发展差距与不同人群之间在发展中对发展成果的共享和发展初期成本分摊不平衡之间的关系有可能引起群众不公平感加重，影响社会稳定，中断大国经济增长的进程。

（二）后发国家的经济优势和劣势

后发国家的经济优势主要体现在以下几个方面：

其一，发展速度的后发优势。后发国家一方面表现为经济发展水平远低于先发国家，技术水平远低于先发国家；另一方面，这也意味着后发国家有着很大的、因为落后而存在发展优势。后发国家经济发展水平低，要素价格便宜，意味生产成本低，在开放经济条件下具有吸引国外投资者的成本优势。随着资本的流入，国内闲置的劳动力、土地和其他要素被充分利用起来后会明显加快后发国家经济发展进程。伴随着国外投资者的进入，资本、技术也随之进入后发国家，如果国内具有一定的技术吸纳能力，后发国家可以在引进外资中实现技术的快速进步，不必承担先发国家在研究开发这些技术中的风险和高额投入，技术进步速度明显快于先发国家。此外，后发国家也可以通过购买专利、进口设备、引进专业技术人员等方式加快技术进步步伐，以较快速度缩小与先发达国家的技术差距，实现技术上的追赶。

其二，制度上的后发优势。后发国家可以学习先发国家经济发展中的相关经济政策，把适合后发国家经济发展的经济政策借鉴过来，节省经济发展中相关经济政策的探索、试错的成本，从而实现经济政策的跨越式进步。此外，后发国家还可以借鉴先发国家经济社会发展中行之有效的制度，如产权保护制度、专利保护制度、财政制度、金融制度等，减少制度探索中的相关成本，尽快缩小与先发国家之间制度上的差距。当然，由于制度兼容性和非正式制度的内生性，后发国家不能将先发国家成功的正式制度都借鉴过来，即使可以借鉴的正式制度也需根据后发国家自身的相关制度进行必要的适应性改造，不能将"原装"制度照搬过来。

后发国家的劣势主要体现在以下几个方面：

其一，经济上的后发劣势。先发国家利用先发优势已经占据技术和产品市场上的有利地位，后发国家如果跟随先发国家的发展路径发展，就只能跟随在先发国家后面，无论是在经济结构、技术水平等方面始终落后于先发国家，难以真正赶上和超越先发国家。

其二，技术上的后发劣势。由于长期模仿、学习先发国家的技术，后发国家如果不能适时转换技术进步的路径就会导致其缺乏技术研究开发动能，难以研究开发出适合本国要素禀赋的技术，这既不利于本国整体技术水平的提高，也不利于本国要素的充分合理利用和经济结构的合理化。另外，先发国家掌握着关键核心技术和某些技术标准也会加大后发国家在技术进步上的成本，甚至使后发国家被锁定在引进落后技术和长期"追随"先发国家的角色。

其三，难以解决制度兼容的困难，导致引进的制度难以有效发挥作用。如果从国外引入的正式制度不能与后发国家国内的内生制度（由于历史、文化传统等因素决定的内生于后发国家经济社会的、不能从国外引进的制度）相兼容，会出现制度冲突，导致从国外引进的制度难以有效发挥作用，导致整体制度的绩效低下，甚至引发国内长期的制度混乱和制度冲突。

其四，容易出现经济、政治社会冲突。由于经济发展水平和政治结构、社会结构、制度结构之间具有内在关联机制，正常情况下一国经济发展水平和政治结构、政治制度、社会结构、社会制度等之间是相互适应的，处于有机协调状态。在经济后发优势的作用下，后发国家经济快速发展、技术快速进步的同时，政治结构、政治制度、社会结构、社会制度还是受其自身演变机制的控制，缓慢演变甚至保持相对的稳定性，从而出现经济发展与政治结构、社会结构调整脱节和不同步的情况，容易出现社会混乱，干扰正常的经济发展和社会进步进程。

其五，在国际政治经济规则的制定中处于不利地位。国际政治、经济活动的规则大多由先发国家制定，并有利于先发国家，后发国家在国际政治经济活动中往往是规则和制度的被动遵循者，这就意味着先发国家可以利用其在规则制定中的先发优势，获得额外的大量利益。相应地，后发国家将因为不公平的国际政治经济规则而丧失大量政治经济利益，甚至被锁定在被动遵守者、被剥夺者的地位。

后发大国既集中了大国经济的优势与后发国家的优势，也潜藏着大国经济的劣势和后发国家的劣势，为尽可能获得后发大国经济发展的潜在优势，规避后发大国经济发展的劣势，后发大国就需要制定适合大国经济发展的战略，建构与发展战略相适应的相关制度，来促进后发大国的经济发展，尽快摆脱欠发达国家的境地，实现经济发展和社会进步。

四、后发大国经济发展机制分析

后发大国经济发展中的后发优势和大国优势只是一种潜在的优势，要将潜在优势转化为持续的经济增长、技术进步和经济结构改善需要具备一系列前提条件。一定水平的、成体系的基础设施、装备工业部门，一定规模的人力资本、较完善的产权保护制度、稳定的社会政治经济环境、统一的国内市场等是后发大国经济发展的基本前提。要形成后发大国这些经济发展的基本条件就需要政府投入一定的资源，要获得这些资源就需要制定和实施一系列的社会经济制度。后发大国经济发展是一个包含多个发展阶段，各阶段顺次推进，最后实现经济发展目标的过程。

（一）后发大国发展能力、发展优势与国家实力的关系

后发大国的后发优势、劣势与大国优势、劣势是基于后发大国内在规定性和经济一般理论的逻辑推断，是一种潜在优势和劣势。经济发展是要发挥优势，抑制劣势，但后发优势的发挥是需要一定前提，这个前提就是后发大国经济发展的前提条件。后发大国发挥后发优势的前提条件包括稳定的政治局面、安定的社会秩序、统一的国内国际市场、高效的国家治理、完善的基础设施体系、重要能源原材料的有效供给、完善的产权保护等经济制度以及满足经济发展的、具有一定知识和技能的大规模的劳动力，等等。形成后发大国发展这些条件需要以大量的资源投入为前提，这些条件大多属于公共品或者属于具有很强外溢性的准公共品。在经济发展水平较低的情况下，民间投资者缺乏投资于公共品和准公共品的能力、意愿和动力，因此，借助于财政、金融制度集中一定规模的资源用于保障后发大国发展基础的制度安排就至关重要。显然，政府集中的、可配置于奠定后发大国发展基础条件的资源的能力就是国家保障发展条件，推动国家发展的能力，即国家的能力。当国家具备一定的发展能力，形成有利于后发优势和大国优势发挥的条件后，随着后发优势和大国优势发挥出来，就会形成经济持续快速增长，技术水平高，国民收入水平提高，经济结构改

善，国家整体经济、政治、文化实力增强，国家实力明显增强。由此可见，国家能力、后发优势、大国优势和国家实力的关系应该是：国家能力是奠定后发优势和大国优势的基础和前提，后发优势和大国优势的发挥进而经济持续快增长、技术进步等是国家能力形成基础上后发优势与大国优势发挥的表现，而国家实力则是后发优势和大国优势发挥的结果。处在发展起步的后发大国要实现经济发展的目标首先需要具有一定的国家能力，而相关的财政制度、金融制度、政治制度等是形成国家能力的制度保证。

（二）基础设置在后发国家经济发展中的地位和作用

相对于先发国家，后发大国发展的国际国内环境必然会影响其经济发展战略和经济制度的选择。一国经济发展所处的国际国内环境是动态变化的，发展战略和经济制度安排也是动态变化的，随着影响经济发展条件的变化，发展战略和经济制度安排也应相应调整。当然，部分经济制度由于能够满足经济发展不同阶段的需要具有较强的稳定性，需要长期保持，另外一些经济制度则需要根据经济发展环境和发展战略需要适时调整。根据发展经济学的一般理论，发展中大国一般都具有二元经济结构的特征，即传统的、低生产率的农业生产部门和城市的现代工业部门并存的经济结构，这是经济欠发达的基本事实，也是后发国家经济发展的起点。从经济发展的结构演变视角看，后发大国经济发展过程就是由二元经济结构向一元经济结构转变的过程。

一般地说，后发国家在经济发展中具有技术、制度等后发优势，这也决定了开放条件下的后发大国是在先发国家已经形成的较高技术水平、较高资本有机构成的技术基础上开始现代经济发展过程。后发大国由于国内资源、要素、市场等客观条件制约，在发展战略的选择上具有明显的后发大国特征，其选定的发展战略也具有后发大国的特色，发展战略的特殊类型必然影响资源配置模式，继而对财政等经济制度安排产生明显的影响。

尽管后发大国具有技术和制度上的后发优势，要将这种潜在优势转化成为现实的经济发展还需要先奠定经济发展的基础，才能引导资源合理配置，以形成与其资源禀赋和发展环境相协调的经济结构。[①] 众所周知，在影响经济增长的诸因素中，技术扮演着非常重要的角色，随着经济发展水平的提高，技术的作用越来越重要。但技术进步并不是后发大国经济发展

---

① 林毅夫：《新结构经济学：重构发展经济学的框架》，载《经济学（季刊）》2010 年第 10 卷第 1 期，第 1～32 页。

的全部，它还需要有包括基础设施、资本、劳动力、企业家精神等互补性要素配合才能促进经济增长。在技术上，即使可以在短期内引进国外的先进技术，但如果缺乏必要的能够消化、吸收、使用先进技术的人才（包括熟练劳动力），缺乏必要的能源、原材料，缺乏系统的基础设施，缺乏必要的促进经济增长的制度安排，如果技术、资本、劳动力、制度不能耦合成一个有机的经济系统，单纯的、再先进的技术也难以充分发挥对经济增长的促进作用。促进人力资本形成的教育投资，提供国民经济运行必需的能源、原材料和基础设施以及提供经济发展所需的制度安排等这类投资都具有很强正外部经济性，或者直接是公共品，这些都是确保经济持续增长的重要条件，它们构成了后发大国经济增长的重要的基础设置。① 这些基础设置与一般产业投资之间的关系有三种类型：一是基础设置投资超前模式；二是基础设置投资滞后模式；三是均衡投资模式。三种类型的基础设置和一般产业投资的搭配结构对应着不同的经济增长路径和效果。

基础设置投资超前模式要求基础设置投资超前于一般产业投资若干年甚至几十年，当基础设置条件改善后，一般产业投资所需要基础设施、重要的能源与原材料、人力资本等条件具备后，响应潜在经济利益的经济主体会自动进行投资，当大规模民间投资持续增长时，后发大国就开始进入经济起飞的阶段。有些时候，如果由于国际或者某些国内原因不能从国际市场获得生产消费品的机器设备，尤其是不能获得生产消费品的机器设备时，国家还需要进行装备工业的投资，这样才能为一般产业投资提供必要的生产机器设备的机器设备，即工业"母机"。此外，必要的道路、交通通信等基础设施是一般产业不可分割性的生产条件和消费者消费的条件；教育事业投资是培养具备必要知识和劳动技能的劳动者的前提；产权制度是确保投资者具有持久性投资意愿的制度基础；等等。当上述条件具备后，一般产业投资才可能形成相应的生产能力；只有当上述基础设置条件具备后，一般产业投资才可能有一定的盈利能力，继而达到吸引投资者投资的要求。这时，如果有市场需求和配套产业或行业支撑一般产业投资的局面大规模跟进，就会形成投资快速增长、经济快速增长的局面。

基础设置投资超前模式的核心是追求跨期的投入产出效益。很明显，基础设置超前的投资模式的初期大量基础设置投资并没有带来显著的消费

---

① 这里的基础设置是林毅夫教授发表在《经济学（季刊）》，2010 年 10 月的论文《新结构经济学：重构发展经济学的框架》先提出来的，包括道路、交通、通信等狭义的基础设施和教育、产权制度等软性基础设施。

品产出。由于一般产业投资还没有大规模跟进可能存在基础设置一定程度的闲置，甚至存在一定程度的浪费，从而整体经济的投入产出比率较高，投资的短期经济效益较差。但从整个经济发展过程来看，这种模式的经济效益不一定差。原因在于，随着基础设置体系的建成，一般产业投资的运行成本会大幅度降低，一般产业投资会大规模跟进，直到基础设置被充分利用，这时候一般产业投资的经济效益会大幅度上升，全社会包括基础设置和一般产业投资的总投资的投入产出率会下降，社会总投资的经济效益会上升。从这种投资模式的全过程看，社会总投资的经济效益会比较高。但是，如果基础设置投资过度超前，导致某些投资不能被一般产业投资所吸收并充分利用，甚至变成无效投资，这部分基础设置投资从全过程看经济效益也可能比较差，进而拉低了全社会总投资的经济效益。更有甚者，可能因为过度的基础产业导致消费品工业发展不足、投资结构严重失衡、社会消费品严重短缺、影响社会稳定，进而导致经济发展过程中断。

基础设置投资超前模式实施的关键在于国家具有一定的持续投资能力，社会公众能够在较长时期内理解、支持国家的投资行为。基础设置投资产出的是中间产品而非消费品，基础设置超前投资意味着一段时间甚至较长时期内的大量资金、劳动力等要素投入不能直接增加可供人们消费的产品，这就带来两个问题：其一，国家要有可持续的投资能力，即能获得可持续的大规模的资金。国家越大，资源动员能力越强，越是具有可持续的筹资和投资能力。其二，民众能够忍受消费产品不足带来的生活困难，因此，取得民众对国家长期发展政策的理解和支持也是这种模式可实施的前提。

基础设置投资超前的发展模式具有潜在的后发优势。初期，基础设置投资尽管一定程度上挤出了一般产业投资，不能直接产出较大规模的满足消费需求的有效供给，不利于全社会经济效益的提高。但在中后期，由于基础设置条件的改善，能够满足一般产业投资的非独占性、共享性设置的需求，有助于降低一般产业投资的经营成本，提高要素收益率，会带来一般产业投资的快速增加，促成经济的较长时期的持续、快速增长，一定程度上能够弥补和抵消前期一般产业投资不足对经济增长的不利影响，因此，这种投资模式具有一定的后发优势。当然，基础设置中的硬件基础设置的超前程度不能太多，不能过度超越一般产业投资对基础设置的需求，否则，不适应一般产业投资对基础设置要求的过度超前的基础设置投资会成为无效供给，造成资源的浪费。

基础设置投资滞后的投资模式实际上是在外因（市场需求）驱动下一般产业投资在局部行业或经济空间首先投资形成供给能力，形成对基础设置的现实需求，带动国民经济基础设置投资增加的一种投资模式。率先投资形成供给能力的局部行业和经济空间的一般产业投资正常运行很快会受制于基础设置的约束而出现运行成本上升，要素收益率降低，从而使基础设置成为国民经济发展的"瓶颈"。随后，政府或者民间资本响应经济发展对基础设置需求，加大投资力度，经过一段时间的投资后，基础设置与一般产业投资达到基本适应的状态。基础设置投资滞后有可能出现一般产业投资的增长路径因基础设置投资滞后而停滞的情况。因为基础设置、制度、人力资本投资都具有很强的正外部经济效应，尤其是交通运输、电力等重要基础设置投资具有投资规模大、建设周期长、资金回收慢等特点，大多属于国民经济的上游产业，定价太高容易损害下游产业发展，因此这类项目投资本身的直接经济效益较差。至于制度和教育本身就具有很强的公共属性，民间资本更是缺乏供给的动力。因此，这种投资模式最终还是需要政府承担主要的责任，成为直接或者间接的投资主体。大多数的后发大国在吸取一般产业投资超前、基础设置投资滞后的投资模式的教训后都会尽量避免基础设置投资滞后对一般产业投资进而对经济发展不利影响的教训，尽量使基础设置投资适应一般产业投资，确保一般产业投资与互补性基础设置和要素投资的匹配和同步。

基础设置投资滞后的模式实质是追求短期内整体投资的经济效益最大化。相对于基础设置投资，一般产业投资可以尽快带来产出，满足市场需求，产生直接的经济效益。在分散配置资源条件下，追求利润最大化的厂商有足够的激励生产具有市场需求的商品，这样能使其投资具有较好的经济效益，对这种模式下的企业来讲，也具有与比较强的自生能力。当一般产业投资遇到基础设置"瓶颈"时，无论是政府还是民间投资者对基础设置投资都具有很强的针对性，能够对接一般产业投资对基础设置需求，不容易出现无效、低效的基础设置投资。尽管这种投资模式前期的一般产业投资者生产的消费品具有较强的市场针对性，但基础设置短缺是一般投资者不能控制的，基础设置短缺必然抬高一般产业投资的生产经营成本，降低一般产业投资的经济效益。此外，在基础设置约束下，一般产业投资经济效益下降可能会影响一般产业投资的增加，使全社会实际的一般产业投资规模低于没有基础设置"瓶颈"约束下的合意的投资规模。尽管后期基础设置投资跟进后会降低一般产业投资的生产经营成本，提高经济效益，但由于在基础设置瓶颈期必然存在一般产业投资规模小和经济效益差，因此，全过程、整体的经济效益也不是最理想的水平。

基础设置投资滞后的投资模式遭遇到的社会阻力一般较小。一般产业投资相对于基础设置投资具有投资规模较小、见效快、资金回收快，项目经济效益明显的特点。由于不会长期占用大量资金和其他资源，社会承受的经济压力较小，一般不会招致民众的不满，推进较为顺利。但是，基础设置中涉及社会消费性的基础设置建设滞后和缺失可能会影响民众的生活质量，一定程度上会增加政府的压力。教育、医疗卫生、社会保障、产权保护等基础制度由于关系到经济社会的发展潜力、可持续性和发展后劲，政府投资滞后可能会影响长期的经济增长。从这个意义上讲，如果过分迁就民众的短期利益，忽视国家发展的长期性，可能会影响经济长期发展。

均衡投资模式是指基础设置投资和一般产业投资协调推进的投资模式。政府在吸取前两种基础设置和一般产业投资教训的基础上，主动协调基础设置投资和一般产业投资的投资规模和速度，使两者保持同步、协调发展的态势。这种发展模式既避免基础设置成为一般产业投资增长"瓶颈"的情况，也避免基础设置投资超前导致基础设置闲置、一定时期低效利用的情况，使经济增长处于稳定、协调的状态。由于一般产业投资和基础设置投资在存在空间和时间上的外部性，投资主体和投资决策依据上也不同，要实现它们的同步投资和协调发展需要处理好政府和市场之间的关系。从空间外部性看，一般产业投资项目的投资主体在经济可行性论证后进行投资，经济效益一般较好；基础设置类的投资具有明显的正外部经济效应，项目成本和收益的分担和分享具有非对称性，成本可以归结为项目本身，但收益很容易外溢，甚至具有完全的非排他性和非竞争性。从时间外部性看，对于国家整体来看，一般产业投资主要立足于当期或者近期的投入产出关系，着眼于提高当期或近期的经济效益；基础设置投资主要立足于长期投入产出关系，重点考虑跨期的投入产出关系最优，着眼于通过前期投入为后期一般产业投资效益提高提供基础和条件。追求局部、短期经济效益是作为一般产业投资者微观经济主体经济行为的逻辑，追求全局、长期和跨期经济效益是政府经济职能的主要行为逻辑。为实现基础设置投资和一般产业投资均衡增长需要处理好政府和市场之间的关系，明确各自的经济行为逻辑和投资领域。关注全局、长期、跨期经济效益的政府必须主动了解、预测经济发展对基础设置的需求，及时、主动响应一般产业投资和民间消费需求对基础设置的需求，才能实现经济持续、稳定增长。

　　无论是哪一种类型的基础设置和一般产业的投资模式，一定程度的基础设置都是经济发展的前提和基础。基础设置投资超前于一般产业投资的程度越高，一定时期内基础设置投资占社会总投资的比重越高，投资基础设置的政府合意投资绝对额越大。在一国经济发展初期，如果不能从外部获得积累资金的渠道，在国内资金短缺、社会可用财富总量有限的情况下，要筹集促使后发大国经济起飞所需的基础设置就需要有适度的要素集中配置和相应的制度安排。从各国经济发展的经验事实看，追赶发展成功的发达国家都在一定时期不同程度地提供了有利于筹集基础设置投资资金的相关制度安排，如德国、日本等。这些制度安排主要涉及包括财政、金融等制度在内的经济制度和相关的社会管理制度。由于经济发展的基础制度不同，发展面临的国际国内环境不同，制度的具体内容和制度的强度也存在一定差异，但为积累国家发展所实行的引导要素集中投向基础设施、基础工业、教育、制度等基础设置的经济制度安排的实质却是相似的。

（三）农业的适度发展是后发大国经济发展的重要基础

　　后发大国的经济发展必须充分考虑农业的基础和农业对国家发展的保障和支撑能力。后发大国农业在国家发展中承担着重要的功能。其一，为国民经济发展提供足量的农产品。后发大国人口众多，对农产品的需求绝对量大，一般很难通过国际市场获得有效保障。尤其是在经济发展水平较低、消费水平还比较低的阶段，农产品的需求规模更大。如果农业部门不能提供足够的农产品，人们的基本生活需求不能得到有效保障，社会稳定将难以保证，工业化和城市化都难以顺利展开和持续推进。其二，农业部门还需要在工业化初期为工业发展提供劳动力、资本等要素。农业的发展是保证在提供工业所需农产品的同时还可以将一部分劳动力转移到工业部门为工业部门发展提供足够的劳动力，农业部门的农产品在满足农业部门和工业部门消费和生产之外还是工业部门资本积累的重要来源。其三，农业部门出口的农产品还可以换回外汇用于购买国外先进机械设备和技术，是后发国技术后发优势实现的很重要渠道。其四，农业部门居民对工业品的消费还是工业部门发展到一定水平后工业品消费市场的重要组成部分。因此，农业的发展，农民收入增加和对工业品消费能力提高是工业部门持续发展的重要条件。

　　后发大国经济发展初期保持农业投资和非农业投资结构的合理比例是关系到后发大国后发优势和大国优势充分发挥的重要前提。为了加快工业发展速度，后发大国在资本供给严重不足的情况下通过制度安排从农业提取更多资本可以增加工业部门的资本供给，满足工业部门对资本的需求，加快工业部门发展，但是过度地从农业提取剩余又可能伤害农业的发展能力，抑制农业的发展。农业发展不足必然反过来从农产品供给、劳动力和资本供给、农业长期对工业部门的消费市场贡献等方面影响工业部门的发展。因此，通过制度安排和资源配置等奠定后发大国发展的农业基础对于后发大国后发优势和大国优势的发挥、经济的可持续增长，进而发展目标的实现具有十分重要的作用。

（四）后发大国国家发展能力的形成机制

后发大国的大国优势和后发优势的形成和发挥是有条件的。后发大国经济发展中具有潜在的大国优势和后发优势，但这种潜在的优势转化为现实的经济增长需要一定的条件，这个条件就是国家发展的能力。后发大国国家发展的能力和国家的实力是相关但不同的范畴。国家发展能力是国家实力的前提和基础，国家实力是国家发展能力将潜在经济优势发挥出来并实现持续的经济增长的结果，国家实力提高后可以进一步增强国家能力，形成发展能力与发展实力的相互增强、良性循环的正反馈机制。具体来看，国家发展能力是与经济总量、技术水平、经济结构等国家实力相区别的概念，它集中表现为国家（政府）具备的、构成支持一国经济发展的财政收入规模，以及相应财政收入转化成为经济增长提供基础设施等支持经济增长的能力。财政收入规模决定了政府可以支配资源的规模。从经济发展角度看，这些资源主要通过政府的资源配置用于建设硬件的基础设置和包括教育、产权保护、医疗卫生、社会治安、社会保障等软件基础设置。

从资源禀赋与发展战略的关系看，国内的资源禀赋条件是决定大国经济发展战略的基本因素。大国一般幅员广阔、人口众多、国内潜在市场大、资源绝对量多、种类全。从供给角度看，上述要素禀赋意味着后发大国具有满足建立相对完整的工业和国民经济体系的要素供给条件，可能支持建立相对完整的工业体系和国民经济体系。从需求角度看，大国人口总量大，潜在市场需求大，如果潜在需求转化为现实需求就可以为大国经济持续增长提供需求支持。从影响经济持续增长的供求均衡角度看，通过建立相对独立完整的工业和国民经济体系，国内要素供给形成的供给能力可以国内消费为主的市场消化，实现总供求的基本平衡。这样可以减少对具有不确定性风险的国际市场的依赖，减少大国经济增长的不确定性，因此，大国经济长期具有可持续、稳定增长的优势。由此可见，大国的资源禀赋有助于其实行主要建立在国内资源和市场基础上的经济发展战略。当然，这并不意味着大国必须在发展的全过程中实行封闭的发展战略，不通过对外开放参与国际经济活动。事实上，通过参与国际经济交流与合作可以加快大国技术进步，将潜在的技术后发优势转化为快速技术进步的现实；可以通过国际市场需求和供给进一步放大大国经济的规模优势，促进大国生产的专业化分工与合作，可以调节大国内部的供求结构，实现总量与结构的协调。

国际环境也是影响大国经济发展战略的重要因素。一般来讲，一国经济的供求均衡可以借助于国际和国内两个市场实现，即通过国际市场获得生产所需要的机械设备、半成品和原材料，通过国际市场消化国内超过本国需求的产品。不仅如此，借助国际市场还可以获得贸易中的比较利益。由此可见，自由、开放的国际贸易环境有助于大国通过参与国际贸易实现总供求关系的均衡和获取贸易中的比较利益。后发国家还可以借助国际市场引进国外成熟的设备、技术、管理经验和制度，将潜在的技术、制度后发优势转换为现实。自由、平等的国际贸易环境对于后发大国经济发展是一个重要变量。大国和小国在面对和利用国际市场中存在显著差别，国际市场价格和供求对于供求规模较小的经济体而言是外生的，但对于供求规模很大的大国经济体则是内生的。在国家贸易中，由于大国需求和供给规模大，如果对外贸依存度较高，必然对国际市场需求和供给产生大的影响，无论是大国自身还是国际市场的相关国家都难以承受大国供给和需求对国际市场的进出口进而对总供给和总需求的影响，反过来又会对大国的进出口产生大的影响，出现大国进口什么、什么东西就涨价，大国出口什么、什么东西的价格就下降的情况。因此，大国如果建立相对独立、自主的国民经济体系，可以使大国的总供求关系主要依靠国内市场实现均衡，维持大国经济的持续、稳定增长。

建立相对完整的工业和国民经济体系是大国经济可持续发展的前提。为充分发挥后发大国经济发展的优势，实现经济自主、稳定的发展，后发大国有必要在一定时间内建立相对完整的工业和国民经济体系，以维持和支撑大国经济的生存与可持续发展。相对完整的工业和国民经济体系意味着一国工业和国民经济系统中具有满足国民经济正常运行所必需的主要的经济部门，各产业、工业经济门类相对齐全，即使在不依赖国际市场的条件下也可以维持国民经济的持续、健康运行。相对齐全、完整的工业和国民经济体系可以在一定程度上屏蔽不稳定的国际供求因素对大国经济的不利干扰，确保主权国家经济的自主性和稳定性。从理论上讲，在自由的国际贸易条件下，贸易国可以从国际市场获得国民经济发展所需要的所有基础设施和重要的装备——工业设备，通过专业化生产和进出口合理配置国际国内要素，获取国际贸易的比较利益，推动国民经济发展，但这对大国和小国有明显的差别。

后发大国的经济增长特点决定了有必要建立相对完整的工业和国民经济体系。对于一般小型经济体，国际经济贸易环境和国际市场供求关系是外生的，只需要适应国际市场就可以获得国际贸易的比较利益，但由于不能控制国际市场的供求关系，容易受到国家市场供求冲击，丧失经济发展的稳定性和自主性。受制于供给要素约束，小国一般难以在本国建立相对完整的工业和国民经济体系。后发大国在国际贸易中所处的地位不同于一般小国，有必要建立相对完整的工业和国民经济体系来规避国际市场的风险，维持国家经济发展的稳定性。首先，国家贸易环境存在不确定性，后发大国在参与国际经济活动条件下的经济发展存在不确定性风险。国际贸易环境涉及国际海、陆、空和管道运输中的安全风险，如战争、海盗、自然灾害等，涉及国家贸易规则的制定和执行，而国际贸易规则很大程度上受到强势的先发国家或者国家集团的主导和操纵，对于后发国家不一定是公平的。其次，国际市场供求内生于后发大国经济行为。后发大国的需求和供给规模较大，可能会直接影响国际市场的供求量和供求价格，尤其是欠发达国家的供求产品具有较强的同质性，很容易出现进口什么、什么东西价格就上涨，出口什么、什么东西价格就下跌的情况，导致后发大国从国际贸易中应该获得比较利益减少。再次，后发大国经济发展初期的相当部分产品属于非贸易品。基础设施是后发大国经济发展的重要基础，其中，基础设施中的道路、电力、通信等很多基础设施和基础教育服务等公共服务属于非贸易品，或者进口难度很大，或者对外依存度太高会影响后发大国经济的自主性、安全性，从而后发大国不能或者不值得通过国际贸易获得这类经济发展的基础条件。后发大国国民经济所需的装备工业部门可贸易性也比较弱。装备工业是国民经济的"骨架"，提供的是国民经济发展所需的基础性设备，关系到一国经济是否具备可持续生存能力和发展能力。如果主要依靠国际市场获得这类产品必然使后发大国面临国际市场供给规模、市场价格等不确定性因素带来的风险，意味着将后发大国经济发展置于很大的不确定性风险之下，这是大国经济难以承受的风险。在装备工业产品的市场中，存在的非对称的市场结构，即供给方的发达国家垄断供给，广大欠发达国家在需求方面是同质性的、竞争性的需求方，发达国家很容易通过垄断价格获取超额利润，让后发大国承受巨大损失，甚至通过禁止出口方式抑制后发大国工业发展，阻断后发大国经济发展的道路。最后，后发大国内部不存在区域间贸易壁垒，地区间贸易环境完全在主权国家内部，具有很强的可控性，交易风险小，成本低。后发大国本身潜在的经济体量大，有助于在国内开展专业化分工，通过专业化分工、规模化生产获得专业化、规模化的经济优势。即规模化生产降低生产成本使本国居民可以较低价格获得消费品，通过多元化生产降低企业和市场管理等成本，降低产品中的社会和企业分摊的成本，进而降低产品的平均成本。在后发大国内部开展专业化、规模化生产可以规避国际贸易不确定的风险，可以保障经济增长的稳定性和持续性。由此可见，后发大国建立相对完整的工业和国民经济体系具有明显的经济利益和优势，从而有建立自己相对独立的工业和国民经济体系的必要。当然，这种必要性的强度取决于大国经济发展面临的国家市场的不确定性程度、国内市场规模等因素。

作为国民经济发展基础和前提的基础设置是一个复杂的系统。基础设置系统包括硬件系统和软件系统，其中，硬件系统包括基础设施和基础工业，这相当于新结构经济学所指的硬件基础设置。基础设施主要涉及交通、通信、水电气等设施。广义的基础设施还包括教育、基础科学研究、产权制度等非实体性设施或称软件基础设置。基础工业的主体就是重要的能源、原材料和装备工业部门。

一定时期内实施一定程度的非均衡发展战略是后发大国经济发展的必然要求。由于后发大国有建立相对完整工业和国民经济体系的必要，而硬件基础设置又是工业和国民经济体系的重要组成部分。由于重工业体系各组成部分之间具有很强互补性，如果不同时进行相关重工业项目的投资，即使已经建成的项目也难以发挥其对国民经济的支撑作用，因此，在发展战略上，大国一般有优先发展基础设置部门的非均衡经济发展战略的必要性。国民经济基础的基础设施和装备工业属于资本密集型的项目，按照产业结构演进的一般规律，大规模的资本密集型投资应该在劳动密集型加工业发展到一定阶段后才进行，这是将全世界所有国家当成一个整体从产业结构演进的先后顺序看的规律，对于个别国家而言，如果已经可以通过从其他国家引进资本有机构成高的重工业设备和技术，它就不一定要严格按照产业结构演进的一般顺序发展重工业。对于后发大国来讲，正如前面所论述的，它需要在大规模的经济建设初始阶段就建设相对完整的工业和国民经济体系，尤其是重工业体系。在工业化开始时就着手建设大规模的资本密集型的重工业，这显然与后发大国的要素供给能力不适应。在建立相对完整工业体系和国民经济体系要素需求中，资本严重稀缺，尤其是基础设置中的基础设施和重工业部门发展的资本需求量巨大、时间紧迫，客观上要求通过相关的制度安排集中配置资源来解决资本短缺的问题。在实践中，这种战略实施的紧迫程度和相关政策的强度取决于后发大国面临的国际政治经济环境。

实施非均衡的、重工业优先的经济发展战略需要有相对集中的资源配置模式与其相适应。在工业化初期，对于处于不利国际经济发展环境的后发大国而言，由于工业基础薄弱，自我积累能力弱，农业自然成为为工业化提供资本积累的主要部门。从消费结构演进的规律看，这一阶段的日常轻工业产品的需求较大，如果通过分散的、以企业和家庭为主体的资源配置模式必然导致资本、劳动力等要素在市场机制的引导下被分散配置到有市场需求的消费品工业部门。由于有市场需求，要素禀赋与市场需求相适应，符合产业结构演进的一般规律，微观经济主体生存能力较强，经济效益相对较高，以日常消费品生产为主的轻工业部门开始的工业化进程能够获得市场支持。这种借助市场机制的、重点发展消费品工业的分散资源配置模式需要一系列前提条件，诸如，统一的市场体系，健全的社会信用体系，有利于商品流通的道路、交通、通信等。值得注意的是，如果市场供给受制于某些关键条件，比如交通运输基础设施、关键生产设备，或者不可替代的原材料，这些条件难以通过分散的市场机制形成。这些条件不具备必然会导致消费品供给短缺，物价持续上涨，市场难以自动实现均衡，市场机制功能难以充分发挥，基础设施和系统的重工业体系就是这些条件的重要组成部分。由此可见，支撑轻工业部门发展的基础设施和以重工业为主的基础工业的最低水平发展是市场机制作用得以发挥、经济可持续增长的重要的物质基础，必须首先得到满足，否则，理论上可能具有较强生存能力的轻工业企业将因为缺乏基础设施和生产设备供应而难以生存。事实是，如果所有要素都在市场机制引导下流向消费品工业部门，将直接导致支撑轻工业发展的基础设施和重工业部门资本等要素供给不足，难以得到发展，导致经济运行和发展的基础条件难以形成。由此可见，对于处在不利国际发展环境（无论是主动闭关锁国还是被动地被孤立或不利的国际竞争环境）中的后发大国，国民经济如果缺乏装备工业支撑必然陷入困境。为此，后发大国在经济发展的初期客观上需要通过不同程度集中的资源配置方式，借助一定程度的非市场化机制把较大比重的资源配置到需要重点发展的重工业部门和基础设施部门，以奠定国家经济发展的基础。

相对集中的要素配置方式内生于后发大国经济发展战略，并会对经济发展路径产生影响。要素配置的基本模式包括建立在计划经济机制条件下的集中配置模式和建立在市场机制基础上的相对分散的配置模式，以及介于两者之间的相对集中的资源配置模式。采取哪种资源配置模式取决于外部环境和经济发展的指导思想，以及建立完整、独立的工业和国民经济体系的紧迫程度。后发国家所处国际政治经济环境是影响后发大国建立相对完整工业和国民经济体系的重要影响因素。相对宽松的国际政治、经济环境有助于后发大国从国际市场进口必要基础工业相关机械设备，可以将建成较完整的国民经济体系的任务分配在一个在较长时间内完成；处于严重被孤立（被封锁而导致的孤立）国际背景下的后发大国，由于经济发展所需基础工业设备和国家领土和政治安全所需装备工业相关设备不能借助国际市场得到满足，往往需要在尽可能短的时间内建立起支撑国民经济发展的重工业体系，才可以奠定国民经济长期发展的物质基础，以便维护国家主权独立和领土完整，为经济发展争取必要的、安定的环境。当然，这种违背产业结构演进的一般规律，与要素禀赋结构不相适应的、优先发展资本密集型重工业的工业化战略可能会在短期内损害国内经济结构的平衡关系，比如导致农业发展缓慢甚至停滞，就业机会少，城市化进程缓慢甚至停顿等，但可以尽早建立国民经济发展的物质基础，降低国民经济发展所需重要物质设备难以获得而导致的经济崩溃，国家出现严重混乱的风险。这就需要建立以政府主导的非市场化的资源配置模式，这种资源配置模式必然要求形成包括金融制度、财政制度、外贸制度以及微观经营制度等制度安排。

资源配置模式和经济发展战略具有十分明显的关联性。分散决策的资源配置模式意味着生产主体主动适应多元化消费主体的消费行为，使生产与消费相适应，有助于提高资源的配置效率，因此，分散的资源配置模式与消费主导的经济发展思路相适应。在工业化起步的产业发展重心选择上，更加适应从轻工业开始工业化发展战略和发展路径。集中的资源配置模式具有很强的政府主导色彩，有助于推行借助市场机制难以推行的发展战略，这种资源配置模式不是适应消费者消费行为，而是主导或者引领经济发展的方向，这种资源配置模式主要目标不是追求局部、短期、微观的经济效益，而是重点考虑全局、长期、宏观的经济利益和国家整体利益。因此，借助市场机制难以实现的重工业优先的经济发展思路和战略可以通过政府主导的集中的资源配置模式实现，特殊情况下并且只能通过政府主导的方式来实现。

从资源配置效率相关的机制设计角度看，世界经济发展的事实说明，市场经济体制在资源配置效率上具有明显的优势，但一国特定时期采取何种机制配置资源要受到多种因素的制约。后发大国尤其是处于严重不利国际国内环境的主权国家采纳集中的资源配置方式相对于采纳分散的市场方式在一定程度上更具有可行性。任何一种资源配置模式都需要有一系列制度配套，这些制度中包括世界各国具有普适性的正式制度，也包括大量的内生于各国经济社会内部，作为社会演进产物的非正式制度，这些非正式制度甚至在很大程度上决定了正式制度是否能够正常运行和整体制度绩效。大多数后发国家，尤其是没有经历系统的资本主义经济发展的、直接脱胎于落后的自然经济的国家，建立与市场经济相适应的正式制度和非正式制度都不具备①。这些条件包括：产权制度、政治制度、民主观念、民主意识等，很多非正式制度和正式制度的建立往往需要长期的努力，因此在短期内建立分散配置资源的市场经济制度可行性不强，这也是旧结构主义经济学家的主要观点。相反，这些后发国家具有明显的集权政治制度和传统，政府集中配置资源的指令性计划经济可以利用集权政治和战时经济的很多行之有效的制度安排，从而选择资源集中配置相关的制度安排来配置资源是成本更低的可行选择。结合到后发国家经济发展中建立国民经济发展基础的基础设置的重要性，可以较容易地推断出，这样的经济制度安排方向，即通过集中的制度安排，广泛动员要素集中配置在工业（尤其是重工业）和基础设施上，奠定国家经济发展基础是可行的。需要强调的一点是，即使脱胎于较低经济发展水平，市场经济的制度生态较差的后发大国也可以渐进引入或者培育市场经济制度、政治制度、社会制度、文化观念等逐步建立市场经济。借助市场经济制度，通过偏向性、非均衡的经济制度安排也可能在较长时期内实施较为集中的资源配置方式，执行重工业偏向的经济发展战略。但是，如果后发国家受到内外条件影响，被迫在较短时间内建立起奠基于重工业基础之上的工业和国民经济体系，则缓慢引入、培育市场经济相关制度的制度建设将难以胜任尽快建立相对完整工业

---

① 旧的结构主义发展经济学理论认为，发展中国家不具备市场有效运行的条件，存在着严重的市场失灵，因此政府要在资源配置中发挥更大作用。

和国民经济体系的发展任务，从而渐进培育市场经济制度的发展思路的可行性就相对较差。当然，借助集中资源配置模式和相关制度实施重工业优先的发展战略，且建立了国民经济的基础设置后，资源配置模式也应该逐步从集中的资源配置模式向分散的资源配置模式转变，配置资源的制度也应该相应地从集中为主向分散为主的制度模式转变。

从不同产业之间（农业与非农业）资源配置效率看，由于后发大国具有典型的二元经济结构特征，通过制度安排将有限、稀缺的资本要素投向产出率较高的工业生产领域更加有利于提高资源配置效率。在经济发展水平很低的条件下，农业生产自然风险和市场风险大，农产品的需求价格弹性和收入价格弹性较低，传统农业内部经济活动的经济效益相对较低，要素收益率较低。相反，包括工商业在内的第二、第三产业受自然风险威胁较小，短缺经济条件下几乎不存在市场风险，产品需求价格弹性和收入价格弹性高，要素收益率高，因此相对于传统农业生产而言经济优势更加明显。短期内，投向第二、第三产业的要素产出率远远高于投向农业的要素产出率，从经济理性的角度看，至少在一段时间内，在农业部门提供的农产品能够支撑非农产业发展的前提下通过制度安排把资源集中配置在非农业产业可以提高要素的产出率，提高一国整体的资源配置效率、整体经济效益。在非农产业内部，一般地，服务业的发展是在实体经济发展到一定程度、城市化发展到一定水平后才会有较快的发展，而城市化是工业化的产物，工业化带动城市化，继而带动第三产业的发展。因此，从提高要素配置效率、提高经济效益的角度看，一定时期内通过制度安排将要素集中投向工业生产领域有利于提高资源配置效率，加快一国经济发展。

由此可见，对于后发大国，无论是为了利用后发优势实现经济发展的追赶，从农业和非农业的生产特征出发合理配置要素提高资源配置效率，还是从制度安排可行性来分析都指向一种短期集中资源发展国民经济基础设置的一种集中配置资源的经济制度安排。这种制度内容包括财政收入制度、支出制度等。

（五）后发大国主要经济发展阶段及演进机制

后发大国具有潜在的大国优势和后发优势，为了发挥后发优势和大国优势需要通过制度安排奠定发展的基础，随着后发优势和大国优势充分展开，经济进入持续快速增长通道。伴随着经济增长，要素禀赋结构随之发生变化，经济发展转入新的阶段，后发大国经济发展具有明显的阶段性特征。一般情况下，后发大国经济发展将依次经历四个阶段并伴随城乡二元结构变化：首先是奠定后发优势和大国优势发挥基础的阶段，从资本密集型重工业开始工业化进程，伴随着快速重工业化，城市化缓慢推进，农业缓慢发展甚至停滞，城乡二元差距扩大；当后发优势和大国优势发挥所需物质基础形成后，经济发展进入后发优势和大国优势充分发挥阶段。随着后发大国优势的发挥，由于市场机制的缺陷，或者相关制度建设滞后，经济中出现城乡和地区结构失衡，技术进步阻力增大，进展缓慢，这些现象标志后发大国发展进入抑制后发劣势和大国劣势阶段。再接下来，后发大国发展进入经济中速，甚至中低速持续增长，积累可持续发展能力，并向发达国家过渡的发展阶段。

1. 第一阶段，奠定后发大国长期发展物质基础的阶段

大国优势和后发优势是后发大国经济发展中两个潜在的优势，大国的资源禀赋特征和后发国家的发展阶段特征只是大国优势和后发优势存在的必要条件，要将潜在优势转化为经济发展和社会进步的现实，需要具备两项优势得以充分发挥的基础条件。后发大国国家发展能力是大国优势和后发优势得以充分发挥的前提。当后发大国具备后发优势和大国优势充分发挥的条件后，建立在分散决策基础上的市场经济机制就可以在资源配置中发挥基础性甚至决定性作用，辅之以正确的宏观调控政策和市场经济相关制度等条件，后发大国出现经济持续、快速增长，技术快速进步，经济结构协调并快速转变，人们生活水平提高，国家综合实力增强的经济发展态势。

国家发展能力是确保后发大国优势充分展开并开启持续快速经济发展过程和形成发展结果的基础，国家发展能力包括基础设施、装备工业体系、大规模有文化知识和劳动技能的劳动力等。国家发展能力是一个包含多因素的综合系统：（1）一定规模和水平的、满足现代经济发展的基础设施系统是后发大国经济发展的基础条件。由于国家幅员辽阔、地理条件差异大，经济发展所要求的基础设施建设规模大。必要的基础设施是工业生产经营活动得以正常进行的必要条件，是工业企业空间集聚和集聚效应得以形成的物质基础，也是大国国内市场体系形成，并引导企业进行规模化生产获得规模经济效益的物质基础，同时也是满足人民群众基本生活的基础。（2）一定规模的、相对完整的重工业系统是后发大国经济增长和后发大国优势得以发挥的物质基础。相对完整的重工业体系对国民经济发展的基础性作用在后发大国与一般小规模国家具有不同的意义。由于潜在的供给和需求规模大，并能够凭借国内相对完整的产业体系和市场完成经济循

环，实现经济平稳增长，既可以利用国际市场获得国际贸易的利益，又可以通过容量巨大的国内市场在一定程度上屏蔽国际市场波动对后发大国经济可能带来的负面冲击。而一个满足工业和国民经济体系正常运转的装备工业体系则是这些优势存在的物质基础。（3）经济结构的基本协调是确保后发大国经济能够持续增长的基本条件。在特定发展阶段，在社会资源既定的情况下，不同的资源配置结构会对同一时期的生产与消费结构、当期和将来的生产与消费结构、当期消费与将来的消费、当期和将来的经济增长与社会发展等的选择产生不同的影响。无论如何权衡和选择当期与将来的生产与消费、经济增长和社会发展，统筹考虑城乡结构、地区结构、"农轻重"等经济结构的基本协调都是后发大国经济持续发展的基本条件。农村主要从事农产品生产，城市以工商业为主，经济结构必须确保农产品的供给基本满足城乡居民对农产品的需求，否则，会出现粮食短缺，引发社会动乱，打乱正常的经济发展过程；必须确保国内各地区协调发展，照顾好全国利益与地方利益之间的关系，避免地区间发展差距悬殊和由此带来的地区分割、封锁、对立；农、轻、重之间的关系包括农产品的供求、满足日常基本生活的轻工业品的供求、满足当期和将来工业可持续增长和国防安全的重工业产品的供求之间的关系。全面统筹上述各种关系是确保当期社会稳定、经济关系协调和经济可持续发展的前提。对于小规模国家，上述经济结构关系可以在一定程度上借助国际经济贸易或其他经济与政治关系得以协调并实现结构平衡，但对于后发展大国，由于人口多，供给和需求规模大，其市场供给和需求对国际市场冲击大，尤其是当后发大国经济规模达到一定水平后，其经济结构本身就直接影响甚至决定国际经济结构，从而难以通过国际市场调整或优化其经济结构，这使后发大国经济结构调整更多要依靠国内经济结构协调来实现。因此，后发大国应该在不同经济阶段自觉做好经济结构协调的相关工作。在经济发展初期阶段，应该重点处理好当期基本生活与将来经济发展的关系，在确保农业和轻工业一定程度发展满足城乡居民当期和近期基本生活需求的基础上，还必须通过对基础设施和重工业体系的投资为将来经济增长提供必要的物质基础。

建立与发挥后发优势与大国优势充分发挥相适应的经济社会制度体系是后发大国经济发展初始阶段的必要条件之一。建立旨在维护国家统一的政治制度是后发大国经济发展的基础，只有建立起有助于国家统一的政治、经济制度，才能确保社会的稳定，为大规模经济建设提供必要的社环境，才能将大国内部大市场的市场优势和后发国家的后发优势充分发挥出来。根据经济发展不同阶段的环境、目标、约束条件等建立与主导性资源配置模式相适应的宏观、微观经济制度是后发大国经济优势充分发挥的基本要求。比如，在建立大规模基础设施、重工业体系的阶段，在确保人民群众基本生活需求的基础上制定适应适当集中资源配置模式相关的经济制度就有助于阶段性经济目标的实现；为了保障大规模经济建设对劳动力、技术的需求，有必要在考虑教育投入与产出时滞的基础上，建立相应的教育制度与教育体系；为降低社会管理成本和经济活动的交易成本，需要建立包括正式制度和非正式制度在内的一系列社会信用体系；为激励人们生产财富、创造财富、保护公共财产，必须建立保护个人、集体和国家财产保护的相关产权保护制度，等等。由此可见，有助于后发优势和大国优势发挥的经济社会制度体系是一系列各有分工，但又相互补充、相互支持的制度体系。

在经济发展水平较低的情况下奠定后发大国经济发展基础可能会在一定程度上扭曲经济结构。从满足后发大国经济发展的基本经济结构协调性看，满足基本生活需求和满足长期建设与发展之间具有较大的可选择空间。在资源总量既定的情况下，既可以提高满足生活和当期消费的资源的比重，适当降低满足生产和将来消费的比重；也可以在满足当期基本生活和当期消费的情况下提高当期生产和将来消费的资源比重，但如果后者比重太高，以至于超出一定的度的临界点，经济结构就会出现严重失衡。

建设满足后发大国经济发展需要的基础设施系统有较大规模的资金需求。支撑一国经济发展的基础设施体系内部的道路、交通、通信、电力、供水等，只有形成一个相对完整、相互协调的系统才能有效发挥对经济发展的支撑功能。基础设施的使用在一定程度上具有非排他性、非竞争性，对经济规模和经济发展水平具有较高的弹性，因此基础设施投资具有一定程度的超前性（建设规模、质量等在一定程度上超越当前经济发展水平）。由于基础设施系统和基础设施项目建设都具有不可分割性、资本密集型的特点，建设一个满足后发大国经济发展要求的基础设施体系本身需要在一个相对较短的时期内投入较大规模的资金。

后发大国建立相对完整的工业经济体系需要大规模的资金。后发大国建立相对完整的工业经济体系的理论依据来源于发展经济学的平衡增长理论。平衡增长理论的基本思想最早可以追溯到 1844 年穆勒对萨伊定律的解释，为了使供给结构和需求结构相适应，需要各经济部门中按照一定的比例进行投资，促使各部门平衡增长。1945年诺依曼在其著名的增长理论中论证了所有产出都按照一定比例增长，提出了一种最简单的平衡增长模型。平衡增长理论在20世纪40年代被提出后，有不同含义，一种观点认为一国有必要以大规模的投资来克服发展过程中的供给和需求不可分性，该理论后来被发展成经济发展的道路以及投资的格局一定要使各经济部门保持平衡，不要因为某一个部门的停滞而阻碍其他部门的发展。这意味着要在整个工业和国民经济各部门按同一比率或者不同比率同时进行大规模的投资，使工业或国民经济各部门按同一比率或者不同比率全面得到发展。平衡增长理论有两个典型类型：罗森斯坦－罗丹的理论强调投资规模的平衡增长，其核心是通过"大推进式"的投资来克服经济中存在的不可分性；纳克斯主要提出了"贫困恶性循环"理论，提出为摆脱贫困恶性循环，应该全面、大规模地在国民经济各部门进行投资，实行平衡增长。赫希曼在《经济发展战略》一书中从发展中国家现有资源和企业家资源稀缺角度对平衡增长理论提出了批评，认为平衡增长理论不可行。他认为，发展中国家应当集中有限资本和资源首先发展一部分产业，以此为动力逐步扩大对其他产业的投资，带动其他产业发展。[①] 比较平衡增长理论和非平衡增长理论后发现，平衡增长理论强调国民经济各部门之间有机联系具有合理性，但在资源约束下试图借助政府计划机制通过大规模投资达到经济发展的目标存在一定困难，短期内借助政府计划进行投资具有一定可能性，但长期忽视市场机制在资源配置中的优势和作用的发挥不利于发展中国家资源配置效率提高，也不利于经济发展。大规模对国民经济各部门进行投资对小规模国家或许可以通过国际借款等渠道解决国内资金缺口，但对于大国的大规模投资不仅国内难以积累到足够资金，国际市场也难以满足巨大的资金缺口，因此，在实践中不可行。赫希曼对平衡增长理论的批评是客观的，但是通过优先发展部分产业来带动其他相关产业发展也不是对所有国家都适用。对于后发大国，如果缺乏支撑国民经济发展的装备工业部门——重工业部门的基本条件，任何产业部门（农业部门除外）都难正常发展，更不要说带动其他产业发展。由于装备工业部门作为一个系统其内部各组成部分具有内在的有机联系，而且其作用的发挥也要求装备工业内部各部门按照一定比例、协调发展。只有相关装备工业部门同时形成供给能力才能使装备工业部门发挥对后发大国经济发展的基础性支撑作

---

① 谭崇台：《发展经济学》，山西经济出版社2001年版，第223～234页。

用。因此，对于后发大国，在一个相对较短的时期内，集中一定规模的资源投资于国民经济发展的装备工业部门，奠定国民经济发展的基本工业物质基础，无论从平衡增长理论还是从赫希曼为代表的非平衡增长理论来看都是必要的。在一个相对集中的时间内对相互关联的装备工业部门进行同时投资必然需要大规模的资本投入。

后发大国为了在一个相对集中的时间段内进行一定规模的基础设施和装备工业部门的建设，集中配置资源在这两个部门，可能会导致一定程度的经济结构的扭曲。在后发大国经济发展初期，经济发展水平较低，社会资源总量少，为了集中资源优先发展基础设施和装备工业部门，可能需要使用带有一定倾斜性的财政收入、支出制度安排，甚至借助于政府垄断市场的相关制度安排直接配置资源。产业和城乡之间非平衡发展的制度安排可以根据政府直接配置资源的比重划分为不同的类型，由高度集中的计划经济制度、有计划的市场经济制度、自由的市场经济制度组成的制度序列中，政府干预和直接进行倾斜性资源配置的强度依次减弱。后发大国具体采取哪种形式的资源配置类型要取决于后发大国国内资源稀缺程度和经济发展水平、政府的权威、民众对国家政策的信任和支持程度等。一般地讲，国家经济发展水平越低，社会资源越短缺，政府的威信越高，民众对政府的信任度越高和对政府政策支持意愿越强，国家建立基础设施体系和装备工业体系的愿望越迫切，越有可能采取激进的资源配置模式和相关制度安排。政府越是采取高强度的、集中的、倾斜性的资源配置模式和相关制度安排，资源配置的结构不平衡程度越强。

为了在经济发展水平较低的阶段集中资源奠定后发大国经济发展的物质基础，后发大国资源配置模式和制度安排会强化产业和地区间发展差距，扭曲经济结构。集中资源投资于资本密集型的基础设施和重工业体系，必然抑制农业和服务业发展。在开始重工业优化的工业化时，在难以获得国外资金支持的情况下，农业是唯一能够为基础设施和重工业提供资本积累的部门。因此大规模的基础设施和重工业投资必然导致农业剩余过度地流出，使农业的资本投入不足，影响农业的发展。由于来自农业的资本主要投向重工业，一般轻工业和服务业也将因为投入不足而发展缓慢甚至停滞，从而使人们的当期消费在一定程度上受到抑制。城市人口增长受制于城市工业部门与第三产业提供的就业机会和农业提供的农产品供给。因此，第三产业和农业的发展可能影响城市进程。由于基础设施和重工业部门属于资本密集型部门，提供的就业机会相对较少，农业投资不足使农业发展缓慢必然强化农产品供给对城市人口增长的约束，服务业发展缓慢必然强化就业机会和服务能力对城市化的约束，因此，基础设施和重工业偏向的资源配置模式和制度安排在短期内会抑制城市化的进程。为提高资源配置效率，重工业和基础设施以及必要的服务业主要布置在经济区位条件较好的城市，农业资本的流失必然导致农业发展缓慢，甚至停滞，农村经济发展缓慢，城乡发展差距扩大。后发大国内部各地区之间的自然地理、经济、文化条件差异大，为了形成要素空间集聚态势，提高经济效益，有限资源只能集中配置在局部地区，这势必加大地区间的发展差距，甚至导致地区间发展差距悬殊。

综上，后发大国经济发展初期阶段的主要目标是奠定其经济长期发展的物质基础，服务于该目标的一系列政治、经济、社会制度运行的结果是：在集中有限资源优先发展基础设施和重工业体系的同时，农业、第三产业发展发展缓慢，甚至停滞，城市化进程缓慢，城乡之间、工农业之间、重工业和轻工业之间、地区之间发展差距扩大，国民经济呈现出明显的多重二元结构特征。

2. 第二阶段，大国优势和后发优势充分发挥阶段

随着基础设施和重工业体系的基本建成，市场机制发挥作用所需要的基本经济制度的建立，以及教育、医疗卫生社会事业发展培养了一批具有一定知识、技能和学习能力的、适应现代工业生产的劳动者，大国优势和后发优势所需的硬性条件和软条件基本具备。经济发展目标由服务于建立完整工业和国民经济体系转向充分发挥后发优势与大国优势，促进经济持续快速发展。后发优势和大国优势充分发挥阶段的经济特征具体表现在以下几个方面：

第一，经济快速发展。经济运行机制从由政府为主体，计划主导的、集中为主的资源配置模式转向以企业、家庭等微观经济主体为主体，市场机制主导的资源配置模式，市场在资源配置中发挥决定性作用。在市场机制的作用下，消费品工业快速发展。前一阶段，因重点发展资本品工业被压抑消费品工业获得快速发展。由于消费品工业资本有机构成低，其快速发展必然带来对劳动力需求的快速增加。此时，农村存在的大量剩余劳动力刚好能够满足消费品工业发展对劳动力的需求，劳动力市场的供需两旺促成劳动力大规模从农村和农业向城市工商业转移。伴随着农村剩余劳动力的转移，人们收入水平提高，收入水平提高导致消费品需求进一步扩大，人们对消费品的消费水平和层次进一步提高，继而进一步扩大市场需

求，市场需求拉动消费品工业快速发展。消费工业市场需求和供给相互促进，促成消费品工业快速增长，进而带动农村劳动力转移，农民收入增加和城市化快速推进，形成经济快速增长的联动机制。

第二，后发优势和大国优势的展开带来经济结构的一系列变化。相对于资本密集的重工业和基础设施，消费品工业大多属于劳动密集型工业，资本密集程度远低于重工业和基础设施，消费品工业的快速增长可以带来三个方面变化：其一，就业机会增加。消费品工业快速发展有利于吸纳农村剩余劳动力，加快农村剩余劳动力转移进程。农村内部劳动力减少不仅不影响农业产出还会提高农村劳动力的产出率，增加农民收入，一定程度上缩小农民与城市居民的收入差距。其二，城市化快速推进。由于农村劳动力向城镇非农产业转移速度加快，非农就业人口占总人口的比重快速上升，城镇非农产业人口占总人口比重上升。按照居住地标准统计的人口占总人口比重上升，城镇化率快速上升。其三，工业内部结构变化，工业出现轻型化趋势。由于消费品供给一方面弥补了前一阶段消费品工业发展不足形成的工业消费品供给缺口；另一方面满足了收入增加后的人们对消费品的需求，消费品生产厂商因为市场需求旺盛而加大供给，从而出现工业产值增长率和就业人口增长率以及企业利润同步快速增长，工业内部消费品工业比重上升，资本品工业部门比重相对下降，工业产值占社会总产值比重快速上升。

简言之，这一阶段是后发大国充分享受大国优势和后发优势的阶段，经济快速增长，经济结构快速变化。由于国内市场广阔，消费需求旺盛，加之国内工业体系和基础设施体系已经建成，企业完全可以在市场机制引导下实现快速发展。由于市场需求旺盛，工业体系已经形成，劳动力资源丰富，生产成本国际竞争优势明显。在开放经济条件下，国外实用技术和资金在追求高利润动机驱动下大规模进入后发大国。

第三，技术后发优势充分释放，后发大国技术快速进步。由于有前一阶段重工业和基础设施建设奠定的物质基础，教育与医疗卫生事业发展奠定的人力资本基础以及产权制度、社会政治制度等制度建设等奠定的制度基础，后发大国借助于消费品工业发展的平台大量吸纳先发国家的大量成熟技术，从而使后发大国的技术快速进步。由于国内有巨大的潜在市场需求，劳动力、自然资源等要素价格低廉，资本、技术的边际收益率高，吸引大量国外投资者在后发大国投资。外资大规模进入带来一系列变化。一方面，资本与后发大国国内闲置劳动力、土地等资源结合，形成现实的生产力；另一方面，国外成熟技术也快速进入后发大国，与劳动力等要素结合，带动后发大国的技术水平提高。资本和技术的进入在带动后发大国闲置要素形成生产力的同时也通过增加要素所有者收入进一步扩大国内市场，使后发大国规模经济优势进一步强化，形成技术进步和规模经济优势的相互强化的正反馈机制，加快后发大国经济发展和技术进步进程。

在后发优势充分展开的同时，这一阶段经济也容易出现一些问题。其一，由于重工业优先发展阶段实施的城市偏向的经济制度安排导致资本等要素借助非市场机制流向城市，加之这一阶段城市消费品工业部门的利润空间大，吸引农村劳动力和资本要素进一步在城市集中，导致要素进一步向工业和城市聚集。城市经济快速增长带动城市财政收入快速增加，使城市财力快速增强，城市基础设施条件的进一步改善，劳动力、资本、技术等要素进一步在城市空间集聚，城市逐渐形成要素集聚中心，进一步强化要素集聚优势和产业集群优势。要素集聚进一步强化城市对农村地区的要素吸引，导致农村劳动力、资金的进一步流失。理论上，在农村随着剩余劳动力减少或消失带来的人均土地要素占有规模扩大，农村应该形成规模化经营，但是，如果农村土地制度或相关制度变革滞后，传统农业现代化的趋势可能会被抑制、被延迟甚至根本不能展开。城乡劳动力工资绝对差距可能导致农村劳动力过度转移，农村边际产出为正的劳动力的继续外流导致农村土地荒芜，产业空心化。其二，在农村劳动力向城镇转移过程中，收入分配向资本所有者倾斜，强化厂商的供给行为。由于收入分配向少部分资本所有者集中，在社会总供给快速增长的同时消费以较低速度增长，尤其是农业和农村发展滞后，农民收入增长缓慢，将进一步导致农村消费增长缓慢。供给能力的快速增加和消费需求的慢速增长，很容易在全国人均产值不高的情况下出现全局性的供过于求，经济增长受制于市场需求约束而减速，甚至停滞。当然，在开放经济条件下，可以在一定时间内借助国际市场平衡国内供求关系，即国内城市需求、农村需求和净出口总和等于国内总供给和进口，用贸易中的净出口弥补国内市场需求的不足，以此来维持国内经济的持续增长。但是，随着后发大国国内生产能力的增强，出口对国际市场形成的供求和价格冲击越来越大，后发大国在国际贸易中会受到越来越多的国家的抵制。这就意味着，后发大国经济发展的模式必须着手从对出口依赖向以内需为主的增长方式转变。其三，由于后发大国幅员辽阔，在消除地区间要素流动壁垒或者要素流动壁垒降低后，劳动力、资本、技术等要素在追求更高收益率的动机驱使下加速向经济发展领先地区流动，带来经济发达地区和欠发达地区之间的要素密集程度差距扩大，导致地区之间经济发展差距的进一步扩大。其四，在本阶段的后期会面临新的基础设施建设和再重工业化的任务。由于基础设施和重工业在第一阶段集中投资建成，随着基础设施在使用中的磨损和破坏，早期的基础设施可能不能继续适应经济发展新阶段的需求，从而使基础设施面临着新一轮的、适应经济发展阶段的改造、升级。前一阶段投资建成的重工业随着时间推移和技术进步也将集中进入更新换代和升级阶段，为了适应经济发展新阶段的要求，重工业项目又将整体进入再重工业化的阶段。重工业和基础设施集体进入新一轮的、排浪式的建设期必然形成对资金的大规模需求。城乡差距也需要通过对农村的投入来缩小，地区间发展差距也需要通过对欠发达地区的投资来缩小，扎堆式的资金需求可能会加剧本阶段的资金供求矛盾。

总之，在该阶段，后发大国在充分获得大国优势和后发优势，实现经济快速发展、城市化快速推进、经济结构快速变化、技术快速进步的同时，也会出现城乡差距和地区间发展差距扩大，经济发展对国际市场过度依赖，新的基础设施建设和再重工业化的任务被提上日程，进而导致后发劣势和大国劣势出现，抑制后发大国经济的进一步发展。能否协调处理这些问题直接关系到后发大国经济是否能够持续、快速增长，缩小与发达国家之间的发展差距，进入发达国家阶段的关键。

3. 第三阶段，大国劣势和后发劣势开始出现

随着市场机制在资源配置中作用的发挥，受到第一阶段城乡和地区间资源非均衡配置的影响，大国内部的经济结构问题逐渐凸显，技术后发劣势也开始出现，大国优势在市场机制下开始出现弱化趋势，后发劣势逐渐增强。后发大国经济发展到第三阶段后，后发劣势和大国劣势开始出现，一定程度上不利于后发大国经济的持续、协调发展。在后发大国经济增长中，后发优势与劣势、大国优势与劣势作为两种潜在经济发展趋势可能交替出现，也有可能按照先后发优势与大国优势后后发劣势与大国劣势的顺序出现，后发劣势和大国劣势集中体现在以下几个方面：

其一，由于长期引进国外成熟技术，没有及时调整技术进步机制和路径，技术进步停留在简单复制国外成熟技术的模式，自我研发能力严重不足，关键技术严重受制于先发国家，科学技术成为制约后发国家经济更上一层楼的重要障碍。其二，由于市场需求量大，使用成熟技术的规模经济效益显著，导致国内企业缺乏技术研发的积极性和动力。其三，城乡差距

持续扩大，导致农村劳动力过度转移，农村出现土地荒芜、资本短缺、劳动力短缺的结构状态，农村经济发展缓慢甚至停滞，城乡差距进一步扩大。其四，受到要素空间流动和市场资源配置规律的影响，欠发达地区劳动力、资本进一步流失，地区间发展差距继续扩大。其五，由于城乡差距、地区间差距、农业与非农业差距持续扩大，消费需求增长趋缓。工业化受制于市场需求约束，速度下降，带动经济增速下降。经济增速下降导致就业机会减少，收入差距进一步扩大。其六，收入差距的扩大和经济结构性矛盾加剧导致国内消费需求的不足，使国内经济增长严重依赖国际市场，加剧后发大国与贸易相关国家之间的矛盾。最后，市场经济体制条件下为适应经济体制需要，碎片化引进的国外经济、政治制度与后发大国内生的社会、文化等制度之间、正式制度与非正式制度之间的不兼容、不协调越来越明显，制度运行成本上升，甚至导致社会关系趋于紧张，出现经济发展和人们生活水平提高条件下社会矛盾集中出现。缓解社会矛盾，维护社会稳定，确保经济持续增长，优化经济结构，推进社会整体进步面临较大压力和阻力。

后发优势和大国优势充分发挥阶段经济的快速发展和经济结构快速变化来源于后发大国经济发展内在逻辑的自然展开和市场机制作用充分发挥。在具备后发优势和大国优势发挥的基础条件后，市场机制在资源配置中决定性作用的发挥导致后发大国国内居民间收入差距的扩大，城乡、地区发展差距扩大，供求矛盾尖锐等经济结构问题跟三个因素密切相关。其一，市场机制的必然结果。在承认经济主体要素禀赋差距的基础上，市场机制下的收入分配会自然形成"马太效应"，导致城乡、地区、社会群体间的收入差距的累积性扩大。其二，后发大国第一阶段的制度安排加剧市场机制可能导致的结构失衡。第一阶段为奠定后发大国经济发展基础所实施的城市优先、重工业优先、经济社会制度安排本身就会导致城乡、地区、工农业之间和消费与生产之间的差距扩大。在第二阶段引入市场机制后，市场分配机制在人为制度安排导致的经济结构差距中按照效率原则进行分配，加之，调节收入分配的财政税收制度建设滞后，必然加剧后发大国国内经济结构矛盾。其三，后发大国的特殊国情会强化上述两种因素导致的结构矛盾。后发国家经济发展水平低，在经济快速增长阶段，结构变化更迅速，政府难以快速适应结构变化要求并及时调整、优化收入分配和经济结构相关经济制度。大国内部城乡、地区、社会群体之间的结构性差异更大，大范围要素流动、累积容易加剧要素密集领域、地区、群体与要素稀缺领域、地区、群体之间的要素差距，导致收入差距和发展差距扩大，使经济结构性矛盾强度更大。

为抑制大国劣势和后发劣势，继续享受大国优势和后发优势的红利，需要调整国内经济结构，跨越"中等收入陷阱"，培养技术进步内生动力，加快制度创新步伐，突破后发大国经济发展的结构、技术和制度"瓶颈"。第二阶段经济发展中的问题是后发大国经济继续发展的重要障碍，如何认识和处理这些问题直接关系到后发大国经济能否持续增长，直至进入发达国家行列，达到经济发展的目标。由此，后发大国经济发展第三阶段主要处理以下几个问题：

第一，调整、优化经济结构，维持、延续经济持续增长的态势。大国内部固有的地区间要素禀赋差异在市场机制作用下必然导致地区间发展差距扩大，进而导致消费需求不足，总供求矛盾尖锐，影响经济可持续增长。国内供给能力扩大后国内需求不足是影响经济持续增长的重要因素，收入差距扩大则是导致消费需求不足的重要原因。农业和农村经济发展滞后和欠发达地区经济增长缓慢是导致收入差距扩大的重要因素。因此，实施乡村振兴战略，加快农业现代化进程，加速农村经济发展，实施欠发达地区大开发战略，加大欠发达地区基础设施投资力度，改善经济发展的条件，缩小收入差距，是扩大总需求、缓解总供求矛盾、维持经济持续较快增长的主要措施。改善城乡和地区间经济结构，需要优化要素空间配置结构，提高要素配置效率，阻止整体上要素收益率下降的趋势，保持经济持续增长的态势。城市空间由于要素密度过大，城市经济进一步发展的生态成本、环境成本、土地成本等上升，导致部分传统产业收益率下降，将这些产业转移到次级经济发展空间既可以延续这些传统产业的发展，也可以带动次级经济空间经济发展。后发大国由于国内地区间要素禀赋差异明显，不同地区具有容纳和承接不同经济发展水平、技术水平能力，充分利用这一优势可以在国内经济空间内合理布局不同发展水平和层次的产业、行业与企业，实现不同发展水平的产业、行业、企业空间并存，相互补充，共同发展。经济发展的地区间和城乡间经济结构改善，既可以从整体上优化地区间经济结构，促进城乡二元经济结构转换；也可以增加欠发达地区和农村居民收入，缩小收入差距，改善收入分配状况。收入结构的改善有助于提高国内平均消费率，扩大消费需求，缓解国内总供求矛盾。后发大国国内消费能力的增强和消费水平的提高使潜在的国内消费市场对经济增长的支撑作用充分发挥，缓解经济增长对国际市场的严重依赖，使后发大国经济增长建立在自身可控的、自主的基础之上，维持经济的持续、稳定增长的态势。

第二，推进产业结构升级。在后发大国经济发展的前期，由于人均收入水平低，消费同质性较强，企业规模化生产能有效满足消费需求。由于居民收入水平较低且消费水平接近，平均消费率较高，规模化生产的大量低价、同质产品与较高平均消费率带来的大规模同质消费共同推动经济快速增长，带来后发大国的增长"红利"。随着经济增长和人们收入水平的提高，消费结构向多层次和差异化演变，供求适应的复杂程度和不确定性增强。只有适应需求结构的供给才是有效供给，才能被市场所接受和消化。提供有效供给的企业才能具有可持续的生存能力和发展前景，只有大量企业具有较强生存能力和盈利能力时，国家经济增长也才可以持续。由于长期瞄准经济发展水平较低层次的消费需求，大量企业的产品质量没能随着消费水平升级而提高，不能有效适应国内需求结构的变化，一方面，是大量企业产出无效供给，成为过剩产能；另一方面，部分需求不能得到有效满足，存在供给缺口。产能过剩的企业和产品不适应市场需求的企业生存困难。只有提高技术水平和提高产品质量，企业才能获得消费者认同，赢得市场地位，得以生存和发展。企业生存能力增强也是后发大国经济增长可持续的重要基础和前提。

第三，为应对技术后发优势减弱的挑战，只有及时转化技术进步路径，提高自主创新能力才能遏制技术后发劣势，获得技术持续进步的能力。在后发优势充分发挥阶段，后发大国与先发国家技术差距大，可以从发达国家低成本获得大量成熟技术，实现快速技术进步，缩小与发达国家的技术差距。随着后发大国技术水平的提高，与先发国家技术差距逐渐缩小，低成本引进技术存量减少，低成本技术进步的空间缩小，技术进步速度下降并趋于停滞。由于长期采用引进、吸收国外技术的方式推动技术进步，国内技术研发能力弱，后发大国缺乏鼓励原创性技术研发的相关制度安排，技术进步陷入低水平技术引进、复制的陷阱，难以走出低水平技术进步的路径。为了从根本上转变技术进步路径，提高技术创新能力，后发大国必须健全技术进步的机制。增强原创性研究开发的能力是后发大国技术进步机制的重要内容。从经济增长角度看，在经济发展的新阶段，制约经济增长的供给因素是国家整体的供给能力，微观主体企业的创新能力是影响国家供给能力的微观基础。微观主体的创新能力和市场供给能力越强，越能够有效满足市场需求，适应经济发展水平提供后的市场消费，形成供求两旺的格局，推动经济持续增长。在整体供过于求的市场格局下，企业技术水平提高和产品结构升级面临着市场风险和资金困难，通过财政金融政策及相关其他制度安排降低企业生产结构调整和技术升级成本，分散技术创新和产品结构调整风险，弥补市场机制在基础研究和重大关键技术研究中的不足是后发大国在该阶段的重要职责。

第四，推进再重工业化进程。重工业的技术水平决定了一般产业发展的技术水平，也就是说，重工业的技术层次决定了一般产业发展的技术层次，当一般产业在某一较低技术水平充分发展后，需要上升到新的、更高的技术水平时，重工业的技术水平就成为一般产业技术水平上升的"瓶颈"，突破一般产业发展技术"瓶颈"就需要重工业向新的技术层次提升。后发大国第一阶段承担重工业化使命的这些企业在一般产业面临技术升级的时候难以胜任支撑一般产业技术升级的重任，必须进行新一轮的重工业化，否则会出现三种结果：其一，大量经营困难的重工业企业由于不能适应一般产业发展的需求，出现企业经营困难、难以为继的情况。大规模的低层次重工业企业的就业群体收入增长缓慢，消费能力不能提高，拖累整个社会的消费，影响整体经济增长。其二，由于这些重工业企业不能为后发大国经济发展继续提供基础性物质技术设备支持，将导致后发大国经济进一步发展缺乏必要的物质基础，经济发展的路径被阻断，丧失追赶先发国家的机会。其三，如果不能及时再重工业化，低水平的原重工业企业必然缺乏自我生存能力。如果要维持这些企业的生存必须由国家提供大量的财政补贴、耗费大量的财政资源，从而使支撑后发大国经济发展的重工业企业成为经济发展的负担。为此，根据后发大国经济发展的要求，尤其是技术水平提升的需求，必须及时展开新一轮的重工业化进程，为一般产业发展和技术进步提供技术支持。新一轮的重工业化不但应该在技术水平上明显高于第一次重工业化，还应该主动适应和引领经济发展的趋势，比如突出现代信息技术、互联网、大数据、智能制造等，使重工业达到世界水平甚至在一定程度上具有超前性。

第五，构建城乡二元经济结构收敛的机制和制度体系。城乡二元经济结构是后发大国经济发展面临的和需要重点解决的关键结构性问题。按照刘易斯等发展经济学家的观点，二元经济结构问题是发展中国经济发展的核心，二元经济结构完成向一元经济结构转换就意味着经济发展目标的达成。当然，不是所有发展中国家都有城乡二元经济结构问题，即二元经济结构转换不是所有国家经济发展的关键，但二元经济结构问题确是后发大国的典型经济特征，是经济不发达的典型表现，二元经济结构转换问题也是后发大国经济发展最重要的问题。由于在第二阶段后期城乡二元结构僵化、二元差距扩大已经成为后发大国经济发展的重要"瓶颈"，其二元结构强度的降低是整体经济结构改善、经济持续增长的关键。需要注意的是，二元经济结构的收敛不应该是单纯的主观愿望，而应该在了解经济发展内在规律的基础上制定并实施切实可行的政策。二元经济结构收敛的过程是要素城乡二元空间结构优化的过程。这里面涉及公共资源和私人资源的配置，私人资源的配置遵循市场逻辑，如果没有城乡要素收益预期的改变，私人要素的城乡配置结构是难以逆转的，二元结构难以进入收敛区间。国内公共资源配置一定程度上要考虑公平原则，城乡均衡发展和城乡居民公平享受经济发展的福利是财政的职责。但如果完全忽略财政资源配置的效率原则，片面追求城乡公平，有可能降低财政资源配置的效率，导致对财政资源的浪费。因此，片面追求公平的财政资源配置模式不可取。公共资源城乡空间配置也是影响要素城乡流动和二元结构变化方向的重要因素，如果公共资源城乡配置结构不能逆转要素收益率，城乡差距则难以引导私人要素向农村空间流动，城乡二元结构差距难以缩小。如果社会整体经济发展水平较低，将较大比重增量公共资源配置到要素收益率较低的农村经济空间，不仅难以缩小城乡差距，还有可能导致城市空间经济增速下降，降低全社会资源配置效率。因此，构建城乡二元结构收敛机制需要遵循经济发展规律，顺应经济发展阶段变化，重点把握公共资源城乡空间配置结构和力度，兼顾公共资源配置的公平和效率目标。

后发大国发展第三阶段的城乡二元经济结构转换面临着新的约束条件和机遇，需要有新的思路和着力点。有利条件在于：其一，由于农村劳动力减少，农业劳动力人均土地要素占有量增加，有利于农业实行规模化生产，提高劳动生产率，推动农业现代化。其二，由于国家财力增强，对农业农村的财政支持可能增加，农村经济发展的基础设施、义务教育、医疗卫生等公共服务供给会增加，农业生产条件会出现明显改善。其三，城市化水平提高和人们收入水平提高会带动农产品供给增加、农产品品质提高。从城乡二元经济结构转化面临的机遇看，这些条件有助于农业经济发展和城乡二元差距缩小。传统农业的生产方式决定了其难以提高劳动生产率，增加农民收入，缩小城乡发展差距，只有现代农业才能承担促进农业经济发展、缩小城乡差距的使命。但农业现代化还面临一些约束条件，比如，农村劳动力的过度流失，导致具有现代农业经营管理知识、技能的经营管理者短缺；现代农业经营所需的金融服务缺失，流动性"瓶颈"制约现代农业的起步和发展；土地制度缺乏适应性以及分散农业经营风险的保险制度的缺失等。由此可见，为促进农业现代化和农村经济发展，为弱化和消除城乡二元经济结构创造条件，在全面考虑农业经济发展需求的情况下，可以采取以下措施：顺应经济发展条件变化，优化农村土地制度，增强农村土地制度对要素结构变化和农业经营方式变化的适应性。实行农村土地所有权、承包权、经营权的分离，推动经营权流转，促进农业市场化、规模化、现代化；完善农村金融机构，健全农村金融制度，改善农业金融生态，构建农业保险体制，满足农业规模化经营对金融服务的需求；适当加大对农村和农业的财政支持力度，改善农村生产生活的基础设施条件，加强义务教育、医疗卫生、社会保障、职业技能培训等。

第六，推动制度创新，为拓展、延续大国优势和后发优势提供制度支持。在后发优势和大国优势充分发挥阶段，市场机制作用的充分发挥带来经济快速增长，居民收入水平快速提高，市场经济制度的优势得到充分体现。随着后发劣势和大国劣势的出现，嵌入性的市场经济制度与后发大国内生的非正式经济社会制度之间的矛盾逐渐显现，不协调、对立甚至冲突变得更加明显。后发优势和大国优势充分发挥阶段的经济制度与逐渐出现后发劣势和大国劣势阶段所需要的经济制度之间的不适应性逐渐明显，凸显出制度创新的必要性和紧迫性。能否及时强化制度创新构建适应新的经济发展阶段的相关制度直接关系到后发大国能否抑制大国劣势和后发劣势，延续经济增长的趋势。从后发大国经济发展的内在逻辑考察，其制度创新主要涉及以下几个方面：其一，需要将从国外借鉴、植入的适应市场经济体制的相关经济制度（不一定是具体某一国或几个国家的具体经济政治和社会制度，而是体现市场经济体制运行内在要求的相关制度及制度体系的一般原理）与本土的传统文化、社会政治、历史、地理等因素结合，在完善市场经济制度的同时，兼顾经济增长与收入分配、生态环境改善、传统文化传承等目标。树立市场经济制度生态理念，在完善市场经济制度中应重点关注市场经济伦理建设、政治体制改革、体现社会公平的社会制度建设，抑制单纯追求经济利益目标的短期、片面的制度安排，避免单纯对具体某一国或者某几个国家制度的机械抄袭和模仿。厘清市场经济制度与经济增长、社会福利增进和社会发展目标之间的关系，明确市场经济制度在社会福利增进和社会发展中的工具性功能，避免把市场经济制度当成终结目标来追求的倾向。其二，健全收入分配制度，通过教育、医疗卫生、社会保障等财政支出制度和个人所得税、财产税、遗产税等收入性制度安排以及规范政府间财政管理体制等相关制度的创新，控制地区间、个人间、行业间收入差距的扩大，促进经济结构协调，延续后发大国的经济优势。其三，加大对教育、研究开发等与技术进步相关的财政支持力度，加大人力资本投资，培育、增强技术创新能力，加大对企业、科研院所等技术创新主体、技术推广主体和技术运用主体的激励，培育后发大国技术进步能力，延续技术上的后发优势，逐渐形成可持续的后来居上的技术进步优势。其四，优化政府间事权、财权相关制度安排，尤其是优化地方政府政绩考核机制，将提高经济增长质量、改善优化经济结构、增强经济发展潜力等目标纳入考核之中，并逐步提高权重，充分发挥地方政府在延续后发优势和大国优势中的作用。

后发大国如果能够预见、顺应经济发展阶段转变的趋势，加快制度创新，解决经济结构调整缓慢、技术进步能力不足等问题，抑制后发大国经济发展中的后发劣势和大国劣势，延长、放大后发大国优势，开发新的优势，维持经济的持续增长，保持良好的发展势头，就有希望将经济发展阶段推向更加接近发展目标的阶段。

4. 第四阶段，推动经济持续发展、积累成为发达国家能力的阶段

后发大国在经历大国优势和后发优势充分发挥阶段后，通过财政等制度安排成功抑制后发劣势和大国劣势后，经济实力进一步增强，与发达国家经济上的差距逐渐缩小。尽管经济实力上明显增强，但要赶上、超越先发国家还面临很多障碍，财政制度需要发挥更加积极的作用，支持后发大国进入发达经济国家行列。

后发大国对先发国家经济上的超越是多领域协同推进的过程。一个国家的发展是包括政治、经济、文化、军事、社会等综合实力的增强的过程，经济发展是政治实力、文化实力、军事实力、外交实力、社会综合实力增强的基础；政治稳定，社会协调、稳定，军事强大，文化软实力增强，国际影响力提高是经济发展和经济实力增强的保障和助推器，离开政治、文化、社会、军事、外交支撑的单纯的经济实力增强是暂时的、不持久的。后发大国崛起超越先发国家不仅仅是经济实力的增强，可能还会受到来自先发国家、部分发展中国家的阻挠，这些阻力除了来自经济领域外，还包括军事、外交等领域，这些可能的干扰因素可能会激发其他不利于后发大国发展的因素一起阻碍后发大国经济的继续发展，甚至完全阻断后发大国经济发展的趋势，使其陷入经济社会的困境，进而在发展的道路上功亏一篑。因此，优化各方面制度，化解各方面的矛盾，遏制潜在的冲

突、对抗，构建和谐、稳定的内部和外部环境，是后发大国经济进一步发展的重要前提。财政制度通过发挥资源配置职能、经济稳定职能、收入分配职能、经济发展职能以及维持国家机器正常运转的职能可以为军事实力增强、国际影响力提升、社会和谐稳定和民族文化生命力与凝聚力增强提供有力的支持，为后发大国经济社会发展提供强有力的支撑。由于经济、政治、文化、军事、外交、社会、生态各领域是相互依赖、相互支持、相互补充的，财政制度安排应该统筹各方面的发展，力求各领域的发展相互支持、相互促进。

后发大国对先发国家的超越是一个渐进的过程，也可能因为某些事件触发在一段时间内集中爆发，超越的过程既可能是在和平竞争中实现，可能在突发的来自自然界等外来冲击中实现，也可能在激烈对抗中实现。后发大国经济上对先发国家的超越是一个渐进、长期的过程。在经历阶段性的进步、局部领域的超越后在主要的、主导、引领经济发展的关键领域超过先发国家。最后，通过这些领先领域的关联、带动，从经济主要方面实现对先发国家的超越。在不同经济发展阶段，决定和引领经济增长和发展因素各不相同。从经济发展史的角度看，人口、土地是传统农业经济时期的关键因素，资本、技术、制度是工业革命以来以大机器生产、电气化、自动化、智能化为标志的现代经济占据的关键因素。从大趋势看，新能源、新材料、大数据、高智能机器人等领域可能是将来经济发展的重要影响因素。人才无疑是决定经济增长和经济潜力的关键，相关高技术、前沿技术和重大基础理论和重大应用技术的突破和占据主导地位是奠定一国经济实力，进而形成在全世界的经济影响力的基础。由于经济上对先发国家的超越需要在一段时期内持续性进行，经济、政治、文化、军事、社会、外交各领域之间相互联系，高度互补，因此，财政制度应该站在未来经济增长、社会稳定、文化提升、政治稳定、军事实力增强、国家影响力提高协同的高度，重点强化对关键、核心经济领域的支持，既统筹兼顾，又突出重点，盯住前沿，积极为后发大国赶超先发国家创造条件。

在后发大国积累发展能力、追赶先发国家的阶段面临着一些复杂问题，妥善处理、应对这些问题是后发大国该阶段经济发展的主要任务。

第一，培育经济上可持续的领先能力，巩固、确保经济上可持续的领先优势。可以预见，将来领先全球的经济能力主要体现在前沿科技成果的研发和产业化上，后发大国科学技术研发能力在长期积累的基础上逐渐具备集中爆发的条件。同时，后发大国国内有全面、配套、先进的生产体系，有大容量的国内和国际市场支持，应该尽可能将科技成果产业化，转化为经济效益。同时，经济增长应反哺科学技术进步，形成科学技术研发、产业化、市场化的良性循环。确保高技术的研发、推广、运用和产业化以及经济增长对科技进步的强有力支持，实现它们之间良性互动是后发大国经济持续发展的重要保障。后发大国应该通过制度协调和制度创新加大对人才培养的投入力度，继续强化对人才资源的积累，进一步强化人才优势；保证研发、推广、生产各环节对人才和人力资源的需求。较长时期内，即使科技能力已经接近领先世界的水平，也主要是在一些主要领域接近世界领先水平，还会有一些领域处在一般水平，但处于接近领先水平的领域一定是要主导世界经济发展格局、引领世界经济发展方向的。后发大国应该尽可能通过领先技术的辐射、带动作用，在国内形成若干个具有核心竞争力的产业群，从整体上增强本国经济的竞争能力。

第二，合理把握金融与实体经济发展之间的关系，避免金融脱离实体经济，拖累和伤害实体经济。随着经济发展水平的提高，经济结构逐渐高度化，现代金融业服务业的作用明显增强。金融业发展到一定程度后逐渐具有自我循环、自我扩张的机制和能力，可能因此形成经济泡沫，并借此获得可观的、远高于从事实体经济的收益，甚至逐渐排挤实体经济，并成为主导经济社会发展的力量，进而使一国经济逐渐"金融化"，导致实体经济衰落的危险。金融的主要职能是服务于实体经济，如果完全脱离实体经济并自我循环、自我膨胀就可能会导致实体经济萎缩。当金融过度膨胀导致名义财富快速增长、实体经济停滞或衰落时，必然不利于经济的持续发展。由于不同人群拥有的金融资源不同，利用金融资源的能力和渠道存在差异，收入和财富差距必然扩大，低收入群体的相对贫困必然加剧，进而可能影响社会稳定。对于后发展大国而言，由于经济体量大，人口众多，对实体商品需求量大，实体财富生产环节的萎缩可能使后发大国经济上陷入名义财富增长但实体财富缩水的情况，导致名义发展水平高，但实际生活水平提高缓慢，甚至停滞的情况。因此，制度上必须坚守金融服务于实体经济的原则，坚决抑制金融泡沫的形成，重点控制金融利益集团的形成和膨胀，确保国家政策的中立性，避免制度安排和政策安排被金融利益集团"绑架"。

第三，避免出现财政转移支付和社会收入与财富差距扩大同步扩大，甚至相互推动的困局。当后发大国具备可持续发展条件后，市场机制在资源配置中发挥基础性甚至决定性作用，个人间要素禀赋差距在公平的市场规则下转化为收入差距和财富差距，收入差距与财富差距进一步强化个人间的要素禀赋差距，导致收入差距与财富差距持续扩大。如果财政制度主要通过转移支付制度安排在个人间禀赋差距、收入差距的收入领域调节收入分配，且制度设计不合理，结果可能是要么力度太小不能缩小收入差距，社会成员间相对收入差距继续扩大，要么是力度太大，造成沉重的财政负担，两种情况都不利于经济的可持续发展。后发大国经济发展到较高水平后产业结构逐渐高度化，较低收入阶层获得就业机会趋于减少，获取收入的机会相应减少，对转移支付的依赖相应增强。收入差距的持续扩大导致对转移支付的依赖增强，经济结构的高度化也导致低收入群体对转移支付的依赖增强，财政支出结构出现僵化、刚性化趋势，不利于财政支出结构的调整，影响财政培育后发大国科学技术上可持续的领先能力。为此，财政制度还应该在优化转移支付制度的同时，增加对教育、医疗卫生、就业等方面的支出，力求提高社会成员就业能力和获取收入的能力。

第四，逐渐增强军事实力和外交影响力，确保经济实力、军事实力和外交影响力同步增强。随着后发大国经济实力的增强，对国际经济活动的影响也相应上升，后发大国的国际义务随着其经济实力上升而增加，对国际经济规则和其他国际事务的参与、介入深度进一步加强。为有效维护后发大国的合法经济利益，降低、化解敌对国家施加的压力和阻力，增强与相关国家的谈判能力，后发大国必须同步增强军事实力，积极谋求参与国际事务相应规则的制定，争取在国际事务中有更大发言权、主导权、控制权。为此，应该确保军费支出与经济总量扩大同步增加，外交支出在优化结构的基础上适度扩大规模。

第五，大力发展教育、文化、社会事业，确保政治、经济、文化、军事、外交、社会事业同步协调发展。后发大国的崛起、超越先发国家是各领域整体推进的过程，政治、经济、文化、军事、外交社会事业各领域是相互依存、互相补充的有机整体，只有同步发展、协调推进才能整体增强后发大国的综合实力。因此，财政制度应该统筹各领域的发展，合理配置公共资源，提升财政制度支撑后发大国崛起和超越先发达国家的能力。

后发大国的内在规定性蕴藏着大国优势和后发优势的潜在优势，但其内在优势转化为现实经济发展成果需要一定外在条件，财政制度等经济制度是形成这些条件的制度前提。随着后发优势和大国优势发挥的条件形成，服务于该条件的相关财政制度完成制度使命，后发大国经济发展进入后发优势与大国优势充分发挥的阶段。新的经济发展阶段要求财政等相关制度主动调整、适应经济发展新阶段的要求。伴随着后发优势与大国优势的发挥，后发大国经济发展条件快速发生变化，经济结构不协调、发展不可持续、发展后劲不足、国内与外经济矛盾等问题相继出现，为有效应对这些问题，延续、拓展大国优势，积累技术进步能力，后发大国财政制度等经济制度面临新的调整、转变，直到后发大国经济进一步持续增长，结构改善，技术进步能力持续增强，进入发达国家行列。由此可见，后发大国经济发展过程就是其内在优势不断发挥、挖掘、拓展，经历不同发展阶段，财政等经济制度的演变就是不断适应经济条件变化、应对新挑战、解决新问题、推动经济发展阶段顺次更替、不断向发达国家目标迈进的过程。

第四章　后发大国城乡二元经济结构的考察

在刘易斯的二元经济理论中，二元经济结构转化是一个经济发展的过程，是边际产出率高的现代工业部门吸引边际产出率低的传统农业部门剩余劳动力，引导农业劳动力向城市现代工业部门转移的过程，是农业部门劳动力转移到现代部门，现代部门不断扩张并带动城市化的过程。随着农业劳动力的转移，农业人均土地要素占有增加，农业劳动生产率提高，农业现代化持续跟进。当农业劳动力减少到其工资也由边际产品价值决定时，传统农业和现代工业并存的二元经济结构消失，欠发达国家经济现代化任务完成。

第一节　城乡二元经济均衡发展的基本理论

在后发大国内部，传统农业部门和现代工业部门是国民经济的两个基本的经济部门，它们在国民经济中承担不同的职责和功能，通过城市和农村的生产和消费行为相互联系。两大部门的经济联系是后发大国经济结构的重要内容。两大经济部门的并存、协调是后发大国经济正常运转和协调发展的前提和基础。

一、农业部门在后发大国二元经济中的地位和作用

在后发大国经济系统中，农业部门具有不同于小规模国家的农业部门在国民经济中的作用和地位。由于人口规模大，后发大国基本农产品的供给不可能主要依赖国际市场解决，因此，满足国内对农产品的消费和生产需求，实现农业部门与城市现代工商业部门良性互动是后发大国农业部门的最基础的职能。

从供给角度看，农业部门主要为国民经济系统提供农产品，满足人们对农产品的消费和生产需求。在封闭经济条件下的城乡关系中，农业部门

主要为农业部门自身提供农产品和农业再生产所需的种子等，为城市工业和服务业部门提供作为生活资料和工业生产原材料的农产品。从农业部门的农产品供给看，农业部门生产的农产品应该能满足农业部门和日益扩大的城市非农业部门对农产品的需求。随着非农业部门的扩大，农业劳动力占总劳动力比重的下降，农业部门只有在不断提高劳动生产率的条件下才能满足全社会对农产品不断扩大的需求。因此，从农产品供给的角度看，农业部门生产发展水平决定城市工业部门的规模和城市化水平。

从需求角度看，农业部门要消费城市工业部门生产的工业品。农业部门发展水平进而农民的收入水平决定其对工业品的消费能力，因此，从需求角度看农业部门的发展水平一定程度上影响着工业部门和服务业部门的发展。农业部门的消费包括对农产品的消费和对工业品的消费，农产品的消费通过农业部门内部供给自行满足。整体上农产品消费会随着农业绝对人口增加和农业人口人均对农产品需求的增加而增加。随着收入水平提高，农产品消费的增长率要低于农民收入增长率和农业劳动生产率的增长率。农业部门对工业品的消费取决于城市非农部门对农产品的需求规模，即农民不储蓄的情况下其总收入一部分用于对农产品消费，另一部分用于对工业品的消费。当农业产品供求均衡时，城市部门对农产品的消费规模就等于农民可消费的工业品的规模。农民劳动生产率越高，农业总产出越多，在除去满足农业部门自身对农业品消费后用于对工业品消费的规模就越大，农业部门对工业部门的市场贡献也就越大。农业部门的农产品生产能力和农业劳动者的劳动生产率与农业劳动力、土地和资本投入相关，其中，劳动力主要包括劳动者的知识、经验、技能、经营管理能力等，资本包括农业生产者的私人资本和基础设施等政府投资形成的社会资本，土地是农业劳动力人均实际支配的土地的规模。此外，农业经营制度及其他相关制度也会影响农业劳动者的劳动积极性、农业技术进步速度、农业生产要素的整合、优化程度，影响到潜在的农业产出与实际的农业产出的吻合程度。从农业劳动生产率高低的影响因素看，农业能容纳的最优劳动力数量决定了农业劳动生产率的水平。从部门间劳动力工资比较角度看，在劳动力可以城乡自由流动的条件下，农业土地、资本所能承载的劳动力的工资水平等于城市现代部门劳动力的工资水平时，城乡劳动力均衡点就形成了。①

---

① 根据劳动力城乡流动相关理论，还必须考虑到农业劳动力在城市找到工作的概率、劳动力流动的有形成本和心理成本等。

二、城市工业部门在二元经济中的地位和作用

从供给角度看，城市工业部门负责提供工业品满足城市非农业部门和农村农业部门对工业品（含消费资料和生产资料）的需求。从供给总量上看，工业部门的供给能力受到劳动力、资本、技术和制度的影响。劳动力的数量、质量和劳动力的积极性、工作努力程度是影响工业产出的重要因素。不同经济发展阶段劳动力对工业产出的影响程度存在一定差异。工业化初期以劳动密集型技术为主的阶段，劳动力数量对产出影响大；随着技术水平提高，劳动力的知识、技能和积极性、努力程度对产出的影响逐渐扩大。在生产方式上资本是工业部门区别于传统农业部门的重要方面，其对应的机械设备以及劳动力的人均资本装备水平是影响工业产出能力的重要因素。一般情况下，人均资本占有量越多，劳动生产率越高，工业部门供给能力越强。技术也是影响工业产出的重要因素，技术水平越高，单位劳动力和资本的产出越多，产品质量越好，有效供给水平越高。大多数情况下技术是内化在机械设备、工艺等生产资料中的。分散的劳动力、资本和技术并不能直接形成生产能力，产生借助一定的制度安排，将相关要素整合起来，使各要素有机结合才能使要素形成生产能力，产生有效供给。从供给结构看，工业部门的产出包括工业和农业部门的投入品的中间产品和最终消费品，中间产品供给有助于提高工农业部门长期的供给能力，中间产品生产需要持续的投入才能维持工业生产的连续性。最终消费品有助于满足即期的消费需求。消费品生产可以快速收回成本并盈利，消费品的生产、销售的顺利实现是企业可持续经营和成长的必要条件。消费品工业比重较高的工业结构有利于增加社会可消费产品，不容易出现商品短缺；中间产品比重较高的工业结构不利于增加最终消费品的供给，容易出现消费品短缺。在工业化初期，从满足消费需求角度看，最终消费品占工业部门产出比重应该比较高，但从奠定后发大国经济发展物质基础角度看，装备制造等中间产品占工业部门总产出的比重应该更高一些，这有助于形成长期的、更强的工业品供给能力。后发大国在工业化初期工业内部结构中中间产品比重比较高，最终消费品比重较低，这有助于建立国民经济发展的物质基础，但在短期内由于消费品供给不足事实上会抑制居民消费需求。对于后发大国而言，经济发展不同阶段决定工业部门供给能力的因素也存在差别。工业化初期，由于农村有大量可转移到工业部门的劳动力，资本是关键的、短缺的要素，随着工业化推进，农村剩余劳动力的减少，

工业化后期劳动力尤其是具有较高知识和技能的劳动力、技术对工业产出能力和水平的作用越来越重要。

从需求角度看，城市工业和服务业部门的需求包括城市工业部门生产的工业品、服务业部门提供的服务和农业部门提供的农产品。城市工业部门产品的需求主要包括工业部门自身对中间产品和最终产品的需求，农村部门对工业消费品和中间品的需求，以及服务业部门对工业品的需求。工业化初期，为奠定后发大国经济发展基础，工业部门内部以形成物质积累、增强工业品供给能力为主，工业部门自身对中间工业品需求较大；农业部门由于主要使用土地和劳动力，对工业部门生产的中间产品需求较少。总体上看，在工业化初期，后发大国对中间工业品消费主要来源于工业部门自身，且占社会工业品消费比重比较高。最终消费品主要包括城市部门和农村部门对工业品的消费，城市部门最终工业品消费主要取决于城市部门就业人口数量和工人工资水平，其中，人口数量包括城市部门自然增加的人口和农村转移到城市部门的人口。城市自然人口增长受医疗卫生水平、人口生产的生理因素限制，农业部门的转移人口规模则受到城市部门吸纳农村人口的能力影响。一般地，城市工业部门扩张越快，劳动密集型技术部门占工业部门的比重越高，农村转移到城市部门的人口规模越大，城市部门对最终工业消费品的消费规模越大；反之，越小。

工业部门的资本有机构成和城市公共投资影响工业品消费需求和城市化进程。由于城市部门工资决定于劳动力边际产品和农村剩余劳动力的规模，工业部门的人均资本占有量或资本有机构成高低与等量资本吸纳的就业人口负相关，资本有机构成越高，劳动生产率越高，劳动力工资水平越高，但在农村存在大量剩余劳动力的情况下，工业部门劳动力实际工资会低于劳动力边际产品价值，资本家获得超额利润。当超额利润部分或全部用于投资后会扩大生产规模，工业部门对劳动力需求继续扩大，对最终工业品消费需求进一步扩大。如果提高资本有机构成，劳动生产率会提高，理论上的劳动力边际产品价值提高，工资上升，对最终工业品消费能力增强；但资本有机构成提高会导致等量资本投入对劳动力需求减少，就业机会少，导致对工业品的消费减少。尤其是在农村存在大量剩余劳动力的情况下，就业机会减少不利于工业部门吸纳农村剩余劳动力，不利于扩大工业部门的工人规模，不利于消费需求增加。因此，资本有机构成低有助于扩大城市部门对最终工业品的消费。城市工业部门提供就业、吸纳农村部门的剩余劳动力不仅要求城市现代工业部门和服务部门有一定的私人投资，还需要政府部门提供必要的道路、交通、通信、义务教育、医疗卫生、社会保障等公共投资。必要的公共投资不仅是保障现代工业部门生产持续进行的必要条件，也是增加城市对人口容纳能力的需要。私人部门投资只是提供就业机会，就业者能否在城市留得下来还需要必要的城市公共基础设施和教育、医疗卫生、社会保障等公共服务配套。此外，必要的公共投资还是居民对工业品消费的条件，没有必要的公共投资形成的消费环境，很多潜在的私人消费难以转化为现实的消费需求，会导致居民对工业品的消费会远低于其收入水平所决定的消费水平，影响工业品的消费需求扩大，进而影响工业部门的再生产。

农业部门对工业品的消费需求取决于农村居民的消费能力，即人均纯收入。农业部门的人均纯收入与农业劳动生产率密切相关，农业劳动生产率越高，人均纯收入越高，对工业消费品的消费能力越强。一般地讲，农业部门的人口越少，人均土地占有量越多，在资本投入既定的情况下，农业劳动力的人均产出越多，人均纯收入越高。农业部门对工业品的消费还包括对工业部门生产的农业生产资料的消费，这也受到农民的收入水平影响。一般地讲，农民收入水平越高，对农业投资的意愿越强，对农业投资品需求越高。

最后，财政制度安排也会影响城乡二元经济的内部结构和动态变化。财政制度对城乡二元经济结构的作用受到财政收入结构和支出结构的影响。财政收入来源于农业部门、城市工业与服务业部门的税收，财政支出主要用于提供城市和农村的公共品和公共服务以及部分生产性投资，形成农业生产基础设施、农业消费基础设施、城市生产基础设施和消费基础设施投资。财政的农村和城市之间以及农村和城市内部生产性和消费性支出结构直接影响城乡二元经济的内部结构状况和结构变化方向和速度。

在农村内部，在农村生产要素的价格能反映要素稀缺程度，要素的初始配置、再配置和经营制度能够相互适应的前提下，财政制度安排能够直接或者间接影响农业劳动生产率、农产品供给能力、农民收入和农村居民对工业品的消费能力，继而影响农村可以容纳的最优规模的农业人口。财政对农业净投入①越多，农村内部基础设施条件越好；在其他条件不变的情况下农业劳动生产率越高，提供农产品越多，对城市部门的支持能力越强；农民收入越高，对工业品的消费能力越强，农村对城市工业部门的市

---

① 这里的财政净投入是指财政农业支出减去来源于农业的财政收入后的余额。

场贡献越大，农业越能支持城市部门的发展。

在城市内部，财政制度安排带来的财政资源在城市生产性投入越多，城市现代部门（含工业和服务业）发展越快，劳动力需求越大，对农村剩余劳动力吸纳能力越强；城市部门劳动生产率越高，工人工资越高，增长越快，对工业品消费能力越强。财政的城市基础设施投入越多，教育、医疗卫生和社会保障等公共服务投入越多，城市对人口容纳能力越强，越有利于转移农村剩余劳动力。转移到城市的工业和服务业部门的农村剩余劳动力需要城市内部生产性和非生产性财政支出结构协调，即城市的财政支出既要提供劳动力的就业机会，也要满足这部分劳动力及其家庭成员生活和公共消费的需求。

从城乡互动的角度看，只有当城乡财政收入和支出制度安排使农产品产出能满足农村内部和城市日益扩大的非农人口对农产品的需求，农民收入增加能够为城市现代部门的工业品提供足够消费需求支撑；只有当城市部门能提供越来越多的就业机会吸收农村部门的剩余劳动力，且能承接城市产业部门吸收的从农业部门转移过来的劳动力及其家庭成员时，城乡经济才会协调，这种协调在动态中的保持才能使城乡二元经济结构逐渐转化为城乡一体化的现代一元化的经济结构。二元经济结构转变为一元经济结构包含以下几方面的含义：第一，从经济结构看，城市人口占总人口的比重达到一个相对稳定的水平，农业能够为城市提供足够的粮食消费支持和工业品消费支持，城市能够提供足够城市和农村的工业消费品。第二，从城乡居民收入差距看，由于城市非农业部门提供了足够的就业机会确保农业劳动力的最优规模，城乡居民收入差距是最小的，不存在基于收入差距的城乡之间的较大规模的人口流动。第三，由于城乡生活性基础设施投资结构合理，能够确保农村居民和城市居民的公共消费水平接近，实现了城乡公共服务的均等化。

三、城乡非均衡财政制度安排对二元经济结构的影响

作为资源配置重要主体之一，政府借助财政制度安排可以影响城乡二元经济结构及其转变方向和进程。在后发大国经济发展的不同阶段，为服务于整体经济发展，政府可能选择中性、城市偏向型和统筹城乡发展型三种类型财政制度，不同类型的财政制度安排对城乡二元经济结构产生不同的影响。

财政制度作为一种影响资源配置的制度安排，会影响公共资源城乡配

置结构，影响城乡基础设施和公共服务的供给规模、结构和质量。政府可以通过从农村和城市相关经济部门取得财政收入，然后通过对城乡部门财政支出规模、结构来影响城乡经济发展速度和发展水平，进而影响城乡二元经济结构变化方向。城乡各部门公共资源配置结构或者财政对城乡经济社会发展支持程度可以通过城乡部门财政投入规模和结构来衡量。城乡财政投入结构意味着来自城乡两个部门的财政收入和支出对比关系，财政对城乡的支持力度可以用城乡财政支出与财政收入的差额与财政收入的比值来衡量，某部门的财政支持力度大意味着具有该部门偏向的财政制度的特征；反之，具有该部门歧视的财政制度的特征。

在城乡工农业产品等价交换的前提下，根据财政资源的城乡分配结构可以把财政制度分为中性财政制度、城市偏向的财政制度和农村偏向的财政制度。中性财政制度是指来源于农村（主体是农业）的财政收入通过财政支出全部返回农业和农村部门，来源于城市非农产业的财政收入通过财政支出返回到城市，即不改变城市和农村财政支出依赖于农村的农业和城市非农产业提供的财政收入。城市偏向的财政制度是指城市财政支出大于城市非农产业提供的财政收入，对农村的财政支出小于农村、农业提供的财政收入，即农业财政收入一部分被转移到了城市非农产业，政府通过财政把一部分农业部门的要素转移到了城市部门。农村偏向的财政制度是指对农村财政支出大于农村、农业部门提供的财政收入，来自城市的部分财政收入通过财政制度被转移到农村，城市通过财政为农村、农业提供了一定支持。当然，在公共财政框架下，城乡公共服务均等化只是从财政支出形成的公共品均等化程度来讲，不涉及城乡部门财政收入与支出之间的对应关系。

根据一国经济发展不同阶段城乡财政收入支出安排的不同可以把财政制度区分为农村支持城市的财政制度、城乡平行发展的财政制度和城市支持农村的财政制度。一般地讲，在后发大国经济发展的初期，由于奠定国家发展基础需要大量资金，工业自身积累能力弱，居民储蓄率低，外部融资渠道缺乏，农业是现代工业部门发展资金的主要来源，政府通过一系列财政制度安排把农业的一部分剩余转移到城市工业部门用以加快工业发展，推动工业化进程是必然的选择。这必然导致财政对农业投入不足，这段时间的财政制度具有农村支持城市的财政制度的实质。随着工业体系的逐步建成，当城市工业部门完成原始积累具备自我发展能力后，政府适时调整财政制度，终止农村支持城市的财政制度安排，使农业部门和城市的非农业部门各自依靠自身积累实现自我发展，即来自农业部门和城市非农业部门的财政收入都大体等于财政对两个部门的支出，这段时间的财政制度具有农村和城市平行发展的财政制度的性质。由于农业与非农业资本积累能力、技术进步、劳动生产率等差异，城乡依靠各自积累平行发展会导致城乡差距越来越大，进而导致城乡经济结构的严重失衡。在经济发展到一定阶段后，为缩小城乡发展差距，国家通过财政制度安排把来自城市非农业部门的一部分财政收入通过财政支出转移到农村、农业部门，加大对农村和农业部门的投入，促进农业、农村发展，缩小城乡差距，这一时期的财政制度安排具有城市支持农村的财政制度的实质。

财政制度类型与经济发展阶段之间具有内在联系，不同经济发展阶段要求不同类型的财政制度与其相适应。随着经济发展阶段的转换财政制度也应做相应调整，同时，财政制度安排也会反作用于经济，对经济发展阶段产生相应影响。在后发大国经济起飞阶段，经济发展的主要目标是奠定后发大国经济发展的物质基础和制度基础，基础设施、装备工业部门以及教育、医疗卫生等相对集中的城市部门对资金的需求强度较大，但国家该阶段资本供给能力较弱，城市偏向的财政制度和农村支持城市的财政制度是与该阶段发展条件和发展目标相适应的制度安排。工业部门原始积累完成并进入依靠自身积累实现自我发展后，财政制度应顺势转向中性财政制度和城乡各自依靠自我积累实现自我发展财政制度。当城乡收入差距扩大到一定程度并严重影响城乡经济良性互动、抑制经济持续协调发展时，财政制度应该及时将前一阶段城乡各自依靠自我积累实现自我发展的财政制度调整到农业、农村偏向的财政制度和城市支持农业农村的财政制度。现实中，由于制度变迁受到多种因素的影响，可能存在财政制度变迁和经济发展阶段变化不同步的情况，即由于某些原因导致财政制度变迁滞后或超前于经济发展阶段的推移的情况。比如，应该实行城乡平行发展和中性财政制度时，由于财政制度变迁滞后导致城市偏向的财政制度的固化、僵化、强化；甚至应该实行城市支持农村和农村偏向的财政制度时，财政制度仍然停留在城市偏向的财政制度阶段的情况。

从城乡均衡发展角度看，实行城市偏向的财政制度可能导致城乡差距扩大。城市偏向的财政制度安排可能导致财政对农业、农村投入不足，如果城市内部的财政对道路交通等生活服务性的基础设施、社会保障、教育、医疗卫生等投入不足可能导致城市不能吸收、容纳农村剩余劳动力；导致城乡人口正常流动受阻，影响城市部门和农村部门要素结构的优化，阻碍农业部门中超过土地有效承载能力的劳动力的流出，阻碍农业部门劳动生产率提高，导致城市工业部门和农业部门劳动生产率差距扩大，城市部门工人收入远高于农村部门农民收入，城乡居民收入差距扩大，农业比较劳动生产率低于非农业的比较劳动生产率，城乡产值比重与就业比重差就会偏大并扩大。[①]

第二节 二元经济结构协调的基本数理模型

为较准确描述城乡二元经济结构内在联系，下面借鉴《社会主义经济学通论——中国转型经济问题研究》一书中的数理经济模型具体讨论封闭经济条件下财政制度在城乡二元经济结构转换中的作用。[②] 为了建立城乡平衡发展模型，做如下假定：第一，本模型研究一个封闭的国家，不考虑对外经济联系，没有任何行政干预，每个经济主体都在理性条件下实现自己的经济利益最大化目标。第二，假定全国人口不变，人口出生率和死亡率都等于零，而且全国人口都是适龄劳动人口，因此城市人口的增长完全是机械增长。这样假设的目的是考察在城市经济发展过程中，农村经济是如何与城市经济联系，它与工业化、经济增长和收入分配的关系如何。第三，将国民经济划分为农业和工业两大部门，农业只生产粮食，不提供非农业生产性的服务，工业被限定在城市区域内。经济活动的主体被划分为企业、家庭和政府。农村内部投资包括生产性投资和消费性基础设施投资，但它们是不可分的。城市投资包括产业投资和基础投资，城市产业投资是以盈利为目的的企业行为。基础投资是城市政府的行为，具有非营利性。整个生产周期为一年。城乡平衡发展过程可以根据这些假设分别从农村、城市以及城市与农村综合三个方面进行考察。

一、城市经济发展的前提和城市化的可能性指标

与乔根森的二元经济理论相似，城市经济发展的前提是农业劳动生产率的提高，一方面它满足了城市人口对商品粮的需求，另一方面从农业生

---

① 城乡居民人均收入比表示城市居民人均收入与农村居民人均收入之间的倍数关系，它用城镇居民人均收入比上农村居民人均收入得到。比值越大，城乡差距越大；反之，越小。

② 谷书堂：《社会主义经济学通论——中国转型期经济问题研究》，高等教育出版社2006年版，第603页。

产中游离出来劳动力可以用于满足城市资本对劳动的需求。城市化是指：在一定时期内（比如一年），一个国家（或地区）可能达到的最大的城市人口占全国人口的比重，用 F_e 表示。假定在 t_0 年时，由于农业劳动生产率水平很低，而不能提供任何商品粮，这样农业人口占全人口的比重为 100%，城市人口为零。在 t_1 年时，由于农业劳动生产率的提高，农业人均能提供的商品粮为 Q_1；农业所提供的商品粮总量为 X_1；全国人均粮食消费量固定为 Q'；农业提供的商品粮所能供养的城市人口为 F_1；全国人口为 W。在 t_n 年农业提供的商品粮所能供养的城市人口为 F_n。

$$W \cdot Q' = (W - F_1) \cdot Q_1$$

经过变换得到：

$$F_1 / W = Q_1 / (Q_1 + Q')$$

以 Q_n 表示 t_n 年时农业人均所能提供的商品粮，这样城市人口在 t_n 年可能达到的水平，即城市经济发展可能性指标 F_n 为：

$$F_n = Q_N / (Q_n + Q') \tag{4-1}$$

上述分析只说明了农业在城市经济发展过程中的基础作用，农业发展是城市经济发展的可能性分析，并没有涉及城市经济发展的实现及其条件。城市经济发展的条件包括：（1）技术状况（技术改变了经济结构，提高了资本－产出率、改变了资本－劳动比率等，所以在城市经济发展中非常重要）。（2）国民经济发展的实力及其分配。国民经济的实力一方面是一种潜在的技术可能性，是将城市经济可能的发展水平变为现实的手段。另一方面这种实力及其分配决定了城市经济发展实现过程及其条件。因此，接下来就具体结合技术条件和 GNP 水平进一步研究城市经济发展的实现过程及其条件。

二、城市经济发展实现的过程及其条件

（一）农业方面

如前所述，在 t_1 年时由于农业劳动生产力的提高，农业人均提供的商品粮为 Q_1。但为达到这一水平需要的投资于农业的资本为多少？能从农业中游离出来的、成为城市人口的人数为多少？设 E_1 为 t_1 年时的农业人口，则农业可提供的商品粮总量为：

$$X_1 = E_1 \cdot Q_1$$

设 $g_1 = K_1 / L_1$ 为农业在 t_1 年时最佳资本－劳动投入比例，即平均技

系数；D_1 为 t_1 年时农业资本投入；d_1 为单位资本投入所能带来的商品粮量。则有：

$$E_1 = D_1/g_1; \quad X_1 = D_1 \cdot d_1$$

这样，从农业中游离出来由农业人口变为城市人口的数量应同时满足：

$$F_1 = W - E_1 = W - D_1/g_1$$

$$F_1 = D_1 \cdot d_1/Q' = D_1/g_1 \cdot Q_1/Q'$$

假定 D_1 是 t_1 年农业资本存量和流量的总和，以后的 D_2，$\cdots$，D_n 设为资本流量。在 t_2 年时，D_2 应包括两部分：原有的农业人口 E_1 在技术系数由 g_1 提高到 g_2 时所追加的农业投资 ΔD；在技术系数 g_2 条件下，农业人口 E_1 减少到 E_2 时所减少的投资，即：

$$D_2 = E_1(g_2 - g_1) - g_2 \cdot \Delta E$$

即：

$$D_2 = (E_1 \cdot g_2 - E_1 \cdot g_1) - \Delta E \cdot g_2$$

$$E_2 = D_2/g_2 + E_1 \cdot g_1/g_2$$

以此类推，在 t_n 年时，城乡经济发展实现均衡过程中，就农业方面来看，应同时满足：

$$E_n = D_n/g_n + E_{n-1} \cdot g_{n-1}/g_n \tag{4-2}$$

$$F_n = W - E_n \tag{4-3}$$

$$F_n = D_n \cdot d_n/Q'_N = (D_n/g_n + E_{n-1} \cdot g_{n-1}/g_n) \cdot Q_n/Q' \tag{4-4}$$

如上推论，在农业劳动生产率提高的前提下，农业投资使农业所提供的商品粮恰能满足城市人口的需要，且能保证农业人口的充分就业。由方程（4-3）和方程（4-4）可知，在一定的技术条件下，这一均衡过程在农业方面取决于其投资 D。

（二）城市方面

从城市方面看，从农业中游离出来的人口在城市中还应满足：保证他们的充分就业，城市中必须具有一定的生产和生活所必需的设施。相应地，把城市方面的投资划分为：产业投资 M，它被假定为私人的投资行为，是以盈利为目的的投资。基础投资 N，它被假定为政府的行为，具有非营利性，这两种投资都提供就业职位。设 q_1 为 t_1 时的产业投资平均技术系数 K'_1/L'_1；b_1 为 t_1 年时的基础投资平均技术系数 K''_1/L''_1，则有：

$$F_1 = M_1/q_1 + N_1/b_1$$

设 a_1 表示 t_1 年时人均城市人口所需平均基础投资的数量，以满足城市人口对基础设施的需求，则 F_1 在 t_1 年时还必须满足：$F_1 = N_1/a_1$。下面分别对如上两个方程在 t_n 年变化情况进行讨论。在 t_2 年时，当 a_1 提高到 a_2 时，N_2 投资应包括两部分：一是在现有的 a_2 水平条件下新增加的城市人口（用 ΔF 表示）所需投资；二是原有城市人口 F_1 在 a_1 提高到 a_2 时所追加的投资。即：

$$N_2 = (F_1 \cdot a_2 - F_1 \cdot a_1) + \Delta F \cdot a_2$$
$$F_2 = F_1 + \Delta F$$

变换得到：

$$F_2 = N_2/a_2 + F_1 \cdot a_2/a_1$$

以此类推，在 t_n 年时，城市基础投资为：

$$F_N = N_n/a_n + F_{n-1} \cdot a_{n-1}/a_n$$

令 $a_T = a_{n-1}/a_n$，则上式可以写成：

$$F_N = N_n/a_n + F_{n-1} \cdot a_T$$

$F_1 = M_1/q_1 + N_1/b_1$，在 t_n 年时，设 F_{M_1} 为在 t_1 年时产业投资 M_1 所能提供的就业人口。则有：

$$F_{M_1} = M/q_1$$

在 t_2 年时城市产业投资也包括两部分：一是在现有技术系数 q_2 水平的条件下，新增加的产业就业人口所需要的投资；二是原有的产业人口 F_{M_1} 在平均技术系数由 q_1 提高到 q_2 时为保持其仍然就业所需追加的投资。即：

$$M_2 = (F_{M_1} \cdot q_2 - F_{M_1} \cdot q_1) + \Delta F_M \cdot q_2$$

由于 $F_{M_2} = F_{M_1} + \Delta F_M$，将其代入上式，得到：

$$F_{M_2} = M_2/q_2 + F_{M_2-1} \cdot q_1/q_2$$

以此类推，可知其在 t_n 年时，城市产业部门容纳的人口为：

$$F_{M_n} = M_n/q_n + F_{M_{n-1}} \cdot q_T \quad (\text{其中，} q_T = q_{n-1}/q_n)$$

关于基础投资在 t_n 年时的变化情况可同理推出：

$$F_{N_n} = N_n/b_n + F_{N_{n-1}} \cdot b_T \quad (\text{其中，} b_T = b_{n-1}/b_n)$$

在 t_1 年时，$F_1 = M_1/q_1 + N_1/b_1$ 的变化情况。在 t_n 年时，$F_n = F_{M_n} + F_{N_n}$，$F_n = M_n/q_n + F_{M_{n-1}} \cdot q_T + N_n/b_n + F_{N_{n-1}} \cdot b_T$。

因为，$F_{n-1} = F_{M_{n-1}} + F_{N_{n-1}}$，令 $r_{n-1} = F_{M_{n-1}}/F_{n-1}$，则有：

$$F_{M_{n-1}} = F_{n-1} \cdot r_{n-1}, \quad F_{N_{n-1}} = F_{n-1} \cdot (1 - r_{n-1})$$

所以 t_n 年时，上式可以写成：

$$F_n = M_n/q_n + F_{n-1} \cdot r_{n-1} \cdot q_T + N_n/b_n + F_{n-1} \cdot (1 - r_{n-1}) \cdot b_T$$

从上面的推论中可知在 t_n 年时，实现城乡经济均衡发展在城市内部应满足：基础投资 N 使城市所能容纳的人口恰等于 M 和 N 投资所提供的就业人口之和。城市基础投资 N 所形成的设施承载的人口能够容纳和城市产业投资和基础投资所能提供的就业人口，即：

$$F_n = N_n/a_n + F_{n-1} \cdot a_T \qquad (4-5)$$

$$F_n = M_n/q_n + F_{n-1} \cdot r_{n-1} \cdot q_T + N_n/b_n + F_{n-1} \cdot (1 - r_{n-1}) \cdot b_T$$

$$(4-6)$$

这个方程组表示，N 投资使城市所能容纳人口恰等于 M 和 N 投资所提供就业人口之和。解如上方程组得：

$$F_n = \frac{M_n \cdot a_n \cdot a_T + b_n + N_n \cdot N_n \cdot [a_n \cdot a_T - b_n \cdot (b_T + q_{n-1} \cdot r_n - b_T \cdot r_{n-1})]}{q_n \cdot a_n \cdot b_n \cdot (a_T - b_T - b_T \cdot r_{n-1} - q_T \cdot r_{n-1})}$$

在如上分析中，所给出的技术系数，如 a、q，b、d、g 等都是给定的。M 和 N 投资及农业方面的 D 投资既决定于 GNP 水平，也与其分配及其结构有关，即当 GNP 一定时，其分配及其结构决定了城市经济发展过程及其均衡，而 GNP 水平则决定了唯一的均衡城市经济发展水平。

在现代经济增长模型中，资本积累与经济增长一样，都被看成是模型本身的结果。这样，资本积累、经济增长及其分配与工业化过程和城市经济发展过程的平衡发展，取决于制度因素，而制度则取决于社会意识和经济发展阶段。因此，经济发展阶段和社会意识影响的制度安排都决定着工业化和城市经济发展的进程，当然也就决定了经济增长和经济发展。这一点从如下关于农业现代化、工业化和城市经济发展如何实现平衡增长所需要的分配模型中，可以更清楚地看到。下面通过 M、N 和 D 投资，考察城乡经济发展实现均衡发展与 GNP 的复合函数分配关系。

在前述假设中，排除了政府对经济主体的直接行政干预，但并不排除政府参与经济的社会管理的职能。为了理论分析的方便，在市场经济条件下，可以做如下的假设：政府部门的投资行为 N 完全来源于税收和其销售收入；城市产业投资 M 完全是私人的行为结果，农业产业投资和农村基础投资来源于农业利润和农业税收。由于 M、N 和 D 投资均来源于对 GNP 的分配，为此必须对其进行讨论。图 4-1 表示 GNP 的来源及构成。其初次分配的格局如下：

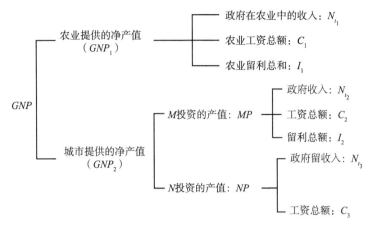

图 4 - 1　GNP 来源与分配图

从图 4 - 1 中可以看出，GNP 是由农业提供的产值 GNP_1 和城市提供的产值 GNP_2 构成。令：$GNP_1/GNP = P$。则：$GNP_1 = p \cdot GNP$；$GNP_2 = (1-p)GNP$。GNP_1 在初次分配中形成如下三部分：N_{t_1}：政府通过其在农业中的平均税率 T 形成的税收；I_1：农业部门投资利润总额；C_1：表示农业工资总额。以 A 表示农业工资总额占 GNP 的比例系数，称为农业平均消费系数。则有：

$$N_{t_1} = GNP \cdot p \cdot T$$
$$C_1 = GNP \cdot p \cdot A$$
$$I_1 = GNP \cdot p \cdot (1 - T - A)$$

以上是农业经过初次分配的结果。

GNP_2 是由两部分的投资结果，即城市产业投资 M 和城市的基础投资 N。可以用一种平均水平来表示 N 投资的收益水平（注意，其可能是负的）。如前所述，MP 为城市产业投资 M 的净产值；NP 为城市基础投资的净产值。令：

$$h = NP/GNP_2$$
$$NP = GNP_2 \cdot h = GNP \cdot (1-p) \cdot h$$
$$MP = GNP_2 \cdot (1-h) = GNP \cdot (1-p) \cdot (1-h)$$

MP 通过初次分配也形成三部分：

$$N_{t_2} = MP \cdot T = GNP \cdot (1-p) \cdot (1-h) \cdot T$$
$$C_2 = GNP \cdot (1-p) \cdot (1-h) \cdot A_a$$
$$I_2 = GNP \cdot (1-p) \cdot (1-h) \cdot (1 - T - A_a)$$

其中，N_{T_2}：政府通过在城市对产业投资的平均税率 T 形成的政府收入；C_2：产业投资的税后产业工资总额；I_2：产业投资利润总额；A_a：为 C_2/MP。NP 完全是政府的投资结果，按照公共经济学的一般原理，政府对基础设施的投资不追求利润，所以可以假定通过初次分配形成如下两部分：

$$N_{t_3} = NP \cdot (1 - A_0) = GNP \cdot (1 - p) \cdot (1 - A_0) \cdot h$$
$$C_3 = NP \cdot A_0 = GNP \cdot (1 - p) \cdot h \cdot A_0$$

其中，N_{t_3}：政府投资 N 的利润收入；C_3：政府投资 N 形成的工资总额；A_0：C_3 占 GNP 的比例系数，即 C_3/NP。经过初次分配后的最终的格局为：

第一，政府在城市和农业的总收入 N。

$$N_t = N_{t_1} + N_{t_2} + N_{t_3}$$

第二，在农业中的利润总收入 I_1 和在城市产业投资利润总额 I_2 在城市和农村之间相互转投。那么，在农村和城市的私人投资利润收入总额为 I，则：

$$I = I_1 + I_2$$

即：$I = GNP[p \cdot (1 - T - A) + (1 - p) \cdot (1 - h) \cdot (1 - T - A_a)]$

第三，就是工资总额 C。

$$C = C_1 + C_2 + C_3$$

经过如上的分配，再经过再分配则形成了农业投资 D、城市产业投资 M 和城市基础投资 N。首先，政府收入 N_t 将用于各项支出，设用于城市基础投资占的比例系数为 i，农村基础设施投资 D_N 占的比例为 ρ，

$$N_i = N \cdot i = (N_{t_1} + N_{t_2} + N_{t_3})i$$
$$N = GNP\{[(1 - p) \cdot (1 - h)T - (1 - p)(1 - A_0)h] + pT'\}i \quad (4 - 7)$$
$$D_N = GNP\{[(1 - p) \cdot (1 - h)T - (1 - p)(1 - A_0)h] + pT'\}\rho \quad (4 - 8)$$

其次，是 I_1 和 I_2 在城市和农村相互转投过程中，最终使一部分利润总额 I 的一部分投向农村，另一部分投向城市产业，即形成 D 投资和 M 投资，设 M 占 I 的比例系数为 k，则：

$$M = I \cdot k = GNP[p(1 - T' - A_0) + (1 - h)(1 - T - A_a)]k \quad (4 - 9)$$
$$D = GNP[p(1 - T'A_0) + (1 - p)(1 - h)(1 - T - A_a)](1 - k)$$
$$(4 - 10)$$

最后，通过政府的转移支付再加上工资 C 形成消费总额。至此，已经完成了对工业化过程中，城乡平衡发展模型的推导，综上所述，这一模型体系为经过 GNP 的初次分配和再分配，最终形成的 M、N 和 D 投资：

$$N_n = GNP\{[(1-p)(1-h)T - (1-A_0)h] + p \cdot T'\}i \quad (4-11)$$

$$M_n = I \cdot k = GNP\{[(1-p)(1-h)T - (1-A_0)h] + p \cdot T'\}i \quad (4-12)$$

$$
\begin{aligned}
D_n &= D + D_N = GNP[p(1-T'-A_0) + (1-p)(1-h)(1-T-A_n)](1-k) \\
&\quad + GNP\{[(1-p)\cdot(1-h)T - (1-p)(1-A_0)h] + pT'\}\rho \\
&= GNP\{[[p(1-T'-A_0) + (1-p)(1-h)(1-T-A_n)](1-k)] \\
&\quad + \{[(1-p)\cdot(1-h)T - (1-p)(1-A_0)h] + pT'\}\rho\} \quad (4-13)
\end{aligned}
$$

其中，k 可以看成政府在农业和城市平均税率的函数，即 $k = f(T, T')$，且 i 也是政府可控制的变量。如上分配格局在农业方面的 D 需要满足：

$$E_n = D_n/g_n + E_{n-1} \cdot g_{n-1}/g_n \quad (4-14)$$

$$F_n = W - E_n \quad (4-15)$$

$$F_n = D_n \cdot d_n/Q'_N = (D_n/g_n + E_{n-1} \cdot g_{n-1}/g_n \cdot Q_n)/Q' \quad (4-16)$$

如上的分配格局在城市方面的投资 M 和 N 需要满足：

$$F_n = N_n/a_n + F_{n-1} \cdot a_T \quad (4-17)$$

$$F_n = M_n/q_n + F_{n-1} \cdot r_{n-1} \cdot q_T + N_n/b_n + F_{n-1}(1-r_{n-1})b_T \quad (4-18)$$

在如上模型体系中，方程（4-1）、方程（4-2）和方程（4-3）是一种分配关系；方程（4-13）、方程（4-14）表明在工业化和城市经济发展过程中，农业方面对城市经济发展的基础作用；方程（4-15）、方程（4-16）和方程（4-17）表明在工业化和城市经济发展过程中在城市方面的均衡过程。这样，方程（4-12）、方程（4-13）、方程（4-14）、方程（4-15）、方程（4-16）、方程（4-17）和方程（4-18）是从农村和城市两个方面来考察在整个工业化过程中城乡平衡发展的过程及其条件。

由如上模型推导可得出一个非常简单而又重要的结论：在一定时期内，技术水平是一定的，城乡如何实现平衡发展以及城市经济发展如何实现均衡，则取决于收入分配，而 GNP 则决定了这样一个唯一的均衡水平。而分配，无论是形成 D、M 和 N，还是积累与消费，最终还是主要由制度因素所决定的，即使是市场调节，市场能否起作用甚至如何调节也是由制度作为基本保障的。

第三节　城乡二元经济结构动态变化的基本理论分析

城乡二元经济结构转变与经济发展的制度安排密切相关，接下来，我们分别在三个不同的角度考察二元经济结构演变的路径，以厘清相关因素对二元经济转化的影响。三个角度的二元经济结构转化分别是：无财政金融制度的纯市场经济条件下城乡二元经济结构演变机制和路径，中性财政金融制度条件下城乡二元经济结构转换的机制和路径，以及大国特色财政金融制度背景下城乡二元经济结构转换的机制和路径。

一、排除财政金融制度的二元经济结构转换

作为一种理论抽象，暂不考虑财政金融制度影响的二元经济结构转化机制并不是指现实经济系统中没有财政和金融制度，而是着重考察在市场机制作用下，家庭和企业行为对二元经济结构演变的影响。不考虑财政金融制度安排的城乡二元经济结构转换模型近似于刘易斯的二元经济结构演变模型，但还需要考虑城市要素集聚产生的集聚效应、农村剩余劳动力结构性转移对二元经济结构转换的影响。

首先，考察传统农业部门劳动力转移对城乡二元经济结构的影响。与刘易斯、费景汉、拉尼斯等发展经济学家的二元经济演变理论的逻辑起点一样，由于劳动力多，土地和资本要素短缺，传统农业部门存在大量边际产出为零的劳动力。为维持劳动力的生存，该部门的收入分配按劳动力平均产品分配，或者考虑对劳动者激励作用采取平均分配和按劳分配结合的分配方式，即劳动者的一部分收入来源于为维持劳动力再生产的平均分配，另一部分根据劳动力的劳动贡献大小分配，两部分收入占总收入分配的权重大小考虑两个因素：其一，总产出必须达到平均分配时才能够维持经济体内部劳动力再生产的经济发展水平。其二，对劳动者激励偏好程度。城市现代部门资本有机构成较高，劳动力边际产出较高，劳动力工资较高。整体上城市现代部门工人收入水平高于农村传统部门劳动者收入水平。在没有劳动力流动制度限制、劳动力流动成本很低甚至为零、劳动力可以自由流动的情况下，城市现代部门可以以略高于传统农业部门人均收入并低于现代部门工人理论工资（劳动力边际产品）的工资获得来自农村的大量的剩余劳动力。由于经济此时处于工业品短缺阶段，假定工业品完全适应市场需求，因此不存在产品市场需求约束问题。在此情况下，城市现代部门企业家能够获取超额利润。假定现代部门再生产所需设备供给能够得到满足，企业家通过将剩余利润再投资而扩大再生产规模，继续增加对劳动力的需求。假定现代部门在农村剩余劳动力完全转移之前工资不上涨，或者即使上涨也能确保企业家获得超额利润。同时，农村劳动力增长

率为零，或者低于农村剩余劳动力向城市现代部门转移的速度。随着现代部门生产规模扩大，其吸引的农村剩余劳动力越来越多，农村传统部门剩余劳动力越来越少，最后被全部转移到现代部门。需要补充的是，费景汉和拉尼斯提出的"关键点"，即随着农村剩余劳动力的减少，农业劳动力的边际产出逐渐增加，如果继续转移农业劳动力导致农产品供给能力降低，导致农产品价格上升，进而城市现代部门劳动力成本上升，利润减少，扩大再生产能力降低，不能继续转移传统农业部门的拉动力，二元经济结构转换会被中断。因此，必须保证农业部门劳动力转移不减少农产品供应量，不恶化现代部门与农业部门之间的贸易条件，即不能导致农产品价格大幅度上涨这个条件。

随着传统农业部门劳动力的减少，理论上劳动力的人均土地等生产要素占有规模扩大，如果没有土地等生产要素产权流动的障碍，随着劳动力、土地、资金等要素禀赋结构的变化，农业劳动力边际产出增加。随着农村剩余劳动力的转移，农业劳动力工资逐渐过渡到由劳动力边际产品决定，并逐渐与城市现代部门工人工资接近。这时，农业部门和城市现代部门劳动力工资决定机制、工资水平以及农业部门和现代部门的技术水平逐渐趋同，共同进入现代化阶段，农村的传统农业部门和城市现代部门之间的二元经济结构消除，完成经济发展任务。

根据后发大国经济发展的实际，我们需要考虑两个重要因素。第一，农村剩余劳动力向城市现代部门转移的过程与农村人口向城市转移的过程存在差别。由于农村劳动力的非匀质性和城市现代部门对劳动力的需求和农村传统部门对劳动力需求的差别，农村传统部门转移到现代部门的劳动力具有选择性和优先顺序，或者说，城市部门对农业部门转移到城市现代部门的劳动力的人力资本有一定的要求。人力资本涉及年龄、文化知识、劳动技能等方面，从传统农业部门向城市现代部门转移的劳动力在时间先后顺序上是按照人力资本存量大小梯度排序的。一般情况是那些年轻、受教育年限较长、非农工作能力强的劳动力先转移到城市部门，然后，年龄较大、受教育年限较短、非农工作能力较弱的劳动力转移出农业部门。随着具有年龄、知识、非农工作技能等优势的优质劳动力的转出，农村内部留下来的主要是年龄较大、文化知识较少、不能适应现代部门需求的劳动力，幼年、老年人等非劳动力。由于滞留农村内部劳动力的劳动生产率低，农村内部人口的平均收入上升的速度要远低于刘易斯模型描述的上升速度。由于主要的农村优质劳动力大量转移到城市现代部门，农村内部人口中非劳动年龄人口替代劳动力，农村土地等要素被低效甚至无效使用。从要素结构角度看农村内部产出增加受制于劳动力的瓶颈约束。随着农村剩余劳动力已经或者接近全部转移出去，或者由于城乡收入差距悬殊导致农村劳动力过度转移，由于劳动力短缺，尤其是胜任现代农业发展的人才短缺，农业现代化严重滞后于工业化和城市化进程，城乡二元差距继续扩大，二元结构固化、僵化。

第二，城市现代部门的要素空间集聚因素嵌入经济发展会对城乡二元经济结构转化机制和路径产生影响。现代部门生产方式具有空间集聚的特性。现代工业部门的经济活动具有在生产环节、服务空间、消费集聚的内在要求，这必然带来企业、行业的空间集聚、集群。由于要素、企业的空间集聚、集群，相关企业可以共享信息、市场、基础设施、公共服务等，这种空间集聚、集群带来要素收益率上升，使企业获得集聚、集群的经济效益。集聚、集群效益和现代部门技术进步、产品需求价格弹性和收入弹性、现代管理等因素叠加导致现代部门相对于传统部门具有更加明显的比较优势。即使考虑到现代部门生产规模扩大中的资本有机构成提高和劳动者工资在农村剩余劳动力还没有完全转移情况下的上涨，现代部门仍然可以获得远高于农业部门的要素收益率。这将吸引传统农业部门边际产出大于零的劳动力，甚至把农村内部维持农业正常生产的劳动力吸引到城市现代部门，导致农业发展停滞甚至倒退，出现农村产业空心化。当农村内部因为有效劳动力（属于劳动年龄阶段，具有农业生产和现代农业所需的知识、技能、市场经营能力的劳动力）缺失，农业不能满足现代工业发展对农产品、农村市场的需求时，城乡二元经济结构的转化趋势可能不是二元差距缩小和收敛，可能是二元结构差距在较高经济发展水平上的固化、僵化。当然，也可能由于农业发展的约束，经济在较低发展水平上停滞下来。

简言之，如果没有政府的干预，没有财政金融制度介入，由市场机制在城乡要素配置中自由发挥作用，由于农村剩余劳动力转移中的结构性特征和城市现代部门的要素集聚、产业集群，城乡二元经济结构转化便不能以像刘易斯二元经济结构转换理论所描述的机制那样顺利推进，有可能出现城乡二元差距的持续扩大、僵化、固化，进而导致经济发展停滞。

二、中性财政、金融制度安排下的二元经济结构演变趋势

现实中的二元经济结构转化是在市场和政府的共同作用下展开的，中性的财政、金融制度是政府作用下二元经济结构转化的一种理论模式。在二元经济结构转化进程中，既涉及农村内部传统部门和城市的现代部门各自的经济活动和它们之间的相互作用，也涉及政府从经济发展战略出发制定和实施的财政金融制度对传统农业部门和现代工业部门运行进而对其相互关系的影响。中性财政金融制度叠加在市场机制对二元经济结构转化机制上会导致二元经济结构转化呈现出不同于无财政金融制度的纯市场机制作用下二元经济结构转化的新的特征。

根据二元经济结构运行过程中政府对城乡偏向程度可以把财政、金融制度分为中性、城市偏向性和农村偏向性三种制度类型。其中，中性的财政金融制度是指政府制定的财政金融制度不干预市场机制的正常运行，金融制度和财政制度在城乡、传统农业与现代工业之间没有偏向性，一视同仁地服务于城乡的传统农业与现代工业部门。来源于农村或者城市的财政收入等于或近似等于对农村和城市的财政支出，不存在农村支持城市或者城市支持农村的金融与财政制度安排。

首先，考察金融制度对城乡二元经济结构演化的影响。传统农业是一种土地、资本、劳动力和技术要素形成的一种低水平均衡的经济结构，即土地、资本短缺，技术以传统农业技术为主，劳动力数量众多，劳动技能仅限于从事传统农业生产的小规模、分散的农业生产活动。根据舒尔茨的论述，传统农业中的农民具有完全经济理性，作为经济主体，他们能有效配置劳动力、土地、资本等要素。这种建立在农民有限人力资本和相关要素约束下的要素配置结构难以产生高于城市现代部门的要素产出率，要素收益率也处于较低水平，对资本缺乏吸引力。按照传统农业对资本的供求分析框架，可以发现，传统农业的经营方式并不能内生出对资本的有效需求。当然，由于产出率和要素收益率低，人口多，也难以产生一定数量的资本剩余。事实上，传统农业内部对资金的需求更多表现在平衡家庭生产和消费周期中不同阶段的货币供求关系，或者应付诸如生病、偶然性的喜事与丧事、自然灾害等不测事件。传统农业难以产生具有较高要素回报率的投资机会，也就缺乏吸引资本投入的机会，或者说缺乏对生产性资本的有效需求。从供给角度看，传统农业内部劳动生产率低，难以形成大量的剩余产品，从而难以形成较大规模的资本供给。当然，传统农业内部也不是完全同质化的家庭生产单位，部分生产单位可能会因为要素数量、质量、经营管理能力等因素形成一定的、超出应付正常生产、消费需求的农业剩余，具有一定的储蓄能力。这些储蓄通过金融机构转化为可以在传统农业内部和传统农业与城市现代部门之间流动的资金，以追求要素收益的最大化。由于城市现代部门和传统农业部门之间的要素产出率和收益率差异，以及传统农业面临的自然和市场双重风险，生产周期长，资金周转周期长，金融服务平均成本高等原因，农村和城市的金融机构事实上承担了集中传统农业剩余资金并转移到城市现代部门加快城市现代部门扩大生产规模的加速器功能，它可以提高从农业部门汲取剩余资金的效率，加快传统农业资金向现代部门转移的速度。在没有在补偿资金投入低收益率和高风险传统农业部门的情况下，金融制度事实上拉大传统农业与城市的工商业差距的作用难以扭转。

在城市现代部门内部，金融制度和金融机构可以突破现代部门发展中企业自我资本积累的局限，加快资本集聚，优化资本配置结构，加速现代部门扩张。现代部门内部企业的发展仍然要受制于企业的资本规模。企业资本来源包括资本积累和资本集聚，资本积累是主要依靠企业自我生产经营积累资金来扩大资本规模，增强投资能力，而资本集聚可以借助于银行、资本市场等现代金融制度、机构和股票、债券等金融工具在内的金融手段在短期内集中大量资金加快企业扩张速度，促成现代部门的持续快速增长。金融制度可以加快现代部门扩张，要素和企业在城市集聚集群产生集聚集群效益，集聚集群效益提高现代企业经营业绩，吸引金融业的发展，从而在企业发展和金融环境之间形成要素和企业集聚集群条件下现代企业业绩提升和金融发展的良性互动、因果循环累积的机制。

由此可见，金融制度安排在城乡之间的传统农业和现代部门发展中具有放大、加速对传统农业内部剩余的汲取，扩大城乡经济部门之间要素差距，在促进和加快城市现代部门发展的同时，阻碍和延缓传统农业经济增长，扩大城乡二元差距的作用。

其次，考察财政制度在城乡二元经济结构演化中的作用。如果说金融是通过市场机制在尊重微观经济主体自主选择的情况下配置资源的话，财政则是通过政府预算机制在公共利益名义下强制性配置资源。金融集中配置资源的前提条件是传统农业内部微观经济主体自愿地将超过正常生产、生活需要的剩余资金通过金融机构进行再配置，以追求更高要素收益率，农户对正常生产、生活所需的要素具有自主支配权。我们把农户正常生产生活所需的要素或资源叫作维持正常生产生活的必要资源，把超过正常生产生活需要的剩余或积累称为剩余资源。财政是以政府为主体，以政治强制为后盾，以全社会整体利益的名义集中一部分资源满足社会成员公共需要为逻辑，参与到国民经济日常生产、生活内部，集中、配置一部分社会资源的一系列活动。财政配置的资源不仅涉及剩余资源，也有可能对传统农业内部微观经济主体（农户）的必要资源的一部分进行集中和再配置。因为正常生产、生活所必需的要素除了具有私人品性质的生产资料和消费资料外，还有服务于生产、生活的公共品（含公共服务），这部分公共品主要是通过政府凭借政治权利集中配置资源来满足。由于农村人口居住分散，相对于人口密度更高的城市，农村公共服务的生产成本（含财政资金筹集、分配和公共服务生产的成本）远高于城市公共服务的相应成本，为同等数量农村居民提供与城市居民相同水平公共服务需要多倍于城市公共服务的财政支出，或者说，相同规模的财政支出在城市提供的公共服务数量和质量要远优于在农村提供的相同类型的公共服务，即财政资源城乡配置存在明显的效益差距。基于上述逻辑，如果从局部而不是国家整体公共利益的角度，从追求财政支出效益和满足一定区域公共品需求的角度看，财政资源配置的城市偏向性具有经济的合理性。从追求财政配置效率的角度看，在城市配置更大比重财政资源有助于提高财政资源的配置效益和生产效益，从这个意义上讲，我们可以将更大比重财政资源配置在城市的财政制度称为中性财政制度。当然，如果人口在城乡之间不能自由流动，这种中性的财政资源配置制度安排会导致城乡居民在公共消费上的机会、权利和待遇存在差距，可能导致实际上的城乡公共服务消费上的不平等。

在经济发展的现实中，国家往往具有加快经济发展的愿望，而现代部门相对于传统部门具有更快的增长速度，短期内利用政治权力将传统农业内部一部分必要资源配置到城市现代部门不仅符合追求资源配置效率，加快经济发展的要求，也具有制度上的可行性。公共品具有消费和生产双重属性：消费属性是指通过对公共品的消费会增加消费者的福利，改善消费者的福利状况；生产属性是指公共品具有增加人力资本，促进技术进步，降低经济社会活动交易成本，分散经济社会活动风险等作用，有助于改善经济活动环境，提高微观经济活动效率，促进经济增长的作用。在现实的经济发展实践中，国家通过正常的农业税收制度、行政事业性收费，甚至通过国家干预、控制市场和价格等方式，借助于预算安排将一部分甚至很大一部分农业内部的必要资源转化为财政收入，配置到要素产出率和收益率更高的城市现代部门有助于提高资源配置效率，促进经济增长。事实上，在追求资源配置效率和经济增长的目标下，通过城乡之间、传统农业部门和现代工业部门之间的财政收入和支出制度安排，一方面有助于加快城市现代部门发展；另一方面加快了农村传统部门的衰落，从而加速了城乡二元经济差距扩大。

由此可见，财政制度安排具有超越金融制度资源配置范围和限度，深入到传统农业部门内部对必要资源集中、配置，达到加快现代部门发展的作用，因而具有抑制传统农业部门发展的作用，即具有加快城乡二元结构差距扩大的加速器和放大器的功能。

从上述分析可以看出，在城乡传统农业部门和现代工业部门之间存在生产方式、技术水平、劳动生产率、要素收益率和发展速度差距的条件下，无论是基于市场规则的经济主体自发行为导致的农村剩余劳动力转移、农业经营主体的剩余资金的自由流动，还是农业部门内部必要资源的配置，要素的流动都是单向的由农业、农村部门向现代部门和城市流动。不仅如此，农户自身的市场选择、金融、财政制度安排之间还具有相互强化、互为因果的机制，即由于存在要素收益率差异的客观现实，农村剩余劳动力流动加快了现代部门的发展速度，要素在城市集聚和公共资源的优先、重点配置强化了城市现代部门对农村传统部门的要素收益率优势，金融和财政制度安排加快和放大城乡之间传统部门和现代部门之间的要素流动规模，要素流动规模扩大又导致城乡现代部门和传统部门之间发展速度、要素集聚程度和要素收益率差距扩大，形成一种因果循环累积机制。如果没有适当的制度安排和一定力度的制度安排出台，城乡不同部门之间要素流动的方向和速度不能发生变化，将出现城乡二元差距扩大、二元结构僵化、固化甚至强化的趋势，城乡经济结构将难以协调，继而难以实现国家经济的协调、持续、稳定发展。

三、非中性财政、金融资制度安排对二元经济结构转化的影响

由于传统农业部门和现代工业部门在生产方式、技术水平、要素结构、生产经营风险等方面存在差异，传统农业剩余劳动力转移中具有结构性特征，传统农业部门和现代工业部门生产空间分布不同，由于金融和财政制度在二元经济结构转化中的加速器和放大器作用，如果没有适当的、系统的制度安排，后发大国的城乡二元经济结构存在僵化、固化和强化的可能。理论上，后发大国城乡二元经济结构演化的路径具有扩散和收敛两种趋势。在传统农业部门与现代工业部门生产经营特征既定的情况下，财政金融制度安排会影响二元经济结构演变的方向和路径。

（一）封闭经济条件下的财政金融制度安排与二元经济结构转化

在封闭经济条件下，二元经济结构存在收敛的可能性。从需求角度考

察，当城市现代部门借助于农业直接和间接转移过来的剩余积累了一定扩张能力后，供给能力显著增强，需求就成为制约其进一步扩张的因素。由于现代工业部门的进一步发展是农村剩余劳动力转移的关键，因此当现代工业部门具有自我发展能力后其产品的市场需求变成了决定现代工业部门发展和二元经济结构转化的关键。来自城市现代部门自身对工业品的需求和来自农村传统部门对工业品的需求是现代工业部门市场需求的重要组成部分。农业落后，农民收入水平低，消费能力弱，会直接拖累总需求，抑制现代部门的扩张。从供给角度考察，随着城市现代部门扩张和城市人口的增加，从事农业生产劳动力减少，在农业技术水平低，劳动生产率低的背景下，农业部门难以提供城市和农村必要的、满足人们生活水平不断提高的农产品。无论是农产品价格较大幅度上升还是农产品供不应求都会阻碍城市现代部门的扩张，不利于城乡经济结构的协调和经济持续增长。当城市现代部门发展引致国家对农产品的需求规模扩大和质量上升达到一定水平后，农产品价格上升可能在一定条件下吸引要素向农业部门转移或者回流，加快农业部门发展，推动农业现代化进程，进而缩小农业部门与城市现代部门的差距，带来城乡二元经济结构收敛。

尽管封闭经济条件下，存在城乡二元经济差距缩小的可能和趋势，但二元经济结构的收敛需要克服如下障碍：

第一，传统农业部门生产方式、技术水平、生产经营风险等与城市现代工业部门的差异导致传统农业部门的要素期望收益率远低于现代工业部门，要吸引现代部门要素向传统农业部门回流需要加大财政金融等政策支持，通过非市场机制的资源配置，改善农村传统农业部门发展的外在条件，降低农业投资的风险，提高农业投资的收益率，提升农村地区居民生活的福利水平。这些外在条件的改善需要在政府财力可及的情况下，通过加大对农村基础设施建设，增加对农村义务教育、医疗卫生、社会保障的投资，通过对农业保险的财政补贴等来实现。政府对农业投入的力度必须要达到一定水平，即当农业投资的要素收益率等于或高于城市非农业投资的要素收益率时，才能改变城乡要素流向，引导要素在市场机制作用下向农村部门流动。当农村部门要素累积到一定程度后，城乡经济发展差距才会逐渐缩小。

第二，改革金融制度。从前面的分析可以看出，中性金融制度本身具有放大农村传统部门和城市现代部门要素收益率差距，引致要素流动方向和规模的作用，即由于传统部门和现代部门的要素收益率差异，在市场机制作用下金融制度会引导资金大量从农业部门流向城市现代工业部门。如何通过外在制度安排，在尊重金融运行一般规律的条件下引导要素流向传统农业部门需要系统的金融和其他制度配套。其中，根据农村经济社会发展的特点，利用农村基于人际关系的交易等特点建立有助于降低金融交易中信息成本的金融制度，或者，通过财政对市场化金融服务的补贴鼓励发展或者拓展农村金融服务领域和服务网点，改善农村经济发展的金融环境，提高农村投资的预期收益率，也有助于促进农村经济发展，缩小城乡经济发展差距。

第三，改革经济效益偏向的财政制度。以追求经济效益为重点的中性财政制度实质上具有明显的城市偏向性。由于财政制度配置资源形成的公共服务与私人要素投入和私人消费品具有互补性，农村地区公共服务短缺必然降低私人消费的效用和私人投资要素的投资收益率，不利于改善农村的投资环境和消费环境。因此，改变以经济效益为核心的中性财政制度，消除财政制度和财政资源配置的城市偏向和农村歧视性质，形成以促进城乡协调发展和统筹城乡发展为目的的财政制度，加大财政资源配置的农村偏向性，形成等于或高于城市现代部门的农村消费效用和要素期望收益率，才有助于引导要素向农村流动，改善农村发展的外部条件，缩小城乡二元差距，促成城乡二元经济结构收敛。

第四，构建弥补农业部门正外部性的财政金融制度安排。相对于现代部门产品的高需求价格弹性和高需求收入弹性，农业部门产出属于基本生活资料，可替代性差，需求价格弹性和需求收入弹性低。农业部门经济活动对维护国家稳定，保证居民基本生活需求，支持其他产业发展具有重要支撑作用，即农业部门经济活动具有明显的正外部性。按照经济学的一般原理，这类部门容易出现投入不足，导致供给不足。为促使农业部门的正常发展，确保国家与社会稳定、经济安全和产业协调发展，需要政府提供财政金融制度支持农业部门。通过政府对农业的投资，改善农业生产条件，降低农业生产的市场风险和自然风险，确保农业生产必要的投资收益率，稳定社会对农业的投资，有助于稳定和加快农业经济发展。通过政府对农村生活条件和教育、医疗卫生、社会保障等的投资可以提高农村居民的福利水平，缩小城乡居民的福利差距。

由此可见，鉴于传统农业部门和城市现代部门的经济运行特征和中性财政金融制度作用与城乡二元经济结构转化的作用机制和途径可能导致二元经济结构差距扩大，不利于城乡经济协调发展的事实，为缩小二元经济差距必须通过农业偏向性的财政和金融制度安排，克服农业部门要素收益率相对于现代部门的劣势，引导要素向农业部门流动，促进农业部门的发展和经济结构的协调，推动二元经济结构收敛。

（二）开放经济条件下的二元经济结构转化

二元经济结构在不同的经济发展环境下有不同的运行机制和路径，开放经济条件下二元经济结构运行具有不同于封闭经济条件下的运行机制。封闭经济条件下城乡二元经济结构具有收敛的内要必要性和可能性，即经济结构的内在关联机制要求城乡经济部门的相互协调，平稳运行。在开放经济条件下，大国经济能否借助于国际市场或者国际经济循环实现国内城乡部门协调运行和持续增长呢？国内城乡二元经济结构演变的机制和路径又如何呢？

从农业部门和现代工业部门相互关联的角度看，在开放经济条件下的大国经济发展的一定时期内，在现代部门产出规模占国内产值比重较低的时候，由于工业品数量少，需求量比较大，其产品价值实现不是制约其进一步发展的障碍，要素尤其是资本要素供给是影响其发展速度的重要因素。随着现代工业部门的扩大，供给能力进一步增强，农业部门发展滞后可能导致农业部门对工业品的消费需求，进而总需求低于城市现代部门的工业品供给能力，需求开始成为制约现代部门发展的因素。在开放经济条件下，一定时期内可以通过出口部分工业产品借助国际市场实现现代工业部门的供求均衡，农产品的供给缺口也可以通过从国际市场进口在一定程度上得到满足，从而可以借助于国际市场弱化或者消除传统农业部门发展滞后对现代工业部门扩张的约束。随着大国现代部门生产能力的进一步增强，产能进一步扩大，其供给规模占世界总供给份额的进一步上升。由于大国供给对国际市场供求关系和价格影响大，现代工业部门大规模出口可能会导致国际市场相应产品价格下降，国内生产厂商利润率降低。由于农业部门农产品供给能力不足导致的农产品进口规模扩大可能导致国际农产品市场的农产品价格上升，使后发大国蒙受较大经济损失，或者国际市场不能帮助后发大国平衡国内农产品市场供求关系，出现不利于现代工业部门持续发展的可能。由此，有可能出现在农业部门还存在较大规模剩余劳动力或者传统农业部门和现代工业部门还存在较大生产率和收入差距的情况下，由于农业部门供给缺口和现代部门市场需求缺口，两部门难以实现农产品和工业品市场总供求均衡，导致工业部门不能进一步扩大并吸引传统农业部门需要转移的劳动力，致使二元经济结构转化机制出现梗阻甚至中断，二元结构差距不能继续缩小、收敛。因此，当后发大国现代部门扩张到一定程度，工业品供给能力和对农产品需求规模达到一定水平后，继续依赖国际市场和国际经济循环可能导致二元经济结构僵化、固化，二元结构收敛进程可能中断。

一般地，随着后发大国现代部门扩张，其对劳动力需求增加，农村剩余劳动力逐渐减少，现代部门劳动力工资会逐渐上涨。但在开放经济条件下，经济发展水平更低的发展中国家劳动力成本可能更低，在其他影响资本要素收益率的因素既定的情况下，后发大国国内现代工业部门要么雇佣国外廉价劳动力，要么通过对外投资在国外设立生产基地，导致现代工业部门发展对国内传统农业部门的正向外溢作用减弱，更多转向外溢到其他经济发展水平更低的国家。无论是哪种情况出现，国内现代工业部门发展带动农村剩余劳动力转移和农村要素结构改变的作用将趋于弱化甚至停止，从而导致现代工业部门发展带动国内二元经济结构收敛的机制出现梗阻。

从上述分析可以发现，开放经济条件下，国内传统农业部门和现代工业部门之间的内在联系存在因为参与国际经济活动而弱化，国内二元经济结构协调的必要性降低，收敛机制出现障碍。由此可见，在开放经济条件下促成二元经济结构收敛需要财政金融制度做出必要调整。

在开放经济条件下，现代工业部门具有通过全球范围配置资源追求国际范围更高要素收益率的经济行为动机。国内资金在追求国际范围内高要素收益率的动机驱动下可能会流向国外，在国外设立生产基地，吸纳外国农村或者城市低成本的劳动力，割裂国内现代工业部门发展对传统农业部门的辐射带动机制，意味着国内现代部门的快速发展和传统农业部门发展存在脱节可能，二元经济结构转化机制存在中断的趋势。当然，开放经济条件下，国外资本也可能到后发大国国内投资，吸纳农业部门的剩余劳动力，加快农村剩余劳动力转移和二元经济结构转化进程。但是，当国内劳动力工资高于周边国家劳动力工资后，也会存在国内资本外流，减少甚至停止对农村剩余劳动力转移和缩小二元经济结构差距的趋势和可能。由此可见，在国际要素流动和国内中性财政制度背景下，资本要素追求更高要素收益率并将资本投向劳动力成本具有更大优势的欠发达国家，而不是流向国内资本短缺的传统农业部门，现代部门将不能继续吸纳传统部门剩余劳动力。这将阻止传统部门内部要素结构继续改善，不利于传统部门的现代化，出现现代工业部门和传统农业部门之间的割裂和现代工业部门快速发展与传统农业部门停滞并存甚至发展差距扩大的趋势。

　　显然，开放条件下重建现代部门和传统农业部门之间二元经济结构转化机制需要调整财政金融等经济制度。优化传统农业部门的要素结构，提高农村传统农业内部要素收益率，吸引资本等要素流向农村，加快农业现代化进程是缩小城乡二元差距十分重要的一环。由于资本运行的逻辑是追求更高的要素收益率，财政金融制度安排可以从影响农业部门要素收益率的相关因素着手影响要素流动方向和规模，进而影响二元经济结构变化方向和进程。从金融制度安排上看，可以建立更加适合农村经济发展对资金特殊要求的、有利于降低金融机构信息成本和贷款风险的、适合农村居民人情社会环境的相关制度安排来增强金融机构和金融制度对农业和农村经济发展的支持力，缓解甚至消除传统农业部门金融服务严重不足的状况，优化传统农业部门的要素结构，加快农业现代化进程。从财政制度看，其身具有关注效率和公平的内在要求。国家可以根据经济发展阶段变化和主要任务变化，建立以加快农业和农村经济发展，缩小城乡二元发展差距为目标的财政制度。财政制度安排的基本思路是：降低农业部门税负，改善农业和农村经济发展的基础设施条件，增强农村基本公共服务的供给能力，优化农业和农村经济的发展环境，提高农业农村要素收益率，进而引导资本等要素流向农业部门，进一步改善农村经济内部的要素结构，或者疏通城市现代工业部门与传统农业部门要素流动渠道和现代工业部门对农业部门的辐射带动的渠道，将农业和农村经济引入现代化的发展道路，促成城乡二元经济结构收敛。

第五章 后发大国财政制度及其演变的路径

后发大国财政制度是建立在后发大国财政运行规律的基础上，在自发演进和理性设计共同作用下形成的，规范财政经济运行、引导财政活动的规则体系，是服务于后发大国经济社会发展目标的一系列财政规则的总和。后发大国具有大国和后发国家的特征，具有潜在的后发优势、大国优势和后发劣势与大国劣势。后发大国经济发展是在其内在规定性和经济发展一般规律共同作用下，在与国家经济发展密切相关的财政金融等制度互动中逐步展开的过程。后发大国经济发展一般经历如下几个阶段：为后发大国经济发展奠定基础阶段；后发大国优劣势并存阶段；抑制后发劣势和大国劣势的阶段；经济持续发展、积蓄发展能力向发达国家迈进阶段。在经济发展的不同阶段，由于面临的经济发展环境、约束条件不同，为实现阶段性的经济发展目标，需要财政制度为发展目标提供的支撑也有所区别，同时，每一阶段的财政制度安排都面临着不同的约束条件，财政制度供给的机制也因经济发展阶段而异。

第一节 后发大国财政制度的基本含义、特征和基本内容

后发大国财政制度是镶嵌于后发大国经济社会、历史环境中，服务于不同经济社会发展阶段的发展战略的财政规则的总和。后发大国财政制度是一个有机的体系，包括财政制度内部各具体财政制度之间相互协调、相互补充，以及财政制度体系与金融等其他经济制度之间的分工协作的关系。后发大国财政制度是后发大国财政内容的系统化的表现形式，体现后发大国财政运行的基本规律，规范引导后发大国财政活动的规则体系。

后发大国财政制度既有财政制度的一般特性，又反映后发大国财政的特殊性，是一般性与特殊性的统一。从财政制度与社会经济发展的关系

看，后发大国财政制度集中反映后发大国经济基础与政治上层建筑之间的关系，是经济与政治相互作用的中介。由于后发大国的经济和政治运行具有后发大国的特殊性，因此其政治和经济制度也有不同于其他类型国家政治经济制度的特殊性，这决定了后发大国财政制度具有不同于一般国家财政制度的特殊性。

后发大国的财政制度是内生于后发大国经济社会发展之中的财政制度。后发大国的经济发展一方面要遵循经济发展的一般规律，另一方面必须要符合后发展大国经济发展的基本逻辑。后发大国最典型的国情就是来源于其后发大国的内在规定性以及由其决定的后发大国经济发展的特殊机制和路径。从外在特征看，由于是大国，领土辽阔，人口众多，自然资源品种齐全、绝对数量大，潜在的国内市场广阔、经济总量大，但国内各区域间差异性明显，资源禀赋和发展水平差异大。由于是后发展国家，拥有技术、制度、要素收益、产业结构等后发优势，但也存在技术、制度等方面上的后发劣势。充分发挥后发大国的优势，抑制后发劣势和大国劣势，尽可能地将潜在的经济优势转化为现实的经济发展绩效是后发大国经济发展的基本逻辑，也是其财政制度安排的基本思路。财政制度作为一种重要的制度安排，它可以通过发挥资源配置职能、收入分配职能、经济稳定职能和经济发展职能，促进后发大国经济社会协调和经济持续稳定增长。

后发大国财政制度主要经历奠定经济发展基础阶段、后发大国优势充分发挥阶段、抑制后发劣势和大国劣势阶段，以及经济持续增长积累发展能力并走向经济发达阶段的四个阶段。每个阶段的经济社会发展条件、资源禀赋、财政制度目标及财政制度内容都存在明显区别。后发大国经济发展的禀赋和内外部环境是变化的，经济发展目标、重点、战略也是变化的，财政制度也是变化的，不同经济发展阶段的财政制度具体形态也必然随之调整和变化，因此后发大国财政制度演变是不同阶段财政制度相继替代，不断向前推进的过程。

后发大国财政制度不是固定不变的，是伴随后发大国经济发展全过程，服从和服务于后发大国经济社会发展目标，以激活后发优势与大国优势，抑制后发劣势与大国劣势为主线的变化、发展的财政制度体系。后发大国财政制度不仅受到经济发展阶段的制约，还受到政治结构、意识形态、社会发展伦理等影响。厘清财政制度变迁的内在逻辑，有助于适时推动财政制度变革，促进经济社会协调、可持续发展，尽快实现后发大国经济发展的目标。

第二节　奠定后发大国发展基础阶段的财政制度分析

在经济发展初期阶段，财政制度的使命是奠定后发大国发展基础，为后发优势和大国优势发挥提供基础条件。这里所指的后发大国经济发展初期阶段是指后发大国实现了国家主权独立、政治统一，开始进行有计划、有组织的、大规模经济建设的时期。后发优势一般是指后发展国家在具备一定经济发展条件后拥有的技术后发优势、制度后发优势、要素后发优势等，这些优势可以使后发大国实现一定时间内的持续快速增长，缩小与先发达国家之间技术、制度、要素等方面的差距。大国优势一般是指幅员辽阔、人口众多、资源种类多、绝对量大的大国所蕴含的、潜在的规模经济优势和经济多元化优势。后发大国优势包括后发优势和大国优势。后发优势和大国优势只是后发大国经济发展的一种潜在的优势，只有具备一定条件后这些优势才能转化为现实的持续、快速的经济增长、技术进步、人均收入水平提高等经济社会发展绩效。

一、后发大国经济发展的能力与基础

（一）后发大国发展能力是后发大国优势发挥的基础

后发大国优势只是一种潜在优势，只有当后发大国具备一定的发展能力后潜在优势才可以充分发挥出来并转化为一段时期内的经济持续快速增长、技术进步和经济结构变化。后发大国经济发展初期的基本情况主要表现在以下一些方面：人均收入水平低，平均消费率高，储蓄率很低，资本短缺，资本积累能力弱；产业结构落后，农业的产值比重和农业就业人口在三次产业中的比重高，工商业发展水平低；人口绝对量大，劳动年龄人口占总人口比重高；国民经济基础薄弱，国民经济体系不完整，支离破碎；工业基础差，重工业基础残缺不全，关键经济部门缺失，不能为经济发展提供有效的基础性保障作用；经济发展的制度落后，产权保护制度、经济增长激励制度缺失或者残缺不全。整体上看，后发大国经济发展初期阶段基本上处于经济、政治、文化、社会制度等方面相互依存，相互影响，共同维持的一种低水平发展状态。

后发大国经济发展初期阶段经济基础差，具备一些经济发展有利因素，但还缺乏关键因素支撑。后发大国初期经济发展的有利因素主要表现

在：劳动力总量大，劳动力成本低；在较低技术水平上资源整体配置效率低，有很大的提升空间；技术水平低，可以从国外引入大量先进实用技术，技术进步空间大；自然资源种类多、总量大，能够支撑众多工业部门的存在和发展。与此同时，后发大国还缺乏经济发展的一些关键条件，如支撑国民经济正常运转的装备工业体系、完善的基础设施系统、统一开放大市场、大规模的投资和现代经济管理能力等，总之，国家的发展能力严重不足。

　　后发大国发展能力是一个综合概念。国家能力实际上主要通过政府的能力表现出来，田国强教授把政府能力界定为能将国家意志、目标转化为现实的执行力。政府能力具体体现在两个方面：激励相容的制度和有强制力的执行制度。王绍光和胡鞍钢在《中国国家能力报告》中提出：国家能力是指国家（中央政府）将自己的意志、目标转化为现实的能力。国家能力包括四种：汲取财政能力、宏观调控能力、合法化能力以及强制能力。其中，国家汲取财政能力是最重要的国家能力，也是实现其他国家能力的基础。国家能力对一国工业化进程产生深刻影响。一个国家的经济越落后，工业化起步越晚，国家在工业化过程中所发挥的作用就愈大。因此，对于各国来讲，提高国家能力特别是提高国家汲取财政能力，也就成为最重要的国家能力，它是实现其他各项国家能力的基础。周其仁教授结合新的发展条件对国家能力内涵做了深入的思考，他认为，国家能力不完全是政府的执政能力，而要考量政府是否代表人民的利益，是否反映社会和人民的要求；从输出方面来看表现为，国家对公众提供了多少服务，解决了多少紧迫问题，为未来做了多少准备；要限制国家强制力。王绍光和胡鞍钢主要立足于20世纪90年代国家财政分权导致财政收入比重下降，尤其是中央财政收入比重下降的实际提出国家能力的概念；周其仁主要立足于当代，尤其是中共十八届三中全会提出"国家治理能力"概念的背景下对国家能力概念的发展。林毅夫在新结构经济学框架下从发展中国家经济发展条件角度提出了发展中国家在发展初期需要具备包括有助于经济发展的基础设施、制度安排等基础设置的概念，这实际上是后发国经济发展的国家能力基础。

　　后发大国经济发展初期，需要形成有助于后发优势和大国优势发挥的国家能力。从后发大国经济发展初期面临的有利与不利条件和潜在优势的角度看，其国家能力包括基础设施体系、工业基础①、统一开放的国际国内市场、一定数量具有较高素质的熟练劳动力、稳定的经济社会环境以及适合于经济发展的制度条件等。后发大国具备一定的国家发展能力是其后发优势和大国优势形成和发挥的基础，只有当其具备一定的发展能力后，大国优势和后发优势才能由潜在的可能性转化为现实的经济增长。

（二）相对完整的基础工业体系是后发大国发展的物质基础

建立相对完整的基础工业体系是后发大国经济发展的前提，也是后发优势和大国优势展开的物质基础。基础工业对于后发大国经济发展至关重要，是后发大国国民经济体系的基础，也是后发大国经济稳定发展的前提，是避免国际市场波动对后发大国国内经济增长的不利干扰、冲击的基础。相对完整的基础工业体系是大国经济形成相对完整的体系，保障国民经济正常运行的物质基础。基础工业体系主要包括基础能源与原材料工业和装备工业部门。工业生产的能源和原材料是国民经济的"血液"，是维持国民经济系统正常运行的物质基础；装备工业部门是大国国民经济的"脊梁"，主要负责为后发大国经济发展提供关键的生产生产资料的生产资料（或者叫作工业"母机"）。基础工业内部的基础能源原材料部门与装备工业部门，以及基础能源原材料部门和装备工业部门的各部门内部与部门之间具有十分紧密的内在联系，它们相互依存、相互协调，构成一个有机的系统，该体系内任何一个部分都不能单独为后发大国经济提供支撑，只有与其他部分一起，相互依存、共同作用才能发挥对国民经济基础性保障作用，该体系中的任何一个部分都不可能离开其他部分而独立存在和正常运行。后发大国的基本特征决定了需要集中建立体系化、成规模的基础工业体系，后发优势与大国优势的发挥也依赖于相对完整的基础工业体系。由于基础能源原材料工业和装备工业都属于资本密集型工业，加之该体系的规模大，相关工业项目建设时间集中，从而会形成大规模的资金需求。与基础设施体系建设的资金需求相似，装备工业体系的建设也需要财政通过特定时期城乡与产业间的非均衡的财政制度安排来实现。当然，该体系的形成有一个基本前提，就是必须确保国民基本生存所需的基本生活资料的供给，确保社会安定和政治稳定，否则，即使建立起了相对完整、

---

① 这里必要的工业基础对处在不同国际环境的后发展国家有一定差异，主要是指为国民经济发展提供基础性生产资料的重工业基础，又叫装备工业部门。对于统一开放条件下的后发展国家来讲，不一定需要本国全部自行建立完整的工业基础，但对于处在封闭或较高贸易壁垒条件下的后发展国家一般需要在本国建立相对完整的工业经济体系。

一定规模的国民经济体系也无助于后发大国经济的持续、稳定增长。

值得注意的是，即使考虑到国际分工合作因素，建设相对完整的基础工业体系仍然是后发大国经济发展的必要前提。经典的国际贸易理论为主权国家国民经济体系建立提供了理论依据。在绝对优势和比较优势理论框架下，各国可以根据各自在产品和服务生产中的绝对优势和比较优势，专业化生产在成本上具有绝对优势和比较优势的产品和服务，通过国际贸易形成国内的规模化生产，带动国内相关产业发展，并通过积极参与国际贸易获得经济发展。资源禀赋理论认为，各国的资源禀赋结构决定了其要素的相对价格，在生产中大规模使用要素价格相对较低的要素会使其产品在国际市场中具有价格优势，进而通过国际贸易获得利益。该理论的政策含义在于，国际贸易参与国只需要充分利用本国的优势要素禀赋就可以提高本国要素配置效率，获得国家贸易的比较利益，促进经济增长。上述理论有一个十分重要的前提条件就是包括交通运输、交易规则、产权保护等国际贸易的一系列条件已经存在，对所有参与国都是公平的、非歧视性的，并为所有国际参与所共享，这些条件实际上构成国际公共品。事实上，这种国际公共品的有效提供并为所有国家共享仅仅是一种理想的假设状态或情况，现实中，受到环境、战争、政治等因素制约，并不是在任何时候、任何国家都可以免费或者低成本享受到这种国际公共品，并通过参与国际贸易获得贸易带来的经济利益。对于小规模国家而言，它们只是国际贸易的参与者，是国际公共品消费的免费搭车者，没有能力影响国际贸易制度环境。对于大国而言，它们则不是国际贸易公共品的单纯消费者，而且是重要的提供者，它们有动力也应该有能力参与包括国际运输安全、国际贸易规则制定、国际金融制度、产权保护等的相关制度安排等。作为国际贸易公共品的重要提供者的大国，一方面可能从中获得更大的利益，另一方面有能力影响国际贸易公共品的供给规模、结构、质量（至少当大国经济实力发展到一定水平后，会具备该能力）。正因为如此，很多情况下由于参与国际贸易公共品的提供国家之间在国际贸易公共品的提供中对于成本分摊、利益分配（包括经济利益、政治利益等）等的博弈，导致了国际贸易公共品供给不足，影响正常国际贸易活动的进行，妨碍贸易参与国国内资源配置效率的提高，这意味着将一国经济发展完全与国际经济挂钩存在一定的不确定性和风险。

考虑封闭经济和开放经济两种典型资源配置模式的成本收益有助于厘清大国建立相对完整工业和国民经济体系的内在逻辑关系。一种是不在国内建立相对完整的工业和国民经济体系，而是通过广泛参与国际经济活动，深度融入国际分工，充分利用国际市场，借助国际贸易，在国际化视野下配置国内资源。另一种是立足于国内市场，在国内建立相对完整的工业和国民经济体系，通过主要立足于国内生产满足国内生产和生活的需要，实现国内经济的内循环。资源配置的净收益可以近似地等于社会总产出减去生产和消费中的交易成本后的余额。前述两种典型的资源配置模式的净收益都会受到来自三个方面的影响：其一，规模经济的影响。市场越大，生产规模越大，越有助于专业化分工和规模化生产，有助于劳动生产率的提高、成本降低和技术进步，有利于经济增长；其二，范围经济的影响。生产的种类越多，不同种生产行为可以共用某些公共设施、服务，可以降低分摊到产品中的公共设施和公共服务的成本；其三，生产交易的不确定性风险及其带来的成本。交易范围越宽，分工越细，借助于市场交易获得所需的消费品、投资品和中间产品的不确定性越大，正常生产和消费面临的不确定性越大，由此付出的生产或消费的成本越高。

先考虑第一种资源配置模式，即放弃在国内建立相对完整工业和国民经济体系，通过参与国际贸易，面向国际市场，充分利用本国的要素禀赋优势生产具有绝对或相对成本优势的产品。影响该种资源配置模式的收益主要来自以下几个方面：其一，各国在面向全世界市场需求的情况下进行专业化、规模化生产，生产规模会更大，专业化分工会更细，可以最大限度地降低生产成本，提高劳动生产率，获得生产上的成本优势，由此决定的贸易参与国的利益 X_1。其二，消费上可以通过在国际市场上竞争性地购买，以相对于国内生产的更低价格获得所需要的商品或服务，参与国来自该方面的利益为 X_2。其三，由于广泛参与国际经济交往活动，通过要素跨国流动可以获得先进国家的技术与管理知识，有助于技术的进步，来自该方面利益为 $X_{3'}$。其四，由于国际贸易公共品供给的外生性（参与国不能控制国际贸易公共服务供给规模、结构、质量等）使参与国通过参与国际贸易的利益具有不确定性，导致国际市场供给与国内市场需求之间的适应性变差，潜在经济利益实现的不确定性和风险增加。这种由国际市场的不可控导致开放经济条件下潜在经济利益实现的风险与不确定性用概率 Q_1 表示。该种资源配置模式下的国际贸易公共服务的供给与其对国际经济活动参与国的可获得性直接影响和决定前三个方面的利益的实现程度。因此，在不考虑参与国际贸易的其他成本的情况下（即只要国际贸易公共服务能够被有效提供出来，参与国际贸易就不需要支付额外的成本），由于国际贸易公共服务供给具有不确定性，国际贸易国参与可能获得的利益等于$(X_1 + X_2 + X_3) \times (1 - Q_1)$。

第二种资源配置模式是在大国国内建立相对完整的工业和国民经济体系，主要立足于国内经济活动解决国内生产和消费中供求适应问题。影响该种资源配置模式收益的因素主要有如下几个方面：其一，相对于借助国际市场资源配置模式，内生于后发大国国内的经济分工、专业化受到国内市场规模的约束，来源于分工和专业化的收益为$X_{1'}$。其二，较少参与国际经济活动，不能或者不能充分利用国际市场规模化生产和交易，导致消费品的成本高于广泛参与国际经济活动的成本，来自该方面的收益为$X_{2'}$。其三，由于较少参与国际经济互动，难以直接获得先发达国家成熟技术与管理经验，至少在经济处于较低发展水平时期不利于本国技术和管理的进步，来自该方面的利益为$X_{3'}$。其四，由于主要立足于国内相对完整的工业和国民经济体系，国内有统一的国内市场、法律，无关税与其他非关税壁垒，国内要素配置的相关公共服务由国内自主提供，具有较强的可控制性，因而经济交易成本低；借助于市场机制或者特定时期的计划机制可以增强供给端的各部间的适应性，以及供给与需求的适应性，而使生产和消费较少受到外部不确定性因素的影响，国内生产等经济活动可控制性更强。由此带来的国内生产与消费利益体现在经济活动的风险与不确定性的概率为Q_2。该确定性直接影响或决定来自前三个方面利益的实现程度。综上，在建立相对完整的工业与国民经济体系，较少参与国际经济活动的资源配置模式下的净收益为$(X_{1'} + X_{2'} + X_{3'}) \times (1 - Q_2)$。

后发大国的国情决定了在经济发展初期阶段由建立相对完整工业和国民经济体系的必要性。全面考察后发大国来自国际分工、贸易专业化生产的收益、国内完整经济体系基础上的分工、规模化生产的利益、来自参与国际分工的技术与管理进步的收益、国际分工与国内分工导致的生产消费不确定性、国际市场供给与需求的负面影响传导到国内的可能性等，有助于理解后发大国国民经济布局。其一，大国由于潜在国内市场广阔，有助于深化分工、专业化规模化生产，有助于获得规模经济效益。相对于广泛参与国际分工，利用国际市场，进行规模化生产，生产成本接近，或者略微偏高，即$X_1 \geqslant X_{1'}$。但来自市场的经济利益具有阶段性，在后发大国发展初期，潜在的国内大市场还不能完全发挥作用，但随着后发大国经济发展水平提高，国内大市场与国际大市场带来的经济利益差距会逐渐缩小。其二，大国通过参与国际市场和国内市场，充分利用市场的规模化生产条件下生产者之间竞争带来的劳动生产率提高、成本降低的优势可能会大于大国利用国内市场所带来的利益，即 $X_2 > X_{2'}$。大国发展初期由于生产者较少，竞争不充分，从而来自竞争的经济利益较少；在发展到一定水平后，生产者数量增多，竞争加剧，来自竞争的利益增多，与全面参与国际贸易的相应利益差距缩小。其三，后发大国由于技术水平较低，仅仅立足于国内较低技术水平建立相对完整的工业和国民经济体系的整体技术水平较低，局限于国内资源配置的经济活动将导致技术水平在较低技术基础上缓慢提高。如果通过广泛参与国际经济活动，大量引进和利用国外资金、利用国内外技术水平差距获得技术后发优势，加快技术进步速度，因此 $X_3 > X_{3'}$。但需要注意的是，后发国家获得技术后发优势需要具备必要的条件，比如必要的基础设施、重要的能源与原材料、一定数量与质量的劳动力等。如果缺乏必要条件，后发大国即使主观上想要通过国际经济活动享受技术后发优势，获得技术进步的利益也难以实现，或者实际获得技术进步也会远低于理论上可以获得的技术进步程度，而建立相对完整的工业和国民经济体系有助于为获得技术后发优势奠定基础，或者说，短期内建立相对完整的工业和国民经济体系有助于长期内更好地利用技术后发优势，加快技术进步。值得注意的是，随着后发大国技术进步，与先发达国家技术差距缩小，先发达国家为了保持技术上与后发国家的差距，也导致后发国家在参与国家经济活动中可获得技术进步收益减少，导致 X_3 与 $X_{3'}$ 的差距缩小。其四，后发大国经济发展初期阶段，参与国际贸易和国际投资的公共品供给的能力不足，在参与国际经济活动与获得国际经济活动利益较少。此外，该阶段国家经济活动公共服务供给具有外生性，后发展大国只能被动接受国际贸易规则。因此，该阶段的后发大国参与国际经济活动的风险较高，且处于不可控状态。相反，在主权国家内部，在政治、市场统一的情况下，市场交易的经济活动可以避免许多国际经济活动中的不确定性和风险，因此，$Q_1 > Q_2$。随着后发大国国内经济发展水平逐渐提高和制度逐渐完善，其在降低经济活动风险，降低交易成本方面的优势会更加明显。综上所述，后发大国经济发展具有建立相对完整的工业和国民经济体系的必要性。对于后发大国而言，工业和国民经济体系中的装备工业和基础设施不仅有降低国内经济活动的不确定性的作用，还是国防、国家政治统一、社会稳定、国内市场统一、维护本国正常经济利益的基础。由此可见，装备工业和基础设施是后发大国经济发展的基础，决定和影响着后发大国经济发展的稳定性和可持续性，相当大程度上决定着后发大国经济安全。

（三）农业的发展是后发大国经济发展前提

农业在后发大国经济发展中具有不同于其在一般小规模国家经济发展中的基础性地位和作用，确保农业的稳定和一定程度的发展是后发大国经济发展的重要基础。

在后发大国经济发展中，农业承担着四个方面的重要作用。

其一，为城乡居民提供基本的生存资料和工业生产必要的原材料。农产品作为基本的生活资料具有不可替代性，农业的发展水平一定程度上决定了国家非农业的发展水平。只有当农业能够提供满足包括农业部门和非农业部门人口基本生活所需农产品时，其他非农产业发展才有可靠的生活资料来源，才能正常发展。需要注意的是，后发大国和一般的小规模国家的农业在国民经济发展中的地位和作用存在重大差别。后发大国人口总量大，对农产品需求量大，一方面国际市场难以长期提供满足后发大国消费与生产所需的大规模的粮食；另一方面即使国际市场可以提供大规模的粮食，但由于后发大国需求量大，一旦有迹象显示后发大国需要从国际市场进口大规模粮食，在市场预期作用下，国际市场粮食价格就可能大幅上涨，导致后发大国难以承担巨额外汇支出的压力。如果后发大国农产品供求缺口达到一定程度但国家没有可行的补救措施，必然出现经济恐慌、社会动乱，经济发展的正常路径会被打乱、阻断。因此，后发大国必须把满足本国城乡居民对农产品的需求放在十分重要的地位。此外，农业还为城市工业部门提供必要的原材料，维持以农产品为原材料的轻工业的正常运转。从保障国民对农产品的消费需求和国民经济发展对农产品的生产需求来看，应该把确保农产品的消费需求放在优先考虑的位置，在此基础上再考虑为城市轻工业部门提供原材料。

其二，在工业化初期，农业为工业发展提供资本、劳动力等要素积累。农业对国家工业化的要素贡献包括劳动力、资本两个方面。从劳动力要素贡献来看，只有当农业劳动生产率提高到一定程度，一部分农业劳动力生产的农产品可满足全国居民对农产品的消费需求和轻工业对农产品原材料需求的前提下，才可能有一部分农业劳动力转移到工业部门从事工业生产活动；否则，农业劳动力的转移必然影响农产品的供给能力，制约社会经济发展，影响社会稳定。在工业化初期，尤其是后发大国工业化初期，由于资金积累主要依靠农业部门（工业自我积累能力弱，对外借款或发债难度大，税收收入少，通货膨胀可能影响经济社会稳定等）。来自农业的资本积累包括农业部门的税收、农民的储蓄存款、工农业产品价格"剪刀差"等其他形式。其中，税收是重要组成部分，但税收要受到农业的剩余多少的制约，过度地征收农业税可能抑制农民生产积极性，影响农业再生产，进而影响农业增长，甚至影响农业稳定。尽管通过国家控制农产品交易价格或其他行政方式具有一定隐蔽性，但最终会影响农民的生产积极性。因此，必须控制从农业提取剩余的度，抑制过度"挤压"农业可能对农业发展带来的负面效应。

其三，外汇贡献。在工业化初期，后发大国为了推进工业化，需要从国外购买必要的机器设备、技术等。由于工业生产能力低，难以通过工业品出口换取外汇，因此，出口农产品成为一段时期后发国家获得外汇收入的必然选择。

其四，市场贡献。在封闭经济条件下，当城市工业部门发展到一定程度，来自城市内部对工业品的生活消费、生产消费和农业部门对工业品的生产与生活消费就是维持工业部门供求均衡的重要条件。在工业化初期，城市工业部门供给能力较弱，工业部门的产出（尤其是装备工业部门的产出）主要用于满足工业自身的生产需求，市场需求对工业化的制约作用还不明显。当工业部门发展到一定水平，装备工业内部对其中间产品的需求下降到一定比重，工业部门形成大量消费品供给后，工业进一步发展面临的市场需求约束就会增强。如果工业产品不能被市场消化，就会出现成本难以收回，再生产难以继续进行的困境。相对于小规模国家，后发大国国内潜在市场大，工业生产能力强，如果工业品主要依赖国际市场必然因为大规模出口可能影响进口国相关产业的发展等受到进口国的阻挠，引起国际贸易冲突，因此，在工业生产能力达到一定水平后，后发大国需要主要依靠国内市场实现供求均衡。如果农业发展缓慢，农民对工业品消费能力弱，需求不足，必然制约城市工业部门的发展，影响工业化的进一步发展。因此，在工业发展到一定水平后，加快农业部门发展，增加农民收入，扩大农业部门、农村对工业品的消费能力成为后发大国经济发展的重要任务。

综上，在工业化初期，后发大国农业部门在提供生活消费资料、工业生产原材料，为工业部门提供资金积累，通过出口换汇进口工业部门所需机器设备，在工业化发展到一定水平后为工业部门提供市场支持等方面具有十分重要的作用，是后发大国工业化顺利推进的重要条件，因此，维持农业部门的基本稳定和随着经济发展而发展是后发大国经济可持续发展的前提。

（四）财政制度安排是奠定后发大国发展能力的基础

国家发展能力是后发大国经济稳定、协调、可持续发展的基础。相对完整的工业体系中的基础设施和基础工业对后发大国后发优势和大国优势的充分发挥、经济持续快速增长具有基础性作用。基础设施和基础工业无论是在空间上还是在时间上都具有很强的正外部性，其效益不是单纯体现在某一具体基础工业或者基础设施项目本身的直接经济效益上，更多体现在为其他项目进而对中观和宏观经济的外溢效应上。比如，改善经济发展的基础设施条件，保障原材料供给，降低其他项目的生产成本，优化地区间、产业间、城乡间经济结构等。基础设施和基础工业项目多属于资本密集型的投资领域。基础设施和基础工业是国民经济体系的两个重要子系统，它们之间以及这两个子系统内部各组成部分之间具有很强的互补性，这种互补性决定了它们需要同时形成供给能力才能有效发挥对国民经济发展的支撑作用，这也决定了相关投资需要同步展开，并保持一定的投资强度；后发大国发展初期资金积累能力不足，资本短缺。上述特点决定了后发大国发展初期对资金的大规模需求与资金供给能力不足之间存在尖锐的矛盾，决定了特殊时期承担筹资功能的财政制度安排的必要性和紧迫性，也决定了财政制度安排的重点任务和主要内容。

建设一定规模的基础设施体系必须以财政制度为基础。基础设施是后发大国国家发展能力最基本的实体性要素之一。一般地，基础设施属于资本密集型的工业，在后发大国经济发展初期，由于资金短缺，大规模的基础设施建设需要大规模的资金。由于后发大国经济发展水平低，基础设施投资的预期风险大，加之幅员辽阔，基础设施建设规模大；基础设施建设投资具有不可分割性；基础设施本身大多是共用性的设施，具有物理上的非排他性；由于对国民经济发展的支撑作用强，为充分发挥其对国民经济发展的支撑与引导作用，政府会通过法律等制度安排使基础设施事实上具有非排他性，或者政府规定远低于建设与运行成本的使用费。以上这些因素决定了基础设施项目投资直接经济效益低。基础设施投资的低收益率决定了民间投资者缺乏投资意愿，致使依靠民间投资改善基础设施条件不可行、不现实。由于工业基础差，盈利能力低和自我生存能力弱，工业化初期的工业部门难以为基础设施提供必要的积累。基础设施的低收益率决定了依靠市场机制难以在相对较短的时间内为基础设施建设积累起所需的资金。鉴于基础设施体系对后发大国经济发展的基础性作用，可行的选择是国家通过具有一定强制性的财政制度安排从农业提取必要的剩余（农业生产的剩余价值，特殊情况下甚至包括一部分维持农业简单再生产的价值），通过偏向基础设施的财政支出，保障基础设施投资的优先性。

发展支撑后发大国经济发展基础工业需要财政制度提供必要支持。基础工业的重要性在于：其一，为国民经济运行提供最基础的物质支持。基础工业是竞争性商品生产和市场机制作用发挥的基础。如果基础工业缺失，或者发展不足必然导致竞争性商品的供给弹性低，影响供求机制、价格机制和竞争机制为主的市场机制作用的正常发挥。其二，基础工业具有明显空间外部性。一方面，基础工业发展初期的需求是市场对消费品的需求派生出来的需求，在消费能力较弱、消费水平较低的情况下，基础工业的盈利能力较弱，但其对消费品工业的发展和对居民基本消费具有很大的保障和促进作用。另一方面，基础工业的投资和受益具有时间滞后性，基础工业在投资期投入的要素多，直接经济效益差距，但建成投产后对其他消费品工业和国民经济的经济效益就集中释放出来，但从投资到产生经济效益具有一定的时间滞后性。其二，短期内基础工业自身的经济效益不高，但它有助于奠定和改善市场机制发挥作用的物质基础，有助于将来市场机制在资源配置中的基础性和决定性作用的发挥，有助于提高国家整体资源配置效率。由于基础工业相互之间相互依存性、关联性强，客观上需要其内部各部门和各组成部分具有空间并存性，这就要求其内部各部门和组成部分同时投资建设。由于基础工业资本密集程度高短期内建成相对完整的基础工业体系必然形成对资金的巨大需求，这与后发大国发展初期经济发展水平决定的资金供给能力之间形成巨大的矛盾。为解决后发大国初期基础设施和基础工业体系的资金需求与资金供给能力之间的缺口，后发大国必须建立适应于该特殊环境的财政、金融等制度。

短期内建立相对完整工业体系和国民经济体系目标对资金需求和后发大国资金供给能力之间的矛盾需要具有较强资源配置能力的经济制度安排来解决。基础设施、基础工业相关投资对后发大国其他产业发展具有很强正外部性，对将来经济发展具有明显的跨时期的正外部性，在市场经济逻辑下追求项目自身经济利益最大化的民间经济主体缺乏投资积极性。事实上，在后发大国经济发展初期，由于民间资本发展也处于起步阶段，资金积累能力严重不足。国内金融体系不健全，即使它们愿意对基础设施和基础工业进行投资也难以逾越大规模资金需求的这类项目的投资门槛，这就意味着，主要依靠民间资本的投资难以实现建立相对完整工业体系和国民经济体系的目标，难以为后发大国经济发展奠定必要的物质基础。因此，为了解决建立后发大国长期经济发展物质基础的资金需求问题，后发大国需要发挥政府的优势，即大国具有较强的资源动员能力，通过强化国家利益、国家意志，在满足社会基本运行的基础上，集中全社会物质重点保障基础设施和基础工业建设对资金的需求。由于后发大国经济基础差，发展前景不明确，资金从投入到产出的周期较长，建立系统性的经济发展基础的资金需求大，一般难以通过国际借款或发债形式获得足够的基础设施和基础工业建设的资金。在国内相对集中的时间内筹集满足建成较完整的工业与国民经济体系的资金对后发大国是一件具有极强挑战性的工作，这需要全面调整生产和消费结构，尤其是在保障基本生活需求的前提下压缩短期消费，减少对轻工业、农业的财政投资，将资金集中投资在有限的具有一定工业基础的局部地区的城市空间。从制度安排来看，财政制度主要运用国家政治权力参与一部分社会产品的分配和再分配，金融主要通过金融机构和金融市场集中配置资源，外贸制度主要通过对进出口和国际资金流动集中和引导资源配置，社会管理制度等主要通过引导、控制人口流动引导资源配置，微观经营制度主要通过对微观经济主体（含工商企业和农业经营实体）的经营领域、资金使用、积累使用等制度安排引导资金流向。上述相关制度之间具有直接和间接的相关性，需要在整体目标的引导下整合相关制度，形成制度合力才能充分发挥它们服务于建立后发大国经济发展物质基础的功能，即财政、金融、外贸、社会管理、微观经营等相关制度需要在国家意志、国家利益、国家整体长期利益主导下形成相互协调、相互支持、相互补充的制度体系，才能在后发大国经济发展初期集中资源奠定国家长期经济发展的基础。正如前面所分析，后发大国建立基础设施、基础工业体系的规模决定了资金需求的规模大，国际政治经济环境和国内环境决定了建立相对完整工业与国民经济体系的时间要求紧迫，资金需求规模大和时间紧迫决定了后发大国经济发展相关制度安排的强度。制度体系的强度是衡量相关制度体系达到制度目标的效率指标。具体而言，相关制度体系的强度越大，越是能够在较短时期内筹集到较大规模的资金；反之，在较短时间内筹集的资金规模越小，或者筹集到较大规模资金所用时间越长。因此，建设资金需求量越大，时间越紧，越是要求高强度的制度安排；反之，建设资金需求量越小，时间越宽松，制度强度越弱。

农业的稳定和发展需要控制国家从农业获取资源的相关财政制度的度，避免工业过度"挤压"农业，影响其可持续发展，进而影响后发大国经济的持续发展。为了在工业部门积累能力弱，国外融资困难的情况下积累基础设施和装备工业发展所需的资本，农业部门需要在短期内承受较大的为工业部门提供资本积累的压力。财政制度安排中无论是通过征收农业税收、通过政府垄断工农业产品交易市场的方式还是政府直接管制农产品与工业品价格的方式从农业提取的资金都应该有一定的度的限制。如果从农业提取的资金或者农业剩余较少，难以满足基础设施和装备工业建设的资金需求，会延长建成相对完整工业和国民经济体系的时间，不利于大国优势和后发优势的发挥；如果从农业部门提取的剩余过多，可能导致农业发展的停滞甚至倒退，进而使农业成为后发大国经济发展的瓶颈，阻碍经济发展进程。因此，在财政制度安排上需要注意：其一，控制农业税收。农业税收是显性财政负担，税负过重直接会导致农民的反对，影响政治、社会稳定；其二，可以适当采取间接的工农业产品价格"剪刀差"的形式，但需要其他的配套制度跟进，比如国家对工农业产品定价的垄断、国家对市场的控制等；其三，从农业提取劳动力需要考虑对农业生产可能造成的负面影响，尽可能避免在农业生产对劳动力需求集中的时间从农业抽取劳动力从事基础设施建设等非农经济活动；其四，财政对农业的支出上应该维持在一定水平，确保农业生产基础条件的改善，比如，通过财政支出保证农田水利基础设施建设、农村道路建设的资金的需求；其五，通过财政支出保障农业基本的医疗卫生、社会保障、义务教育等事业的发展，维护农村社会稳定，并为工业化提供后备劳动力；其六，随着经济发展条件的变化适当调整财政对农业的收入和支出制度安排，尽量缩短工业通过财政对农业"索取"资金的时间，控制财政从农业提出剩余的规模，维护农业的稳定和发展。

建立统一开放的国际国内市场是后发大国形成大国优势的重要前提，财政制度安排是影响统一市场形成及其功能发挥的重要因素。理论上，后发大国人口多，市场需求量大，有利于实行专业化分工和规模化生产，使企业获得规模经济效益，提高企业国际竞争力，有利于使消费者低价获得相关消费品，增加消费者的福利。在开放经济条件下，规模化生产的成本优势意味着后发大国工业品在国际市场中具有较强的市场竞争能力，开放、统一的国际市场有助于后发大国规模化生产和专业化分工优势的充分实现，因此，统一、开放的国内外市场是后发大国优势充分发挥的前提。统一、开放的国际市场是外生于后发大国经济发展的，一般难以通过国内的制度安排实现，但后发大国经济发展到一定水平后，可以凭借其较强的经济、政治、军事、外交实力的影响拓展国际市场。统一、开放的国内市场是后发大国可以控制和影响的，后发大国可以借助于相关制度安排形成。统一开放的国内市场一方面受到地区间道路交通等基础设施的约束，另一方面地区间要素商品流通关系到地区间的税收等财政收入和经济增长，国内不同地区之间的局部利益的一致性和差异性也是影响地方政府政策选择和全国市场统一的因素。显然，全国一体化的道路交通、通信等基础设施建设和既体现中央权威又能激励地方发展经济积极性的财税政策是确保国内市场统一的必要条件。符合上述要求的财政制度安排一般具有如下特征：第一，全国财政税收制度的统一。任何地区主要税收收入都不完全属于本地区，而是集中于中央形成全国统筹的财力，避免各地区为了最大化地区财政收入而相互封锁，分割国内统一大市场。第二，各地区自身的财政收入与本地区的财政支出不完全直接相关。中央政府的财政收入要占全国财政收入较高比重，根据国家经济发展大局在全国范围内、在较长时间区间统筹安排支出。第三，全国经济发展是所有地区经济发展的要求，即全国"一盘棋"，任何地区的经济行为都必须服从和服务于国家整体经济发展。当然，这样的财政制度安排不适用于后发大国经济发展的全过程，只是适用于为经济发展奠定基础的特定阶段，随着经济发展条件和发展阶段的转移，财政制度也应该作相应调整。

大规模、具有一定文化知识和劳动技能的劳动力是大国优势和后发展优势形成的必要条件，财政制度是形成这一条件的重要支撑。较大规模的熟练劳动力是有效利用国内资源，承接先发达国家成熟、适用技术的必要条件，也是开展广泛、深度分工，进行规模化生产，形成大国规模经济优势的前提。培育后发大国的技术进步能力更需要一定规模的，具有一定技术研发、创新能力的人才队伍。可见，一个多层次、大规模的劳动力队伍是后发大国优势和技术后发优势形成和发挥的必要条件。教育这是培养劳动力的重要途径。教育投资本身具有很强的正外部性。市场调节会出现教育服务消费不足，即从家庭和个人经济理性出发的受教育者，其教育消费实际获得的边际收益与自己承担的边际成本相等时的消费规模会低于教育投资的社会边际收益（含外溢收益与消费者自己获得的边际收益），其与边际成本相等决定的最优教育投资规模，导致教育消费与投资不足；从供给和生产角度看，教育服务直接经济效益差，投入－产出周期长，一般民间投资者缺乏投资意愿和投资能力；决定人口规模和劳动力规模的因素尽管包括私人决策和国家决策两个方面，但以家庭为单位的人口生产决策会因为不能考虑到人口增加和劳动力供给的外部性而偏离全社会最优的人口生产规模，需要国家从后发大国经济发展的全局供给人口政策。由此可见，财政对教育的投资，对教育结构和人才培养结构的调节，对人口出生率的干预、调节，有助于形成与后发大国的国情相适应的、大规模的、具有一定文化知识和劳动技能的劳动力队伍，以及一定比例的具有一定研发能力的人才队伍，这些都是形成后发大国后发优势和大国优势的基础。

二、后发大国发展初期财政制度需求分析

在极端的情况下①，为了集中国内有限资源建立后发大国经济发展的物质基础，后发大国需要采取高强度的财政制度，配合其他经济社会制度安排建立相对完整的工业经济体系，奠定农业发展基础，培养适应经济发展要求的劳动力，为经济长期发展奠定基础。后发大国经济发展初期，人均收入水平较低，满足基本公共需求所需的公共品和公共服务都属于基本公共服务，社会治安、基础教育、基本医疗卫生等公共服务需求具有很强的刚性，财政应该在满足这些基本需求的基础上考虑经济建设方面的支出。服务于筹集基础工业和基础设施建设资金的财政制度体系的基本逻辑是尽量优化包括运用税收、国有经济收益、行政事业性收费收费和国债等制度，甚至运用一定程度的通货膨胀以及政府控制市场和价格的工农业产品价格"剪刀差"等财政收入制度，在满足全国人民基本公共需求的基础上，将财政资金集中配置在关系后发大国长期发展领域，实行有助于装备工业体系形成和全国市场统一的财政管理体制、预算管理制度等。

服务于奠定后发大国发展基础的财政制度有效率型和效益型两种典型类型：其一是效率型财政制度。这种制度追求在短期内筹集尽可能多的财政资金集中支持国民经济基础设施和基础工业建设，在尽量短的时间内形成相对完整的工业和国民经济体系，奠定后发大国较长时期经济发展的基础。但超过一定限度的这种制度安排可能导致国民经济整体结构的失调，尤其是城乡经济结构、农业、工业与商业结构失调，降低整体经济效益，影响经济发展质量，甚至影响经济发展的可持续性。其二是效益型财政制度。这种财政制度安排注重国民经济整体经济结构协调、经济平稳增长和

---

① 这里主要是指为了在短时间内奠定后发大国经济发展物质基础而采取的高度集中的、排斥市场机制的计划经济体制。

提高微观与宏观经济效益。在财政收入制度和支出制度安排中更加强调经济结构协调、平衡和经济持续增长，但不能在短期内集中大量财力建立国民经济发展的基础设施和基础工业，形成国家发展物质基础的时间较长。这两种类型财政制度的选择受到一国形成发展基础条件的紧迫程度的制约，短期内受国际政治经济环境影响较大。从后发大国发展战略的执行情况来看，中国、苏联等采用了效率型财政及其他经济制度，印度等主要选择了效益型财政经济制度。

三、后发大国经济发展初期财政制度的基本内容

后发大国经济发展初期的主要目标和要素禀赋状况决定了其财政制度安排的主要任务、原则和基本内容。在保障民众基本公共需求的前提下集中有限资源重点保证基础设施、装备工业建设，为后发大国长期经济发展奠定物质和人力基础的主要任务决定了该阶段财政制度的主要任务是：借助于国家政治权利和部分财产权利，参与一部分社会产品的分配，集中财政收入对基础设施、装备工业部门投资，在维持国家机器和社会正常运转的同时奠定后发大国较长期经济发展的物质基础。财政制度安排的基本原则是：以经济建设为主，实行城乡、产业有偏向性的财政收入制度和支出制度。该时期经济建设和财政制度安排的主要任务决定了财政资源配置不是城乡间、产业间均衡的资源配置，而是有重点的、非均衡的资源配置，财政收入制度和支出制度安排具有如下基本特征：其一，提高农业和农村的税收负担，降低城市工业部门（尤其是重工业部门的税收负担）的税负，税负在城乡和产业间不平等。后发大国经济发展初期经济建设的资金需求和资金供给矛盾决定了筹集建设资金是财政制度安排的主要目的。由于工业基础薄弱，资金积累能力低，难以通过商品税收筹集到较大数额的财政资金满足基础设施和装备工业建设的需求。发展水平不高，但产值比重和就业比重较高的传统农业部门是提供建设资金积累的主要部门。工业部门发展水平越低，建设任务越重，建设时间越紧，农业承担的提供资金积累的任务越重，农业部门的税负越重。通过较重的农业税负（包括税收和其他形式的隐性税收）筹集财政收入必然导致农业整体税负高，农民的负担重。由于基础设施本身不能产生直接经济收益，因此该部门缴纳的税收少，税负较轻。重工业部门本身处于形成阶段，资金积累能力低，需要投入大量资金维持正常生产，因此，其经营中产生的利润会直接转化为再投资，纳税少，税负轻。从财政支出制度看，农业部门主要属于劳动力密

集型的经济部门，土地是最重要的生产资料，只要自然条件可以满足农作物正常生长，投入劳动力就可以维持农业生产的正常进行，除了必要的道路和水利设施建设外不需要太多资金投入。道路和水利设施建设本身也属于劳动力密集型的项目，因此财政对农业的投入可以暂时或者短期内维持在较低水平。基础设施和装备工业部门的建设一方面需要大量资金投入，另一方面其自身资金积累能力低，因此需要财政的大力支持，从而财政对基础设施和装备工业的支出比重比对农业的财政支出明显高。由此可见，后发大国发展初期的财政制度安排在收入支出制度安排上都表现出城乡、农业与非农业的二元性，轻农业农村重城市和工业、轻消费重投资、轻当前重长期等特征。该类型财政制度安排可能带来农业、农村和农民为国家发展承担远高于城市和工业部门的税收负担和发展成本，当期的社会民众为国家长远发展承担远高于后代人更重的负担，即经济发展成本在城乡之间和不同代人之间分担不均衡、不平等。

四、后发大国发展初期财政制度安排对经济发展的影响

后发大国经济发展初期阶段的财政制度安排在奠定经济发展基础的同时会在一定程度上扭曲经济结构，使经济结构演进出现非均衡性特征。在奠定后发大国经济发展基础的阶段，为了在资本短缺的条件下进行基础设施、装备工业、教育事业投资，构建国内统一市场，奠定长期发展的基础，财政制度在相对集中的时间内筹集大规模的财政资金，重点投资于城市和基础工业，将面向民生事业、农业农村和第三产业置于较次要的地位。财政收入的来源主要是农业部门，财政支出的重点则是城市的基础设施、装备工业等工业部门，财政收入和支出的产业、空间错位，导致一般公共品和公共服务的支出比重低，满足长期发展的生产性支出比重畸高，消费和生产支出结构失调。为避免地区间分散配置财政资源对重点投资领域的干扰，避免地区局部利益干扰国家整体利益，避免统一市场的割裂和碎片化，中央政府集中国家经济建设的主要财权和决策权，适当减少地方政府对重大经济建设项目的决策权。由此可见，这种财政制度具有典型的经济建设偏向、城市偏向、中央集权的特征。

上述财政制度安排直接或间接地配置资源对后发大国经济结构演变和长期发展带来一系列的影响。在经济结构上主要表现为：相对于没有实行产业和区域非均衡发展的财政制度的同等经济发展水平下的经济体，后发大国第二产业产值比重提高更快，第一产业产值比重下降迅速，第二产业内部重工业比重上升速度快于轻工业比重的提高，容易在人均产值较低的发展水平上出现重工业产值比重偏高的情况；城市经济增速远高于农村经济增速，农业经济在社会总产品中的比重快速下降，或者比重明显偏低；工业产值比重提高速度远高于城市人口比重上升速度，工业化超前，城市化滞后；工业产值增速远高于城乡居民消费增长速度，工业产值中中间产品比重远高于最终消费品的比重；地区之间发展差距扩大，发达地区产值占全社会总产值的比重明显偏高，与此同时，欠发达地区人口比重明显偏高，发达地区人均产值远高于欠发达地区人均产值。整体上看，这种经济结构是工业化超前，重工业化超前，农业、轻工业滞后；城市化滞后，产值结构演进超前于就业结构和人口城乡结构的演进；生产结构演进超前于消费结构演进。经济结构具有明显的非自然演进特征，即由于区域和产业非均衡发展的财政制度的资源配置，导致经济结构演进出现明显的非均衡性和跳跃性。正常的经济结构演进一般是在农业和农村经济一定发展后，满足基本生活需要的轻工业产值比重和就业比重上升，城市人口占总人口比重上升。随着轻工业的发展，重工业逐渐发展，重工业产值比重逐渐上升，经济逐渐向重工业倾斜，即在经济较高发展水平上出现重工业产值比重较高的结构状态。随着经济发展水平的进一步提高，第三产业快速发展，进而在三次产业的产值比重和就业比重中处于较高水平，经济进入发达经济阶段。短期内奠定长期经济发展物质基础的财政制度安排导致的经济结构演进路径对正常演进路径的偏离和经济结构的失调和扭曲，一定程度上成为后发大国较长时期需要面对的基本国情和需要解决的问题，这也在一定程度上决定了后发大国经济发展机制和路径的曲折性和非常规性。

第三节　后发优势与大国优势发挥阶段的财政制度分析

随着基础设施、装备工业体系的基本建成，后发大国逐渐形成相对完整的工业和国民经济体系，对教育、医疗卫生事业的投资带来教育、医疗卫生事业的发展，培养了一大批具有一定知识和劳动技能的劳动力，后发大国发展的物质、人力、社会条件基本形成。随着人们收入水平提高，国内形成了一个较大的消费品需求市场。随着有助于经济增长的产权制度的建立，加上种类齐全、储量丰富的自然资源供给以及国内政局稳定，统

一、开放的国内市场体系形成，后发大国经济发展进入新的发展阶段，市场机制在资源配置中作用逐渐增强。发展条件的变化需要资源配置方式发生相应变化，政府主导的资源配置方式让位于市场机制起决定性作用的资源配置方式。新阶段资源配置主导机制的变化要求财政制度必须相应地发生变化。

一、后发优势与大国优势发挥对财政制度的需求

后发大国经济发展中的后发优势与后发劣势、大国优势与大国劣势是其经济发展中的两种潜在的发展趋势，或者说，是两种可能发展方向。后发优势与大国优势是后发大国要努力争取获得的优势，但如果财政、金融等经济制度以及政治的制度安排不当，后发优势也可能转化为后发劣势，大国优势也可能转化为大国劣势；或者说，相对于大国优势和后发优势而言，大国劣势和后发劣势在后发大国经济发展中可能处于主导地位，起支配作用，阻碍后发大国经济发展。因此，厘清后发大国国家发展基础形成后经济发展对财政制度的需求，并提供适合该阶段的财政制度安排对于充分发挥后发优势与大国优势，抑制后发劣势与大国劣势具有十分重要的作用。

人口规模、土地面积、资源禀赋等综合形成的大国优势发挥的重要基础是大市场。统一开放、竞争有序大市场的形成需要财政制度提供基础性支撑。国家发展能力形成后，市场在资源配置中发挥决定性作用可以提高资源配置效率，但后发大国的市场经济不是自发形成的。由于奠定国家发展基础阶段财政制度安排的重点是发挥政府的宏观、长期发展规划作用和投资主体作用，一定程度上抑制了市场的发育和成长。在需要市场机制在资源配置中发挥重要作用时还需要通过政府在市场培育、建立、完善中发挥重要作用。财政制度在明确政府与市场的责任边界，培育、健全市场体系，建立、完善市场相关制度中处于十分重要的地位，具有十分重要的作用。显然，财政收入与支出占社会总产品比重太高，政府继续保留在资源配置中的主体作用会压缩市场的空间，抑制市场机制作用发挥。要建立统一、开放、规范、有序的大市场就必须处理好中央政府与地方政府的事权、财权与转移支付之间的关系。国家人口越多、市场越大，要素流动越充分，资源配置效率越高。这意味着某一地区的要素收益率一旦高于其他地区，就会吸引全国各地要素集聚，导致地区、城乡、行业间的要素持续流动，导致地区、城乡和行业间要素禀赋差距扩大。地区、城乡和行业间

发展差距持续扩大，就会导致社会发展不平等及其他衍生问题。如果不能及时通过财政税收制度安排缩小地区、城乡、行业以及人与人之间的收入差距、财富差距，就可能导致社会矛盾累积，影响消费扩大、社会稳定等，抑制大国优势的发挥，甚至使大国劣势主导经济社会发展，影响后发大国经济发展。

发挥技术后发优势、抑制后发劣势也需要财政制度提供系统的支持。由于技术上相对于先发国家暂时落后，后发大国可以通过购买专利、引进投资、购买技术设备等方式实现技术的低成本、快速进步，发挥技术后发优势。将先发国家成熟的技术与本国人力、资本和其他要素结合起来，有助于经济快速增长，就业机会增加。随着资源和要素被充分利用，后发大国会出现较长时间的持续快速增长。利用技术后发优势并将其转化为经济优势除了引进国外成熟技术，还需要一系列配套条件，包括国内大量具备基本文化知识和工作技能的劳动者、国内统一开放的市场、一定规模的资本、相对规范的市场制度以及适应工业化生产的、基本的社会养老、医疗、失业、工伤、社会救济等社会保障体系。这些条件的具备都有赖于财政制度的支持和作用的发挥。具体而言，财政需要提供一系列的制度安排建立基本完整的、与经济发展水平相适应的、保障职工基本生存与发展权利的、降低经济社会风险的社会保障制度体系；需要对义务教育、职业技术教育等领域进行较大规模的投资（由于人力资本形成周期较长，因此财政对教育的投资需要适度先于经济发展对人力资本的需求）；地方政府需要树立服务型政府的服务意识，主动提供有助于地方经济增长的包括基础设施、市场开放、发展规划等服务；为了充分利用国际市场，引进国外技术和管理经验，出口工业品，财政制度需要在进出口关税、进出口贸易保险等方面提供制度保障。

制度后发优势与制度后发劣势紧密联系，存在相互转化的趋势，并会对技术后发优势、大国优势，进而对后发大国经济发展产生重大影响，财政制度是发挥后发大国制度后发优势的重要支撑。技术水平、技术发展阶段与制度环境之间具有高度的相关性。技术进步为制度进步提供动力和压力，推动、促进制度进步，制度为技术进步提供环境和土壤。后发大国在与先发国家的差距上不仅体现在技术落后，人均收入水平低，经济结构落后，还体现在制度落后，但制度引进相对于技术引进难度更大，而且见效更慢。原因是制度变革往往伴随着利益结构调整，会遭到利益集团的阻挠。技术进步一般会带来产出增加，就业机会增加，社会总福利增加，有助于改善分配结构，不直接影响利益结构变化，因此阻力更小。停滞、落后的制度不可能长期与快速进步的技术和经济增长相适应。制度变革滞后必然阻碍技术进步和经济增长，抑制后发大国经济发展，因此，必须在技术进步的同时推进制度变革。需要说明的是，制度变革包括根本性制度变革和渐进的、在相对稳定的社会环境下渐进的制度变革两种。相对稳定的社会环境进而制度环境是技术进步和经济增长的必要条件，但当渐进的制度变革进行到一定阶段时就必须对基本制度作出调整，这是制度变迁的必然要求。由于财政是经济社会的基础，财政制度变革对其他经济社会制度变革具有重要的支持和保障作用。具体而言，财政制度安排需要为其他制度变迁尤其是涉及重大利益结构调整的制度变迁作出必要的补偿或者协调，减少特定利益群体因在制度变革中利益受损而反对、阻碍制度变革，降低、分散制度变革的风险。就财政制度本身而言，也面临着由先前服务于重工业、城市偏向、经济建设偏向、集权偏向的制度安排向城乡统筹、民生偏向、向地方适度分权的制度转变。

综上，随着后发大国经济发展基础的形成，经济发展转入后发优势与大国优势充分发挥的阶段，为了有利于技术后发优势和制度后发优势的发挥，充分利用后发大国的人力、自然资源、市场等优势，将潜在经济优势转化为现实的经济增长，抑制后发劣势与大国劣势，后发大国财政制度需要作出必要的、系统性的变革，形成技术进步、经济增长、社会进步与制度改进、完善相互协调，相互促进的良性互动机制。

二、后发优势和大国优势发挥阶段财政制度的基本特征

随着基础设施和装备工业体系的基本建成，后发大国开始进入新的经济发展阶段。为了形成有助于后发优势与大国优势充分发挥的制度环境，财政制度需要作出系统性的调整和变革。值得注意的是，财政制度安排不是在新的经济发展阶段到来后才进行适应性的调整，财政制度调整本身就是新的经济发展阶段形成的必要条件。为后发优势、大国优势发挥提供保障的财政制度主要涉及正确处理政府与市场的关系，协调经济增长与提供基本公共服务的关系，理顺维护中央权威确保中央的宏观统筹、调控能力与发挥地方政府积极性的关系，协调提高资源配置效率、促进经济增长与城乡、地区经济结构优化的关系等。

第一，调整政府的经济活动范围。财政在经济发展中的定位是既要在后发大国经济发展中发挥重要作用，又要为市场机制发挥作用留下足够的空间。

后发大国经济发展中政府经济活动范围相比一般市场经济国家政府活动范围有一定的特殊性。为维护后发大国对本国经济的必要控制力、统筹能力，避免其他国家控制本国关键经济部门，维护国家经济主权，政府应该对关系国民经济发展的重要基础工业部门、重要能源原材料等部门保持一定的控制力和主导权。在开放经济条件下，由于大国经济总量大，对国际市场供求和价格影响明显，经济增长和国家权益容易受到国际市场波动的不利影响而遭受重大损失，后发大国应该通过对关键国民经济部门的控制确保对国民经济的调控力，维护经济安全和经济稳定。后发大国政府对国民经济关键部门的控制一定程度上会影响这些部门的市场化和国际化程度，这是后发大国为确保大国优势和后发优势得到发挥而应该承担的成本，不应该机械地追求彻底的市场化和与国际接轨，应提供保留一部分对关系国民经济命脉的重要能源、原材料、装备工业部门的财政补贴或者其他特殊财政制度安排等。事实上，重要的国民经济装备部门的技术对其他经济部门有很强的外溢作用，其产品直接影响其他产业的发展方向、进程，即使是在发达国家这些部门也不是完全市场竞争部门。为保持对经济的一定程度的控制能力，实现主权国家发展战略，先发达国家一般也会采取控制关键、先进技术出口的方式阻止技术扩散，抑制其他后发国家获得相关技术，享受技术外溢效应，因此，后发大国的政府在一定程度上保持对这些部门的控制力是必要的。为充分激活民间资本的活力，政府应该在适当条件下尽快从大多数竞争性领域退出，即使保留在竞争性领域的经济实体也应该和非政府经营实体具有相同的市场地位，并确保市场主体在税收、金融服务、财政补贴等方面享受"国民待遇"。政府退出竞争性领域需要一些过渡性措施，应尽量减少对市场的负面冲击，避免对居民正常生活产生超出其心理和经济承受能力的不利影响。

第二，妥善处理公共财政与经济建设财政的关系，确保市场机制的运行有助于后发优势和大国优势的充分发挥。

由于基础设施和装备工业体系已经基本形成，能够满足一定时期后发大国经济发展对生产资料和基础设施的需求，市场在资源配置中发挥决定性作用的硬件条件基本具备，在配套制度安排到位的条件下，市场机制可以在资源配置中发挥决定性作用。作为与现代市场经济体制相适应的一种财政制度，公共财政运行的基本原理和适应市场经济要求的制度安排的基本原则也应该在后发大国的后发优势和大国优势充分展开阶段得到充分体现。同时，由于后发大国在该阶段还属于发展中国家，其财政制度也还具有发展财政的性质，也需要同时体现发展财政的基本原则。在公共财政框架下，财政应该将重点集中在提供市场不能有效提供的公共品和公共服务上。由于市场机制作用的发挥是建立在市场体系形成和健全的基础上，这本身有一个成长的过程，因此政府在培育市场体系的过程中要逐渐从竞争性领域退出，逐渐将主要职能集中在保障教育、医疗卫生、社会保障、就业、生态环境保护等民生服务提供，并在微观市场主体培育与规范方面、在调节收入分配以及宏观经济稳定等方面发挥主导作用。

在公共财政框架下，后发大国该阶段的财政税收制度安排主要涉及如下几方面：其一，按照公平效率原则设计财政收入制度。税收制度安排的一般原则是：按照量能负税原则和尽量减少对市场经济主体经济活动干扰，税制结构随着经济结构的变化和经济发展水平的提高而变化，一般趋势是主体税种由流转税为主逐步向所得税和财产税为主转变。随着后发优势与大国优势的逐渐展开，经济持续快速增长，收入差距逐渐扩大，税收制度对收入分配调整作用应该逐渐增强。有助于调节收入与财产差距的税收制度体系应该充分考虑两个因素：调节税制结构，即提高直接税在税收收入中的比重，调节过高的收入差距和财富差距；由于流转税是在商品价格中加入的"楔子"，会影响价格机制作用的发挥，干扰市场的调节功能，应该降低流转税在税收收入中的比重。其二，在财政支出制度安排上，应该体现更强的公共性，将基本公共服务均等化置于重要地位，将教育、科学技术、医疗卫生、社会保障、就业等满足民众公共需要的财政支出放在突出地位；在城乡间、地区间财政支出安排上，应该促进基本公共服务均等化。其三，在财政体制上，在保证中央政府的控制力的前提下，充分发挥地方政府在提供地方性公共品中的积极性、主动性。为了充分调动地方政府发展经济积极性，发挥地方政府在提供公共品和公共服务尤其是地方性公共品和公共服务中的信息优势，便于辖区群众监督的优势和激励相容的优势，财政支出制度安排尽量交给接近直接从政府提供的公共品和公共服务中受益者的地方政府承担。同时，为了确保全国范围内基本公共服务的均等化，考虑到大国内部地区间差异大的特点，应该充分考虑到各地提供公共品和公共服务的成本因素和各地经济发展水平之间的差距，健全财力均衡型转移支付制度为主的转移支付制度体系。

从经济发展水平看，后发大国在该阶段初期经济发展水平还处于欠发达阶段，财政制度还应该体现较强的发展财政的属性。无论从人均收入水平、消费水平、技术水平、制度完善程度还是从经济结构等方面看，尽管后发大国进入了后发优势和大国优势充分发挥的阶段，但经济上仍然处于发展中国家水平。财政制度安排是内生于经济发展的，经济发展水平决定着财政收入规模、结构和财政支出规模和结构以及财政体制。后发大国在该发展阶段具有发展财政属性的财政制度成分具体体现在以下几个方面：其一，财政收入主体是流转税，宏观税负上升较快。其二，财政支出规模增长较快，支出结构中的经济建设支出比重较高，社会福利性支出比重较低，但存在上升趋势。科学、教育、文化、卫生等公共支出一方面是满足公共消费需求，具有消费属性；另一方面关系到人力资本的积累和科技能力的积累，关系到后发大国经济可持续发展能力的培养和形成，其在财政支出中的比重应该处于较高水平，且呈上升的趋势。在该阶段，由于后发优势的发挥对熟练劳动力的需求大，财政支出中应该加大对教育尤其是基础教育、中等教育（尤其是中等教育中的职业技术教育）的投入，满足后发优势发挥对劳动力的需求。同时，为了满足和适应后发优势阶段对科技创新人才的需求，考虑到人才培养和人力资本形成的周期性，财政也应该加大对高等教育和基础科学研究的财政支持力度。在城乡财政支出中，由于城市具有要素集聚优势，容易产生集聚经济效应，财政支出中的基础设施等支出的城市偏向有助于提高全要素的产出率，从而财政支出应具有一定程度城市偏向的特征。在地区间财政支出结构上，由于各地区经济发展条件不同，要素收益率差异大，存在要素空间流动和集聚的趋势，为充分发挥要素集聚的优势，提高要素产出率，财政支出存在向经济发展较快地区倾斜的必要性。在生产性和消费财政支出结构中，后发优势和大国优势集中体现在技术进步加快、专业化分工深化和生产规模扩大以及相关产业、行业和企业相互依存、相互补充、相互促进，必然对生产性财政支出产生较大需求。如果财政制度不能适应需求，就可能抑制后发优势和大国优势的发挥，因此，财政支出的重点有必要阶段性集中在生产性支出上。同时，由于消费性支出不仅满足公共消费需要、激励社会生产扩大，也间接作用于生产，因此，也应该适度扩大消费性财政支出的规模。其三，在中央政治权利相对集中的前提下，经济上应适度分权。在中央政府与地方政府财政关系上，由于全国性的道路、交通、通信等基础设施体系基本建成，全国统一开放市场体系基本形成，市场机制发挥作用的硬件条件基本具备，在确保国内市场统一的条件下，赋予地方较大财权有助于在全国范围内实现要素合理流动，优化配置，因此，地方财政收入和支出占全部财政支出的比重适当提高具有一定的合理性。为了保证中央必要的统筹调控能力，中央财政收入占全部财政收入的比重仍然必须维持在一定的水平。根据世界各国的情况，中央财政收入占全部财政收入比重在50%以上是必要的。为了适应分级财政管理的目标，在考虑到税种属性的前提下，确保各级政府具有财力履行相应的政府职责，应该合理划分各级政府的财权。为引导要素在大国内部各地区之间的合理流动和优化配置，应该尽量将流动性强的税种、执行社会收入分配和宏观调控职能的税种以及地区间资源禀赋差异大容易导致地区间税收入差异扩大的税种列为中央税，同时，赋予地方政府一定的根据地方经济社会发展需要开征地方性税种的税收立法权、全国性税种税率调整权和一定税收征管权。在事权划分上，凡是涉及国家主权统一、领土完整、外交、全国性的经济结构优化、宏观调控的全国性公共服务的提供，关系到在全国范围内优化配置事权对应的财政支出也应该界定为中央政府的事权。教育、医疗、社会保障等关系到国家整体经济效率、公平的事权对应的支出责任应该根据涉及要素流动性大小、全国公平和激励相容原则在中央与地方政府间进行合理分配。转移支付制度设计要考虑到政府间事权划分和经济发展水平，从全国范围内公共服务均等化、要素合理流动、优化配置、激励相容的原则出发科学设计财力均衡性转移支付和专项转移支付。

第三，在政府管理体制上，既要调动地方政府发展经济的积极性，又要稳妥推进政府职能转变。

在后发优势和大国优势充分发挥阶段的初期，市场经济作用充分发挥作用的基础设施和市场交易制度还有待进一步完善，地方政府在经济发展中还需要发挥较大的作用。尽管在后发大国发展初期阶段基本建成了全国性的基础设施骨干体系，但毕竟当时资金有限，地方区域性的基础设施体系还有待进一步完善，改善地方经济社会发展的基础设施条件仍然是地方政府的主要职能之一。为了让市场机制在资源配置中的决定性作用得到充分发挥，完善相关制度安排，降低交易费用，构建健康的地方经济发展的软环境也是地方政府的重要职能之一。地方经济社会发展制度环境的改善，既涉及全国性的基础性制度的建立，也涉及地方性制度的提供。在全国性的基础性制度供给滞后或者供给不足的情况下，地方政府在自身权力范围内提供有助于本地区经济社会发展的制度就成为促进地方经济发展的重要因素了。由于地方性基础设施的提供和地方政府权力范围内的制度的提供有助于改善地方经济发展条件，当中央赋予地方政府一定的经济发展职能，并辅之以一定的激励措施的情况下就容易形成地方政府基于经济发展的竞争。地方政府基于经济发展的适度竞争有助于在中央既定制度供给和全国性基础设施供给的基础上促进要素跨地区流动和优化配置，有助于大国优势和后发优势的发挥。但过度的地方政府竞争也可能导致全国统一市场的割裂，妨碍地区间基于资源禀赋的合理分工、专业化生产，阻碍规模经济效应的产生。

为了避免地方政府为发展经济开展的恶性竞争，割裂全国统一市场，损害要素配置效率，需要优化地方政绩效考核机制。调动和充分发挥地方政府在发展经济中的作用和避免地方政府过度竞争对后发优势和大国优势产生抑制作用，必须对地方政府行为进行规范和引导。不同体制条件下地方政府经济行为的激励约束机制存在一定差异。在单一制政体下，地方政府受托于中央政府，中央政府的政绩考核制度是引导地方政府行为的主要依据；在分权的联邦整体下，地方政府直接受托于地方选民，地方选民的意愿和满意度引导和约束地方政府行为。大国发展是一个长期内不同发展阶段相互衔接、前后相继的过程，应该有一个长期的规划，中央政府一定程度上能够超越于地方选民的局部利益，避免地方政府行为的短期化，因此赋予中央政府对地方政府提供激励约束机制的权力有助于后发大国经济长期发展。健全中央政府对地方政府的政绩考核机制有助于优化地方政府的经济行为，使后发优势和大国优势得到充分发挥。在中央政府对地方政府的政绩考核制度中，应该突出全国市场统一、要素自由流动、专业化分工协作与规模化生产的导向性。尽管地方政府会通过一定的制度安排在本区域市场内部实现要素最优配置，加快经济增长，但地区封锁条件下的局部最优要素配置和经济增长远低于全国统一开放市场条件下的要素最优配置和经济增长。大国优势的最明显的规模经济优势是以全国统一开放市场为前提的，为确保大国优势的充分发挥，中央政府一方面可以通过财政收入和支出制度安排约束地方政府的市场封锁行为，比如，根据企业经营地在不同层级政府间分享财政收入。另一方面可以通过强制性政治集权方式，比如，通过对地方主要政府决策者的考核等方式确保全国市场统一。平衡经济增长和有效提供公共服务也是对地方政府政绩考核制度设计的重要内容。尽管部分公共服务本身就与经建设效果密切相关，但整体的公共服务对经济增长具有间接性和较长的时间滞后性，如果过度关注短期的、地方官员任期内的经济增长绩效，容易导致地方政府财政行为的短期化，容易导致地方政府忽视消费性公共服务的有效提供，不利于社会事业的发展，也不利于经济长期可持续发展。考核主体的设定及其对地方政府政绩考核、评定的影响程度也是十分重要的内容，考虑到后发大国经济发展中地方政府财政行为对后发大国整体经济的影响，需要强调中央政府对地方政府行为的规范作用，但大国内部地区间经济社会发展多层次性和异质性也必须考虑各地方辖区内地方民众对公共服务的差异化需求，因此，应该合理分配中央政府和辖区选民对地方政府政绩的影响权重。

第四，为促进城乡之间、农业与非农业之间的协调发展，财政制度安排既要着眼于提高整体资源配置效率，也要关注经济结构协调。

伴随大国优势和后发优势的发挥，城市作为要素和非农产业集聚的经济空间，其优势也逐渐体现出来。基础设施条件的完善，要素的集聚、商业发展和产业集群进一步强化了城市的经济优势，带来城市经济快速增长。农业在奠定国家发展能力的过程中由于承担为工业提供资本积累的责任，大量资本被转移到城市非农业部门，财政对农业的投入不足导致农村基础设施条件差，资本、人才、技术短缺。相对于非农业，农业生产经营面临基础设施条件差，受到自然风险和市场风险双重威胁，生产周期长，资金周转慢，农产品需求价格弹性低，需求收入价格弹性低等不利条件。后发大国农业人口多，人均土地面积少，在国际经济竞争中缺乏劳动生产率的比较优势。上述条件使理性经济主体倾向于将要素配置到非农业，这导致农业要素流失，资本、劳动力、技术短缺，增长缓慢，发展滞后。在市场机制作用下，农村要素大规模向城市转移，进一步强化了城乡之间的要素禀赋差异，恶化了农村的要素禀赋结构，一定程度上会抑制农村经济增长和发展。农业发展滞后导致农产品供应能力弱，农民对工业品消费能力弱，这直接制约工业化、城市化，抑制大国优势发挥。

后发优势和大国优势的充分发挥意味着要素配置效率提高，一定程度上有扩大城乡之间、农业与非农业之间发展差距的趋势。专业分工与规模化生产能够提高劳动生产率，促进经济增长，但分工的深度与广度受到市场规模的限制，只有潜在的分工、专业化和规模化生产带来的收益大于分工、专业化和规模化生产所增加的，包括交易成本和生产成本时，分工、专业化和规模化生产才会成为现实。后发大国具有广大的国内市场，能够容纳分工、专业化生产和规模化生产的产出能力，因此后发大国的市场规模是分工、专业化与规模化生产的前提，反过来，分工、专业化与规模化生产可以使后发大国的优势得到更充分的体现。尽管小规模国家内部也可以有一定程度的分工、专业化和规模化生产，但其国内市场容量是制约分工深度、广度和专业化、规模化生产重要因素。如果要进一步的分工、专业化和规模化生产必须寻找国际市场，而国际市场相对于国内市场存在较大的不确定性。分工、专业化与规模化生产的优势主要是与以机器大生产相联系的非农产业，因此，从分工、专业化与规模化角度看，非农产业最能体现后发大国优势。在市场机制作用下，非农产业的增长速度要高于传统农业。由此可见，后发大国优势充分发挥最直接的表现是非农业快速增长。但分工、专业化和规模化生产所需的条件并不能自发形成，其中，道路、交通、通信等基础设施、产权保护、社会保险、环境外部性的处理、教育、基础科学研究、基本医疗卫生等公共服务和准公共服务都是保障现代工业生产顺利进行的前提和基础。与农村传统农业部门相比，城市工业部门对公共服务的需求更多，为了确保后发大国优势的充分发挥，后发大国在满足全体社会成员对基本公共服务需求的基础上必须优先保证城市工业部门的公共服务的需求。财政资源在城乡之间的非均衡配置意味着财政制度的城市偏向性和农村歧视性，这在一定程度上有助于提高财政资源的配置效率，实现财政资源配置与大国优势发挥的良性互动，即一定时期一定程度上城市偏向的财政资源配置有助于深化城市工业部门的分工、专业化和规模化，促进工业部门产出增长，财政收入快速增加。财政收入增加一方面可以进一步促进城市工业部门发展；另一方面城市偏向的财政资源配置带来的经济快速增长和财政收入增长可以增强国家对农村地区发展的财政支持能力，改善农村地区公共服务状况，促进农村经济社会发展。不可否认，农业与非农业的生产方式、基础条件的差别和财政资源的非均衡配置会进一步拉大农业与非农业、城市与农村经济社会发展的差距，会在一定时期和一定阶段导致城乡、农业与非农业的非均衡发展。但是，如果允许人口的城乡自由流动，城乡发展差距也可以在发展中缩小。

在后发优势和大国优势展开阶段，经济运行的内在逻辑决定了财政制度必须顺应经济发展阶段的变化，在追求更好的财政制度的经济增长效果的同时兼顾对农业和农村的投资，促进城乡之间、农业与非农业之间的均衡，并实现它们之间的良性互动。为了促进大市场条件下的分工、专业化、规模化之间相互依存、相互促进，财政制度安排应该在满足城乡居民基本公共服务需求的情况下，允许较大比重的工业经济部门的增量价值通过财政分配的形式留在工业部门内部，为工业部门内部分工、专业化和规模化提供更加有利的条件。同时，随着工业部门生产能力的增强，市场需求逐渐会成为制约其进一步发展的条件，农产品供给也可能成为制约工业部门扩张的供给约束。因此，通过财政制度安排改善农业发展的条件，通过财政对农村基础设施、技术、人力资本、社会保障的支持，增强农业部门农产品供给能力，提高农民收入水平，增强农民的消费能力，实现工业部门内部的分工、专业化、规模化和工业部门的供求均衡、工业部门与农业部门之间供求均衡。需要注意的是，相对于要素空间集聚程度较高的工业部门而言，农业生产和农民生活具有很大的空间分散性，要达到与城市生产活动和居民生活相同的公共服务水平，财政对农村的投入是多倍于对城市的财政投入。在经济发展水平没有达到一定水平之前，等量财政资源配置到农村和城市带来的产值增加和公共服务消费效果之间存在很大的差别，从而通过将大量财政资源配置到农村空间的财政制度安排来缩小城乡居民公共消费差距上会导致全国公共品生产平均成本大幅度提高，因此，创造条件允许城乡居民基于要素空间集聚和要素收益原则的合理流动，形成人口和产业空间集聚，加快推进城镇化进程，有助于在缩小城乡居民公共消费差距，促进社会公平的效果。事实上，提高城镇化水平既有助于形成要素空间集聚、产业空间集群，产生规模效应，提高资源配置效率，也有助于提高公共支出的效率。

由此可见，在后发优势和大国优势充分发挥阶段，市场作为主要的资源配置方式，民间资本是经济活动主体，但在资源配置模式转换的同时政府职能也需要相应地转换，并完善市场制度、健全市场体系和市场机制。为了实现分工、专业化和规模化生产的良性互动，使市场机制的作用充分发挥，促成后发大国的后发优势和大国优势充分展开，财政制度安排需要处理好公共财政与发展财政之间的关系，城乡之间、农业与非农业之间、地方政府发展经济积极性与中央政府宏观控制力之间的关系。财政制度安排一方面要立足于本阶段经济优势的发挥，另一方面也要预见到本阶段经济发展对下一阶段经济发展影响，使财政制度安排既能够统筹同一发展阶段的主要关系又要统筹跨阶段的经济发展之间的关系，力求实现全方位、全过程的财政制度最优。

此外，随着经济发展阶段的推移，后发优势和大国优势逐渐减弱，大国劣势和后发展劣势逐渐暴露出来，或者，在后发优势和大国优势逐渐展开的同时，大国劣势和后发劣势也开始出现并对经济发展产生负面影响。如果财政制度安排失误或者没有充分考虑到发展阶段转化的阶段性矛盾和问题，导致后发劣势和大国劣势充分展开，后发大国经济将在还没有进入发达经济阶段前就陷入严重的经济结构性困境，受困于"中等收入陷阱"，甚至经济增速出现断崖式下降，中断发展道路。因此，财政制度及时回应并有效解决这些问题是后发大国抑制后发劣势和大国劣势，延续经济持续、稳定增长路径，实现经济发展目标的重要保障。

三、后发优势与大国优势发挥阶段财政制度的基本内容

服务于后发优势和大国优势的财政制度具有不同服务于其他目标的财政制度。该财政制度的主要内容包括如下几个方面：

第一，建立、完善后发大国特色的公共财政制度体系，确保市场在资源配置中发挥决定性作用。市场机制条件下的微观经济主体出于对自身经济利益的关心，在产权清晰的情况下，有很强的激励去提高资源配置效率。另外，市场经济条件下的价格机制、供求机制和竞争机制协同作用也有助于降低信息成本，提高资源配置效率。当然，市场机制也存在缺陷和失灵，比如不能有效提供公共品，会导致收入差距扩大，会出现经济周期波动，影响经济平稳增长，等等。理论上，在后发大国，当经济发展所需的基础设施、装备工业、人力资本、产权保护与市场规范运作等条件具备后，市场机制有助于优化配置资源，有助于充分发挥大国优势和技术后发优势。但由于市场自身的缺陷和后发大国市场发育不充分，需要政府通过财政等制度奠定市场经济体制运行所需的制度基础。由于财政是整个社会治理的基础和重要支柱，承担着为相关部门提供财力支持的职责，因此，适应市场经济体制要求的财政制度建设必须为市场在资源配置发挥决定性作用时提供财力和制度支持。

后发大国该发展阶段的财政制度既有一般公共财政制度的共性，又有后发大国特定发展阶段的财政制度的特殊性。特定阶段的财政制度既要体现公共财政的一般原则，又要体现后发大国特定发展阶段的特殊性。一般的公共财政都具有法制性、公共性、非歧视性、非营利性等特性特点，主要定位于弥补市场失灵，提供市场不能有效提供的公共品和公共服务。主要职能包括配置资源、收入分配、宏观经济稳定、经济发展等几个方面。后发大国的财政制度需要政府在制度建设中发挥重要作用。政府一方面要站在监管者角度建立、完善相关市场经济条件下的制度；另一方面还要根据市场经济要求对自身行为进行规范，并健全相关制度。后发大国应该突出和强调服务于市场经济条件下大国优势和后发优势的目标。具体而言，要通过财政制度和其他制度建设充分营造大国内部统一、开放、竞争、有序的大市场。后发大国充分利用大市场的优势，促进全国乃至全球范围的分工、协作、交换，提高资源配置效率；要通过制度安排激励和调动地方

政府和社会力量发展经济的积极性；在遵循经济发展规律的情况下，提高地方政府辖区资源配置效率，加快辖区经济社会事业发展。为了充分发挥大市场的优势，抑制大国地区间、城乡间异质性和发展不平衡的劣势，后发大国还需要通过财政制度安排缩小地区间和城乡间发展差距。为了充分利用技术上的后发优势，后发大国需要通过制度安排激励地方政府和企业引进、消化、吸收国外成熟技术和管理，缩短与先发达国家的技术、管理方面的差距；需要通过财政制度安排培养足够数量的熟练劳动力和高技术人才；为了抑制技术上后发劣势，还需要通过财政制度安排鼓励技术创新，培养技术创新能力，加大重大基础理论和关键性技术的研究开发，储备、积累追赶先发国家的能力，避免技术上长期过度依赖先发国家，避免技术进步路径上的引进—吸收—落后的路径"锁定"。

　　该阶段的财政制度安排主要包括收入制度、支出制度和财政管理体制等几个方面。其一，财政收入制度主要以履行资源配置职能，追求经济效率的、具有较强中性税收特征的流转税为主，辅以一定的矫正外部性等市场失灵的扭曲性税收。当收入差距达到一定程度后，逐渐提高履行收入分配职能的个人所得税和财产税占税收收入的比重，使税收的主要目标逐渐从追求效率目标向追求社会公平的目标转变。其二，在财政支出制度安排上，提高教育、医疗卫生的财政支出在财政支出中的比重，为大国优势和后发优势发挥提供较大规模的、具有一定人力资本的劳动者和研发人才。随着与先发国家技术差距逐渐缩小，可低成本学习、引进的技术的减少，要进一步加大对教育和科研的投入；随着市场机制作用的发挥，国内居民间、城乡间和地区间收入差距扩大并逐渐影响社会稳定和经济增长，应该建立相对完善的、与经济发展水平相适应的社会保障制度；在城乡财政支出结构上，前期应该加大对城市基础设施等满足城市居民生产和生活需求的公共服务投入，提高城市对农村转移人口的承载能力，促进工业化与城市化协调推进；随着工业化和城市化的推进，城乡要素基于市场原则的自由流动，城乡差距逐渐扩大，为维持城乡经济的协调，应该在城市化、工业化、人均收入达到一定水平后逐渐提高农业农村财政支出在全部财政支出中的比重，并优化财政农业农村投入机制和投入结构，提高财政农业农村支出的效益。

　　第二，后发大国该阶段的基本特征和发展态势决定了财政制度安排需要在确保全国市场统一和中央宏观调控能力的前提下，赋予地方政府较大的自主权，处理好中央与地方在财政管理中的事权与财权关系。大国主要特征是人口多、幅员辽阔、潜在市场规模大，这有助于企业开展深入、细致的专业化分工，进行规模化生产，降低生产成本，获得并享受规模经济效益。但前提条件是确保国内市场统一、规范、有序，这需要中央政府从全国整体利益的角度出发提供相应的制度安排，因此，确保中央政府对整体经济社会的控制力十分重要。地方政府无论其相对于中央政府的独立程度如何，在一定程度上都有服务于辖区经济社会发展，获得辖区选民认同与支持的动机，因此，其行为具有明显的本地区偏向性，其财政制度安排、行为有偏离全国整体利益最大化的倾向。因此，中央政府必须具有较强的控制力，才能维持国内市场的统一性，才能确保大国优势得到充分的发挥。后发大国地区间要素禀赋差异性大，各地区基于要素禀赋的优势产业也各不相同，但不同产业对应的市场需求、要素收益率和对财政收入的贡献率也有差异。为了追求财政收入、就业机会和经济增长等目标，地方政府具有违背地区要素禀赋选择不符合本地区要素禀赋的产业的动机，为了抑制地方政府这一行为，中央应该在统筹全局的视角下对产业发展的财政收入在不同层级和不同地区政府间的分享中做出适当安排。除此以外，为了让地方政府根据地区要素禀赋选择适合本地区特点的优势产业和主导产业，中央政府需要赋予地方政府较大的自主权，不能强制要求或者通过财政补贴、税收优惠等政策引导要素禀赋异质的不同地区发展同质化的产业；要允许各地方政府因地制宜，充分依托本地方的要素禀赋，发展具有较强生存和发展能力的地方特色优势产业。还有，后发国家相对于先发国家已经达到的技术水平而言，具有很大的技术进步空间。不同技术水平的、对要素禀赋要求不同的技术在后发大国内部都有存在的合理性，充分利用后发大国的地区间经济发展水平差异和要素禀赋异质的特点实现不同发展水平和要素禀赋结构的地区与不同层次技术匹配，可以发挥不同层次和水平技术的优势，形成不同层次技术和不同时期的技术在后发大国内部不同经济空间共存，形成先进技术、成熟技术共存的局面，充分挖掘后发大国内部各地区要素禀赋的潜力，充分发挥后发大国的后发优势和大国优势。

财政管理体制设计应该在确保中央对全国宏观调控权力、能力和全国市场统一的前提下，提高地方政府的财政管理权限。由于宏观调控、全国性公共服务的提供和全国市场的统一是后发优势和大国优势发挥的基础性条件，而财力是中央政府有效履行相应事权和承担相应责任的经济基础，因此，将中央财政收入占全部财政收入的比重维持在一个适当的水平，比如50%以上具有客观合理性。为了确保全国市场的统一，避免地方政府基于增加地方财政收入的恶性税收竞争和财政支出竞争，应该减少甚至控制地方政府使用税收优惠的权利，并将税基流动性大的税种主要税收收入确定为中央税收收入；为了实现基本公共服务均等化目标，提高全国基本公共服务的供给水平，促进基本公共服务均等化，可以将属于基本公共服务范围的财政支出（比如医疗卫生、教育、科学技术等相关财政支出）主要界定为中央政府与地方政府共同的支出责任，考虑到各地区之间经济发展水平差异，中央承担的属于基本公共服务范围的支出比例的高低应该与地方经济发展水平高低相匹配。为了充分调动地方政府推进地方经济社会发展的积极性，可以赋予地方政府较大的财政管理权限。考虑到中国地区间资源禀赋、发展水平等的异质性，应该强调地方政府因地制宜制定经济发展战略和政策，以便将大国地区间差异大的劣势转化为各地因地制宜地发展具有地方特色的优势产业，使不同技术水平、产业特色和产业梯度的经济在大国内部得到充分发展，使不同层次的技术，处于不同产业链、不同价值链的经济形式与各地区不同的要素禀赋和发展水平相匹配，实现要素最充分、最合理的利用。

第三，财政制度安排要兼顾要素自由流动、提高要素配置效率和城乡与地区协调发展的目标。大国内部城乡与地区间要素禀赋差异和发展基础条件差异大，在统一大市场内部实现要素自由流动和优化配置有助于提高要素配置效率，促进经济增长，但这可能导致城乡和地区发展差距扩大，地区和城乡差距扩大反过来又会影响要素流动，甚至影响社会稳定和经济增长。因此，兼顾统一市场下的要素自由流动和城乡协调发展是大国经济发展同样重要的两个问题。在大国内部，市场规模越大，要素流动障碍越小，地区和城乡间的发展差距越是会导致大规模的要素空间流动，进而形成经济增长快，发展水平高的"高地"和增长缓慢，发展水平低的"洼地"，它们之间的发展差距还会因为要素流动而累积性扩大。当地区间发展差距达到一定程度后，不同地区人们就业机会、收入水平和生活福利差距扩大，并传导到地方政府的政策上，可能导致国家内部统一市场割裂、要素流动受阻，进而导致统一大市场碎片化，影响大国优势的发挥。当然，如果有一定力度的转移支付制度缩小地区间与城乡间发展差距，统一大市场割裂的可能性会小一些，相反，统一大市场被割裂的可能性会更大，市场分割更严重。由于历史、自然和政治经济等原因，大国地区间差距悬殊，由于奠定后发大国发展基础阶段城市偏向的经济政策和其他制度安排，城乡之间发展差距一度持续、快速扩大，这对大国经济结构协调和持续增长十分不利。

发挥统一大市场的优势要求财政制度安排具有较强的适应性。大国内部城乡和地区间要素禀赋的差异和经济区位差异本身就意味着要素流动有着很大的潜在收益。当市场完善到一定程度，要素空间流动成本由于市场统一程度提高而大幅度降低会引发大规模的要素空间流动。由于城市经济空间和具有较好区位地区具有集聚要素的优越条件，要素集聚程度越高，要素边际收益越会呈现出边际收益递增的集聚优势，会进一步产生要素集中的动力，进而引发更大规模的要素空间流动和集聚。显然，一定程度上的要素空间流动有利于提高要素配置效率，提高整体要素收益率。因此，在经济发展的一定阶段，可以通过财政制度安排，比如改善经济增长较快地区的基础设施等公共服务条件强化经济优势，将大国潜在优势转化为现实经济增长。但是，地区和城乡间经济发展差距达到一定程度后，一方面会导致部分地区和农村"空心化"；另一方面地区差距可能导致统一市场被割裂，甚至引发社会不稳定等问题，进而中断后发大国经济增长路径。因此，当城乡与地区差距达到一定程度后，要及时调整财政制度安排，抑制差距进一步扩大，促使城乡和地区协调发展。

顺应后发优势与大国优势发挥的要求，后发大国该阶段财政制度安排主要涉及如下几个方面：其一，加快城市教育、医疗卫生、社会保障制度建设，加大公共品和公共服务投入力度，满足快速城市化条件下城市人口快速增长的对公共品和公共服务的需求，避免城市经济空间内在公共服务消费上的新二元结构[①]的出现。当然，除了基本公共服务供给以外，还要通过财政制度支持扩大城市对人口的容纳能力，以促成工业化、城市化的进一步发展。其二，随着农村劳动力向城市非农产业转移，农村人口减少，农村内部要素禀赋结构的变化，农业面临着传统农业向现代农业的转型，城市部分工商业资本有向农村转移的趋势。为促进农业生产方式的转变和与农业相关产业链的配套企业跟进，应该尽快完善农村道路交通、通信、灌溉、运输、仓储等农业基础设施。其三，随着城乡要素流动，城乡差距继续扩大，为了缩小城乡差距，促成城乡、农业与非农业经济结构的协调，应该逐渐加大农村公共服务的投入力度，缩小城乡基本公共服务的差距。同时，从制度上加大财政对农业和农村的支持力度，加快农业现代

---

① 新二元结构是指相对于基于农村传统农业和城市现代工业差异的城乡二元结构而言的，在城市内部由于户籍制度导致城市户籍居民和非城市户籍居民在城市公共服务消费中的具有显著差异的局面。

化进程，提高农业劳动生产率，增加农民收入，提高农村市场的消费能力，巩固城乡统一大市场，放大大国的市场规模优势。其四，顺应地区协调发展的要求，进一步完善财政转移支付制度，提高经济欠发达地区基本公共服务的供给水平，改善经济发展基础设施条件，为要素和相关产业向这些地区转移提供基础性条件。欠发达地区的地方政府应充分运用财政手段，发挥本地区要素禀赋的优势，承接先发地区转移过来的符合本地区要素禀赋的相关产业和企业，充分利用后发优势发展具有地区特色的优势产业。其四，国内统一大市场的资本等要素流动和人口、劳动力空间流动要尽可能同步，至少不能设置人口和劳动力空间流动的障碍。资本、劳动力向经济发展水平高的地区和城市空间的集聚、集中，应该同时与人口居住地、生活地集聚、集中同步，避免生产性要素流动与居民生活空间隔离；在资本等生产性要素空间流动和人口空间流动中优化欠发达地区的要素禀赋结构，促进欠发达地区经济发展；在优化要素空间结构、提高要素配置效率和经济增长中缩小地区间的发展差距。

此外，为充分发挥和挖掘大国优势与后发优势，财政制度安排应该扩大对国际市场的开放度，以便高效率引进国外先进、适用技术和管理。在引进国外技术过程中应该形成包括引进、消化、吸收、创新的结合，综合运用合资、合作建厂、通过资本市场并购等方式获得先进技术以及联合研发等技术进步方式，逐渐提高技术研发和创新能力，逐渐摆脱对先发国家的技术依赖，走出引进—跟随—落后的技术进步路径。

第四节 后发大国持续发展阶段的财政制度分析

随着后发优势与大国优势的发挥，后发大国在经济总量、技术水平、经济结构、综合国力等方面的发展水平都有了明显提高，经济发展也随着进入经济持续增长的阶段。该阶段集中表现为技术进步缓慢、经济增速下降、经济结构问题和收入差距问题成为制约经济增长的重要因素；同时，国际政治、经济压力逐渐增加，发展阻力增大。伴随经济增速下降，财政收入增速下降，刚性财政支出和调整经济结构与收入分配的财政支出增加，财政压力逐渐加大。财政制度如何应对经济发展新阶段的挑战，促进社会稳定、经济持续增长和技术进步，优化经济结构，化解国内外矛盾，并为后发大国积累超越先发达国家积累能力是后发大国这一时期财政制度的重要任务。

一、后发大国经济持续发展阶段面临的基本挑战

经历后发优势和大国优势发展阶段后，后发大国经济发展进入新的阶段，经济社会面临新的环境、新的问题、新的矛盾。这些问题和矛盾主要表现在国内收入差距、地区间发展差距、技术进步、经济增长、财政压力、国际政治经济压力等方面。作为国家治理的基础和重要支柱，财政和财政制度需要作出适应性调整和重要创新，以有效应对挑战，推动后发大国经济进一步发展。

经济增速进入中速、中低速增长区间导致财政支出压力加大。随着经济总量的增大，经济增长的要素、生态环境约束增强，技术进步速度下降等因素共同作用下后发大国经济增速进入中速甚至中低速增长区间。随着经济增速下降，财政收入增速下降。同时教育、医疗卫生、社会保障等支出规模进一步扩大，占财政支出的比重进一步提高，改善生态环境，应对国际社会对后起大国国际义务期待的支出、维护后起大国正当发展权益的支出、调节国内城乡间、地区间发展差距的财政支出大幅度持续增加。财政收入增速下降和支出增加使财政压力增大，对财政制度安排带来新的挑战。

从国际经济增长的经验看，后发大国在经历后发优势与大国优势充分发挥后将进入经济中速、中低速增长阶段。经济总量基数扩大、要素成本上升、技术进步速度减缓、生态环境压力加大、市场需求约束等可能导致后发大国经济增速下降，并可能长期维持较低速度增长态势。经济增速下降必然伴随着一系列新的情况出现：最直接的影响就是增量就业机会减少，使政府解决就业压力的任务加重；其次是对财政收入增速的影响。伴随着收入差距扩大，如果税制结构演化为所得税为主，财政收入增速所受影响较小，如果继续以流转税为主，必然导致财政收入增速下降，在刚性财政支出下，财政压力必然加大；就业机会减少如果伴随着税制结构演变和社会保障制度调整滞后可能导致社会稳定压力增大，甚至可能威胁社会稳定和经济的继续增长；经济增速下降对财政收入产生的影响可能掣肘国家的城乡和地区间经济结构调整。如果城乡间与地区间发展差距持续扩大，或者城乡与地区经济结构僵化，将从社会公平、消费需求、农产品供给能力等方面严重制约后发大国经济进一步增长。

技术进步阻力增大，成本明显上升，风险加大。随着后发大国技术水

平的提高，与先发国家技术差距逐渐缩小，后发大国技术进步出现一些新的特征，面临一系列新的困难：其一，由于整体技术水平提高，先发国家可供后发大国低成本获取的存量技术减少，后发大国技术进步的成本大幅度上升，难度增加；其二，随着后发大国研发能力的增强，先发国家对后发大国技术追赶的危机感导致其开始设置障碍阻碍后发大国获得先进技术，甚至停止转让技术；其三，后发大国技术进步长期依赖先发国家的技术转让，缺乏自我技术研发、创新意识和能力，技术进步机制不健全，技术引进、吸收的路径依赖可能使后发大国技术层面上陷入停滞不前的状态；其四，关键核心技术缺失可能在先发达国家技术被追赶的危机意识下使后发大国技术进步整体上陷入困境；其五，促进技术进步的指导思想不明确、政策失误可能导致后发大国技术进步出现重大方向性错误，进而导致技术停滞甚至相对于先发国家的技术进步出现倒退。

经济结构矛盾突出，影响经济持续增长，加大应对社会稳定的财政支出的压力。在后发优势与大国优势发挥阶段，后发大国庞大的国内大市场、劳动力、资本、国外成熟技术在市场机制作用下，一方面要素充分流动，优化配置，另一方面受制于区位和其他禀赋的影响，农业与非农业、农村与城市、经济发达地区与欠发达地区之间的发展差距逐渐扩大，形成明显的城乡、农业与非农业、发达地区与欠发达地区的多重二元经济结构。二元经济结构意味着欠发达地区资源的闲置、低效利用，基础设施、教育、医疗卫生、社会保障等公共服务供给不足。在要素自由流动的情况下，基础设施和公共服务供给不足必然导致要素收益率低下，在要素自由流动条件下，这将引致进一步的要素流出，导致进一步的发展不足，地区间发展差距持续扩大。地区间发展差距持续累积性扩大必然影响社会公平和经济的持续增长。为维持社会稳定，缩小地区间发展差距、促进社会公平，财政支出被迫持续大幅度增加，财政支出压力增大。同样，农业与非农业、农村与城市之间的差距也会导致财政支出压力增大。

经济社会发展环境显著、系统性变化对后发大国国家治理能力提出新的挑战，倒逼财政制度做出及时、有效回应。随着经济总量的增长，人均收入水平提高，后发大国经济增长对资源的需求规模越来越大，对生态环境的压力也逐渐加大。经济继续在原有模式下的增长无论是对本国的资源的消耗，对生态损害，还是对全球资源的消耗和对全球生态的影响，都会提高全世界对后发大国经济增长的关注度，使后发大国越来越受到来自世界各国的压力。随着经济活动向国际社会拓展和延伸，后发大国为了维护、保护、争取在世界范围内的合法、正当权益，必然面临来自各方面的风险、阻力和压力，比如，相关国家的政治体制、法律制度、社会秩序、政局稳定、战争冲突、自然风险等都会对后发大国发展产生比先前更直接和更大的影响。随着经济发展水平的提高，世界各国对后发大国履行国际义务的期待快速上升，期待后发大国在国际安全、环境保护、欠发达国家发展、国际治理等方面承担更多的义务。随着后发大国国力逐渐增强，必然使先发国家感受到其既有国际地位受到威胁，既得利益受到影响，为了维持、保持其在国际经济社会中的既得利益，必然维护旧的国际经济、政治秩序，必然通过制造各种障碍、摩擦，甚至冲突对后发大国进行各种形式的牵制、阻挠，加大后发大国发展的阻力。总之，随着后发大国经济社会发展，必然会遇到来自其他国家的阻力和压力。后发国家超越先发国家是客观必然的，但这不是单纯取决于经济实力，或者政治、军事实力，而是包括政治、经济、军事、文化等的综合实力，并且追赶是一个持续较长时期的过程。后发大国只有逐渐积累国家发展能力，增强国家治理能力，增强国家综合国力，才能保持经济持续增长，并最终超越先发国家，进入一流发达国家行列。财政制度是国家能力的基础，只有优化财政制度，才能增强国家能力，加快后发大国的发展进程，实现国家富强的目标。

二、后发大国经济持续发展阶段财政制度的基本内容

财政是国家治理的基础和重要支柱，是后发大国保持经济持续增长、积累科技进步能力、加快社会事业发展的重要基础。在新的经济发展阶段，确保经济可持续增长，积累、增强科技进步能力，渐进推进社会事业全面、可持续发展是后发大国本阶段财政制度安排的基本要求。增强国家发展能力，尤其是培育、积累科学技术进步能力，优化经济结构，改善发展的环境，维护社会稳定和谐，是后发大国该阶段财政制度安排的基本方向。

经济发展新阶段面临的环境和发展的任务决定了后发大国财政制度的基本内容。

其一，提升国家发展能力是该阶段财政制度的重要目标。从财政支出上看，无论是加大对教育、科学技术研究的支出，统筹城乡和地区协调发展，统筹经济、政治、文化、社会和生态发展，还是统筹国内和国际发展都需要后发大国较大规模的财政支出。主要原因是这些领域大多具有很强的正外部性，或这些产品或者服务直接就是纯公共品，市场机制在这些方面的作用有限，需要财政发挥主导甚至主体作用，这要求财政收入也必须维持在一定水平，否则，将导致财政赤字增加。

其二，财政制度需要服务于经济内涵增长、结构优化和培育可持续发展能力。随着经济总量的增大，继续通过加大要素投入、粗放使用资源、破坏生态环境的外延式增长方式已经难以为继，后发大国必须将增长方式转向通过提高技术和管理水平，提高资源使用效率，提高产品质量和产品附加值，将需要大量初级投入要素的生产环节和领域转移到其他欠发达国家，并维持与相关国家较紧密的经济联系的方式实现经济高质量、可持续的增长。技术后发优势的减弱要求后发大国必须着力培育自身的技术进步能力，包括加大对教育、科学技术研发的投入和通过税收和财政制度安排鼓励、引导民间资本积极参与科学技术进步的相关投资等，在对关键、领先、先导性的基础理论和重大应用型技术研发方面财政必须通过直接或者间接方式发挥引导、促进甚至主导作用。在不同层级政府的事权和支出责任划分上，应该将基础教育、基础科学研究、重大应用技术研究等关系后发大国整体经济长远发展的支出责任界定为中央政府的事权，由中央政府提供财力保障，同时赋予地方政府在教育和应用研究方面相应的事权。

大国优势尽管受到城乡和地区发展差距的影响，但如果城乡和地区经济结构协调，大国内生的大市场及相关优势必然长期支撑后发大国经济持续增长。因此通过财政对农业、农村和欠发达地区的支持，加快农业、农村和经济欠发达地区的经济增长，有助于延续、放大和拓展大国优势，促进后发大国经济持续增长。在财政体制安排上，需要考虑到地区间产业结构差异对地区间财力、政府政绩、地区间民众福利等影响，将直接或者间接影响地区间、城乡间发展差距的财政支出和税收制度安排按照中央直接支出或者中央主导、中央可控制的原则配置，避免地方政府分割国内市场，或者扭曲大国内部产业结构，破坏大国优势存在的基础和条件，抑制大国优势的发挥。值得注意的还有，如果国内大市场在没有充分开发、利用的情况下，无视国际政治、经济、社会风险过度向海外投资，一方面可能导致对国内农村和欠发达地区投资不足，国内市场开发和利用不充分，另一方面会加大海外投资权益的维护成本和投资风险，造成不必要的损失。为此，通过财政和税收制度安排引导资本和技术向农业、农村和国内欠发达地区投资具有十分重要的意义。

实现大国政治、经济、文化、社会和生态的协调发展要求财政制度充分体现后发大国社会可持续发展的要求。政治现代化要求财政制度提高透明度，充分体现社会公众在公共服务消费中的平等权利；经济可持续发展要求财政制度在遵循财政制度安排一般原则基础上充分体现后发大国该阶段的特征，解决该阶段经济发展面临的关键、瓶颈问题；文化支出上应该突出后发大国国内固有的文化特质和该阶段文化的特殊性；生态方面要求财政制度安排有效应对生态可持续发展遇到的挑战和问题；财政制度在社会发展方面应该回应后发大国国内统一性和社会的多元化的要求。总之，从财政制度的多重、复合属性角度看，后发大国该阶段的财政制度既要兼顾政治、经济、文化、社会、生态等多方面的要求，也要充分回应后发大国特定发展阶段的各方面的需求，力求实现财政制度静态上兼顾各方面的要求，动态上既妥善应对前一阶段的遗留影响也充分体现本发展阶段的要求，并前瞻下一发展阶段的趋势和基本要求。

其三，随着发展阶段推移，后发大国财政的国际性逐渐增强，在妥善应对国际挑战的同时，将财政支出控制在后发大国财力可承担范围之内。对与后发大国而言，无论是因为保护海外投资合法权益，维护后发大国自身合法国际权益，还是履行国际义务，都会导致后发大国该阶段财政支出规模扩大。对于海外投资，一定要充分论证，比如，出于利用国外资源、拓展海外市场还是履行支持欠发达国家发展的国际义务等，一定要比较海外投资和国内投资的成本收益，充分考虑投资的必要性，减少海外投资派生出的投资风险和海外财政支出负担。随着后发大国经济发展水平提高，国际义务会相应上升，但一定要区分支持国内的城乡与地区间均衡发展与扶持欠发达国家的国际义务，尽量避免先发展大国推卸责任，将更多国际财政支出义务强加给后发大国。同时，后发大国必须将财政支出控制在本国财力可承受范围内。维护和争取后发大国在国际政治经济中的合法权益，提高国家话语权既是后发大国进一步发展的基础，也具有一定的收益性。因此，后发大国应该在财力可承担范围内逐步提高相关支出的规模，否则，这方面财政支出不足将导致后发大国发展空间受限，发展权益不能得到有效维护。

整体上看，后发大国在后发优势弱化甚至消失，大国优势有待进一步挖掘和拓展，政治、经济、文化、生态和社会发展协调的必要性、紧迫性增强，在国际财政属性增强的条件下，后发大国财政制度必须准确识别该阶段财政制度面临的政治、经济、文化、生态、国际环境的条件，明确财政制度的目标和重点，强化内涵发展，着力培育可持续发展能力，统筹国内政治、经济、文化、生态和社会发展，力求实现综合、协调可持续发展。兼顾国内发展、利用国内市场和国际资源与市场等，使财政制度安排有效支撑后发大国积累可持续发展能力，推动经济持续增长和社会全面协调发展。

第六章　后发大国财政制度对二元经济
结构转化的影响

后发大国经济发展的内在逻辑决定了其经济发展不同阶段的经济制度安排和演变的路径。财政制度作为一种重要经济制度，必然直接和间接地对资源配置产生影响。财政制度一般通过影响农户等微观经济主体的经济行为、城乡经济发展的外在条件等对城乡经济结构产生影响。财政制度还与金融、社会管理等制度相互作用共同影响要素在城乡之间的配置结构和配置效率，影响城乡经济增长的相对速度，进而影响城乡二元经济结构转化。

财政制度一般包括财政收入制度、支出制度、预算制度和政府间财政管理体制等方面，它们分别从不同方面影响城乡二元差距的变化方向和速度。

第一节　后发大国财政制度对二元经济结构影响的一般分析

财政制度对城乡二元经济结构的影响主要表现为对农业与非农产业发展相对水平和对农村和城市空间经济结构的影响两个方面。从产业结构和空间经济结构的关系看，农业的空间载体主要是农村的广大区域。当然，农村也存在一些加工业和服务业，如农产品的加工、储存、销售产业等。非农业的主要空间载体是城市。因此，农业与农村、非农产业与城市空间是紧密联系的，分析财政制度对二元经济结构的影响实际上可以从财政制度对产业经济和空间经济结构的影响展开。

一、财政制度对农业与非农业差距的影响分析

农业与非农产业是具有较大差异的两个产业部门，在经济发展过程中，它们具有不同的发展趋势。从生产方式看，农业部门是以动植物生命

运动为基础的，以土地为劳动对象的生产活动。从供给角度看，农业经济活动受到光照、降水等自然条件与土地、地下水、地表水等自然禀赋的影响，受到动植物生命运动规律和市场供求规律约束。农业经济活动还具有生产周期长、农产品储存时间短、投入农业生产的资金周转慢等特点。从农产品的市场需求看，主要满足人们对农产品的消费需求和以农产品为原材料的加工业对农产品原材料的需求。满足生活需要的农产品具有需求价格弹性低和需求收入价格弹性低的特点。此外，由于农产品生产周期长，受自然条件约束较强，价格机制和供求机制对农产品供求调节具有滞后性，农产品容易出现价格和供给的大起大落，这将影响基本农产品市场供求均衡，影响农业从业者的收入。农产品价格波动和供给不稳定会影响城乡居民对农产品的正常消费，进而影响国民经济的正常运行。显然，农业对国民经济的稳定和发展具有重要的基础性作用，农业也因此成为各国政府关注的重要产业部门。简言之，农业生产活动具有生产周期长、资金周转慢、容易受到自然和市场风险威胁，以及投入农业生产经营的要素收益率低等特点。上述特点决定了农业一方面对于国民经济发展和人们生活具有十分重要的基础性作用，另一方面，随着人们收入水平提高和国家整体经济发展水平的提高农业在国民经济中的相对地位有下降的趋势。在市场机制作用下，农业内部的劳动力、资本、土地等要素具有向非农业产业部门流动的趋势。包括加工业和服务业在内的非农产业部门主要借助于机械设备等劳动工具作用于人造原材料和其他中间产品，生产满足人们生产和生活需要的产品。非农产业部门生产经营活动可控性比较强，受到自然条件的约束较小；产品的需求价格弹性较高，随着经济发展水平提高和人们生活水平提高，非农业产品的市场需求增长比较快；非农业产业部门经济活动的生产效率比较高，产品生产周期短，资金周转速度快，具有获取较高要素收益率的条件；价格机制和供求机制对非农产品供求调节时滞短，效果较明显。上述特点决定了市场经济条件下，非农产业部门相比于农业部门具有较高要素收益率和较快的增长率，在国民经济中具有较快的增长趋势。由此可见，随着经济发展水平提高，农业部门和非农业部门的发展存在一定差距，从产值比重、就业比重、人均产值规模以及从业人员人均收入等角度看，农业部门相对于非农业部门的发展水平和在国民经济中的地位都存在相对下降的趋势。

农业部门在后发大国国民经济中的特殊地位决定了财政有必要对其提供必要的支持。农业在国民经济中具有十分重要的地位和作用：农业提供的农产品是满足人们生活需要的基本消费资料，一般难以被其他工业品替代；农业为以农产品为原材料的工业部门提供原材料，农业发展不足直接影响这类工业的发展；农业提供农产品的能力直接决定着工业发展水平和城市化水平；农业的发展和农民收入的增加直接决定着农民对工业品的消费能力，影响着工业部门产品的供求均衡，间接影响工业部门发展的持续性；农业部门的农产品供给能力直接影响一国的整体物价水平和物价变化趋势，影响宏观经济和社会的稳定。

对于后发大国，农业具有更加特殊的作用，农业在国民经济中处于更加重要的地位。比如，保障粮食安全，维护社会稳定和国民经济健康发展；为工业化和城市化提供基础保障，促进经济结构协调。但后发大国农业发展也存在一定的风险，在发展过程中有被边缘化的趋势。从后发大国整体经济协调发展角度看，政府必须对农业发展提供一定力度的支持。

其一，后发大国人口总规模大，对农产品尤其是粮食的需求量大，国际市场难以满足后发大国大规模的粮食需求。尤其是在遭遇自然灾害、战争禁运等系统性风险后，后发大国的粮食供求矛盾尤其尖锐。一旦粮食短缺预期形成，粮食供求和价格的市场自发调节容易导致更加严重的后果，后发大国经济和社会稳定面临严峻的挑战。

其二，后发大国工业化和城市化过程中，农业具有四个方面重要贡献：为城市和工业部门提供粮食和工业原材料的产品贡献；为工业化初期缺乏自我积累能力的工业部门提供资本积累和劳动力的要素贡献；通过出口换取外汇购买本国暂时不能生产的机械设备、技术的外汇贡献；农民消费和农业生产对工业品消费为工业部门提供市场需求的市场贡献。这四项贡献的发挥程度直接决定或影响着后发大国工业化、城市化进程，影响甚至决定着后发优势与大国优势的发挥程度。尤其是伴随着后发优势的发挥，城乡差距逐渐进入快速扩大阶段，这也意味着后发大国的后发劣势逐渐显现，如果不能加快农业发展，农业落后将会直接导致农产品供给能力不能适应工业部门扩张和城市化对农产品的需求，这会抑制工业化和城市化的进程。农民收入增长缓慢直接影响农民对工业品的消费能力，进而抑制工业的生产能力扩大和产品质量和技术水平提高。尽管开放条件下，一定程度上可以通过出口使工业品供求均衡，维持工业部门的快速增长，但后发大国的工业生产能力达到一定程度后，生产规模大，出口的工业品容易对进口国带来不利影响进而遭到国际贸易壁垒或非贸易壁垒的抵制。由此可见，工业部门的发展将直接受制于农业的发展水平的提高和农民的收入的增加，农业部门的发展直接构成为后发大国工业化、城市化的"瓶颈"。

其三，后发大国经济发展中的农业具有持续走弱的趋势和可能。受惠于技术上的后发优势，加之后发大国劳动力资源丰富、价格低，自然资源丰富，工业生产成本低，发展优势大；在奠定后发大国发展基础阶段的城市和工业偏向的经济政策和制度安排下，农业为工业和城市部门提供了大量资本积累，这在促进工业和城市发展的同时导致了农业部门资本短缺，基础设施落后。由于农业面临自然和市场风险等局限，农业部门和工业部门的要素收益率存在巨大差异。农业与非农业的要素收益率差距导致要素城乡自由流动情况下农村劳动力、资金甚至相对稀缺的耕地向非农部门流动，使农业部门要素收益率进一步降低，进而形成农业与非农业发展差距进一步扩大。农业发展缓慢和农民收入增长缓慢进一步恶化后发大国内部城乡经济结构，激化工业品与农产品供求结构矛盾，阻碍经济的持续增长和协调发展。

财政制度安排的缺位或供给不足将会导致后发大国经济发展陷入困境。农业受到自然和市场风险双重约束，生产周期长，随着经济增长和人们收入水平提高农产品需求收入弹性下降，这些特点决定了市场经济条件下农业部门投入要素收益率低于非农业部门，这必然将抑制农业部门要素投入的增加。如前文所述，农业部门对国民经济及社会稳定具有重要基础性作用，是工业化、城市化的重要保障和支撑。农业部门的发展与工业化、城市化和经济的持续稳定增长之间具有十分密切的联系，农业发展的滞后必然通过农产品的供给、农民消费需求等途径影响农业与非农业之间、农业发展与城市化、工业化之间协调性，导致国民经济结构失调，影响经济的持续、稳定增长。

农业的发展除了依靠土地、劳动力等要素投入外，还需要道路交通、水利、通信、农业科学技术、教育、医疗卫生、社会保障、生态环境保护等具有明显的正外部性的准公共品和公共品。这些公共品和准公共品与土地、劳动力等要素在农业发展中具有很强的互补性，共同构成农业发展的条件，影响农业生产能力和发展水平。农业生产和农民生活所需的纯公共品以及具有正外部性的准公共品的成本承担与收益获取的不完全对应性决定了农民或农业生产者不能有效提供这些物品或服务。如果政府不能提供农业生产相关的公共品和准公共品，必然恶化农业生产条件，造成农业生产的要素内在结构失调，使农业产出低于公共品和准公共品有效供给时的产出水平，不利于农业部门在国民经济发展中作用的充分发挥。

由此可见，财政支持农业的制度供给不足导致财政对农业投资不足会直接影响农业生产条件、农业生产效率、农业产出规模以及农民收入水平。农业相关财政制度供给不足，在农业与非农业要素流动受限的条件下会通过农业供给约束非农业发展，影响农业与非农业、城市和农村经济结构协调，导致城乡差距扩大，抑制经济持续增长；在农业与非农业要素自由流动的情况下，农业要素收益率低和农民收入低，必然导致农业内部要素流出，导致农业内部劳动力、资金等要素不足、短缺，恶化农业内部的要素结构，导致农业要素产出率和收益率下降，形成农业要素持续流出，农业"空心化"的趋势，农业与非农业、城市与农村差距持续扩大。不仅如此，对于后发大国的经济发展而言，农业发展停滞、城乡差距和农业与非农业差距扩大还可能导致粮食短缺，粮食问题突显，农产品和工业品的总供求关系失调、紧张，引发社会不稳定、收入差距扩大甚至收入差距悬殊、社会严重不平等和社会不公平等问题，可能导致经济增长过程中断等，阻断后发大国经济发展的道路。

二、财政制度安排对城乡空间经济结构的影响分析

城市和农村是两个异质的经济空间，具有不同的经济增长机制和路径，它们相互依存，相互影响。相对于城市空间，农村空间经济增长较慢，但其对城市空间经济增长具有重要的基础性作用。城乡不同的要素禀赋结构和经济增长机制是导致城乡经济结构失衡的重要原因。对农村经济空间的财政制度供给不足容易加剧城乡经济空间的发展失衡，影响后发大国经济的协调和持续增长。

城市和农村是两个异质性的经济空间，它们具有不同的要素禀赋、经济活动内容和经济增长机制。城市经济空间是以工商业经济活动为主，劳动力、资本、技术等要素密集程度较高，或者说是单位空间的劳动力、资本、技术密度较高的经济空间，要素空间集聚特征明显，经济活动的相互依存、补充、竞争，相互关联紧密。由于工商业经济活动整体上受到自然条件影响较小，产品和服务市场需求增长较快，生产经营活动中的资金周转速度快，产品和服务的市场需求价格弹性较高。供给增长速度主要受到投资的影响，市场机制在资源配置中发挥着基础性甚至决定性作用。由于供给可控性较强且主要受投资影响，需求增长快，因此，城市经济增长较快。农村经济空间的主要经济活动是农业生产及相关加工、运输、储存、服务等。农业生产主要依靠土地、劳动力、一定的资本、传统经验或者一

定的技术。农村经济空间的经济活动空间分散性强，且具有较强的匀质性，生产单位之间的独立性较强，相互依存性较差；农村空间主要经济活动的差异大、标准性差，为提高单位土地面积的产出，工商业中的规模化、标准化、机械化生产方式在农业受到一定程度的限制，因此农业经济空间的劳动生产率低于工商业经济活动；农村经济空间劳动力、资本、技术等要素的密度较低，生产活动的规模经济性差，具有不变规模生产函数的特征；农村空间经济活动受到自然条件的约束明显，生产过程和结果的可控性差，生产活动的自然风险较大；农村经济空间经济活动的生产周期长，资金周转慢，产品市场需求价格弹性低、需求收入弹性低，即随着人们收入增加，农产品需求增速低于收入增速；由于农产品多属于基本生活必需品，政府多对市场价格进行一定程度控制，加之生产周期长，农产品供求对价格的反应滞后期长，市场调节效率较低，因此，市场机制在对农业经济活动的调节效率低于对城市空间的工商业经济活动的调节效率。简言之，农村经济空间的经济活动风险较高，劳动生产率较低，供给效率较低，市场需求增长较慢，市场化程度较低，这些特点决定了农村经济空间经济要素的收益率较低，经济增长速度低于城市空间的增速，城乡经济空间的发展差距具有扩大的趋势。

　　异质的城乡经济空间相互依存，相互影响。城乡经济空间的要素可以相互流动和再配置。在不同的资源配置模式下，城乡要素流动和再配置的模式存在一定差异：在资源配置的行政计划模式下，城乡要素流动和配置是基于一定的政策目标，要素流动不受价格机制支配，城乡要素收益率平均化机制对要素流动的影响受到抑制。在市场机制下，城乡要素流动和配置主要遵循效率原则，在市场机制的引导下自由流动。市场机制下的城乡要素流动和配置受到要素收益率平均化规律的支配。由于城市空间要素集聚效应的作用，要素收益率有递增趋势，即随着城市空间要素的集聚，密度提高，要素收益率具有边际收益递增的趋势，因此，城乡之间要素收益率差距也存在扩大的趋势。农村是城市经济活动的基础：农产品、劳动力、土地的供给是城市经济活动形成、开展和扩大的前提和基础，农村对工业品的消费是城市经济活动持续进行的需求基础。随着城市经济活动的扩大，农村劳动力、资本、土地向城市经济空间流动和再配置是城市空间外延式扩大和内涵式扩大的重要源泉。城市空间经济规模扩大和质量提高在一定条件下可能导致农村空间要素减少，要素结构失衡，进而抑制农村经济增长。城市空间也是农村经济空间发展重要条件：城市为农村空间经济发展提供必要的消费资料和生产资料，城市对农产品的需求是促进农村经济发展的重要需求因素和经济动力。城市经济发展方向是引导甚至主导农村经济发展的重要因素，城市对农村的技术溢出、资本溢出等效应有助于提高农村经济空间的技术水平，改善农村经济空间的生产条件，增强农村空间的经济活力，带动农村空间经济发展。

财政制度缺位或者供给不足容易导致城乡经济结构失衡，影响后发大国经济发展进程。要素在城乡经济空间的合理流动和再配置有助于优化城乡要素的空间配置结构，提高要素配置效率。由于部分要素具有空间固定性，难以流动并实现优化配置，同时，要素流动也容易导致城乡要素结构失衡，对城乡经济发展带来负面影响。比如，由于农村劳动力、资本等要素流出，出现农村劳动力、资本短缺，土地闲置，出现农业产业"空心化"；与此同时，城市经济空间人口高度密集，土地稀缺，城市生态环境超负荷运行，出现"城市病"等。城乡经济空间的异质性有导致城乡差距累积性扩大的机制。城市工商业活动相对于农业经济活动具有明显的效率和效益优势，在要素自由流动的情况下，容易出现农村要素过度流失，强化农村资本短缺劣势，如果同时出现劳动力过度流失，农业生产可能停滞甚至倒退，形成要素收益率低—要素流出—要素短缺—要素收益率进一步降低—要素流失……的正反馈机制；与此同时，要素在城市空间的集聚形成要素集聚—经济效益提高—要素进一步集聚—经济效益提高……的正反馈机制，从而形成城市经济空间越来越发达和农村经济空间越来越落后的趋势，城乡差距累积性扩大。基础设施等公共品和公共服务与城乡空间经济发展中的劳动力、私人资本等要素是互补性要素，公共品和公共服务供给是影响要素潜在产出率的必要前提。财政制度缺失和供给不足，使城乡经济空间缺乏必要的基础设施等公共品和公共服务支持，必然降低要素的产出率；城乡之间的财政制度安排导致基础设施等公共品和公共服务不均衡配置必然影响城乡经济空间的要素产出率和收益率；城市的要素集聚优势是理论上和潜在的，如果没有必要公共资源，潜在的集聚优势也难以形成；农村农业生产相对于城市工商业生产理论上存在要素收益率低的劣势，如果财政制度安排导致的基础设施等公共品和公共服务不足，将进一步强化农村经济活动的要素收益率低的劣势，这将导致农村空间资本和劳动力流失，导致农村空间经济增长缓慢甚至停滞。

在综合考虑财政制度安排对国内城乡资源配置结构的影响和对城乡产业发展的影响下，城乡经济发展具有两个可能的均衡点：其一，通过财政制度安排优化城乡公共资源配置结构，缩小城乡要素收益率差距，当城乡要素收益率相等时，城乡要素流动停止，形成城乡空间经济结构的第一个均衡点；其二，通过城市偏向性的财政制度安排，为理论上要素收益更高的城市空间配置更多的公共资源，改善城市基础设施和公共服务状况，适应城市要素集聚对基础设施等公共品和公共服务的需求，提高城市要素收益率水平。城市偏向的公共资源配置引致农村要素流向城市空间，强化城市的要素集聚优势和要素收益率优势。财政制度安排在加快城市空间发展的同时抑制农村空间发展，农村要素持续向城市流动，直到农村可流动要素失去向城市流动的动力，在城乡发展水平悬殊的条件下达到城乡空间另一个均衡。第一个均衡点意味着城乡均衡发展，第二个均衡点是城乡发展严重失衡。如果出现第二种均衡状况，将直接降低农村部分资源利用效率，导致城乡经济空间发展差距悬殊，社会分配不公加剧，消费需求不足，社会不稳定等问题，这必然干扰后发优势和大国优势的发挥，中断后发大国经济发展的道路。

第二节　微观经济行为视角下后发大国财政制度对二元经济结构的影响

二元经济结构转化是指在二元经济结构中伴随现代部门扩张和劳动力等要素在传统农业与现代部门之间的流动，带来农村内部农业要素结构的优化（剩余劳动力减少、消失，资本和人均土地占有量增加）、农村经济结构变化、农业现代化，农业经济发展水平提高，城市与农村、农业部门与城市现代部门发展差距逐渐缩小，农民与市民收入差距缩小的经济结构变化过程。作为一种包含资源配置机制的制度安排，财政制度会影响包括剩余劳动力、资本、土地、技术等要素在城乡之间、传统农业部门与现代部门之间流动，从而影响二元经济结构变化的方向和进程。

在假定劳动力只从事农业生产的条件下，衡量城乡二元经济结构差异强度的指标可以包括如下几个方面：其一，从农业与现代部门的关系看，可以用农业与非农业的比较劳动生产率来衡量。农业比较劳动生产率是农业产值在社会总产值中的比重与农业人口占总人口比重的比值；非农业比较劳动生产率是非农业产值占社会总产值的比重与非农业人口占总人口比重的比值。农业比较劳动生产率和非农业比较劳动生产率相比，如果两者接近，说明城乡二元结构强度弱；反之，二元结构强度大。其二，假定农业产值由农村劳动力提供，非农业产值由城市非农业劳动力提供，当非农业产值占总产值的比重与非农业人口占总人口比重（城市化率）的差的绝对值或者农业产值占总产值的比重与农业人口占总人口比重的差的绝对值越小，则二元结构强度越低；反之，二元结构强度越大。其三，假定城乡居民消费的由政府提供的基本公共服务相同，农民的人均纯收入与城市居民人均可支配收入差距越小，城乡二元结构强度越小；反之，强度越大。

在影响城乡二元结构的相关因素中，农村的农业经营者、城市的非农经营者和除中央银行以外的追求利润最大化的金融企业在一定财政制度安排下的经济行为会直接影响城乡之间和农业与非农业之间的要素流动和配置结构，影响城乡的相对发展速度，进而影响二元结构变化的方向和速度。

一、农户经济行为对二元经济结构转换的影响

（一）农户经济行为的一般分析

农业生产者是按照经济理性开展经济行为的群体。农户是农业生产的基本单位，具有不同的类型。农户的经济行为是在财政制度安排下，在家庭预算约束下，通过从事农业和相关经济行为在收益与风险之间权衡，追求风险、利润组合的家庭效用最大化。农户的经济行为会影响二元经济结构的变化方向和进程。

首先，分析几种典型农户的特征。根据农户生产经营活动主业不同可以将农户分为三种类型：其一，专业农户，即全部要素均配置到农业生产经营领域，收入绝大部分来源于农业生产经营活动；其二，工商业农户，其主要甚至全部要素均配置到非农业生产领域，收入主要来源于非农业的工商业生产经营活动，这类农户已经是事实上的非农户，只是还保留农民的户籍和土地承包经营权；其三，兼业农户，其要素一部分配置到农业生产经营领域，另一部分配置到工商业生产经营活动，收入一部分来源于农业生产经营活动，另一部分来源于非农业生产经营活动。三类农户之间的界限并不完全清晰，可能还存在一些过渡型的农户，如兼业农户中收入主要来源于农业生产经营或者非农业生产经营就是其中的两种类型，工商业农业农户还可以分为在农村从事工商业活动和在城市从事工商业活动两种类型。

其次，农户生产经营活动的范围的分析。农户生产经营活动一般涉及

大农业（包括种植业、养殖业和加工业，种植业内部又包括粮食作物、经济作物和饲料作物等）、工商业两种类型。其中大农业相对于工商业而言具有生产周期长、资金周转慢、农产品需求价格弹性低、需求收入弹性低，以及生产同时受到市场经营风险和自然风险双重风险约束，要素收益率低的特点。工商业活动资金周转速度快，不受自然风险威胁，产品需求价格弹性和收入弹性高，要素收益率较高。由此可见，如果没有生产经营活动的资金或其他壁垒，追求高要素收益率的动机将激励农户从事工商业活动，放弃农业生产经营。

再次，考察影响农户生产经营领域选择的要素禀赋约束。从传统农业和非农业生产经营活动对经营者的要素禀赋要求来看，假定农户无须支付经营土地的租金，无须支付自然条件如光照、雨水等要素的使用成本，只需要生产经营者拥有传统农业生产经营经验，能承担少量种子、肥料等的成本，即可胜任农业经济活动。因此，传统农业生产对生产经营者的要素约束较弱，或者说传统农业的进入门槛较低。工商业生产经营活动的投入包括资金、技术、管理、生产经营场所等，所有的要素均需支付成本。而且经营规模越大，承担经营风险越大，经营领域的要素收益率越高，要求生产经营者拥有更多要素积累和更多的经营管理能力。总体上看，工商业经营活动需要有较多要素积累，经营领域的资本进入门槛和人力资本门槛更高。

接下来，综合考察农户的要素约束、经济活动选择集和收入的组合。从前述分析可以发现，农户的要素积累、经济活动选择集和收入水平之间具有一定的对应关系：生产要素（包括人力资本、金融资本、物质资本和社会资本）禀赋越好，越适合于选择从事收益率高的工商业活动，获得收入越多，从而更适合选择进入高要素收益率的工商业经营领域。要素禀赋越差的农户，选择空间越小，甚至只能从事收益率低的传统农业生产经营，收入也因此越低，收入越低意味着要素禀赋越差，越是只能局限于从事传统农业生产经营活动。按照上述分析，从事农业生产经营活动的农户主要是拥有较少资本积累，文化教育水平较低，非农业生产经营知识、技能较少、市场适应能力较差的农户。从人口大国经济发展实际看，在经济发展较低阶段，农业人口绝对量大，土地相对短缺，农业人口多，非农业生产领域能够提供的就业机会有限，为确保农村经济社会稳定，农村以家庭为单位实行小规模分散经营具有内在合理性。如果考虑到从农业中通过税收或其他方式提取农业剩余支持城市工业发展的约束时，这种分散、小规模经营的农户经营方式会加大政府征税的成本。较少的要素积累和以家庭为单位、小规模、分散经营构成了农村传统农业生产经营的基本经济模式。这种生产经营方式无论对先进农业科学技术的引进、规模化生产、市场化经营都具有内在的不适应性，这决定了传统农业的要素禀赋约束下的理性经济行为与传统农业的生产经营方式和传统农业的低水平均衡具有内在的一致性。

最后，对专业农户经济行为分析。在专业农户内部，要素包括专用性程度较高的土地、农业生产工具和农业生产技能，以及农业生产活动专用性程度较低的资金和年轻、受过较多教育的劳动力者。专用性程度较高的要素由于其技能具有农业生产经营的专用性只能留在农业生产领域，专用性程度较低或者通用性的要素如资金和年轻、受过较多教育的家庭成员则可以在家庭生产经营选择集中选择进入要素收益率较高的非农业生产领域，如从事工商业活动或者外出务工。这意味着专业农户家庭内部的要素配置结构会出现分化，农业生产专用性程度高的要素，如老年农业劳动力主要配置在传统农业生产经营领域，通用性较强要素如资本和年轻劳动力配置到非农业生产经营领域。在缺乏社会保障的条件下，为追求家庭经济活动风险的最小化，从事传统农业经营的经济活动具有为家庭成员提供基本生活保障的功能，非农业经济活动具有增收、致富的功能。在维持家庭经济活动基本稳定的前提下，家庭主要的、优质的要素倾向于配置到具有较高收益率的工商业经济活动中，显然，这种生产经营模式对现代农业的生产经营模式具有天然的排斥性。传统农业内部就形成了以家庭为单位、分散、小规模、低水平、维持型的传统生产经营方式，这种生产经营方式一定程度上决定了农业的低水平发展、农民低收入水平和农村欠发达状态，与城市现代部门的发展形成鲜明对比，而且差距必然逐步扩大。

从上述农户经济行为模式分析可以发现，完全或者部分停留在农村内部从事农业生产经营活动的专业农户和部分要素留在农村的非专业农户的资源配置都将农业置于不利的地位，农业生产经营领域要素质量低，要素收益率低，加之农业的自然和市场风险，生产周期长，市场需求增长慢等因素，共同决定了传统农业在缺乏财政制度支持的情况下处于不利的发展状态，存在衰落的趋势。

（二）财政制度约束下的农户经济行为与城乡二元经济结构演变

由于农业的特殊性及其对国民经济运行的特殊作用，各国政府对农业都提供一定程度的财政支持，大国财政对农业支持具有特殊性。由于农业提供的农产品属于基本的、替代性差的基本生活资料，农业生产周期长、资金周转慢、受到市场和自然双重风险约束，农产品的需求价格弹性低和需求收入弹性低，这些特点可能导致市场经济条件下农户追求更高要素收益率的经济行为导致农业要素流失，影响农产品的有效供给，进而影响国民经济发展。此外，为了缩小农业生产者与非农业生产经营者的收入差距，各国政府均通过财政政策支持农业发展。对于后发大国，由于农业从业人口多，农业微观经济主体多，在经济发展水平较低阶段财政难以提供较大规模的财政资金支持农业发展。受制于农业与非农业的要素收益率差距，农业内部劳动力、资本等要素具有流出农业部门的动机和趋势，财政支持一般难以抵御从农业的要素的流失，可能会出现农业领域要素大量的流失。农业要素的流失会进一步强化农业相对于城市工商业在要素收益率上的弱势地位，农业和以农业为主的农村相对于现代工商业为主的城市发展差距会拉大，城乡二元经济结构有扩大的趋势。

按照一般的经济逻辑，传统农业的现代化过程就是提高农业劳动生产率、增加农业经营者（不一定是农民，也可能是城市工商资本）收入、加快农村经济社会发展、缩小城乡二元经济差距的过程。随着农村剩余劳动力的转移、工业化和城市化的推进，以及国家财政实力增强，财政对农业的支持力度也会逐步加大。但是，从总体上讲，只要财政对农业的支持力度还不足以补偿农业生产经营和工商业经营活动之间要素收益率差异，资金、技术、劳动力等要素从农业部门流出的方向就不能根本改变，进而城乡二元经济结构差距就可能继续扩大。只有当财政对农业的支持力度达到一定水平，即投入农业生产经营的要素收益率接近或者达到非农业生产经营的水平，要素城乡流动才会停止，也就是说，随着农业生产经营领域要素禀赋结构改善和质量提高，农业逐步由传统农业向现代农业过渡或转变，城乡二元经济结构才开始进入收敛阶段。

传统农业现代化是二元经济结构转变的必然选择。传统农业对自然条件高度依赖，被动服从动植物生命运动规律、技术进步缓慢、农产品的市场价格上升空间小等特点使其具有弱质产业的属性。现代农业由于大量运用现代科学技术，农业生产经营条件明显改善，技术水平明显提高，对自然条件的依赖降低，产业链被延长，产品附加值显著增加，要素收益率明显提高。从传统农业向现代农业的跃升是传统农业改造的必由之路，是传统农业发展的方向，是城乡二元经济结构收敛的必然选择。

农业生产条件的改变是传统农业现代化的必要条件。传统农业和现代农业是两种完全不同质态的农业发展形式，是农业发展的两个具有明显质的区别的发展阶段。从传统农业向现代农业转变需要包括生产经营者、生产工具、劳动对象、技术水平、基础设施等都有重大飞跃。现代农业的生产经营者必须具有较高的人力资本，有现代农业经营理念，有现代农业经营的文化知识和技能，了解、熟悉现代农业经营规律，具有较强的市场适应、开拓能力；现代农业的劳动者要掌握现代农业科学技术知识，能够熟练操作现代农业机械，掌握并能运用现代农畜产品新品种的种植和饲养技术。现代农业生产资料应该是包含了现代科学技术，能适应不同农业生产条件，能够节约劳动力，提高劳动生产率，能高水平地承担农产品的生产、加工、运输、储存等职能。现代农业劳动对象包括土地、农畜产品等，土地应该是经过综合整治，土壤肥力好，对光、热、水的吸收能力强，灌溉、耕种、运输条件优良。农畜产品品种对气候、土壤适应能力、抗病虫害能力、适应精深加工和消费者需求能力强等特点。便利的交通、通信、灌溉、电力供应以及适应农产品生产、加工、运输、储存、销售的硬件和软件条件是现代农业所必需的基础设施条件。农用生产资料的供给和农业生产过程中的播种、施肥、除虫、收割等生产服务以及农产品的运输、储存、加工、销售等产后环节的健全和完善以及农业生产经营相关的信息的收集、汇总、整理、加工、传输和运用都是农业社会化服务的重要内容，健全的农业社会化服务系统是现代农业生产经营的分工深化、生产、运输、加工、贸易等专业化、规模化的基础，是农业劳动生产率和经济效益提高的基础。有利于要素流转和优化配置的相关产权界定、保护、交易制度的建立和完善，农业相关经营者、劳动者和政府之间的契约观念、契约意识的养成以及降低现代农业生产经营中交易成本的其他制度安排都是现代农业发展所必须的条件。现代农业还具有第一二三产业联动和相互渗透的特征，同时兼有农产品的生产、加工、运输、储存、销售和农业观光旅游、体验、休闲等功能是现代农业功能完善、效益提高的必然要求。

总之，从传统农业向现代农业转变是一个需要较多资金投入和政策配套的过程，尽管这一转化过程有助于增加农民收入，但这一过程的实现涉及许多种因素，需要多方合作，单纯依靠农民自身投入难以实现传统农业现代化的目标。同时，农业现代化还具有美化农业农村生态，发展农业和农村经济，缩小城乡二元差距的作用，这些效果对于农民具有明显的正外部性。无论是改善农业生产经营的基础设施、技术、社会化服务体系等条件，还是保护生态环境、保障粮食安全等对于农户都具有明显的外部性。农业现代化相关的投资规模大、建设周期长、直接经济效益不明显，这些都会导致农民对农业投入不足。因此，合理定位农业和农村经济发展中的政府责任和角色，明晰政府、市场与农户的事权和责任边界，尤其是确定政府的财政投入和制度供给责任十分必要。整体上看，政府从增加农民收入，缩小城乡居民收入差距，发展农业和农村经济，保护生态环境，统筹城乡经济社会发展，优化城乡经济结构的目的出发，建立财政农业投入稳定增加机制，确保财政对农业和农村投入稳定增长十分必要；从改善农业生产经营条件出发，优化财政农业投入结构，着力改善农业生产经营的外部条件，引导农户经济行为的市场化和农业生产经营的规模化、机械化、信息化、现代化，以及从引导农户经济行为，带动农户和其他社会资金对农业投资的角度看财政也可以发挥重要作用；财政还应该健全农业财政投入相关制度，完善财政农业投入和财政投入引导社会资本投入，形成多元化的农业要素投入体系，提高财政农业投入综合绩效。

值得注意的是，一般情况下，传统农业的生产经营者难以承担起农业现代化的主体责任。正如前文所做的分析，基于农户理性经济行为选择，传统农业条件下的农业生产经营者一般来讲科学文化知识水平较低；其经营管理能力主要适合小规模、分散经营的要求；资本积累能力弱，难以适应现代化、规模化生产经营对资本的要求。传统农业内部也可能成长出一部分适应现代农业要求的经营者，但一般来讲数量不会很多。主要的现代农业经营者应该是间接来自传统农业经营者①，或是来自城市工商业经营者，他们具有现代农业经营者的基本素质和资本、技术条件。接受较多科学文化教育后逐步成长起来的新生代农业生产者可能具备知识、技术、市场经营管理意识等，但不具备必要的财力等条件，难以在短期内胜任现代农业经营者的重任。传统农业内部的劳动者在现代农业条件下可能有两种去向：其一是留在现代农业内部以雇工的身份参与现代农业生产经营的某一生产经营领域或某一环节，其二是继续流转到非农业生产领域从事专业化程度较高，对技能要求单一的生产、服务工作。

财政制度主动顺应农业生产方式转变的需求是传统农业现代化和二元经济结构转化的必要条件。传统农业的现代化需要生产经营者的要素积累

---

① 这部分现代农业经营者主要是从传统农业部门转移出去的农业劳动力，或者是农户中外出务工，积累了一定资金、技术、经营管理能力，对农业具有一定情感，有意愿和能力改造传统农业的劳动者。

和投入，更需要财政政策支持。适应现代农业的经营者的人力资本（知识、技能、意识等）、物质资本、资金要素一部分依靠经营管理者自我积累；农畜产品新品种、土地、基础设施等物质条件一般难以通过经营者个体努力达到现代农业的要求；规避农业生产自然风险和市场风险的基础设施、技术条件和保险服务的提供如果没有政府的支持和介入，市场也难以有效提供；土地等要素产权界定、交易、保护制度的制定和实施，产权交易平台的搭建，农产品交易及加工品交易市场的形成、产品标准的制定和交易制度的形成都需要政府支持。简言之，无论是现代农业生产所需的土地、技术、基础设施，还是农业保险，农业生产要素产权的界定、保护，交易平台、交易规则的制定和实施都是财政支持农业现代化的重要内容。事实上，通过财政支持形成的农业生产经营条件和农业经营者自我积累的要素在现代农业发展中是相互补充的，它们之间替代性较弱，任何一个方面要素的短缺都会影响另一方面作用的发挥，会降低要素的产出率，使农业投入难以达到农业的潜在产出水平。尤其是缺乏财政支持，或者财政支持力度不够，或者财政支持政策不能促成现代农业发展所需各要素的均衡和匹配①，都会延迟甚至阻碍农业现代化进程，不利于城乡二元经济结构的弱化和消减。

二、企业经济行为及其对二元经济结构变化的影响

市场经济条件下企业的目标是追求利润和长期发展。其行为模式可以简化为在给定的宏观经济政策背景下，根据自身要素约束合理配置资源，追求短期利润最大化和长期的可持续发展目标。在二元经济结构转化过程中，后发大国还存在另外一种类型的企业，即服从于国家特定政治、经济、军事目的，其行为目标是确保国家军事、经济安全，经营行为具有非常强的外部性，不以追求利润最大化为主要目的，其投入的成本也因此需要财政提供一定的支持或者由财政分担一部分。根据企业技术构成还可以将企业区分为技术密集型企业、资本密集型企业和劳动密集型企业。从空间分布看，企业还可以被区分为农村工商企业和城市工商企业。从市场需求和产品服务对象看可以将企业分为服务农业生产的企业与服务非农业生产和城乡居民消费的企业。不管哪种类型企业其生产经营行为都会受到财政制度安排的影响，从而财政制度对就业、技术创新、经济增长产生影

---

① 这里的均衡匹配包括财政支持涉及的农业技术进步、土地改良、基础设施条件改善、农业政策服务等的配套和财政支持形成的条件与农业经营者自身积累要素的匹配两个方面。

响。这里我们重点考察财政制度作用下企业行为对城乡二元经济结构转化的影响。

从财政制度的类型看，可以将后发国家财政区分为奠定经济发展基础阶段的经济建设型财政和市场经济条件下弥补市场失灵，满足民生需求为主的公共财政。前者的主要目的是通过动员和配置资源提供经济发展所需的基础设施、装备工业和人力资源等，为经济发展提供基础性支持；后者主要定位于现代市场经济条件下，主要负责弥补市场失灵，提供市场不能有效提供公共品和公共服务。从财政支出内容看，无论哪种类型的财政制度，都包含有满足社会公共需求的财政支出和服务于经济建设的财政支出，区别主要在于在不同类型财政制度下经济建设方面的财政支出和满足社会公共需要的财政支出在总财政支出中的比重高低。下面我们分别考察经济建设型财政制度和公共财政制度下企业行为及其对二元经济结构的影响。

一般地讲，经济建设型财政制度安排主要出现在后发大国经济发展的初期。该时期后发大国需要通过对基础设施和国民经济装备工业体系大规模投资形成相对完整的、具有一定自我生存和发展能力的工业和国民经济体系。由于基础设施建设和国民经济装备工业内部各组成部分之间具有资本密集高、相互关联配套性强的特点，只有各相关项目都同时建成后才能形成相应的供给能力。为了形成支撑后发大国经济发展的大国的"骨架"，需要在尽可能短的时间内建成包括基础设施体系、装备工业体系等在内的国民经济体系。成体系的相关建设项目资金需求规模大，这些资金需求可能超出短期国内的资本积累能力。为了筹集大规模的建设资金，在政治经济体制允许的条件下可能采取高度集权的、政府主导的、经济建设导向的财政制度安排，以及包括金融、外贸等扭曲要素价格的相关制度。这种条件下处于主导地位的基础设施和装备工业领域的企业的主要目标不是追求利润最大化，而是要服务于国家经济安全、政治安全和国家经济的长期发展。林毅夫在要素禀赋结构与微观企业技术结构和自生能力相匹配的新结构经济学理论中指出，这种装备工业企业及基础设施的相关企业在自由市场竞争条件下缺乏竞争力和自我生存能力。由于资本密集程度高，从而提供的就业机会较少，在农村劳动力严重过剩条件下这类企业对农村剩余劳动力转移的作用很小。这类企业数量越多，企业存在时间越长，农村剩余劳动力累积越多，在土地总量既定的情况下人均土地资源占有越少，劳动生产率越低，农民收入水平越低。城乡之间的农业与非农业比较劳动生产率差距越大，城乡二元经济结构差距越大，二元经济结构越是容易僵化、固化甚至强化。与此相联系，由于高资本有机构成导致企业难以提供更多就业机会，事实上会成为阻碍城市化的重要经济因素，不利于城市化的推进。由于资源配置的重点是生产所需的基础设施和装备工业部门，城市生活类基础设施建设也主要满足少量的城市工业部门人口的需求，这决定了城市对非农人口容纳能力只限于重点发展的装备工业部门的工人、相关人员和行政事业工作人员。城市提供的就业机会和基础设施供给不足一定程度上会限制城市人口规模扩大，实质上抑制城市化进程。由此可见，优先发展基础设施和装备工业的财政等制度安排尽管有助于在短期内形成后发大国经济发展的基础，有助于长期的经济发展，但可能导致城乡劳动生产率差距扩大，城市化滞后，城乡二元差距扩大。

经济建设型财政制度重点发展资本密集的装备工业部门还与消费品工业发展不足紧密联系。重点建设基础设施和装备工业导致消费品工业发展受到抑制，消费品短缺抑制消费需求，形成社会强制储蓄。消费品短缺导致的低消费需求意味着低工资也可以满足基本消费需求，低工资为企业带来的超额利润可以转化为企业利润并用于对资本密集型企业的再投资。消费品的短缺导致的被迫储蓄，转化为投资可以为资本密集型的装备工业提供资金来源。实际上，经济建设型财政制度安排所导致的低消费、高储蓄、高投资、低城市化率之间形成了相互依存、相互支持的闭环系统。

优先发展资本密集型装备工业的经济制度安排可能抑制农业的发展，扩大农业与装备工业的发展差距。对于资本密集型的装备工业，由于短期内企业难以依靠自身的盈利维持生存和发展，需要在较长时间内源源不断地通过外在的资金供给才能维持企业的生产和再生产活动。在工业基础弱，缺乏外部资金来源的情况下，装备工业部门再生产所需资金主要是通过农业部门提供。农业部门的储蓄、税收、工农业产品价格"剪刀差"是农业为装备工业部门提供积累的主要方式，不管是通过哪种制度安排，从农业部门提取资金来维持资本密集型装备工业企业的生存都将加剧农业自身的资本短缺，使农业陷入土地数量既定、资本短缺，劳动力过度累积形成的要素禀赋结构。这种要素禀赋结构决定了农业将处于低水平、维持型再生产状态，甚至陷入停滞、衰退。显然，资本密集程度高、自身盈利能力弱的企业数量越多、规模越大，农业承担的提供资金支持的压力越大；持续时间越长，农业发展受到抑制的程度越深；时间越长，越容易形成城市资本密集型的重工业和基础设施快速增长，但农业发展停滞，城乡二元经济结构固化、僵化。

当基础设施和基础工业等后发大国发展所需的基本条件具备后，城市相关重工业企业具备一定自我生存能力后，停止实行农业支持工业，农村支持城市的财政等经济制度安排，形成城乡经济部门各自依靠自我积累实现自我发展，城乡经济发展进入新的经济发展阶段。伴随着经济发展阶段的转变，财政制度也应该由城市、工业偏向的财政制度转向弥补市场失灵，以满足民生需要为主、对城市与农村、农业与非农业平等对待的公共财政阶段。由于前期产业发展的重工业、重生产导向，消费品严重短缺，如果城市企业转向生产有市场需求的消费品，消费品工业必然快速发展，后发大国经济发展进入消费品工业快速发展阶段。城市工业企业由重工业向轻工业转型比较容易，轻工业企业建成的资本门槛较低，生产能力形成比较容易。从积极的方面看，由于轻工业产品的市场需求大，增长速度快，劳动生产率高，工资水平较高，能够吸纳大量农村剩余劳动能力，对农业有较强带动与辐射作用。城市轻工业的快速发展一方面增加农民收入，另一方面减少农村剩余劳动力，优化农业和农村内部要素禀赋结构，有利于提高农业劳动生产率，从而有利于缩小城乡二元差距，推动二元经济结构收敛。但是，相对于农业生产经营而言，工业产品的生产周期短，资金周转快，市场需求增长快，自然风险低，城市要素集聚和工业企业空间集群还具有明显的集聚和集群经济效益，这对农业和农村经济发展产生两方面的影响：其一，在城市工业部门，由于农村剩余劳动力多流入城市工业部门的农民工人的工资增长速度低于劳动力生产率提高速度，甚至在存在大量剩余劳动力（在农业生产领域边际产出为零的劳动力）的情况下还会出现工资长期停滞，这会带来农民工劳动力收入水平和城市资本所有者收入差距进一步扩大。如果考虑到城市居民身份的企业职工身份与农民工身份的差异及其对两者工资福利的影响，则城乡不同居民身份的劳动者收入差距将更大。其二，由于工业相对于农业的优势，工人工资收入高于农民收入，必然导致农业部门资金、劳动力、技术等要素的大量流失，这种流失必然进一步强化城市和工业对农村和农业的要素优势，强化农业和农村的要素劣势，导致城乡二元差距的进一步扩大。

如果后发大国开始进行大规模经济建设时就实行公共财政制度，工商企业经济行为对城乡二元经济结构转化的影响又如何？城乡二元经济结构演变的可能路径会是什么样呢？大国大规模经济建设起点一般具有如下特征：人均收入低，经济结构中传统农业比重高，资本严重短缺，劳动力尤其是农村剩余劳动力多，国民经济体系不完整，基础设施和装备工业落后。从要素禀赋与工业技术匹配角度看，劳动密集型技术与后发大国经济发展初期的资源禀赋是相适应的，企业选择劳动密集型技术有助于降低企业生产成本。劳动密集型的消费品市场需求大，生产企业具有较强的自我生存能力和基本积累能力，能够实现更快的增长和发展，带动工业产值比重上升。劳动密集型工业的快速成长带动劳动力非农就业增加，吸引农村剩余劳动力向非农业部门转移，进而促进农村要素结构变化，人均土地占有规模扩大，逐渐形成农业规模化经营的要素禀赋条件。劳动力非农就业机会增加带来农业与非农业就业结构变化，城市人口增加，城市化率提高。由此可见，从劳动密集型的工业部门开始工业化和经济发展进程有助于实现工业化、城市化和农村剩余劳动力转移协调推进，促进经济结构协调转变。

伴随着劳动密集型工业开始的工业化进程，后发大国城乡二元经济结构关系如何呢？首先，由于城市工业部门的资金需求量远低于重工业起步的工业化对资金的需求，不需要通过集权型财政制度安排提取农业剩余，农业可以依靠自身积累实现自我发展。需要注意，在要素自由流动的条件下，工业部门和传统农业之间不同技术水平、资金周转速度、产品市场需求，生产经营面临不同的市场与自然风险以及不同的要素收益率，基础设施等正常生产所需公共品和公共服务按照效率导向原则（即这些资源优先配置到要素产出率更高的产业或者经济空间）也将优先配置在城市区域。农业内部劳动力、资金等要素在追求更高要素收益率的动机驱动下必然向城市工业部门流动和集聚，城市工业部门要素集聚、集中和农村要素流出是经济规律作用的必然结果。由于城市要素集聚带来的边际收益递增机制的作用，城乡劳动力和资本等要素密度差异会越来越明显，城乡差距扩大趋势是必然的。其次，由于工业部门扩张带动城市人口增加和比重提高，城市化快速推进，城市化速度甚至会因为农村土地集中、工农业部门劳动力工资差距等因素快于工业部门扩张速度。如果城市基础设施投资不足还容易出现基础设施"瓶颈"导致的城市人口容纳能力不足，或是导致城市生产生活公共投资不能适应城市人口增加的需要，容易产生"城市病"。最后，对于大国经济而言，缺乏完整的工业和国民经济体系支撑的经济体系面临一些系统性风险，如大规模的战争、国际贸易障碍以及经济封锁、制裁等，后发大国经济运行可能因为缺乏装备工业和重要能源原材料工业支撑而陷入困境或者中断经济发展进程，不仅二元经济结构转换过程受阻，经济也可能难以正常运行，经济增长甚至国家安全也将面临极大的风险。

由此可见，后发大国特殊的经济发展路径和相关的财政制度安排无论是在资本密集型技术条件下，还是在劳动密集型技术条件下，都存在城乡二元结构差距扩大的趋势。相对而言，选择劳动密集型技术的经济发展道路导致的城乡二元差距可能会小一些，但整体经济可能面临更大的系统性的风险。

三、金融对二元经济结构转化的影响

一般地，金融包括政策性金融和商业性金融两类。在市场经济条件下，两类金融角色定位、行为目标、约束条件和行为模式存在明显差异，对二元经济结构转化的影响机制也不同。下面我们分别考察两类金融行为对二元经济结构转化的影响。

政策性金融企业的业务主要服务于政府的经济社会发展目标。由于政府在不同经济发展阶段的目标不同，会赋予政策性金融机构不同的职责，要求金融机构提供政策性金融服务的内容也有所不同。在后发大国经济发展初期，为奠定国家经济发展的基础，需要优先发展资本密集型的基础工业和基础设施，要求政策性金融机构为盈利能力较弱、资本需求量大的大型装备工业企业提供金融支持。由于这些具有较强的空间和时间外溢性的基础工业和基础设施项目短期内自身盈利能力差，初始投资的资金量大，政策性金融机构的贷款风险和损失需要由国家提供支持，或者至少由国家分担一部分风险和成本，或者由国家提供一部分财政补贴。政策性金融机构或者业务和基础工业企业之间的这种联系决定了金融机构向大型资本密集型基础工业服务相对于面向一般生产经营性企业的服务具有明显的偏向性和优先性。基于上述逻辑的基础工业企业和金融机构或业务之间的风险分担模式具有内在排斥非资本密集型的消费品工业企业、小企业的内在逻辑，因此，主流政策性金融机构和大型、资本密集型企业之间具有稳定的联系。相应地，小型、劳动密集型企业难以获得主流大型政策性金融提供的服务，发展所面临的金融服务环境较差，其发展必然受到一定限制。由于大型、资本密集型企业对劳动力需求少，难以吸纳较多劳动力，对农村剩余劳动力转移作用小，从而对农村经济发展外溢作用或者直接带动作用较小，不利于农村经济发展和城乡二元经济结构差距缩小。但是，面向大型资本密集型企业的金融服务有助于奠定后发大国发展基础，对所有生产性企业和其他经济主体都具有较强正外部经济效应，也间接有助于国家整体经济的持续、协调发展。相对于大型资本密集型企业，小微型和中型的劳

动密集型企业能吸纳更多的劳动力就业，有利于农村剩余劳动力转移，进而有助于优化农村经济的要素禀赋结构，带动农业和农村经济发展，缩小二元经济发展差距，但由于缺乏正规、政策性金融机构支持，其在农村剩余劳动力转移和二元经济结构转化中的潜在作用不能充分发挥。

商业性金融机构的商业性金融服务和二元经济结构转化之间的关系又如何呢？金融机构包括规模不同的大中小型银行，在应对资金供求中的因信息不对称导致的不确定性风险的机制、能力和优势也存在显著差别。金融机构的规模和企业规模之间具有一定的匹配关系。大企业资金需求量大，可抵押资产多，生产经营稳定性强，财务会计制度健全，多集中在商业活动集中的城市空间。由于资金需求量大，金融机构为其提供金融服务的资金平均成本较低，加上有城市商业保险机构分担风险或者信息收集、汇总、处理成本较低，大型银行与大型企业之间具有较好的匹配度。因此，资金实力强的大型银行倾向于为大型企业提供贷款等金融服务。相对而言，小企业可抵押资产较少，经营行为受到市场、经济周期等影响的不确定性强，银行提供贷款需要承担的风险较大；小企业财务会计制度不够健全，信息不透明，经营地域分散等导致金融机构获取其提供金融服务所需信息的成本高；单个企业贷款数额较少，银行提供单位贷款的交易成本高。小金融机构资金量小、空间分布广，具有收集小企业相关信息的优势。因此，小银行具为小企业提供金融服务的内在优势，小银行等金融机构与小型企业具有较好的匹配度。如果一国内部金融机构的规模结构与企业的规模结构相吻合，所有企业都有对应的金融机构为其提供金融服务，金融机构及其提供的金融服务能够满足不同规模企业发展的金融服务需求，则所有企业均可能获得平等的发展机会。反之，金融机构的规模结构与企业规模结构不匹配必然导致某些规模的企业不能获得需要的金融服务，其发展也必然受到影响和抑制。

一般地讲，大型企业资金密集程度较高，单位投资所需的劳动力较少，对就业的贡献度相对于等量投资和生产经营规模的中小企业要低。在一国农村存在大量边际产出为零，或者接近于零的剩余劳动力的情况下，中小企业能够提供更多的就业机会，能加快农村剩余劳动力的转移，优化农村的要素禀赋结构，有利于农业和农村经济发展和二元经济结构转化。如果中小型金融机构的数量能够为大量中小企业提供其发展所需的金融服务，有助于金融机构与企业的良性互动，形成金融机构、企业和二元经济结构转化的良性互动，有助于城乡二元经济结构差距的缩小。反之，如果中小型银行不足，中小型企业资金需求不能得到有效满足进而不能正常发展，就业机会不能被创造出来，农村剩余劳动力不能得到转移，二元经济结构将长期存在，甚至固化、僵化、强化。基于上述逻辑，以劳动密集型技术和消费导向开始工业化的国家，由于单个企业初始投资资金需求量不大，金融机构以中小银行为主，金融机构的规模结构能够适应该阶段的企业规模结构对金融服务的需求，农村剩余劳动力能及时转移到非农业部门，农业部门也能得到较好的发展，二元经济差距缩小较快；反之，如果金融机构与企业规模结构不适应，企业发展对农村劳动力转移和农村要素禀赋结构优化的作用难以有效发挥，城乡二元经济结构转化容易出现障碍，甚至容易出现二元经济结构僵化、固化和强化。

金融机构对二元经济结构转化的影响不仅通过在其对不同规模企业发展发挥作用，还通过金融机构结构及其对农业农村经济发展的服务影响农业农村经济发展，进而影响二元经济结构转化。

金融市场作为企业重要的融资途径，也会通过对企业发展的影响进而影响二元经济结构转化。发达的、完善的金融市场能为不同规模和不同发展阶段的企业提供金融服务。相对于大规模的成熟的企业而言，中小微企业通过资本市场融资的难度更大，如果以银行等金融机构为主体的金融机构不能有效解决中小型企业融资难题，中小企业的发展将受到限制，从而不利于就业机会增加和农村剩余劳动力转移，不利于二元经济结构转化。

考虑到中小企业发展对就业机会创造、农村剩余劳动力转移和二元经济结构转化的重要性，如果能够通过财政制度对面向中小企业的金融机构提供税收减免或者财政补贴，在一定程度上分担金融机构对中小企业贷款的风险，或者降低中小企业融资成本，将有利于中小企业发展，更好发挥中小企业对城乡二元经济结构转化的促进作用。

金融机构还通过对农业农村经济发展的金融服务影响二元经济结构转化。对于传统农业经济，正如舒尔茨在《改造传统农业》中所分析的，传统农业中农民具有比经济学家更强的经济理性，能够在要素约束下实现资源的最优配置。但缺乏人力资本和技术创新的传统农业只能局限于低水平、周而复始的循环，不能走出传统农业低水平均衡的陷阱。在传统农业内部，金融服务的供给与传统农业经济对金融服务的需求往往形成低水平的均衡。一方面传统农业内部对资金的需求除了自然灾害、婚丧嫁娶等非正常资金需求外，缺乏追求潜在经济利润的资金需求；另一方面由于传统农业在农户的理性经营下已经实现了要素最优配置，因此额外资金投入并不能带来额外的收益，因此传统农业阶段的农村金融机构在农业内部主要是解决农业生产中的季节性资金余缺，应对农户非正常性的、非生产性的资金需求。从金融机构的全部业务看，更主要是把农户积累的分散资金集中起来投向非农业生产领域以获取超过投入传统农业生产的更高收益率，从而这些金融机构实际上变成从农业提取资金转移到城市非农部门的"抽水机"。如果农村金融机构把农业正常生产经营所需的资金转化为非农业的生产经营，则可能导致农业资本流失，长期内必然影响农业技术水平提高、生产经营规模扩大、劳动生产率的提高，影响传统农业向更高水平的现代农业转变，甚至导致农业的停滞甚至衰退。正常情况下，随着城市工业部门的发展及其对劳动力需求的增加，会带动农业劳动力向非农产业转移，当农村劳动力和土地要素的禀赋结构发生根本变化后，传统农业开始具备从传统农业向现代农业转变的土地条件。要实现传统农业的现代化，还必须有农业农村基础设施改善、农民文化知识水平的提高、金融服务的跟进和配套，这时，服务于农业和农村经济现代化的金融服务的作用就显得十分重要了。如果农业和农村金融机构能够满足农业技术进步、经营规模化、市场化、现代化对资金的需求，就可能促成传统农业向现代农业的转型，缩小农业和非农业、农村和城市的发展差距，促进二元经济结构转化。显然，如果财政通过对该阶段服务于农业和农村经济的专业性农业银行或其他银行、农村信用社等金融机构的税收减免、财政补贴，或者创新金融服务方式和渠道就可能加快农业现代化步伐，促进二元经济结构转化。

第三节　后发大国财政制度对二元经济结构的影响

一、后发大国财政制度影响城乡差距的基本理论

财政分权与收入差距是财政学或公共经济学研究的重要问题，相关文献对大国财政分权的必要性及其对城乡居民收入差距、城乡发展差距等做了大量研究。在已有的研究中，关于分权的好处在经济学界基本上已经达成了共识。最为经典的是建立在新软预算约束理论（Maskin and Dewatripont，1995）基础上的财政联邦主义理论和建立在 M 型组织和 U 型组织理

论之上的解释（Qian and Roland，1998；Qian，Roland and Xu，1988；Qian，Roland and Xu，1999；Qian and Weingast，1997）。王永钦等（2007）认为这些理论较好地解释了分权是如何促进地方政府的竞争和经济增长，但还不是一个完全的分权理论，一个完全的分权理论应该不仅能够分析分权体制下地方政府获得的正面激励（分权的收益），也应该能够分析分权体制下地方政府有损社会目标的负面激励（分权的成本）。从中国的情况来看，这些负面激励导致的影响非常明显，甚至对中长期经济持续、稳定、协调发展带来很大负面影响。财政纵向分权对中国经济的影响集中体现在三个方面：城乡和地区间收入差距的持续扩大，地区之间的市场分割和公共事业的公平缺失。事实上，大国地区间发展条件和要素禀赋结构差异大，要素空间配置结构改善本身就会导致地区间、城乡间发展差距变化，不应该将中国空间经济发展不平衡完全归结为财政分权，甚至不应该将空间发展差距扩大主要归结为财政分权。

　　从已有文献可以看出，中国财权分权制度安排主要基于以下几个原因：其一，经济分权的制度安排有助于硬化中央政府对国有企业的预算约束。其二，有助于促进地区之间的竞争（Qian and Roland，1998）。地区之间的竞争通常表述为标尺竞争，包括对下负责的标尺竞争和对上负责评价的标尺竞争。其三，由于中国幅员宽广，地区差性强，中央和地方政府的信息不对称导致管理的信息成本高昂，为降低管理的信息成本，并体现激励相容性要求，中央采取考核地方 GDP 增长的方式激励地方政府成为事实上的最优选择。

　　在对上负责的标尺竞争机制中，地方政府往往通过财政制度安排直接或间接地增加对 GDP 增长效果显著的产业、行业、区域的财政资源投入相应减少对经济增长效果间接或不显著的产业、行业、区域的财政资源投入的方式来最大化地方经济增长。从财政制度安排来看，能够最大化地方经济增长的财政制度安排具有典型经济发展偏向、公共服务歧视、城市偏向、农村歧视的特征，或者突出对有较强显示度的公共品和公共服务的支出。这种制度安排带来的结果是地方政府对基础设施、工业园区建设等与经济增长直接相关财政支出积极性高、财政支出比重偏高，对教育、医疗卫生、社会保障、环境保护等民生相关财政支出积极性不高、相应的财政支出比重偏低。由于城市要素集聚程度较高，要素产出率远高于要素密度低的农村地区，要素密集程度高的城市地区显然对解决外部性等公共服务的需求远强于农村地区，从财政支出的经济增长效应角度看，等量财政资金投向城市地区要远高于投向农村。此外，考虑到现代媒体可能通过反映民众对地方政府执政满意程度评价影响地方政府政绩，地方政府的财政资源城乡空间配置结构也会受到相应影响。相对于城市，农村有更少的媒体资源，农民利用媒体表达利益诉求，影响政府行为的意识和能力比城市居民低，城市居民更愿意、更方便、有更强动机借助于媒体影响政府财政支出，进而获得对公共品和公共服务需求满足的目的。总之，城市居民对政府资源配置行为影响远大于农民的影响，理性的地方政府也会选择更加重视城市居民对政府资源配置的要求，这势必导致政府将更大比重的财政资源配置在城市空间，进而扩大城乡发展差距。

在对上负责的锦标赛竞赛中，城乡经济发展差距又会反过来强化和扩大城乡发展差距。农村地区要素密度低，公共资源投入不足必然导致农村要素的产出率低，在追求要素高产出率的市场机制作用下，必然导致农村地区要素向城市流失，进一步强化农村地区经济发展的要素约束。地方政府从追求经济增长最大化和财政收入增加的角度出发，也必然进一步强化财政支出的城市偏向，由此形成城乡之间要素密度和公共资源密度的差距进一步扩大。城乡之间要素密度差异、财政支出偏向性、要素产出率差异、要素市场化流动构成一种因果循环累积机制，这种机制作用结果必然强化城乡区域的发展差距，导致城乡二元差距扩大。

以经济增长为激励手段的财政纵向分权带来财政支出城市偏向、经济建设支出偏向和忽视农业农村的财政制度安排会加大城乡二元结构矛盾，强化甚至固化城乡二元结构。第一，重视经济增长绩效考核的财政纵向分权导致城市偏向和经济增长偏向的财政支出结构常态化和固化。第二，城市偏向财政制度导致的城市非农业部门收入高于农村农业部门，引致农业劳动力大量转出农业部门，从农业转移出的劳动力在非农业部门带来远高于在农业的产值增加，从而导致非农业产值比重上升快于非农业劳动力比重上升，导致以二元对比系数衡量的城乡二元差距扩大[①]；城市非农业部门资本有机构成高于传统农业部门的资本有机构成导致城市部门产出增长速度快于城市劳动力增长速度，农业产出比率下降快于农村劳动力比率下

---

① 二元对比系数是二元经济中农业部门的比较劳动生产率与非农业部门的比较劳动生产率的比率（比较劳动生产率是一部门的收入比重与劳动力比重的比率）。对于发展中国家中农业部门的比较劳动生产率因收入比重低，劳动力比重高，导致比较劳动胜率小于1，而非农业部门比较劳动生产率大于1，从而二元对比系数小于1。一般地，二元对比系数越小，城乡差距越大；反之，越小。

降，导致二元反差系数衡量的城乡二元差距扩大。① 第三，财政对农业投入不足导致农业劳动生产率增长低于城市非农产业劳动生产率增长，当农民主要收入来源于农业时，农民收入增长慢于城市居民收入增长，城乡居民收入差距扩大。

要素空间配置结构的演化与财政支出制度安排的动态适应机制会影响城乡二元经济结构转化。当所有要素都可以流动时，城市偏向的财政制度安排确实可以带来更高要素产出率，提高资源配置的效率。随着城市要素密度的提高，城市空间的有限性或者城市空间受到制度或者技术方面的限制会出现要素边际产出率下降，引导要素向次一级城市或郊区流动，倒逼公共服务从中心城区向外扩散，导致中心城区与郊区、次级城市的财政支出差距缩小，或者说公共资源的配置从城市空间的中心城区逐渐向外扩散。但是，由于农村空间的土地和部分人口由于人力资本不足或者受到文化等非经济因素影响流动性很差，土地流动性差意味着财政资源配置不足和其他可流动要素的流失将导致农村土地因为互补性要素缺乏而闲置，造成包括农村土地资源和城市资源在内的整体资源配置效率降低，要素产出率低于理论上城乡资源最优配置可能达到的配置效率所对应的要素平均产出率。对于农村那些流动性差的人口，如老人等，财政资源向城市倾斜意味着这部分人口不能享受到与城市居民均等的公共服务，这事实上导致城乡居民在公共服务消费权利和机会上的不公平，而教育、医疗卫生等还是影响人力资本积累和居民发展能力形成的重要公共服务，这部分公共服务消费不足不仅意味着当前公共消费的不平等，还意味着将来发展能力和发展机会的不平等，可能带来不平等的代际传递，导致城乡差距的固化、遗传。

二、后发大国财政体制安排对二元经济结构转化的影响

后发大国财政体制的基本目标是协调各级政府间财政关系，在保持国内市场的统一、开放、竞争、有序的前提下，充分调动各级政府发展经济的积极性，促进地区、城乡之间的经济结构协调，充分发挥后发优势和大国优势，抑制后发劣势和大国劣势，实现经济持续、协调增长和城乡、地区间经济结构协调。中央政府和地方政府财政关系及其相关资源配置行为

---

① 城乡居民收入比、二元对比系数、二元反差系数是衡量城乡二元差距的三项指标。二元反差系数是农业部门与非农业部门收入或产值比重与劳动力比重的差的绝对值的平均值。二元反差系数越大，城乡二元差距越大；反之，越小。

必然通过一定的途径对城乡二元经济结构产生重要的影响。

（一）后发大国城乡二元经济结构演变的特殊性

城乡二元经济结构演变是后发大国重要的经济结构问题，政府间事权与支出责任划分及政府行为会影响城乡二元经济结构的演变路径和进程。大国一般都是多级政府国家，中央与地方政府之间的关系是最基本、最重要的关系。根据中央政府和地方政事权划分的一般原则，即考虑公共服务的受益范围、信息效率、激励相容和外溢性公共服务等因素后，一般地，国防、外交、宏观经济稳定、重大经济结构调整、跨区域公共服务的提供等主要是中央政府的事权范围。相应地，提供地方辖区居民受益的公共服务主要是地方政府的职责。城乡协调发展属于国家重大经济结构调整范围，因此，城乡二元经济结构优化主要是中央政府的职责。城乡二元经济结构调整的一些具体事项，比如对农村基础设施、教育、医疗卫生、社会保障等公共服务的有效提供需要提供主体拥有相关公共服务有效提供的充分的信息，中央政府相对于地方政府而言没有信息优势，因此，城乡二元经济结构调整的相关事权的履行主要由中央政府承担，但部分事项需要委托给地方政府执行。在中央政府与地方政府之间对于城乡公共支出结构调整事项的委托代理关系中面临着各级政府委托代理契约中的信息效率和激励相容问题挑战，不同层级政府对待和实行二元经济结构转化的态度、目标、约束和行为方式直接影响着二元经济结构转化的方向和进程。

城乡二元经济结构调整在后发大国经济社会发展中存在被忽视的可能。城乡经济结构调整无疑是国家的重大经济结构问题，属于中央政府的事权范围，但城乡二元经济结构本身是国家一系列重大经济总量和结构问题中的一个方面，经济稳定、经济增长、国家领土完整、主权独立等都是国家的重大问题，国家需要根据这些问题的重要程度确定一定时期的主要工作和重点工作。二元经济结构问题的处理可能在特定阶段会被置于从属于其他重大政治、经济问题的地位，另外一些时候可能作为重要工作来对待。如果城乡二元经济结构较长时期内被置于次要地位，不利于城乡二元经济转化的财政制度长期存在必然不利于城乡二元经济结构的改善和优化，导致城乡二元经济结构长期处于失调状态。

城乡二元经济结构本身有一个形成、发展、弱化、消减的过程，或者说，城乡二元经济结构问题本身就内生于后发大国经济发展之中。从后发大国经济发展机制和路径来看，理论上存在三种状态，即低水平的城乡和地区均衡发展、地区与城乡非均衡但经济快速增长和地区与城乡高水平均衡的三种状态。城乡二元经济结构是经济发展中的问题，城乡差距扩大、稳定向城乡差距缩小和城乡均衡发展是经济发展演化的趋势。二元经济结构转化本身也存在不同的道路：道路一，在追赶型经济发展战略中，优先发展城市工业（尤其是国民经济装备工业），城乡二元差距扩大，在国家具备较强经济能力后再通过城市支持农村的发展战略和相关制度安排缩小城乡二元差距，促进二元经济协调发展。道路二，执行渐进的经济发展战略，制定和执行城乡均衡发展的财政经济政策，城乡在无明显产业和城乡偏向性的制度安排下自由发展。道路三，农业和农村优先发展战略，即通过财政制度安排确保农业和农村经济优先发展起来，等到农业和农村具有支撑城市和工业发展条件后，再发展工业和城市经济。当然，由于农业与非农业、城市和农村发展的机制不同，城乡差距还是会经历由小到大的演变过程。

二元经济结构演变战略内生于后发大国经济社会发展之中，受特定经济社会条件约束。对于后发大国，为了建立完整的工业和国民经济体系，奠定后发大国经济发展的基础，有必要在经济发展基础较低的情况下着手国民经济装备工业等基础工业的建设。反之，如果没有必要在经济发展初期建立相对完整的工业和国民经济体系，则可以实施渐进的经济发展战略。对于后发大国而言，国际政治经济形势实际上不是外生于国家经济发展战略，而是后发大国经济发展战略的产物。国际军事威胁、政治孤立、经济封锁等不利条件是潜在的，如果后发大国执行了有助于经济独立、国防巩固的战略，则有助于维护领土完整，主权独立，经济自主，反之，可能会丧失主权、政治和经济上的独立性和完整性。因此，后发大国大多在发展初期选择追赶型经济发展战略，实施重工业优先的工业化道路。

后发大国二元经济结构调整受到经济社会发展内外条件制约。当后发大国面临不确定的国际政治、经济环境，为了发挥后发优势和大国优势，发展战略上具有率先发展维护国家政治独立、领土完整和经济自主的军事工业和国民经济装备工业的必然性，这会影响二元经济结构演变的路径。重工业本身属于典型的资本密集型工业，要建立相对完整的工业和国民经济体系必然产生超越后发大国经济发展初期资本供给能力的资金需求。为筹集建立以重工业为基础的国民经济体系所需资本，建立高度集权的财政等经济制度以便从农业提取尽可能多的资金成为必然的选择。在经济发展初期，选择发展大规模的资本密集型工业的经济发展战略在促成重工业短期快速发展的同时必然形成对农业资本的过度提取，导致农业资本严重短缺，抑制农业发展，拉大城乡二元差距。如果面临相对宽松的国际政治经济形势，后发大国选择从劳动密集型的轻工业开始大规模工业化进程则可能产生不同的城乡二元经济结构演变路径。在渐进的经济发展战略下，从劳动密集的轻工业开始工业化进程无须实施工业和城市偏向的财政经济政策，农业和非农业各自要素收益率差距较少受经济制度和政策安排影响，农业与非农业在市场机制作用下依靠自身积累自我发展。城乡二元经济结构在农业与非农业、城市和农村自然互动中的自然演变，二元经济结构可能在工业化、农村剩余劳动力转移、城市化和农业现代化中缓慢协调推进。发展初期城乡二元差距可能不会太大，当城市工业积累一定发展能力进入快速发展通道后，城乡要素在市场机制作用下自发流动也可能导致城乡二元差距累积性扩大。但是，工农业产值结构、就业结构、城市化进程演进具有一致性、渐进性和协调性，城乡二元经济差距相对于工业化初期就实行重工业优先的发展战略可能会小一些。

（二）后发大国分权治理模式对城乡二元经济结构调整的影响

从国家经济治理角度来看，后发大国采取分权治理模式具有内在的合理性。大国典型特征是幅员辽阔，人口众多，地方行政区划数量多，在国家行政组织结构中涉及多层行政组织，导致中央与地方以及各级地方政府之间纵向信息传递层级多、效率低、信息失真严重，影响治理效率和效果。如果采取集权化的治理模式，同样面临信息收集、处理、传递成本高，信息失真严重等问题，以及在中央与地方的委托－代理关系中激励不相容的问题，但这可能产生一个好的结果，即便于中央统一指挥，集中资源，有助于全国市场统一，发挥大国的规模经济优势。采取分权治理能够较好处理中央与地方关系中的信息效率和激励相容两个问题，但可能导致全国统一市场被分割和资源配置分散化两个问题。对于后发大国，如果已经建立了相对完整的工业和国民经济体系，具备让市场机制在资源配置中发挥基础性甚至决定性作用，资源配置分散化反而有助于提高资源配置的效率。至于分权治理模式可能导致的全国统一市场被分割，使大国优势不能充分发挥的可能缺陷则需要借助于财政体制安排来协调。如果能够提供兼顾中央和各级地方政府经济社会发展积极性又维护国家政治经济统一的财政体制及相关制度安排，分权治理模式对后发大国治理则具有较好的适应性。

分权治理理论上包括经济和政治两个方面，它们的不同组合形成不同的分权治理类型，即形成经济分权、集权与政治集权、分权的不同组合方式。联邦制国家如美国是采取经济分权＋政治分权，单一制国家可以采取政治集权＋经济集权或者政治集权＋经济分权的治理模式。政治上集权有助于维护和巩固国家的统一，尤其是发挥国内市场的规模经济优势，当然，国家面临的外来政治和军事安全威胁也是政治集权的重要理由。政治上的集权可以通过宪法等法律来约束地方政府的行为，也可以通过具有中国特色的中央对地方政府官员的任免来控制地方政府，或者借助于政党组织系统来贯彻中央的经济社会发展理念、政策。政治经济上的分权组合主要目的在于既维持中央权威，又有助于保持地方的独立性，发挥地方在经济社会发展中的积极性。这里重点讨论经济分权治理模式下地方政府经济行为对城乡二元经济结构转化的影响。

在经济分权＋政治集权的治理模式下，必须通过制度安排处理好地方服从于中央和全国整体发展目标和调动地方政府发展经济积极性两个方面的问题。为调动地方政府治理地方的积极性，中央政府需要设计考核地方政府治理绩效的指标体系，该指标体系的设计应该满足信息效率和激励相容两个条件。地方政府在履行好中央委托事项的同时能够同时实现自身利益最大化是激励相容的基本要求；考虑到中央政府与地方政府的委托代理关系中的信息不对称，中央政府对地方政府绩效考核指标体系还要尽量降低考核指标体系涉及的信息维度，以便中央可以通过较少的信息成本了解地方政府履行受托事项的情况。需要注意的是，由于中央与地方之间的信息不对称，中央获得地方政府履行受托事项过程的信息维度多，信息量大，如果地方政府完成受托事项的结果具有可客观观察和精准评价的特征，将中央政府对地方政府政绩考核的指标锁定在可客观观察、评价的指标上具有经济合理性。当然，这不意味着中央政府只需要通过有限的指标对地方政府进行监督、约束和控制。由于地方政府履行受托事项的某些事项结果不可观察，不可客观评价，因此中央政府还需要通过对地方政府履行受托事项的过程进行监督、约束。由此可见，中央政府对地方政府绩效考核的指标体系设计需要具有一定的综合性。从考核指标来看，在经济粗放、外延增长阶段，如果中央政府的国家治理目标是加快经济增长，则地方政府的经济增长率或者GDP规模就应该是考核指标的核心，这会引导地方政府将主要财力用于保障短期经济增长效果最明显的城市经济发展方面，忽视对二元经济结构中发展滞后的农业和农村的财力支持，结果是城乡二元经济差距扩大、僵化，甚至固化。当经济发展进入内涵发展阶段后，国家经济治理的政策目标包含缩小二元经济差距、优化经济结构、提高经济增长质量时，其对地方政府的政绩考核指标的核心就会转向提高经济增长质量，优化经济结构，缩小城乡发展差距，该指标可能需要转向引导地方政府调整财政资源配置的产业和空间结构，并对城乡二元经济结构转化产生相应影响。从农业和农村经济发展看，反映农业和农村经济发展的核心指标应该包括农民收入增长、农业产值（含种植业、养殖业、加工业和相关服务业）增长、农业生态环境改善、农村经济结构优化、城乡基本公共服务均等化程度等方面。由于地方政府整体的政绩目标和地方政府官员的个人目标可能不一致，为激励和引导地方政府行为，一方面必须对政府官员行为进行严格监督，防止其行为偏离中央政府的治理目标；另一方面将对官员考核的目标聚焦到经济增长质量提高和经济结构改善等方面。将官员个人目标和政府目标统一起来，使政府官员和地方政府行为统一到农民增收、农业产值增加、农村生态改善、农村经济结构优化和城乡公共服务均等化等方面，如果这些指标转化到相关财政制度安排上，则财政资源配置结构变化会影响到城乡二元经济结构演变。

（三）分权治理模式下地方政府行为对二元经济结构变化的影响分析

中央与地方政府的委托代理关系中激励机制设计直接影响地方政府的行为，影响地方政府的财政资源配置结构，间接影响城乡二元经济结构演变方向和进程。典型的委托代理关系中，为了激励代理人认真履行受托事项，委托人需要设计相应的激励机制。从相关理论来看，在委托人与代理人之间信息对称时，一般有如下几种激励制度：第一，委托人可以按照某一水平收取租金，然后由代理人获得除租金以外的所有剩余，促使代理人为追求剩余最大化而付出努力。第二，通过给予代理人规定一个使代理人付出委托人收益最大化的努力水平的单位工资率。第三，委托人可以给予代理人一项简单选择，如果代理人付出达到委托人利益最大化的努力，即可以获得某一报酬，否则，不能获得任何报酬。在委托人与代理人不对称信息条件下，单一委托人对应多个代理人的条件下，委托人通过设立某一指标促使多个代理人竞争性追求委托人设立的指标，根据完成单一指标的程度给予代理人相应奖励的激励机制有助于激励代理人努力完成委托人的委托事项。但该机制需要一些前提条件，比如，代理人努力的效果中应该能够清楚观察或者能客观测量出其努力程度，或者说努力程度是影响代理人工作绩效的唯一因素。事实上这一条件并不成立，由此决定了委托人基于单一指标对代理人考核的激励机制存在一定缺陷，需要其他的补充措施，例如，通过建立增加考核内容和指标、轮换代理人工作岗位以及设立最低绩效目标抑制绩效靠后者的消极怠工等。

在后发大国中央与地方政府的非对称信息的委托代理关系中，由于中央政府始终处于信息弱势，在追求经济增长的经济发展阶段，激励机制设计容易导致地方政府行为与中央政府行为目标的偏差。理论上，中央政府不具有完全的地方政府行为过程和行为结果信息，中央政府难以对地方政府的行为进行有效监督，事实上很容易导致地方政府的消极怠工并将增长绩效不好的责任推到中央政府或其他方面。因此，中央政府可行的激励制度设计是明确中央政府要追求的核心和主要目标的条件下，制定中央政府对地方政府绩效考核目标，赋予地方政府较大的资源配置自主权。地方政府资源配置（包括直接的财政资源配置和间接的通过财政补贴、税收优惠乃至使用行政权力等方式）与地方政府所追求的中央对地方政府考核的核心和重点指标是高度一致的，即地方政府的财政资源配置目标就是追求中央所要考核的绩效目标的最大化。地方政府的资源配置行为会通过城市和乡村的财政支出结构影响城乡二元经济结构的演变方向和进程。

财政资源城乡空间配置结构对城乡二元经济结构演变的影响具有不同的表现形式。城乡二元经济结构可以通过城乡居民收入差距、农业与非农业比较劳动生产率、二元对比系数、二元反差系数、城乡基尼系数等反映出来。农业与非农业在生产形式、经营风险、要素供给弹性、市场需求、技术进步快慢等方面存在。传统农业相对于工商业在经营风险、要素收益率方面处于不利地位，农村经济相对于城市经济在基础设施建设、集聚效应等方面处于相对不利地位，要素所有者在追求要素高收益率的动机驱动下在城乡、农业与非农业之间的资源配置行为必然会影响城乡二元经济结构变化。

其一，基本公共服务资源的城乡空间配置结构变化会影响农业与非农业、城市居民与农村居民基本公共服务消费规模和消费水平进而影响各自福利水平和发展能力，前者直接构成城乡居民福利差距，后者则会间接影响城乡居民获取收入的能力，影响城乡居民收入差距。财政资源城乡空间配置结构还会影响城乡基础设施状况，进而影响城乡要素收益率，进一步影响要素城乡空间流动方向和要素空间配置结构，影响城乡经济空间经济发展潜力和发展水平。

其二，财政资源城乡空间配置结构的变化会通过对城乡产业发展和要素收益率影响劳动力、资本等要素的空间流动方向对城乡经济结构产生影响。道路交通、通信、电力、供水等基础设施的城乡配置结构会导致城乡产业发展的外在条件系统性差异，影响要素在城乡空间的产出率和收益率，导致劳动力、资本等要素向具有更高收益率的空间流动，影响城乡产业发展水平，进而影响城乡经济发展差距。

其三，投向城市和农村的公共资源对城市和农村经济发展会产生外溢效应，双向外溢效应的强度也会影响城乡二元经济结构演变方向。投向城市空间的公共资源产生的效应包括对城市空间经济增长产生直接影响和通过城市对农村的要素供给、劳动力需求、农产品需求的途径带动农村经济增长。相应地，投向农村的公共资源的效应也包括两个方面：一是对农村经济增长的直接效应，二是通过对城市劳动力要素供给、农产品供给、对投资性和消费性工业品的需求等途径间接带动城市经济增长。同时，财政资源的城乡配置结构对整体经济增长和城乡经济结构改善包括两个方面：一是财政资源城乡配置结构对整体经济增长影响的整体资源配置效率。如果该配置结构促进整体经济增长效果好，则说明财政资源城乡空间配置结构的整体资源配置效率高，反之，则配置效率低。二是财政资源城乡空间配置结构对缩小城乡发展差距，改善城乡经济结构的效率。如果财政资源城乡空间配置结构缩小了城乡差距，即财政资源城乡空间配置结构对于改善城乡经济结构的效率高，反之，则比较低。整体考虑财政资源城乡配置结构的整体经济增长的配置效率和结构改善效率有如下几种情况：第一，财政投资于城市空间产生的总经济增长效应大于投资于农村经济产生的总经济效益效应。财政投资结构有助于提高整体财政资源的配置效率，这可能伴随着扩大城乡发展差距和缩小城乡发展差距两种结构效应，前者意味着财政资源城乡空间配置结构导致经济增长和城乡差距同步扩大，是以城乡经济结构恶化为代价换取经济快速增长，后者意味着经济快速增长和城乡差距快速缩小，经济快速增长伴随着城乡经济结构改善，这是一种最好的情况。第二，投资于城市的财政资源间接带动农村经济增长的效应大于投资于农村的财政资源间接带动城市经济增长的效应时，城市偏向的财政资源空间配置结构有助于促进城乡差距缩小；反之，则意味着城乡差距扩大。这也同样伴随着两种可能，一是偏向于城市的财政资源配置有助于提高整体经济的增长率，二是偏向于城市的财政资源配置不利于整体经济增长。前者意味着偏向于城市的资源配置结构既有助于缩小城乡发展差距，也有助于提高整体经济增长率，这是一种好的情况；后者意味着，偏向于城市的财政资源配置结构虽然有助于缩小城乡发展差距，但却不利于整体经济增长，是以增长为代价的结构改善。第三，如果投资于农村空间的财政资源间接带动城市经济增长的效应大于投资于城市的财政资源间接带动农村经济增长的效应，农村偏向的财政资源配置结构会导致城乡经济增长差距扩大。如果这种农村偏向的财政资源配置结构有助于提高整体经济增长率，这意味着经济较快增长伴随着城乡经济差距扩大，这种财政资源配置结构是以结构失衡加剧换取经济增长；如果这种财政资源配置结构不利于整体经济增长，这意味着这种财政资源配置结构既不利于城乡经济结构改善，也不利于整体经济增长，是一种低效的财政资源城乡配置结构。

从前面的分析可以看出，财政体制作为一种重要的财政制度安排，它实际上会对国家整体的财政支出制度产生重要的影响，通过影响地方政府的财政制度安排和财政资源配置行为，对农业与非农业、农村与城市的经济增长和城乡居民福利等产生影响。后发大国独特的发展机制和路径对政府间财政关系进而对整体的财政资源城乡与产业间配置结构具有明显的影响，从而使城乡二元经济结构具有特殊的演变路径。当然，不同后发大国发展环境不同，政治体制、历史原因等不同也对政府间财政关系产生不同的影响，从而城乡二元经济结构的演变机制的影响也有所不同。值得注意的是，二元经济结构是内生于后发大国经济发展之中的一种经济结构，财政制度安排是影响其演变机制和路径的因素，但不一定是决定二元经济结构演变机制和路径的唯一或者是最重要的因素。

第七章　中国城市偏向的二元财政制度的形成

　　新中国成立后，我国城乡二元经济结构经历了形成、弱化、强化、再弱化的过程，城市偏向的二元财政制度在城乡二元经济结构的演变中发挥了重要的作用，承担了重要的角色。城市偏向的二元财政制度是指我国特定的经济发展阶段存在的城乡之间具有显著差异的财政收入、支出制度、预算安排等相关财政制度的总和。从财政收入制度看，长期以来，农民和城市居民承担不同的纳税义务，城市居民主要承担有免征额的所得税，农民承担无起征点和免征额的农业税、农业税附加以及“三提五统”。不同纳税义务，无免征额的农业税和其他收费导致较长时期内农民的税负重于城市居民。城乡居民承担的税收负担没有充分体现量能负税的税收公平原则。从财政支出制度安排看，农村相对于城市在财政支出的总量和结构上都处于不利地位，以财政支农资金为主的财政对农业支出占财政支出比重从 1978 年到 2006 年最高没有超出 14%，而且不断降低，到 2006 年仅为7. 85%，随后又有所上升。从公共品的消费看，在科学、教育、文化、卫生、社会保障、基础设施等公共消费上，农民相对于城市居民都处于不平等地位，显然，财政支出上也没有体现公共财政的公共服务均等原则。在国家预算机制上，在参与预算审查的代表资格上，农民代表占农民总人口比重在较长时期内低于城市居民代表占城市居民总人口比重。显然，由投票权决定的农民对政府预算的影响力远远低于城市居民对政府预算的影响力。[①] 这种城市偏向的二元财政制度直接制约了农村经济发展和农民福利改善，阻碍了城乡二元经济结构转变。透彻分析我国城市偏向的二元财政制度产生的过程、转变的机制有助于全面理解中国财政制度形成和演变机制及其演变的趋势。

---

　　① 　程开明：《从城市偏向到城乡统筹发展——城市偏向政策影响城乡差距的 Panel Data 证据》，载《经济学家》2008 年第 3 期，第 28 ~ 36 页。

第一节　后发大国经济发展中财政制度安排的基本逻辑

一、后发大国奠定发展基础阶段经济发展的逻辑

相对于先发国家而言，后发国家尤其是后发大国开始现代经济发展时面临着特殊的国际国内环境，这些条件一定程度上会影响甚至决定其经济发展战略、主导性的资源配置模式的选择，影响包括财政制度在内的一系列经济制度的选择。发展环境影响发展战略、经济制度安排，经济制度安排一旦形成并发挥作用就具有一定的稳定性，并反过来影响经济发展战略进而影响经济发展的条件和发展路径。作为经济制度重要组成部分的财政制度在适应与服务经济发展战略的同时也会作用于经济发展路径、发展进程和经济结构，并在一定程度上形成初始财政制度安排，"锁定"财政制度演变路径。发展经济学的二元经济理论认为，二元经济结构是欠发达大国经济的典型特征之一，某种意义上，可以说后发大国的经济发展的过程就是二元经济结构向现代一元经济结构转变的过程。

一般地说，后发国家工业化同时受到外部因素和内部因素的影响。

首先，后发国家经济现代化的起点受到先发国家经济发展已经达到的水平、阶段和要素禀赋结构的影响，后发大国大规模工业化的起点的技术选择也要受先发国家已经达到的发展水平的影响，而不是完全取决于后发大国国内的资源禀赋和技术水平。先发国家的经济发展阶段对后发国家大规模工业化技术类型和工业化类型的选择主要体现在两个方面：其一是先发国家经济发展在经验上和理论上为后发国家经济发展提供借鉴和指导；其二是先发国家为后发国家提供资金、技术、设备的来源和参照标准，一定程度上可以使后发国家工业化有"跨越式发展"的机会，从而促使后发国家工业化顺利起步和展开。

其次，后发国家工业化中技术类型和工业化初期主导部门的选择（轻工业或者重工业）还受到本国资源禀赋的制约，而且自身的资源禀赋很大程度上是决定后发大国工业化能否顺利推进和工业化效果的决定性因素。理论上讲，一国的要素禀赋结构、经济结构、经济发展阶段、主导型的工业技术水平和技术类型是相互依存、相互补充、相互适应的，工业技术类型、工业化水平是完全内生于一国经济发展阶段、发展水平和经济结构之

中，将不适应本国发展阶段和经济结构的工业技术、主导部门等置入一国经济系统可能导致经济结构失调、紊乱，扰乱正常的经济发展路径。当然，经济系统也存在一定的自我适应机制，一定范围内的外来技术冲击等也可以通过经济系统的自我适应得到消化，并为经济系统提供结构优化和升级的机会。

最后，一般地讲，先发国家工业化水平、要素禀赋结构等国际因素是影响后发国家工业化的外部因素，国内资源禀赋以及其他的经济、政治和社会因素是后发国家工业化的决定性因素，成功的工业化必须从国内的基本条件出发，同时尽可能充分利用有利的外部因素，通过国内的制度安排努力消除至少是降低外部不利因素的影响使本国工业化顺利进行并取得预期成效。事实上，先发国家已经达到的工业化水平和要素禀赋结构可能将后发国家工业化引入困境，比如，先发国家已经达到的工业技术水平和社会发展阶段对应的要素禀赋结构可能与后发国家的发展阶段和要素禀赋结构不一致，甚至差异很大，后发国家如果照搬先发国家的较高发展阶段的技术，采用相应的机械设备，必然与后发国家本国的要素禀赋不相容，进而导致后发国家工业化陷入两难困境：如果直接借鉴发达国家现成的技术，必然受到本国要素禀赋的硬约束；如果不借鉴先发国家的技术，就意味着主动放弃技术后发优势，放弃后发国家的后发优势"红利"。如何处理后发国家与先发国家要素禀赋差异和借鉴先发国家技术的关系是后发国家工业化的一个重要决策。与此相关的工业化模式选择也成为影响后发国家经济发展思路、战略、经济制度安排的重要问题，并在较长时期内影响后发国家经济发展的路径。

大国（主要从资源、人口、潜在市场规模等方面界定，不是现实的经济总量或人均经济规模）由于国内资源、要素、市场等客观条件制约，在发展战略的选择上必然具有明显的大国特色。一国经济发展战略和工业化模式要受到一般规律和本国自身基本条件的双重约束，既要尊重经济发展的一般规律又要从本国实际出发，既尊重客观规律性又充分利用本国的有利因素，充分发挥主观能动性。首先，经济发展具有一般的规律性，这种规律性是所有国家经济发展都需要遵循的基本规律。具体国家经济发展要避免以少数特殊国家，如部分先发达国家和部分小规模国家特殊发展路径不完全归纳总结、提取的局部经验为蓝本，并将其上升为一般规律用于指导大国和后发国家经济发展。其次，大国经济发展最重要的决定因素是大国自身的基本条件，尤其是资源禀赋，如人口、资本、技术、资源、市场等，这些条件是决定大国经济发展战略和路径根本性因素。最后，大国经济发展需要从大国资源禀赋等实际情况出发，运用经济发展的一般理论，参考、借鉴但不简单照搬某些国家的经济发展战略、政策。由于一般规律具有抽象性，很容易被当成是某些成功国家的具体政策和制度安排被后发大国借鉴，但这些政策和制度安排与具体后发大国国内资源禀赋并不适应导致出现非预期的发展结果。因此，后发大国经济发展中应该建立试验、纠错机制，避免造成较长时期的、全局性的失误，贻误发展时机，耽误经济发展。

后发大国在大规模工业化开始时有尽快建立完整工业体系和国民经济体系的必要性。将潜在的后发优势和大国优势转化为现实的经济增长需要具备一定的基础条件。为了引进和吸引国外资本、技术和管理，获得技术、经济增长等后发优势，后发大国需要具有必要的、成体系的基础设施和基础工业系统；后发大国潜在的庞大市场需求和要素供给决定的供给能力决定了潜在的经济体量大，从而具有通过国内供求关系支撑经济循环实现经济持续增长的潜力，这也要求后发大国具有一定的支撑大体量经济运行的基础设施和基础工业；一定规模的成体系的基础设施和基础工业作为国民经济的基础是制约国民经济发展进程的基础性因素，容易成为国民经济的"瓶颈"部门。基于上述原因，后发大国在发展战略上一般有优先发展重工业的非均衡经济发展战略的必要性。由于建立完整工业体系和国民经济体系的资本需求量巨大，时间较为紧迫，客观上要求通过集中配置资源的方式来实施工业尤其是重工业优先的发展战略。

从资本密集的重工业部门开始工业化进程必然影响到资源配置方式的选择。在工业化初期，由于工业基础薄弱，工业部门自我资本积累能力弱，农业成为唯一能够为工业化提供资本积累的部门。从消费结构演进的规律看，这一阶段对日常消费品的需求大，如果通过分散决策的市场机制主导的资源配置方式配置资源必然导致资本、劳动力等要素被配置到有市场需求的消费品工业，这就可能直接导致重工业部门发展所需的资本要素短缺，支撑国民经济的工业体系难以形成，或者不能形成相互依存的工业体系，导致后发大国难以将潜在的后发优势和大国优势转化为经济持续、快速增长的现实。对于处在国际政治、军事封锁下的后发大国，国民经济甚至可能因为缺乏装备工业支撑陷入对发达国家的不对等严重依赖的陷阱之中，导致经济发展失去主导权和独立性，也有可能因为不能获得国外关键机械设备供给导致国民经济难以正常运行，甚至瘫痪、崩溃。因此，后发大国客观上需要通过相对集中的资源配置方式，由政府集中较大比重的资源重点配置到需要重点发展的重工业部门，加快重工业的发展，奠定国民经济发展的基础。当然，政府集中配置资源的紧迫程度与后发大国经济发展初期面临国际、国内环境的严峻程度高度相关，因此，政府集中配置资源的程度也是一个有弹性的区间，既可能集中程度很高，也可能较低。

二、后发大国财政制度安排的基本逻辑

财政制度的安排既要遵循财政运行的一般规律，又要适应特定经济发展阶段、目标的需要，是一般性与特殊性的统一。财政制度不仅具有静态的稳定性，还具有动态的演进性，随着经济发展环境、条件的变化，财政制度也必须相应发生转变，否则，就会阻碍经济发展，甚至成为经济发展的障碍、桎梏。值得注意的是，财政制度在贯彻财政一般规律服务于特定发展目标的过程中，必须注意财政规律所依存的条件，当适用某一具体财政制度的条件不具备时要么选择另外的财政制度，要么通过相关的制度安排和主观努力创造特定财政制度所需的条件，从而使特定财政制度得以形成和正常发挥作用。

从后发大国的国情来看，国家幅员广阔，地区间经济发展条件、水平差异大，不可能在所有地方都同时实现同步发展。从经济发展的空间演进机制角度看，一国经济从低水平的发展阶段到经济起飞，进而到较高水平的经济发展阶段，具有要素相对集中形成空间集聚，提高要素的产出率，推动经济在一定区域的快速发展，形成增长极，然后通过经济发展的空间扩散机制，带动更宽区域的经济发展，进而促成各地区经济发展进入较高发展水平的规律。在某一时期，大国内部不同地区的要素禀赋差异很大，某些地区具备较好的经济发展的条件，如人力、资本、矿产资源、交通运输、市场等，从而会在这些地方形成要素空间集聚和企业、产业集群，提高要素的产出率，有助于提高大国整体资源配置效率，有利于充分利用后发大国有限的经济资源，实现既定要素禀赋条件下的产出最大化。通过财政制度安排有助于调动、集中部分社会资源达到上述目标。

经济发展需要一定的要素积累，而积累经济发展所需要素又需要适当的经济制度安排。经济发展需要劳动力、资本、技术等私人要素和基础设施、制度、教育、医疗卫生、社会保障等社会公共服务共同作用。要素积累必须达到一定的规模，使积累率、投资率等指标达到临界水平才能带来一定的规模效益，形成经济发展的协同效应和规模效应。资本积累、技术

进步、劳动力供给等要素的积累、集聚主要借助于市场机制，也需要相应的财政、金融制度安排配合作用。基础设施、教育、医疗卫生、社会保障、产权保护、市场规则等公共基础制度和基础设施在经济发展初期私人投资者缺乏投资能力和投资积极性时，需要由政府发挥主导甚至主体作用，财政制度是政府主导和主体作用的集中体现。财政制度安排的效率决定着政府配置资源的规模，决定着经济发展相关要素的规模、结构的匹配情况，进而决定着经济发展的方向和速度。

从提高资源配置经济效率的角度看，公共资源的产业与空间配置结构必须和私人资源相互协调，引导私人资源配置符合产业和空间经济结构演进的一般规律，使公共资源和私人资源相互搭配，适应经济发展战略的要求。产业结构、空间经济结构演变的内在机制与趋势以及政府与市场之间在资源配置中的角色与定位都是公共资源配置的理论依据。通过财政制度安排明确公共资源配置的目标、边界是提高私人资源进而全社会资源配置效率的必要条件，只有公共资源配置符合经济发展一般规律的要求并具有效率，私人资源进而全社会的整体资源配置才可能有效率，才能将后发大国潜在的经济优势转化为经济增长，实现经济发展的目标。

公共资源配置的目标要关注效率和公平，即公共资源配置不仅要促进经济增长，还要促进社会公平。社会公平意味着所有社会成员享有平等的生存、发展的权利，享有均等、无差别的公共资源消费权利，在收入分配中享有平等的获取收入的权利，所有社会成员共享经济发展的成果等。当然，社会公平程度的提高有一个过程，要受到经济发展水平的制约。一般地看，实现社会公平有两种方式：其一，由于人口流动存在障碍（语言、风俗习惯、工作机会、居住等），为确保所有公民平等享有包括教育、医疗卫生、社会保障、公共基础设施等相关公共品的消费权利和公平发展权利，需要在全国所有地域空间均等地提供符合各地居民偏好的公共品和公共服务。其二，根据财政分权理论中的蒂布特模型所阐述的机制，消除地区间人口流动的障碍，降低人口跨区流动成本，在不同地区提供差别化的公共品和公共服务，任何地方都开放地接纳迁入居民，并为其提供本地区居民消费一样的公共品与公共服务，确保所有社会成员都有权利且能够实际消费到实质上无差别的、由政府提供的公共品和公共服务。这样也可以实现公共服务的有效提供，确保国内公共消费的均等化。上述两种方式在实践中均存在一定缺陷，比如，在全国所有地域都提供无差异的公共品和公共服务可能导致公共品生产成本居高不下，超出特定发展阶段财政承受能力；按照同一标准提供的公共品和公共服务可能与不同地域选民公共品和公共服务的差别化需求不适应；人口流动成本显然不为零，甚至成本会很高；任何地方都不可能无限制地接纳迁入的居民。可行的折中思路是，其一，在全国提供最基本的生存性公共品和公共服务、无差异的消费性公共品和公共服务，实现全社会基本公共服务均等化。其二，赋予居民跨地区自由流动、迁移的权利，并为所有居民提供其居住地范围内公共消费的国民待遇。其三，以空间为依托，相对集中地配置公共资源以满足经济要素和人口空间集聚对公共品和公共服务的需求，以促进要素集聚和企业产业集群，创造集聚集群效应产生的条件，提高整体要素的产出率和收益率，提高社会整体的福利水平。当然，提高社会的福利水平需要以全社会基本公共品的有效提供和劳动力、人口的空间自由流动为前提，这样既满足社会成员基本生存权利和迁移、流动、选择更好发展条件的要求，又有助于提高全社会资源配置效率。

符合社会公平目标的公共资源配置方式不是机械的、固定不变的。由于满足社会公共需要的公共资源和满足社会私人需要的私人资源取决于一定经济发展阶段资源总量和全社会公共需求与私人需求的比例，只有当社会总资源中配置于满足公共需求和私人需求的资源配置结构与社会公共需求与私人需求结构相一致才能达到社会总资源配置效率最大化。当经济发展水平较低时，社会成员对公共品和公共服务的消费也处于较低水平，理论上社会公平也处于较低水平，这时公共资源和私人资源配置结构属于一种低水平均衡状态。为提高社会整体福利水平，必须提高公共资源和私人资源各自的配置效率，进而提高社会资源整体的配置效率。要素空间①集聚是提高要素产出率的重要途径，将公共资源集中配置到特定空间区域引导私人要素空间集聚，或者满足私人要素空间集聚对公共品和公共服务的需求可以提高公共资源配置效率进而提高整体资源配置效率。相对于要素在地理空间平均、分散分布而言，社会资源空间集聚能够形成要素集聚态势，产生集聚经济效应并带来集聚经济效益，可以带来更多的财政收入，可以有更多资源用于提供经济社会发展所需的社会公共品和公共服务。因此，在实践中，从空间角度看，一定经济发展阶段的国内公共资源与私人资源的空间配置是非均衡的，有的地区私人要素和公共资源密集程度较高，有的地区公共资源和私人资源密集程度低。不仅如此，由于要素集聚

---

① 这里的空间包括一国内部的地区之间和城乡之间这一双重含义。

导致要素密度提高，产生集聚效应，要素收益率提高，还会进一步吸引更多要素在该区域集聚，构成要素累积性集中的趋势。随着要素空间集聚效应的累积，社会资源总量或财富总量快速扩大，财政收入同步快速增加，社会可以用于提供公共品和公共服务的公共资源增多，可以形成更强的公共品和公共服务供给能力，向社会提供更多、更高水平的公共品和公共服务，使国家具备在较高水平上促进地区均衡发展的条件。与此同时，诸如土地、矿产资源等空间地理位置具有较强固定性或者运输成本高的要素在部分地理空间出现闲置，形成潜在的经济效益损失。为促进不同地理空间之间公共品和公共服务的均等化，社会可以提取更多公共资源，政府可以获得更多的财政收入，通过增加对公共资源短缺地理空间的公共品和公共服务供给，可以促进区域空间公共服务均等化。最后，当各区域空间公共品和公共服务差距缩小或者接近均等时，全社会公共资源配置达到高水平的均衡，实现较高水平的公共品和公共服务均等化。

由此可见，财政制度决定的公共资源空间配置动态变化一般会经历低水平的空间均衡满足社会成员基本生存需要到部分空间集中配置公共资源满足要素空间集聚需要导致空间公共资源配置结构非均衡，再到经济发展较高阶段空间公共资源配置在发展中逐渐均衡化，最后实现全社会公共资源配置在更高水平上均等。由此可见，大国内部公共资源配置一般会经历低水平均衡、发展中不平衡和高水平发展的均衡三个阶段。

第二节　中国城市偏向的二元财政制度形成的机制

中国城市偏向的二元财政制度是具有中国特色的后发大国经济发展中的一种制度安排。中国二元财政制度是新中国成立初期特殊的国际国内政治经济形势下，在马克思主义政治经济学相关理论指导下建立起来的，镶嵌于中国政治经济制度体系内，具有鲜明的城市、工业偏向的、高度集中的、服务于中国特定发展阶段的一种财政制度。

一、中国城市偏向的二元财政制度形成的经济社会条件

新中国在完成国民经济恢复任务后随即进入大规模经济建设时期，为了推行重工业优先的经济发展战略，建立了城市偏向的二元财政制度。我国城市偏向的二元财政制度的形成具有理论、经验和客观现实条件三个方

面的因素。理论基础主要是非平衡经济增长理论和马克思主义社会扩大再生产理论，经验基础主要是苏联的计划经济实践和战争年代根据地和解放区的实践，客观现实条件是中国作为典型后发大国经济发展面临的内外条件。当然，也有经济建设经验不足和理论准备不充分的因素。

外生的、无法控制的国际经济政治环境是影响新中国经济发展战略选择和经济制度安排的重要因素。从国际环境来看，新中国成立伊始，社会主义与资本主义两种社会制度的对立使我国在国际上面临以美国为首的资本主义国家集团严密的经济封锁和禁运，政权面临被颠覆的危险，大力发展重工业是确保国防安全、经济独立、政权巩固的必然选择。

后发大国拥有潜在的后发优势和大国优势，通过一定时期的发展有可能成为经济强国，但需要一些条件，这些条件包括：（1）通过人力资本投资将人口优势、劳动力优势转化为人力资本和人才资本优势。完善经济增长的基础条件，为劳动力发挥作用提供就业平台，建立激励性、竞争性的劳动力市场，充分利用劳动力资源促进经济持续、快速增长。（2）需要经历一个较长时期的高速的经济起飞阶段。经济增长率不仅要高于最好的历史记录，还要高于发达国家的水平，并保持增长的稳定性。（3）保持国家长期的政治稳定和社会稳定，为吸引国内外投资提供条件。（4）主动对外开放，积极融入全球经济分工之中，在更大范围利用国外知识、技术、资本、人才等资源。（5）具有一个有强烈现代化意识和目标的中央政府，有效动员各种社会力量，既利用积极因素也化解消极因素，建立公平竞争的市场经济，调动人们生产的积极性。①

新中国成立初期中国经济发展面临的基本条件主要包括以下一些方面：

（一）经济条件

从国内经济环境来看，1949 年中国的国民收入中，农业所占比重高达68.4%，工业仅为 12.6%，处于传统农业发展状态的农业所占比重决定着中国国民经济的面貌。到 1952 年，第一、二、三产业的比例为 50.5%、20.9%、28.6%，传统农业仍然占到一半以上。再经过 26 年的发展特别是国家工业化建设，到 1978 年三大产业的比重则为 28.1%、48.2%、23.7%，中国国民经济结构和产业结构面貌才初步改观。②

每个国家的工业化都是在一定的经济发展水平基础上起步的。根据库

---

① 胡鞍钢：《中国政治经济史论（1949～1976）》，清华大学出版社 2008 年版，第 27 页。
② 贺耀敏：《辉煌的 70 年（二）》，载《中国人民大学学报》2019 年第 1708 期。

兹涅茨的计算，除日本以外，一般工业化国家在工业化的启动阶段，人均国民生产总值按照 1965 年美元价格计算为 200～250 美元。比如，英国是 227 美元，法国是 242 美元，美国和加拿大分别是 474 美元和 508 美元。日本大约是 74 美元。中国 1949 年的人均国民生产总值仅为 50 美元。①

　　作为典型的后发大国，中国独立自主地开始大规模的工业化时，经济发展水平低，但为了尽快奠定后发大国经济发展的基础，在一定时期内被迫采取一些可能比较激进的制度安排。中国开始进行大规模工业化时，先发国家已经完成工业革命，并进入资本过剩、劳动力短缺的要素禀赋结构阶段，这在一定程度上决定了新中国的工业化起点、可供选择的技术，这也直接影响了中国工业化的思路。为了有效维护国家主权独立、领土完整和经济独立，为了尽快缩短与先发国家经济发展的差距，以便尽快具备与发达国家竞争的实力。为了尽快改变贫穷落后的面貌，在国际贸易中尽快改变主要以初级产品出口面临的不利的国际贸易条件，迫使新中国在人均产值很低的条件下选择依靠自己力量从资金密集的基础工业开始的工业化和现代化进程。毫不讳言，单纯从现代经济学理论看，在经济发展水平很低的条件下选择从资本密集的重工业开始大规模的工业化确实面临资本严重短缺的约束，并可能导致经济结构的严重扭曲，但从维护国家主权独立、领土完整和经济独立的角度看，这种选择仍然具有很大的合理性。也就是说，这种发展战略选择实际上是远远超越了一般经济学假定的前提条件，即现代经济学在分析理性选择时都实质上假定所有经济主体都是平等的，不存在除经济方面以外的生存问题，而新中国当时选择约束条件直接关系到国家的生死存亡，因此，经济发展战略决策远远不只是考虑经济因素，而是要同时涉及政权、领土和经济发展等问题。

　　新中国成立之前，中国财政收入只占国家经济很小的一部分，难以满足大规模经济建设的需求。根据王绍光的研究，帝制时代，政府财政收入从来没有超过 GDP 的 4%。即使清政府倒台后，政府所汲取的财政收入占国民收入的份额仍然很小。1936 年作为国民政府财政收入较好的年份，整个政府预算也不过 GDP 的 8.8%。1949 年新中国成立以后，预算收入占国民收入的比例达到了历史上的较高水平。1950 年，财政收入占国民收入的比重接近 16%，1953 年后，该比例上升到 30%。② 过低的财政汲取能力

①　何炼成：《中国发展经济学概论》，高等教育出版社 2002 年版，第 38～39 页。
②　王绍光：《国家汲取能力的建设》，载《中国社会科学》2002 年第 1 期，第 77～93 页、第 207 页。

意味着政府缺乏足够的财力履行政府职责，缺乏实现执政目标的财政能力，使政府处于"无为"和"难为"的状态。一定的财政汲取能力的提高是政府有效履行职能，为经济社会发展和国家治理提供有力保证的基础。当然，不可否认，经济发展水平是决定财政收入占社会总产值比重高低的重要决定性因素之一，不能长期超越经济发展阶段提高财政收入占社会总产值的比重。

（二）理论条件

在经济建设指导思想和理论准备上，马克思列宁主义的经济理论是指导刚成立不久的新中国经济建设的理论。在马克思主义政治经济学理论中，生产资料优先增长理论是一种关于在技术进步、资本有机构成提高的扩大再生产条件下，生产资料生产的增长速度快于消费资料生产增长速度的理论。生产资料优先增长理论是马克思首先提出的生产资料生产优先增长的规律。列宁则将马克思的这一思想和资本有机构成的理论及再生产公式相结合，提出了在技术进步条件下，在扩大再生产过程中，第一部类生产增长的速度将高于第二部类生产增长的速度。因为，在有机构成提高的条件下，在所积累的资本中，将有越来越大的部分合并到原来的不变资本中去，从而导致不变资本的增长快于可变资本的增长。与上述趋势相适应，社会对生产资料的相应需求，也将比对消费资料的需求增长得更快。因此，国民经济中增长最快的是制造生产资料的生产资料生产，其次是制造消费资料的生产资料生产，最慢的是消费资料生产。上述理论为重工业优先的经济发展战略提供了理论基础。生产资料优先增长规律作为一个理论推导的结果本身是在一些假设前提下演绎出的结论，一定程度上反映了经济发展的内在趋势。事实上，生产资料生产优先增长本身并不意味着生产资料的生产可以脱离消费资料的生产而孤立地、片面地发展。因为生产资料的生产归根到底还是为了以更多的技术设备和原材料供应消费资料的生产部门，以满足这些部门的生产需要。因此，生产生产资料的各部门，总是要通过直接或间接的交换去和生产消费资料的各个部门发生联系，生产资料生产的发展终究要依赖于消费资料生产的发展，并为其所制约。

非平衡增长理论是二战后发展起来的重要经济发展理论，也是新中国经济发展战略选择的重要理论依据。该理论认为，平衡增长理论强调发展中国家国民经济内部各部门之间的有机联系，但要同时在国民经济各部门同时按相同或不同比例进行投资不现实，实际的投资必然受到发展中国家资本供给的限制。发展中国家可以而且应当集中有限的资本和资源首先发展一部分产业，以此为动力逐步扩大对其他产业的投资，带动其他产业发展，该理论在一定程度上与当时的中国国情相符合。

在国民经济非均衡增长战略中，工业部门的优势决定了其应处于优先发展地位：其一，工业部门的劳动生产率高于农业部门，优先发展可以提高劳动生产率，提高国民经济整体的产出率，提高经济效益。其二，工业部门的产出增加符合人们消费结构转变的规律。其三，工业部门发展能够促进技术进步，改变"外围国家"相对于"中心国家"的不利地位，从国际贸易中获得较多的利益等，打破发展中国在经济发展中的不利地位，实现在较高技术水平上的发展。工业包括资本品工业部门和消费品工业部门两大部分。资本品工业部门主要涉及生产资料的生产，消费品工业部门主要涉及消费品的生产。其中，在封闭经济条件下，资本品工业部门的发展是消费品工业部门生存的基础，为消费品工业部门提供机器设备和重要的能源和部分原材料，资本品工业部门的发展水平决定了消费品工业部门发展的水平；消费品工业部门的发展是资本品工业部门发展的目的，一定程度上也是资本品工业部门发展的前提，即没有消费品工业部门生产消费品满足资本品工业部门的工人的消费，资本品工业部门难以开展正常的生产活动。

（三）政治、社会条件

新中国成立后，作为执政党的中国共产党得到全国人民的信任，这为大规模工业化和经济建设提供了有力的政治和社会条件。政治上的独立保证了经济建设可以有相对稳定的环境，领土完整有助于为经济发展提供广阔的国内市场，人民群众的信任为政府调动资源开展大规模经济建设提供了重要的群众基础。中国共产党领导下的中国尽管处于低收入水平，却具有相当强的社会整合能力以及一体化水平，这是中国开展大规模经济建设和现代化独特的组织资源和政治资源。

二、后发大国资源非均衡配置的财政理论基础

（一）后发大国发展初期财政资源配置优先顺序的基本理论分析

根据赫希曼的经济发展理论，发展中国家应该优先发展进口替代部门，该部门在20世纪50年代的中国实际上相当于资本品工业部门，其优先发展一方面可以减少对国外经济的依赖，另一方面是这些部门的联系效应强，其优先发展能够带动相关工业部门的发展，进而促进整体经济发展。

重工业优先发展战略与新中国成立初期的资源禀赋并不适应。资本是资本品工业部门发展的重要条件，对于后发大国来讲，资本品工业的进口替代涉及一系列相互联系的投资，资本需求规模巨大。从资本供给看，理论上包括国内积累和向国外借款，国内资本来源包括工业部门和农业部门积累的资本。工业部门由于其本身发展落后，积累能力非常有限。从国外借款受到风险等因素影响困难也较大。事实上，对具有较高关联性的重工业部门进行大规模投资提供巨额贷款的风险是单一贷款国难以承担的。另外，重工业项目投资周期长，资金回收慢，风险大，一般国家缺乏提供相应贷款的意愿和能力。更重要的是，当时中国正遭受以美国为首的资本主义集团的经济封锁，通过借款筹集大规模建设资金可能性不大，因此，农业成为为工业发展提供资本积累的主要部门。从农业部门提取剩余的方式一般包括吸纳农民的储蓄、税收两种常规方式和国家控制市场、控制价格，通过工农业产品价格"剪刀差"等方式。从农业提取剩余要受到农业发展水平的制约，超过一定水平必然影响农业的再生产，甚至造成农业生产的萎缩，导致国民经济结构失调，降低整体资源配置效率。从农业获得的剩余过少又会影响工业部门尤其是重工业部门发展进程，影响被封锁条件下建立相对完整的工业体系和国民经济体系的进程。在从农业获取剩余的方式、力度上有两个标准：其一是效率标准，即指在单位时间内从农业提取的剩余占农业生产总量的比率；其二是效果标准，是从农业中提取剩余对农业本身发展所造成的影响以及由农业发展状况形成的产业联动效应。[①] 采用效率标准可以短期内从农业获得较多资本来加快工业部门发展，短期内形成相对完整的工业体系，完成资本品工业部门进口替代的任务，但农业发展容易受到抑制，会导致工农业差距扩大，不利于产业之间协调发展。采用效果标准可以保持农业的适度发展和国民经济关系的相对协调，但建成相对完整的工业和国民经济体系的时间较长。

从资本构成角度看，社会总资本包括社会分摊资本和直接生产性资本。社会资本即社会分摊资本，主要是社会基础设施，具有"不可分性"和高资本－产出比率特征，具有投资规模大，建设周期长，投资的直接经济效益低，但受益面广，外部经济效应明显的特点。直接生产性资本包括企业资本、人力资本等是投资于工业、农业等产业部门中追求具体投资项目投资收益的资本，这类资本的投资会直接增加产出和带来收益，具有投

---

① 李溦：《农业剩余与工业化资本积累》，云南人民出版社 1993 年版，第 175 页、第 177 页。

资集中、周期短、收益快、投资效率高的特点。社会分摊性资本和直接生产性资本是两种互补性资本，缺少社会分摊性资本的直接生产性资本投资会因为配套基础设施不足，运行成本高，效益低；缺乏直接生产性资本的社会分摊性资本投资只能满足人们生活需要，但没有产出增加，必然导致社会分摊性资本利用不充分，导致稀缺资本资源闲置、浪费。基于上述分析，由于企业投资领域不同、投资目的不同，单纯使用统一的利润率指标来衡量所有企业投资效益并不合理，那些服务于为国民经济发展奠定基础的，具有很强外部性的投资，如基础设施投资、基础工业投资（含重要的能源、原材料和装备工业）等，不能或者不应该完全依据投资的直接经济效益来衡量其投资效益。广义的财政对教育、医疗卫生、社会保障的支出也会间接形成人力资本，间接促进经济增长。为了从整体上和长期内促进后发大国经济持续增长，适度加大对社会资本的投资是合理的、必须的。

（二）后发大国财政资源空间非均配置的基本理论分析

从产业或企业的空间分布看，优先发展城市和部分具有较好经济区位的地区有助于提高资源配置效率，提高经济增长质量。由于某些主导产业部门或者有创新能力的企业或行业在一些地区或大城市的聚集，可以产生聚集经济效应，提高产出效率，促进经济增长，形成"增长极"。"增长极"具有明显的正外部性，其优先增长可以带来技术创新、产品创新、生产方式创新等并将创新的成果外溢到其他地区，促进国家整体的技术进步和劳动生产率的提高，带动相邻地区的发展。培育"增长极"除了"直接生产性资本"集聚之外，还必须有社会分摊性资本的配合，否则，必将因为直接生产性投资经济效益差而难以增加产出，或者降低直接生产性投资效益。因此，一定程度上集中财政资源培育"增长极"具有经济合理性。由于后发大国幅员宽广，各地区之间差异大，发展初期资本严重短缺，因此，集中资源培育"增长极"，优先发展重点区域是其财政制度安排的一个重要选项。

实际上，直接生产性资本和社会分摊性资本在"增长极"集聚不仅有利于提高直接生产性投资的经济效益，也有利于提高社会分摊性投资效益。由于以基础设施为主的社会性资本具有不可分割性、使用的非排他性和弱竞争性的特点，越是被一定程度的集中和大规模使用，单位产出的分摊成本越低，社会整体的经济效益越高，即实现直接生产性资本和社会分摊性资本的效益共同提高。因此，从提高社会分摊性资本投资效益的角度看，应该将其集中投资在直接生产性资本投资集中的"增长极"，这些

"增长极"往往是具有一定优势的、历史形成的城市或国家规划的城市。由此，从经济合理性角度看，社会分摊资本在一定时期非均衡配置具有合理性和必然性。

相对于社会分摊资本，包括科学、教育、文化、卫生、社会保障等公共服务的提供受经济发展阶段的制约在"增长极"集中提供也具有一定的经济合理性。包括医疗卫生、社会保障、社会福利等公共服务一方面是居民生活、消费的组成部分，由政府集中向城市提供可以降低居民生活成本，在满足居民基本生活的条件下促进经济增长，政府可以获得尽可能多的剩余产品进行扩大再生产，尽快建立工业体系，完成进口替代的目标。另一方面教育、医疗卫生、社会保障等公共资源还具有生产属性，这些支出会形成相应的人力资本，分散、降低经济活动的风险，有助于提高生产性资本产出率和长期的潜在经济增长率，将这类资源集中配置在一定空间有助于提高生产性资本的产出率，提高整体资源的配置效率。科学、教育、文化等财政支出实际上是满足公民的发展性需求，集中在一定空间配置可以在公民发展性需求满足效果不变的情况下降低整体公共品的平均生产成本，减少非生产性支出，以便将更多资源投入生产性领域。由此可见，在财政资源强约束和消费人口数量大的情况下，在短期内，通过城乡分割的户籍制度将所有公共品供给分成城乡两种模式，城市由政府集中提供，农村由农民自己或者借助集体经济组织提供具有经济上的合理性。这就是公共服务的城乡二元化供给机制形成的基本逻辑。毋庸讳言，特殊发展阶段的城乡二元公共资源配置机制和相关的制度安排严重背离了社会公平原则，不能保障广大农村地区社会成员享有公平的公共服务的消费权利，降低了这些社会成员的消费福利，无助于这些社会成员发展能力的培养，长期内会导致这部分社会成员在市场经济中的竞争能力低于同一时期的城市居民，可能导致城乡差距长期延续，加大城乡缩小差距的难度。

与社会分摊资本和公共服务的城乡分割的供给机制相联系，行政、司法等公共服务在一定程度上形成城乡二元化格局也具有经济合理性。相对于人口和经济活动较为分散的农村地区而言，城市对治安、行政管理、司法、产权保护等公共服务的需求远大于农村地区的同类需求，处于较低经济发展水平的农村地区的社会治安、产权保护等事务很大程度上是通过农村传统的非正式组织和规则来承担，因此，包括行政管理、司法、产权保护等一般公共服务事实上也存在明显的城乡差别。当然，国防作为一种纯公共品在城乡公平提供也是理所当然的。

简言之，对于后发大国，为了尽快走上工业化的发展道路，通过从农业提取剩余加快工业化步伐，基础设施等社会分摊资本和公共服务在城市集中提供，可以降低公共品和基础设施提供成本，提高资本的利用效率，有助于在较低的经济发展水平上集中资源开展大规模工业化。城市偏向的二元财政制度就是服务于该发展阶段的要素禀赋约束下的发展目标的财政制度安排。如果能够尽快培育出"增长极"，并使"增长极"尽快发挥扩散效应，促进农村经济增长和发展，则可以加快整体经济发展，缩小城乡发展差距，尽快实现二元经济结构转变。

（三）农业国工业化理论

后发大国工业化是工业化理论的重要内容。中国发展经济学家张培刚教授关于工业化的理论，对于中国工业化战略、路径及相关制度安排具有十分很重要的指导意义。

工业化是经济发展的重要内容，对工业化内涵的全面、精准理解是制定正确的工业化战略、提供工业化相关制度安排并顺利推进工业化的前提。张培刚认为，"工业化是一系列基要生产函数连续发生变化的过程。这种变化可能最先发生于某个生产单位的生产函数，然后再以一种支配的形态形成一种社会化的生产函数而普及于整个社会。"[1] 引起工业化的部门可能是生产消费品的轻工业部门，也可能是生产资本品的重工业部门，连锁反应是指某一开始发生重大变化的部门的生产方式变化能够引起相关生产部门相继发生重要的质变，继而带来整个生产体系的全局性的质变，即工业化是起源于某一生产部门的局部质变向全局性质变的扩散的过程。工业化不是单纯的某一种或者某几种工业产品的量的增加，也不仅仅是整体工业产品数量的增加或者说是工业产值比重在国内生产总值（或国民生产总值）中比重的提高。忽视农业的发展和传统农业的进步单纯追求工业产值增加理论上不会导致国民经济各部门对引起工业化的部门的积极响应，不可能是国民经济整体的质变，相反，则会导致国民经济各部门之间有机联系的断裂，带来国民经济结构的失衡，最终使工业化难以持续持续而中断。

工业化和农业现代化是相互联系、相互依存和相互促进的。农业一定程度的发展是工业化的前提和基础，农业的一定程度的发展可以为工业化提供作为消费资料和原材料的农产品，提供劳动力、资本，当工业发展到

---

[1] 张培刚：《农业国与工业化（上卷）：农业国工业化问题初探》，华中工学院出版社1984年版，第70~71页。

一定水平后，农业部门还为工业部门提供消费市场。农业革命和农业的发展是工业化顺利启动和可持续推进的基础和前提。由此可见，农业发展落后是制约工业化进程的最重要的条件，如果没有农业革命和农业的发展，即使工业可以强制性地、大推进式的开展，也不能持续，甚至还会激化工业与农业的矛盾。工业化可以为农业发展提供机械设备、先进技术，吸引农业剩余劳动力，改变农业资源禀赋，为农产品提供市场支持，改变农业的生产函数。工业化发展还可以带来财政收入的增加，为农业发展提供财政支持。因此，工业发展到一定程度后一定要反过来带动、促进农业的发展，在工农业共同发展的过程中实现工业化的可持续推进、升级。

工业内部结构的协调也是工业化持续推进的重要保证。轻重工业之间的关系是工业内部的重要关系。在封闭经济条件下，重工业为轻工业发展提供能源、设备和重要的原材料，是轻工业发展的基础和前提。尤其是在后发大国，由于消费品需求规模大，国内生产所需设备和原材料需求规模大，国内生产可以获得规模经济效益，降低生产成本，并避免国际市场波动给生产和供给可能带来的不确定性风险，弱化国内生产和消费行为对国际市场的依赖，屏蔽国际市场供给者的"敲竹杠"给后发大国造成大的经济损失。当然，这并不意味着后发大国要主动选择拒绝参与国际经济交往，使自己游离于国际经济活动之外，而是要考虑到国际市场、国际贸易平台和环境本身并不是天然的、免费的公共品。事实上，对于后发大国而言，公平的国际经济环境是内生于后发大国经济发展之中，只有当后发大国具有一定的经济自主和独立能力才能避免经济上的潜在合作者的"敲诈"倾向，形成平等公平的合作环境。轻工业的发展是重工业发展的目的和前提，即重工业所生产的设备、原材料的最终目的是满足轻工业的发展，满足人们对消费资料的需求，脱离轻工业发展的重工业的发展将失去目标和意义；轻工业发展是满足人们消费需求，进而获取一定利润用于支撑重工业进一步发展的经济基础；轻工业的发展和人们生活水平的提高有助于增加人力资本，为重工业发展提供人力资本，进而促进重工业的可持续发展。在同一时点上，由于可用资源是一个相对固定的量，投入到重工业和轻工业的资源具有此消彼长的关系。由于投入到重工业的要素短期一般难以产生直接经济效益，要维持再生产必须持续投入资本和劳动力要素。相反，投入到轻工业的要素可以尽快生产出最终消费品，产生一定的经济效益。如果投入到重工业的要素比重过高可能导致投入到消费品生产的要素减少，导致消费品短缺，影响人们对消费品的正常消费，导致社会整体投入产出比率提高，影响全社会即期的投入产出比率，形成投资"饥渴症"和"强迫症"，导致要素供求关系紧张。重工业资本有机构成远高于轻工业，等量投资带来的就业机会少于轻工业可以提供的就业机会，过度偏向于重工业的投资会影响就业机会增加，不利于吸引和转换农村剩余劳动力，会导致农业内部劳动力的过度累积，不利于提高农业人均耕地占有数量，影响农业劳动生产率的提高和农业规模化经营，抑制农业机械化和现代化。轻工业投资少还会影响城市可承载的就业人口，影响城市规模，抑制城市化进程。

积极参与国际经济活动，可以充分利用先发国家经济发展的技术、制度等成果，发挥技术和制度后发优势。后发大国的技术、制度和经济结构等潜在优势的获得主要依托国际经济交流、合作，通过参与国际经济活动，充分利用国际市场，后发大国可以利用国际市场取得技术和制度上的跨越式进步，获得并享受后发优势。后发国家借助于国际经济还可以获得工业化启动阶段的稀缺资金、管理等要素。后发大国还可以借助于国际市场平衡国内总供求关系。因此，后发大国要尽量充分利用国际市场来促进本国产业的成长和发展，但参与国际经济活动尤其是参与国际贸易要持有动态比较优势的理念，而不是固守静态比较优势，要在参与国际经济活动中提高技术水平，提升进出口商品的结构，逐渐提高出口产品的附加值和技术含量，避免沦为先发国家廉价原材料的供应地和单纯的消费市场。

张培刚根据不同标准把工业化区分为几种不同的类型，一定程度上为研究后发大国工业化战略及财政制度安排提供了理论依据。根据工业化发动主体的不同，有私人发动的"演进型"工业化和政府发动的"革命型"工业化，还有政府和私人共同发动的混合型工业化。从产业发展顺序角度看，有从消费品工业开始的工业化和从资本品工业开始的工业化。工业化一般会顺次经历三个阶段：消费品工业占优势的阶段、资本品工业相对增加的阶段、消费品工业和资本品工业达到平衡的阶段。一国采取哪种类型的工业化并不完全是单纯的主观选择的结果，而是要受到如下因素影响：其一，该国进入工业化时生产技术所处的阶段。一般地，越是较后阶段进入工业化过程的国家由于更易于采用最近的生产技术发明和组织安排，其工业化的速度越是会快于较早进入工业化的国家。其二，政府发动的工业化在资源动员能力方面会强于私人，后发国家政府为了尽快启动和推进工业化，克服工业化过程中资本积累的障碍，往往会实行政府发动型的工业化。其三，受国内外环境影响。如果从资本品生产开始工业化进程，工业化初期的经济转变速度往往比较快，资本品产值占工业产值的比重会在短期之内达到较高水平。相反，如果国际国内环境比较宽松，选取消费品工业开始的工业化进程，经济结构演进就会具有比较强的演进特征。其四，筹资方式。如果能够在确保国家主权、政治独立和领土完整的情况下利用外资，将有助于工业化的顺利启动和持续推进。后发国家的工业化启动时间都比较晚，大国由于资金需求量大，如果国际市场资金供给充足，可能通过利用国际投资，从消费品工业开始，选取私人发动或者私人与政府发动的工业化；如果国际政治经济环境不利，不能获得国际市场资金支持缩小资金供求缺口，则可能被动选择政府发动的工业化类型。

国民经济恢复完成后的中国工业化从总体上看，具有较强的国家主导、跨越式工业化的特征。中国有意识的、大规模的工业化是在农业没有充分发展、工业基础薄弱、外部环境严峻、理论准备不充分的条件下，基于后发大国经济发展内在逻辑和严峻的国际国内政治经济形势仓促启动，并大规模展开的工业化，中间还经历多次因为准备不充分和经济结构失调而被动进行的调整过程。初始条件和理论准备不充分决定了服务于这种政府发动的、从资本品工业部门开始的工业化的财政制度、金融制度以及其他制度安排都具有明显的非自然演进的、较强的国家主导的特征。工业化以及服务于该种类型的工业化的经济制度安排必然对包括城乡经济结构、地区间经济结构以及不同所有制形式的经济结构的演进路径产生重要的影响。

三、中国城市偏向的二元财政制度的形成及基本特征

（一）城市偏向的二元财政制度的形成

新中国成立后的经济发展战略是在后发大国经济发展基本逻辑引导下，在特殊国际国内政治经济条件下，形成并随着经建设实践调整而成。新中国成立前毛泽东、刘少奇等对中国国情做了较充分的了解，一定程度上奠定了新中国成立和经济建设的理论基础。早在 1940 年，毛泽东在《新民主主义论》中从七个方面总结了中国国情的特点，对中国的落后性、现代性和不平衡性做了较全面的概括，一定程度上反映了他对中国国情的清晰认识，这也是新中国成立初期经济建设的基本国情。刘少奇在 1950年谈到中国劳动人民贫穷的原因时提到，中国近代化的机器工业、运输业和农业还很少，在国民经济中，90% 左右还是手工业和个体农业，在运输

业中，也绝大部分是人力、畜力和木船运输。①

基于对国内外政治经济形势的判断对国家经济发展战略的指导思想产生了重要的影响。

理论上，在人均收入水平极低，工业基础薄弱，资金积累能力严重不足的情况下，国民经济发展按照农、轻、重的主次关系来安排先后、主次顺序是符合发展条件和经济发展一般规律的。但在经济严重落后的条件下，面临国家主权独立和领土安全威胁的情况下，尤其是朝鲜战争发生后，加之后来与苏联关系恶化后，经济发展和国家安全的优先顺序迫使新中国领导人选择优先发展重工业，维护国家主权独立、领土完整和经济独立兼顾的经济发展战略，以该战略为经济发展的指导思想，并制定对应的财政、金融等制度。这些制度安排导致资源配置具有明显的重工业优先和城市为重点的特点。实事求是的看，后发大国的基本国情和新中国成立初期国内经济发展水平是决定经济发展和战略的内在依据，外部环境对经济发展战略也必然具有重要影响，当外部因素对短期发展目标产生大的影响，直接影响到经济社会发展的较长期战略时，外部因素也可能成为影响经济发展战略的重要因素，甚至成为决定性因素。对于新中国成立初期的经济发展战略和工业化战略而言，国际国内形势的变化大大压缩了中国经济发展战略的选择空间，看似不符合经济理论的选择实际上是内生于中国这一典型后发大国特定发展条件之下的必然选择。

在经济发展战略和工业化道路上，中国选择了以追赶发达的工业化国家为优先发展目标的经济发展战略，相应地选择了由国家发动，城市优先，重工业为重点，"自力更生"为主的工业道路。国家领导人对后发展大国经济发展内在规律的认知是经济发展战略选择的基本前提。以美国为首的西方资本主义国家对新中国实行经济封锁和禁运以及随后的中苏关系恶化，使中国经济建设面临更加艰难的外部环境，应该说，这些外部环境和技术水平低、人均国民收入低、经济结构严重不平衡、经济建设理论缺乏、建设经验不足共同导致新中国成立后经济发展战略、工业化模式以及与其相适应的经济体制选择。

新中国成立初期经济发展战略决定了财政制度安排的基本内容，财政制度积极支撑了"一五"时期的经济发展战略。新中国成立初期，为了遏制通货膨胀，有效克服财政困难，稳定国民经济，统一全国的财政经济十

① 刘少奇：《国家的工业化和人民生活水平的提高》，载《刘少奇选集（下卷）》，人民出版社1950年版，第1页。

分迫切。在三年国民经济恢复时期，为了有效稳定国民经济，应对国内外复杂情况，财政制度安排具有明显的应急、高度集中的特征。"一五"计划时期，围绕着重工业优先的工业化和经济发展战略，相关经济制度安排主要学习借鉴了苏联的一些做法，具有明显的经济建设特征。整个"一五"计划时期的财政制度安排都集中于努力为工业化积累资金，并合理使用这些稀缺的资金，顺利开展重点规划的 156 项重点工程。整个"一五"时期总共筹集财政收入 1354.88 亿元，财政支出中的经济建设费占49.9%，其中，基本建设资金中用于重工业的支出占了 36.1%。

"一五"时期开始实施并逐步体系化的财政制度具有明显的城市偏向的二元财政制度的特征。经济建设支出占全部财政支出的比重偏高，其中，工业部门基本建设投资占全部基本建设投资比重达 42.5%，"一五"时期轻重工业基建投资合计占总投资的 85.7%，工业投资主要集中在城市；1951 年由政务院制定并开始实施的《中华人民共和国劳动保险条例》基本建立起城乡以国有企业为主体的国家所有制企业与农村集体经济组织成员二元化的社会保障制度框架；1953 年政务院第一次发出《关于劝阻农民盲目流入城市的指示》，1954 年、1956 年相继发出类似通知，1957年中共中央和国务院联合发出通知《关于制止农村人口盲目流入城市的指示》，1958 年国务院出台《中华人民共和国户籍登记条例》，第一次通过法律把城乡有别的户籍制度固定下来，与户籍制度联系捆绑在一起的城乡二元化的基本公共服务和社会保障也因此固定下来，至此，中国城市偏向的二元财政制度基本形成了。

（二）"一五"计划后财政制度安排的基本内容

"一五"计划顺利完成后，中国继续了重工业优先的工业化道路，进一步通过制度安排强化了城市偏向的经济制度。超越国力、偏离国情的经济发展战略使国民经济一度陷入困境，其间，财政制度也对经济困难挑战做出了一些调整，但整体上仍然保持了重工业优先，城市为重点的制度安排特征。财政支出结构继续向城市的重工业倾斜，城乡户籍制度使城乡隔离的二元化教育、医疗卫生、社会保障制度也逐渐固定下来，城市偏向的二元财政制度进一步固化、强化。

（三）中国城市偏向的二元财政制度的含义与基本特征

中国城市偏向的二元财政制度是中国财政制度演变的一个阶段，是内生于中国后发大国经济发展的制度生态系统中，综合反映了政治、经济、社会发展内容，对资源配置发挥了重要作用的一种财政制度。中国城市偏向的二元财政制度是特指中国城市和农村在财政收入、支出上具有明显二元特征的一种财政制度。作为财政制度的一种特殊形式，中国城市偏向的二元财政制度既体现反映财政运行的一般规律，具有财政制度的基本特征，又体现出中国作为后发大国特定发展阶段财政的特殊职能和内容。需要说明的是，这段时期的财政制度并不完全符合现代公共财政的基本要求，但仍然符合财政的基本要求。从财政和财政制度的演进来看，财政与财政制度经历了奴隶制财政、封建制财政、资本主义条件下的公共财政和社会主义财政几个阶段。财政本质是国家为了实现其职能参与一部分社会产品或国民收入的分配，因此，国家在不同经济发展阶段、在不同生产资料所有制和政治上层建筑条件下其具体职能存在显著差别，对应的财政收入形式、规模，财政支出规模和结构也存在显著差别。从财政的类型看，国家财政、公共财政、经济建设财政、国际财政、转型财政分别侧重于财政的不同职能，中国这一时期的城乡二元财政制度具有明显的国家财政和经济建设财政的特点，公共财政和国际财政的成分较弱。

（四）改革开放以来的财政制度安排的基本逻辑

适用于重工业优先发展战略的、计划经济体制下的财政制度在奠定后发大国经济发展物质基础的同时，对微观经济活力、经济结构、经济增长质量和人民生活水平提高等方面也产生了一定程度的不利影响。随着基础设施、装备工业等制约国民经济发展的物质条件的形成，市场机制配置资源的基本硬件条件也逐渐具备，中国开启了计划经济体制向市场经济体制转变的改革。伴随着经济体制改革的推进，高度集权的、经济建设偏向的财政制度也逐渐向分权型、公共服务型财政制度转变。

财政制度转型的过程是其配合市场经济体制形成并在资源配置中作用不断增强的过程。中国财政制度改革方向是从中央集权的财政制度向地方分权的财政制度转变，从服务于经济建设的财政制度向提供市场经济不能有效提供公共品的公共财政转变，从主要服务于城市经济社会发展的财政向为全体社会成员提供一视同仁公共服务的财政制度转变，从政府财政承担主要的资源配置职能向市场在资源配置中发挥决定性作用的方向转变。市场导向的财政制度变革一方面极大释放经济社会发展的活力，带来了经济持续快速的增长；另一方面由于财政制度转型的不及时，不彻底，加之市场经济制度不健全、不完善，市场的失灵放大了经济社会发展中的问题，导致收入差距扩大，地区间、城乡间、行业间发展差距一度快速扩大等经济社会问题。

服务于经济增长的财政制度变迁的主线是制度上强调向分权和激励的制度变化的过程。随着经济发展的基础物质条件的逐渐改善和市场机制在资源配置中作用的增强，经济增长，物质财富增加，就业机会增加和人民物质生活资料的丰富成为政府关注的主要内容。长期实行重工业偏向的经济发展战略使全社会消费资料短缺，社会积累了强大的消费需求；基础设施和装备工业基础体系的基本形成，后发大国的劳动力供给、矿产资源供给和庞大人口对应的巨大潜在市场需求，以及与发达国家巨大的技术差距蕴含的技术后发优势为中国经济发展提供了十分有利的条件。计划经济时期在资源配置发挥了主导性、主体性甚至决定性作用的政府主动调整管理体制，调整工作重点，适应经济发展的要求是必然的选择。市场机制下的经济决策是典型的分散决策，因此，将主要经济决策权下放给微观经济主体，将地方经济发展的决策权下放给地方政府是经济分权的主线。在提供市场失灵领域的公共品和公共服务方面，理论上，地方政府相对于中央政府具有明显的信息优势，更能了解民众对公共服务需求的信息，更能够受到辖区选民的约束和监督，因此财权和事权向地方政府分权具有必然性。中国单一制政体下中央政府和地方政府间具有委托代理关系，在经济增长的主旋律下，为了调动地方政府发展经济的积极性，中央政府必然制定一个目标明确、高效的激励机制。当然，在单一制的政体下，为了维护国家的政治统一和国内市场统一，中央政府在向地方政府分权的同时，还通过政治上的相对集权保证了全国的市场的统一和基本经济政治制度的稳定。

在后发优势与大国优势发挥所需的物质基础基本形成后，发展经济成为后发大国政府的主要任务。从政府治理的角度看，中央政府需要借助于一定的机制和制度安排将发展经济的主要目标传导到各级地方政府，因此，经济增长就成为中央政府考核、激励地方政府的主要目标。从前面的分析可以看出，经历较长时期的努力，中国已经奠定了后发大国经济发展的物质基础，后发优势和大国优势从潜在状态进入充分发挥阶段，经济增长进入持续快速增长阶段，经济建设成为中国的主要任务具有必然性，用经济发展的相关指标考核地方政府政绩也具有必然性。经济增长必然伴随着城乡居民人均收入、就业机会、财政收入的增加，以及政府提供的公共品和公共服务增加。理论上，经济增长至少表现为人均收入、就业机会、财政收入、公共品和公共服务供给等方面，因此，将经济增长作为考核地方政府政绩的主要方面至少在一定时期内具有合理性。由于地方经济增长与财政收入增加，财政能力增强，财政支出自由度提高以及地方政府政绩和政治经济利益具有一致性，因此从一定程度上讲，经济增长是中央政府考核、激励地方政府的最合适的依据。

以经济增长为目标的激励考核机制必然使财政制度具有事实上的城市偏向的特征。地方政府的经济行为模式可以从行为目标、约束条件、选择空间和行为方式几个方面来分析。从行为目标上看，地方政府最直接的目标是使中央政府的考核指标——经济增长的最大化，这样可以向中央传递其工作努力程度、工作能力、工作态度等积极信息，从而获得中央政府的奖励，比如职务晋升等。需要说明的是，经济增长最大化实际上与就业机会增加和收入增加高度正相关，而获得就业机会和增加收入也是民众最关注的，因此，实现经济增长最大化也意味着选民支持的最大化。从约束条件看，地方政府有行政权力约束和财力约束两个方面，行政权力约束就是地方政府可以在中央授权范围内配置资源，干预经济社会活动等；财力约束是指地方政府可以有多大财力的支配权，通过配置财力去追求认为应该追求的目标。地方政府财力一部分来源于中央政府的转移支付，一部分来源于地方政府的本级财政收入。本级财政收入的多少直接决定于地方经济增长，转移支付的规模在很长一段时间具有不确定性，而且转移支付的规模与地方财政强弱和经济增长是负相关的，经济欠发达地区的地方政府来源于转移支付的财力是其财政支出的重要来源。从地方政府行为的选择空间来看，地方政府经济行为的选择范围是指地方政府可以通过做哪些事情来追求执政目标。具体而言，包括财政支出重点领域的选择，如城市、农村、基础设施、基本公共服务、满足当前消费、满足将来的消费等，通过这些支出行为选择来履行中央政府委托的管理职责，为辖区居民提供公共服务，发展地方经济增加财政收入等。行为方式是指地方政府在约束条件和选择范围内，合理配置资源以追求其行为目标最大化的行为。尽管地方政府并不具备完全理性特征，其行为不可能是最优的，但在有限的任期内，地方政府有限理性条件下的行为必然是通过将其可支配资源重点配置到能够在短期内带来产出最大化的方面，实现经济增长最大化的目标，取得最好的政绩。地方政府财政资源配置的基本逻辑在于：相对于将财力投向农村和农业，投向城市的工商业能够在较短时间内带来更大规模产出，带来经济增长，带动财政收入增加，财政收入增加会直接增加地方政府可支配的财力，提高财政支出的自由度；投向城市工商业的财力无论是带来就业机会增加还是公共服务供给增加都会让居住集中、组织程度远高于农村居民的城市居民受益更多，从而可以获得更多的选民认同和支持，进而获得辖区选民的更高的评价。此外，重点投向城市工商业的财政资源短期内产生的、包括对城市产生直接的收益和外溢到农村的收益都大于投资于农业领域对农村和农业的直接收益与外溢到城市和非农业的收益。财政支出的城市偏向和非农业偏向对应着对农业和农村的歧视，这种城乡、农业与非农业非均衡的财政资源配置及其对应的财政相关制度安排就是典型的城市偏向的二元财政制度的实质。

回顾新中国成立以后中国财政制度的演变过程，整体上经历了三个阶段：第一阶段是计划经济体制下服务于奠定后发大国经济发展基础的、城市偏向的二元财政制度；第二阶段是改革开放以后较长时期实行的，事实上的城市偏向的二元财政制度；第三阶段是 2002 年中共十六大开始实行的逐渐有利于农业和农村发展的财政制度。全面归纳中国城市偏向的二元财政制度的内涵、外延及其职能、目标、效果，对于理解中国城市偏向的二元财政制度具有十分重要的理论意义。

第三节　中国城市偏向的二元财政制度的职能

城市偏向的二元财政制度作为后发大国经济发展特定阶段的一种财政制度安排，主要服务于重工业优先发展战略和特定发展阶段空间与产业非均衡发展战略的一种制度安排，在财政收入和支出制度安排上具有明显的城乡二元的特征。城市偏向的二元财政制度主要是通过对城乡不同财政收入和支出制度安排服务于尽量从农村、农业提取剩余，将财政支出重点放在城市和非农产业，通过调整国民收入分配结构，贯彻"先生产，后消费""重工业与城市，轻农业与农村"的发展思路，力求在尽量短的时间内建立起支撑后发大国经济发展的工业体系和国民经济体系，为国家经济独立发展和政权巩固提供物质基础。

城市偏向的二元财政制度的基本职能主要体现在以下几个方面：

第一，资源配置职能。一般地讲，在公共财政框架下，资源配置包括两个层面，第一层面是资源在市场和政府层面的配置，市场配置的资源一般用于提供具有消费排他性、受益竞争性和可分割性的私人物品，政府配置的资源一般是提供私人不能有效提供的公共品和公共服务，解决外部性问题。第一层次的资源配置主要实现资源在私人品和公共品生产之间的合理配置，满足社会成员的私人需求和公共需求。第二层次的资源配置是归政府支配的这部分资源在不同种类的公共品和具有外部性物品之间的配置，目标是优化公共品供给结构，满足人们对各种公共品的需求，实现公共品的内部结构最优化。

在城市偏向的二元财政制度下，第一层面的资源配置主要是集中较大比重的社会总资源，重点配置于工业与城市部门，优先发展关系国民经济发展长远和全局的重工业。当然，这并不意味着私人品和私人需求不重要，配置于该领域的资源至少要保证人们正常生产生活对私人品的需求。第二层面的资源配置是将由政府支配的资源在属于公共支出范围内的生产性和非生产性支出中合理分配，确保这部分支出效益的最大化。在确保履行基本的政治职能和社会管理职能对资源需求的基础上，第二层面资源配置重点将资源配置到国民经济的装备工业部门，发展事关后发大国经济长远发展的重工业、基础设施等领域。为了保证重工业的资本投入，在财政制度实施中，实际上将与重工业投入的相关产业部门和行业也纳入政府配置资源的领域，通过集中计划配置资源保证重工业部门发展有足够的可持续的资源保障。

在短期内，财政支出可以以重工业为重点，但长期必须注意农、轻、重的协调和平衡。关键在于，当重工业发展到能够维持自身的正常运行，并为其他产业部门提供主要生产资料时，资源配置就应该将重点转向重工业与为其提供投入和其服务的部门，以及基础设施的协调和配套方面了；否则，如果继续延续重工业优先的资源配置格局就演变成为重工业发展而优先发展重工业的配置资源模式，这必将降低政府配置资源的效益，进而降低全社会整体资源的配置效益。资源配置向重工业倾斜也会导致轻工业和农业发展不足。重工业资本有机构成高，意味着需要大量投入，但满足人们消费需求的最终产品少，会加剧社会的资源短缺，因此，重工业偏向的财政支出制度安排只能在较短时间内维持，从国民经济整体和长期发展看，必须综合考虑农业、轻工业和重工业之间的协调和平衡发展。

第二，收入分配职能。追求收入分配公平是公共财政的基本职能，收入分配公平包含三个方面：其一是起点上的公平，指人们拥有基本均等的要素禀赋，在获取收入的能力上处于平等地位。这里涉及的能力包括劳动者本身的人力资本，如知识、技能、健康等，也包括因为出生、社会关系等而赋予劳动者的获得收入或财富的能力，如上代人遗留下来的存款、房产，以及社会关系资源等。其二是规则和过程公平，主要指劳动者拥有凭借要素禀赋公平参与经济活动，在一视同仁的规则下参与经济活动并在公平规则下获得相应要素收入。规则和过程的公平需要一系列的条件，包括公平的、具有普适性和普遍约束力的制度和规则，以及公平的要素禀赋利用机会，如工作机会等等。要有足够的工作机会就意味着必须有相关的互补性的要素，如劳动工具、劳动对象、基础设施、市场需求等的配套。其三是结果上的公平。收入包括货币、物品、福利等，收入在一定条件下会转化为财富，财富又可以转化为收入。一般地讲，货币可以购买物品，人们消费物品可以获得效用，增加福利，它们具有内在一致性，但在具体收入分配中可能出现不一致的地方。受价格和物品供求等因素影响，货币收入增加和可购买的物品的多少可能出现不一致，由于消费习惯和对物品偏好的差异，即使相同种类和数量的物品也可能导致人们从消费中获得的效用和福利不同。从合理性和可操作性角度看，公平的收入分配应该兼顾货币、物品和福利三种分配标的物，以确保公平分配的基本实现。整体上看，市场经济条件下有两种类型的公平，其一是市场规则公平，所有人凭借自己拥有的要素在公平规则下获得相应的收入，这是市场机制内在的规则公平；其二是通过财政的税收和财政支出制度安排缩小收入差距，这是社会公平。市场经济条件下合意的收入分配应该是兼顾市场规则公平和社会公平，既充分发挥市场机制的作用又通过政府财政制度安排和运行缩小收入差距，促进社会公平。

城市偏向的二元财政制度的公平需要考虑短期公平和长期的公平。从长期来看，城市偏向的二元财政制度通过资源倾斜配置方式建立起相对完整的工业和国民经济体系，为后发大国长期发展奠定基础，有助于在将来为社会提供充足的就业机会，让尽可能多的人能公平参与劳动，将劳动能力和获取财富的能力转化为对社会的实际贡献，在此基础上获得相对应的收入，实现机会公平和社会公平兼顾的收入分配目标。从短期看，城市偏向的二元财政制度对起点公平会产生一定的不利影响。从财政的公共性看，通过提供基本的教育、就业技能培训、基本医疗服务等确保人们有基本公平机会积累人力资本，但城市偏向的二元财政制度的资源配置上重点向重工业和城市倾斜，导致城乡居民在人力资本要素禀赋形成、积累、要素使用和获取收入机会上不公平。应该说，城市偏向的二元财政制度短期内过程和规则不平等是为了追求长期的社会公平。从财政支出制度内容看对直接结果公平的关注主要体现在为全体社会成员提供普遍受益的社会福利、社会救助、社会优抚等方面。当然，科学、教育、文化、医疗卫生和社会保障也是社会公平的基本内容。无疑，从短期看，城市偏向的二元财政制度由于资源配置的城乡和产业偏向性，影响了城乡居民在人力资本形成、就业机会、就业环境上的公平，一定程度上不利于缩小城乡居民收入差距，一定程度上是不公平的。

第三，经济稳定职能。在市场经济条件下，市场总供求关系是影响短期经济稳定的重要因素，总供求的均衡既包括总量均衡和结构均衡两个方面，总量均衡但结构性不均衡同样导致经济波动。为了实现经济的平稳增长，可以通过税收、财政支出、国债等手段的调节影响市场需求，影响总供求关系，实现经济的平稳运行。

在城市偏向的二元财政制度下，后发大国经济发展初期阶段影响经济稳定的因素主要是供给因素。在供给不足、需求旺盛的情况下，财政稳定经济的职能主要体现在增加供给和控制需求上。由于城市偏向的二元财政制度是通过集中资源配置方式对消费进行适度控制，借此扩大对重工业的投资，来增强经济的供给能力，总供求的失衡主要反映在潜在需求巨大，供给能力不足的短缺经济特征上。着眼于长期的总供求均衡，财政制度安排力求尽快增强供给能力，投资需求被扩大，而重工业的投资要转化为消费产品的供给还要借助于轻工业和农业等产业发展才能实现，当重工业投资、轻工业和农业投资结构失衡时，中间产品比重高，最终消费品供给比重低，导致最终消费品供给能力不足，形成持续的供给不足与需求膨胀的压力，影响经济稳定。为此，从短期来看，通过适度控制重工业投资规模，增加对农业和轻工业的投资，或者减少对农业的挤压，恢复和增加农业的供给能力是其财政发挥稳定经济职能的主要手段。长期中，由于持续的重工业和工业大规模投入，农业投资不足，可能导致工业品生产能力的增加，供给能力增强，但由于农业发展滞后，人们收入提高缓慢，消费能力弱，可能导致供给快速增加条件下需求严重不足的供求失衡，影响经济的持续、稳定增长。缓解这种经济失衡的对策主要包括扩大对国际市场的净出口和增加农民收入，扩大国内市场需求两个方面。随着后发大国国内工业品供给能力增强，单纯或者主要依靠国际市场实现工业品的供求平衡必然遭遇到进口国的抵制，带来越来越频繁的国际贸易摩擦，因此，加快农业发展，增加农民收入和城市居民收入，增强国内消费能力是实现总供求均衡和经济平稳增长的关键。由此可见，城市偏向的二元财政制度安排容易出现初期的供给不足的供求失衡和后期的需求不足导致的供求失衡，两个不同阶段的财政经济稳定职能的具体内容也存在明显差别。

第四，经济发展职能。经济发展不仅表现在经济总量的增加上，还体现在经济结构优化、收入分配合理、社会关系和谐、人与自然关系的协调等方面。一般地，财政促进经济发展主要体现在增加要素供给，促进技术进步，优化经济结构等方面。

作为经济特定发展阶段和发展环境的财政形态，城市偏向的二元财政制度在促进经济发展上主要是通过资源配置向重工业倾斜来改善长期经济发展的供给条件，奠定经济持续发展的基础，为轻工业和农业的长期发展提供物质和技术准备。当然，由于经济发展本身不仅需要有重工业产出的物质和技术，还需要有农业、轻工业与重工业的经济结构的协调，如果长期、高强度的资源倾斜配置，必将扭曲生产与消费、城市与农村、工业与农业以及重工业与轻工业之间的结构，导致经济内在结构紊乱，阻碍经济的持续、协调发展。此外，教育、医疗卫生等人力资本投资以及基础设施、法律制度等社会资本投资也是长期经济发展的重要影响因素，在一定时期确保重点财政投资领域资源投入的基础上，维持物质资本、人力资本与社会资本投资结构合理化是后发大国经济长期发展的重要前提。支撑国民经济发展的重工业和基础设施与其他产业之间具有内在技术水平耦合关系，重工业投资不可能长期超前于其他产业发展，因此经过一段时间的重工业偏向的资源倾斜配置奠定了国民经济发展基本的物质、技术基础之后，就应该适时地调整资源配置格局，促进农业、轻工业和重工业的关系以及物质资本与社会资本、人力资本的协调，使经济走上持续、稳定、协调的发展道路。

综上，城市偏向的二元财政制度的资源配置职能、收入分配职能、经济稳定和经济发展职能有别于公共财政视域下财政相关职能的内容和实现机制，主要是受到后发大国经济发展阶段的影响，该阶段市场机制发挥作用的条件不具备，财政职能也与市场机制下的财政职能有很大区别。随着后发大国发展基础的形成，市场机制发挥作用的条件逐渐具备，财政制度的内容和职能也将发生明显变化。

第四节　中国城市偏向的二元财政制度的表现

城市偏向的二元财政制度作为中国后发大国财政制度发展的一个阶段，它服务于特定的经济社会发展目标，其体现出的基本原则、具体内容等方面都具有明显的城乡二元特征。

第一，从财政职能的重点考察，我国城市偏向的二元财政制度重点是履行资源配置职能，提供公共服务的职能被置于次要地位。城市偏向的二元财政制度目的是通过主要来源于农业的税收、工农业产品价格"剪刀差"等的财政资金，通过财政支出重点配置到城市工业部门，借助于高度集权的财政管理方式在人均收入水平很低的情况下启动重工业开始的工业化进程奠定我国较长时期内经济社会发展的物质基础。从税收看，城市偏向的二元财政制度来源于农业的税收绝对数额并不是很大，但税收占农业产值的比重不低，更主要的来源于农业的资本很大部分是通过工农业产品价格"剪刀差"获得的。在高度集中的、计划为主的配置资源模式下，国家还通过工农业产品价格"剪刀差"等城乡非公平的产品和要素交易制度从农业和农村提取大量剩余资金装备重工业。据不完全统计，我国农业从1953年到1981年通过价格转移、交纳税金等向国家提供的剩余资金约7000亿元，加上农业集体生产组织内部积累共计8000亿元，相当于中国同期资金积累总额15000亿元的50%以上。由于我国土地所有权制度的二元性，即国有土地和集体所有土地制度的双重存在，政府通过低价征用农村集体土地将其转化为非农业用地，然后高价转让获取巨额收益，据不完全统计从改革开放到2007年，农村仅此一项就损失10000亿元。尽管城市偏向的二元财政制度也通过财政支出安排提供基本公共品和公共服务，但无论是公共品和公共服务对全体社会成员的公共程度还是其质量与水平都存在明显欠缺和不足。

第二，财政收入与支出城乡空间错位，具有明显城市偏向特征。在公共财政理念中，财政是对所有居民一视同仁的财政，是国民待遇的财政，政府应该在财政收入和支出上公平对待所有的国家公民，包括具有不同户籍身份的农民、市民。在税收制度设计中应该体现公平和效率的原则：从公平角度看，所有公民都应该根据各自承担税收负担的能力纳税，税收制度设计应该尽量减少对经济主体经济行为的扭曲。在财政支出上，国家应该为全体国民提供基本均等的公共品和公共服务，确保所有社会成员都有均等的公共品和公共服务的消费权利。事实上，城市偏向的二元财政制度并没有体现上述原则，而是体现出城市优先、城市居民优先。

第三，税收制度的公平原则体现欠佳，农村居民的税收负担高于城市居民，农业税负高于工商业税负。从税收公平角度看，城市偏向的二元财政制度中税收制度设计的受益原则和支付能力原则体现不足。在支付能力原则的运用上，农民和城市居民在纳税义务上存在系统性差别。农民从1958 年开始缴纳农业税直到 2006 年全面取消，城市居民缴纳个人所得税，税收制度对于两种具有所得税性质的税收制度设计完全不同。农业税是按每亩的单产（取常年平均产量）为计税基础，税率在 7% 左右，只要农民从事农业生产，不管是否盈利，即农业产出是否能够完全抵消农业投入成本，都要按照 7% 的比例税率纳税；其他行业的所得税都规定了相应的成本费用扣除等，以所得为计税依据。市民的个人所得税中的工薪税要扣除相当于基本生活成本的部分，非工商业企业的所得税都对扣除相关成本费用等的所得征收所得税。这就意味着，在其他行业在某些经营情况下可能不需要交税，农业只要开展了生产活动就必须缴纳农业税，城市居民维持基本生活对应的收入不需要缴纳所得税，但农民对应于基本生活的收入都必须缴纳农业税。此外，作为"三提五统"的收费，中央规定的征收率为5%，但在具体执行中一般以定额方式为主。与非农产业部门的从业人员的个人所得税相比，由于针对农民的收费没有规定免征额，不管农民收入多少，均以 5% 予以征收。在农民收入普遍低下的情况下，仍然要交纳5% 的各种费用，而其他行业从业人员在相同情况下却不用纳税。

根据财政收入的受益原则，农民缴纳的税费应当与从政府或其他公共部门获得的公共服务相适应。从我国农业税费的使用情况看，在相当长的一段时间里大部分农业税费为乡镇政府所使用，在我国乡镇政府的财政支出中，其中，人员经费一般占 60% ~ 80%，在人员经费中，又有约 2/3 的经费用于中小学教师工资的发放，其他公共服务如公共安全、公共卫生、交通服务等主要集中在乡镇政府所在地，与农民关系密切的农田水利及技术服务所占比重并不高，广大农民并没有从政府财政支出那里得到与其税费支付相对应的公共服务。

第四，从财政支出制度安排来看，城乡居民在公共品和公共服务的消费权利和公共消费可及性上差别较大。长期以来，我国财政支出制度不仅一定程度上缺乏透明度和效率，而且城乡差别明显。长期内，我国财政支出安排上具有重城市轻农村，重工业轻农业的特征。从城乡居民在政府提供的公共品和公共服务财力分配上，财力配置是不平衡的。除了国防安全、外交等少数类纯公共品和公共服务城乡居民基本平等享受外，其他的公共品和公共服务都存在明显的城市偏向性。从行政管理服务的财政支出看，城市这部分支出由财政承担，在农村，占全部行政管理人员 70% 左右的人员支出基本由农民自己承担，而且由于农村行政管理服务提供成本高昂，农民享受的行政管理服务质量远低于城市居民。在科学、教育、文化、卫生方面，基础科学和应用科学研究支出对农村农业投入不足已经无须赘述了。政府教育支出方面，农村义务教育支出长期小于城镇义务教育支出，长期以来，城市义务教育由国家财政负担，农村义务教育主要由农民自己集资办学。由于农村自然条件等因素，农民子女享受的义务教育质量远远低于城市居民子女，导致城乡居民在人力资本形成上存在系统性差别，这意味着将来在市场经济条件下农民整体仅仅从人力资本角度看相对于城市居民处于不利地位。

社会保障制度也具有典型的城乡二元特征。在计划经济体制下农民的生、老、病、死、伤、残、鳏、寡、孤、独、失业等依赖家庭和保障能力极低的集体经济组织。实行家庭联产承包责任制后，很多地方集体经济瓦解，农民及其家庭成员可能面临的不确定性和确定性风险由农民家庭承担。农民病无所医、老无所养等问题很长一段时期内屡见不鲜。与此形成对比的城市居民基本享受了国家提供的，包括养老保险、医疗保险、失业保险、工伤保险、生育保险，以及各种政府免费提供的各种社会福利。城乡社会保障的差别开始有所缩小分别来自 2003 年的新型农村合作医疗保险制度和 2009 年开始的新型农村居民养老保险，尽管如此，直到现在，城乡居民在社会保障制度的覆盖面和享受的待遇水平上都还存在较大的差别。

城乡产业财政支出也具有明显的二元化特征。其一，政府财政支农资金不足，满足不了农业发展的要求。改革开放前，财政对农业的支持力度一直不大，1980 年后一段时期，我国财政用于农业的支出在不断增长，但从支农支出占财政支出的比重看，却呈下降的趋势。1980 年所占比重为 12.20%，1985 年为 7.66%，1990 年为 9.98%，1995 年为 8.43%，1999 年为 8.23%，2007 年下降到 7.2%。① 作为国民经济基础的农业部门和长期占总人口 60% 以上农民从事的遭受自然、市场多重风险的弱质产业得到财政支出的不足反映了财政支出制度的产业间不公平性。当然，2004 年以后财政农业支出占财政支出的比重出现了一定程度的上升，但依然还有很大上升空间。

第五，从预算管理制度安排上看城乡也处于不平衡的状态。财政资源在不同产业、城乡、区域和不同层级政府之间的配置格局等从根本上来源

---

① 数据来源于《中国统计年鉴》，根据相关数据计算得出。

于预算管理体制安排。在重工业优先发展战略的指导下，资源配置权力高度集中，资源配置重心向工业和城市倾斜。具体表现为：财权事权高度集中在中央，尽管其中也经历了几次财权事权下放的体制微调，但整体上的高度集权的财政管理体制是改革开放前的基本特征。城乡公共资源配置格局实际上就是财权事权在不同层级政府之间划分的延续，县级及其以下在集权财政体制下集中的财力非常有限，从而决定了财政用于农村公共品供给和经济社会发展的财力长期处于短缺状态。根据现代公共财政的一般理论，预算安排决定于政治权利格局，预算格局安排取决于不同利益群体的政治实力对比。我国改革开放前的预算管理决策机制是影响城乡公共资源配置格局的重要因素。

综上，我国曾经存在、现在还留有明显痕迹的、服务于奠定后发大国发展基础的城市偏向的二元财政制度在财政收入、支出、预算管理体制等方面都具有明显的城乡非均等性。这一财政制度安排在中国后发大国经济发展中发挥了重要的作用，但也造成了城乡经济发展的非均衡，其中，城乡基础设施的差距、城乡居民人力资本的差距还将在接下来的市场经济条件下进一步影响城乡经济发展差距，影响城乡居民获取收入的能力，影响城乡居民收入差距，即城市偏向的二元财政制度对城乡二元经济结构的影响不仅体现在城市偏向的二元财政制度存在的时期内，在接下来的市场经济条件下还将继续发挥作用，甚至对城乡二元差距的影响比在二元财政制度时期内还大。

第八章　中国财政制度变迁与城乡二元经济结构演变的基本事实

新中国成立以来，我国财政制度发展已经经历了两个重要阶段：第一阶段是立足新中国成立后的国内外政治经济形势，从后发大国经济发展的基本逻辑出发，建立以城市为重点的二元财政制度，充分发挥政府主导的资源配置模式的优势，奠定后发大国经济发展的物质基础；第二阶段是改革开放后，市场逐渐在资源配置中发挥基础性作用后，通过改革形成的、适应市场经济体制要求的、以纵向和横向分权为主要特征的、典型后发大国特色的公共财政制度。与此相适应，我国城乡二元经济结构也经历了两个阶段，第一阶段是城市偏向的二元财政制度阶段，在奠定后发大国发展基础的时期基本形成了典型的城乡二元经济结构，城乡二元差距快速扩大。第二阶段对应于财政制度演变的第二阶段，在市场机制在资源配置中发挥基础性作用的条件下，城乡二元差距进一步扩大，城乡二元经济结构进一步强化。随着财政制度对经济发展阶段的适应性调整，为抑制后发劣势和大国劣势，我国财政制度加大了对城乡经济结构调整的支持力度，城乡二元差距开始出现了缩小的趋势。

第一节　中国财政制度变迁的基本路径

一、奠定后发大国发展基础的财政制度

根据后发大国经济发展的一般逻辑，后发大国具有大国和后发国家的双重特征，有后发国家和大国的潜在经济优势和劣势，潜在优势转化为现实的经济增长优势需要以一定程度的国家发展能力为基础。其中，建立相对完整的工业与国民经济体系，进行教育、医疗卫生投资，将大国人口数

量优势转化为人力资本优势，形成支撑后发大国经济发展的强大人力资本，保持国家的政治社会稳定和国内市场的统一是国家发展能力的重要内容。新中国成立初期，国家经济社会发展水平很低，表现在人均国民收入、人均储蓄存款数额、三次产业在国民生产总值中的比重、人均受教育年限、公路铁路水运里程和密度、整体技术水平、生产资料的技术水平等方面都显示出经济发展水平都远低于先发达国家开始大规模工业化时的经济社会发展水平。为了奠定后发大国经济发展的物质基础，尤其是通过发展重工业维护国家主权独立、领土完整、政权稳定并为经济发展奠定基础，新中国被迫选择了在一定时期内，重点发展重工业的工业化道路。

为了在较低经济发展起点实施以大规模资本密集型重工业开始的工业化战略，新中国的财政制度做出了一系列特殊的安排。服务于人均收入和储蓄很低条件下面向国内积累工业化资本的需求，这一时期的财政制度主要突出了以下几方面的内容：第一，通过包括税收、工农业产品价格"剪刀差"等方式，提高财政收入在国民生产总值中的比重，提高国家集中配置的资源占社会总资源的比重，以便为工业化提供尽可能多的资源。当然，这样的财政制度安排同时降低了用于满足居民当期消费的资源占社会总资源的比重。第二，财政管理体制上高度集权。为了集中全国财力在尽可能短的时期内建立相对完整的工业和国民经济体系，尤其是进行大规模的资本密集型的重工业项目的建设，中央需要集中尽可能多的资源，这在一定程度上降低了地方政府配置资源的比重，一定程度上不利于发挥地方政府在发展经济中的积极性。尽管改革开放前中央与地方财政管理权限有所波动，但整体上是中央政府集中了更多财政管理权力，中央财政支出占全部财政支出的比重偏高。第三，财政支出结构上具有明显的经济建设偏向性。从财政支出结构看，改革开放前的财政支出中经济建设性财政支出的比重偏高，用于教育、医疗卫生、社会保障等满足人民群众公共消费性的财政支出比重严重偏低。1952~1978年我国财政支出的相关数据见表8-1。

二、适应后发优势与大国优势发挥的财政制度

随着相对完整的工业和国民经济体系的形成，服务于奠定后发大国发展物质基础的计划经济体制也完成其历史使命而逐渐退出。随着市场经济体制的逐渐引入和完善，对资源配置的作用逐渐增强，服务于奠定后发大国发展基础的重工业优先、城市偏向、高度集中的财政制度逐渐向有利于后发优势和大国优势发挥的财政制度转变。财政制度变迁的主线主要围绕

着纵向的财政分权、资源配置的效率导向、横向分权和提高中央宏观调控能力等方面展开。

表 8 - 1　　　　　1952 ~ 1978 年中国财政支出规模与结构

年份	财政支出 （亿元）	经济建设 支出 （亿元）	经济建设 支出/财政 支出 （%）	中央财政 支出/财政 总支出 （%）	农业财政 支出/财政 总支出 （%）	全国财政 支出/GDP （%）
1952	172.07	73.23	42.56	72.40	5.25	25.92
1953	219.21	87.43	39.88	73.92	5.96	26.60
1954	244.11	123.58	50.62	75.25	6.47	28.40
1955	262.73	137.62	52.38	76.52	6.47	28.85
1956	298.52	159.14	53.31	70.35	9.76	29.01
1957	295.95	163.04	55.09	69.04	8.30	28.45
1958	400.36	278.86	69.65	44.27	10.81	30.60
1959	543.17	389.33	71.68	45.90	10.72	37.71
1960	643.68	460.71	71.57	43.29	14.06	44.16
1961	356.09	210.01	58.98	45.02	15.39	29.17
1962	294.88	152.64	51.76	59.50	12.49	26.52
1963	332.05	174.12	52.44	57.92	16.56	26.86
1964	393.79	209.99	53.33	57.10	17.01	27.05
1965	459.97	254.11	55.24	60.94	11.96	27.15
1966	537.65	309.43	57.55	63.07	10.07	28.70
1967	439.84	244.03	55.48	61.37	10.38	24.71
1968	357.84	166.03	46.40	61.34	9.29	20.68
1969	525.86	295.52	56.20	60.69	9.13	27.03
1970	649.41	392.61	60.46	58.88	7.61	28.72
1971	731.17	418.30	57.21	59.50	8.30	30.06
1972	765.86	431.96	56.40	56.33	8.50	30.27
1973	808.78	468.27	57.90	55.56	10.53	29.59
1974	790.25	460.93	58.33	50.34	11.54	28.19
1975	820.88	481.66	58.68	49.87	12.06	27.24
1976	806.20	466.22	57.83	46.84	13.71	27.22
1977	843.53	493.73	58.53	46.67	12.82	26.19
1978	1122.09	718.98	64.08	47.42	13.43	30.50

资料来源：根据中国经济社会发展统计数据库资料整理而成。

　　计划经济体制向市场经济体制转变是后发大国经济发展阶段转换的必然要求。资源等要素供给优势、需求规模优势和后发优势的发挥是以后发大国经济发展物质基础为前提的，1952～1978 年财政制度和计划经济体制主要是服务于奠定后发大国经济发展物质基础的目标。相对完整和工业和国民经济体制的形成，标志着后发大国基本形成了后发优势与大国优势所需要的物质基础，也意味着服务于该目标的财政制度和计划经济体制完成使命并逐渐退出。城市偏向、中央高度集权和重工业偏向的财政制度在实施过程中，在积累资源奠定后发大国发展物质基础的同时，对城乡经济结构、投资与消费结构、资源配置效率、经济增长质量、人民生活水平提高的负面作用逐渐显现，这意味着财政制度奠定后发大国物质基础的边际成本逐渐上升，净收益逐渐下降。20 世纪 70 年代后期国民经济陷入崩溃边缘也就意味着财政制度与经济体制被新的财政制度与新的市场经济体制替代的临界点的到来。尽管政治运动和其他因素也是导致中国经济发展出现严重困难的原因，甚至是重要原因，但城市偏向、重工业偏向和高度集权的财政制度无疑也是重要原因之一。尽管还有其他的导致财政制度与经济体制改革的原因，比如，决策层对经济建设与社会发展经验逐渐丰富，人民群众和国有企业的主动改革和大胆试错等，但经济发展规律的内在要求，尤其是后发大国经济发展阶段条件的改变是推动经济体制改革和财政制度变革的最主要的原因。

　　后发优势与大国优势所需的条件和所处阶段是决定财政制度变革方向的决定性因素。首先，发挥市场在资源配置中的基础性甚至决定性作用意味着政府将从竞争性领域收缩、退出，当然保留关系国计民生的重要装备工业部门、国防军工、航空航天以及重要的能源原材料领域也有一定的必要性，这意味着财政收入和支出占 GDP 的比重将有所降低，意味着财政部门配置的资源比重会有一定程度的下降，市场配置的资源比重会上升。其次，随着后发大国发展物质基础的基本形成，财政支出结构将发生明显的调整，大规模的政府经济建设性财政支出将会有一定程度的下降，市场不能有效提供的教育、医疗卫生、社会保障、就业、法律制度、社会治安等公共服务性支出比重会上升，即财政支出结构必然出现经济建设性支出比重下降，公共服务性支出比重上升的结构变化。再次，由政府提供的公共品和公共服务中，除了国防、外交、法律制度、宏观经济调控、重大产业发展、重大经济结构调整、跨区域基础设施建设、全国市场的统一形成与维持等全国性公共品和公共服务由中央政府提供具有明显优势外，大量地方范围受益的公共品和公共服务由地方政府提供可以满足信息优势和激励相容的要求，即将较大部分财政支出交给地方政府负责可以提高公共资源配置的效率。由此可见，纵向的财政分权也是大国优势和后发优势发挥的内在要求。最后，市场机制配置资源具有内在的效率导向性，无论市场配置的资源还是政府配置的资源都具有追求效率的内在要求。具体而言，相对城市、东部沿海地区、非农产业而言，农村、西部地区和传统农业的要素收益率明显偏低，因此，财政支出一定程度上向城市和非农产业倾斜符合市场机制的基本要求。当然，市场经济条件下公共服务均等化和地区、城乡均衡发展不是静态的、无条件，而是在经济增长的基础上逐渐实现的，即公共服务城乡与地区间均等化是一个动态的过程，无视资源配置效率，超越经济发展阶段简单化地理解和实施基本公共服务均等化和地区与城乡均衡发展并不现实，在实践中也不利于提高资源配置效率，也无助于社会公平目标的实现。当然，随着经济发展阶段的推移，基本公共服务的地区和城乡差异将逐渐缩小，城乡与地区经济社会发展的差距也将逐渐缩小。从整体上看，这一时期城乡、地区间财政支出强度和农业与非农业财政支出强度是经历先扩大，然后逐渐缩小的变化路径。

　　从财政制度变迁的具体路径看，从 1978 年开始，我国财政制度变迁经历了包括 1980～1988 年的"分灶吃饭"财政、1989～1993 年的"大包干"的行政性财政分权阶段和 1994 年以后的分税制三个阶段。财政制度的变迁具体表现在中央与地方之间财政管理权限的调整，中央财政收入占全部财政收入比重先下降，然后上升；中央财政支出占全部财政支出的比重逐渐下降，中央对地方的转移性支出占地方财政支出比重提高；经济建设支出占财政支出比重下降，但包含政府性基金支出和国有资本经营收入的相关支出，以及地方政府债务支出的全口径经济建设支出后的经济建设支出比重下降幅度较小，经济建设支出结构出现了明显的结构性变化，即政府从竞争性领域大量推出，但强化了对基础设施等公共领域的投入力度；财政支农支出绝对额增加，但占财政支出的比重呈现出先下降然后上升的趋势；科教文卫等社会服务性支出比重稳步上升。

　　从总体上看，随着后发大国经济发展基础的形成，后发优势与大国优势发挥作用的条件基本具备后，经济发展进入后发优势与大国优势充分发挥阶段，财政制度变革主流是由中央高度集权向中央对地方分权转变，由政府在资源配置中发挥重要作用的经济建设性财政向市场机制在资源配置中发挥基础性甚至决定作用条件下主要提供公共品和公共服务的公共财政转变；由制度上和事实上城乡二元、城市优先的财政制度向事实上的城乡兼顾的财政制度转变；由政府主导并发挥主体作用的财政制度向政府主导，市场发挥主体作用的财政制度转变。改革开放以来，我国财政支出结构变化的相关数据详见表8-2。

表8-2　　　　　　　　1978~2016年中国财政支出结构相关数据

年份	财政支出 （亿元）	经济建设支出/ 财政支出 （%）	中央财政支出/ 财政总支出 （%）	农业财政支出/ 财政总支出 （%）	全国财政 支出/GDP （%）
1979	1281.79	60.06	47.42	13.6	31.26
1980	1228.83	58.22	51.1	12.2	26.79
1981	1138.41	55.41	54.26	9.68	23.06
1982	1230	54.91	55.0	9.8	22.89
1983	1409.52	56.38	53.0	9.43	23.41
1984	1701.02	56.92	53.9	8.31	23.37
1985	2004.3	56.26	52.5	7.66	22.03
1986	2204.91	52.56	39.68	8.35	21.25
1987	2262.2	50.99	37.9	8.65	18.58
1988	2491.21	50.51	37.4	8.59	16.41
1989	2823.8	45.73	33.9	9.42	16.44
1990	3083.6	44.36	31.5	9.98	16.34
1991	3386.62	42.180	32.57	10.26	15.39
1992	3742.2	43.098	32.21	10.05	13.76
1993	4642.3	39.52	31.28	9.49	13.01
1994	5792.62	41.32	28.26	9.2	11.91
1995	6823.72	41.85	30.29	8.43	11.12
1996	7937.6	40.74	29.24	8.82	11.05
1997	9233.6	39.50	27.10	8.3	11.58
1998	10798.2	38.719	27.43	10.69	12.67
1999	13187.7	38.38	28.95	8.23	14.56
2000	15886.5	36.18	31.49	7.75	15.84
2001	18902.6	34.24	34.7	7.71	17.05
2002	22053.2	30.26	30.5	7.17	18.12

续表

年份	财政支出（亿元）	经济建设支出/财政支出（%）	中央财政支出/财政总支出（%）	农业财政支出/财政总支出（%）	全国财政支出/GDP（%）
2003	24650.0	28.04	30.71	7.12	17.94
2004	28486.9	27.85	30.10	9.67	17.60
2005	33930.3	27.46	27.71	7.22	18.11
2006	40422.73	26.56	25.86	7.85	18.42
2007	49781.4	17.20	24.72	6.84	18.42
2008	62592.7	17.74	23.0	7.26	19.59
2009	76299.93	21.59	21.32	8.81	21.86
2010	89874.2	21.81	19.99	9.05	21.76
2011	109247.8	22.93	17.8	9.1	22.33
2012	125952.97	23.22	15.1	9.51	23.31
2013	140212.10	24.15	14.89	9.52	23.56
2014	151785.56	24.73	14.6	9.34	23.57
2015	175877.77	25.94	14.87	9.88	25.52
2016	187755.21	25.29	14.52	9.9	25.35

资料来源：根据中国经济社会发展统计数据库资料整理而成。

说明：2007 年开始，财政农业支出的统计口径发生了变化，新的财政支农支出按照农林水事务支出统计口径统计。

三、中国财政制度变迁的典型事实

（一）财政支出占 GDP 比重的变化路径

综观新中国成立以来的财政制度变迁，可以看出中国财政制度的变迁路径反映了后发大国经济发展不同阶段的特征，财政支出占 GDP 比重、财政农业支出占财政支出的比重、经济建设支出占财政支出的比重和中央财政支出占总财政支出比重等几项指标可以集中反映我国财政制度变迁的基本事实和典型特征。新中国财政支出占 GDP 比重变化情况见图 8 - 1。

图 8 – 1　1952～2015 年中国财政支出占 GDP 比重变化路径

资料来源：根据中国经济社会发展统计数据库资料整理而成。

说明：图中财政支出是一般公共预算口径内在财政支出，不包含政府性基金预算、社会保险基金预算与固有资本经营预算的支出。

从图 8 – 1 中的财政支出占 GDP 比重的数据可以发现：1952～1960 年呈上升趋势，为了集中有限的财力推进一批重点项目建设，政府配置的资源占全社会总资源的比重逐渐上升。从财政学的一般理论可以发现该比重严重偏高，导致配置到满足民众基本消费性资源不足，国民经济结构失衡，必然面临大幅度的调整。1960～1968 年，财政支出占 GDP 比重出现较大幅度下降，国家降低了政府配置资源的比重，一定程度上有助于改善经济结构，尤其是有助于优化经济建设性支出与一般消费性支出的结构。1968～1977 年，财政支出占 GDP 比重略有上升然后又有所下降，直到 1978 年，后发大国经济发展物质基础基本奠定时，财政支出占 GDP 的比重大概为 32%。

随着市场机制在资源配置中作用的增强，政府配置资源占 GDP 的比重逐渐下降，1979～1995 年，财政支出占 GDP 比重接近 11%。尽管市场机制在资源配置中的作用有助于提高资源配置效率，但市场本身在基础设施建设、地区和城乡经济结构调节以及其他公共服务有效供给的领域存在一定程度上的盲区，政府配置资源比重降低到一定程度后无助于政府作用的发挥，反过来会抑制市场机制作用的正常发挥，也会影响后发优势和大国优势的充分发挥，导致后发优势和大国优势还没有完全释放的情况下后发劣势与大国劣势就逐渐显现，不利于后发大国经济的发展。

1994 年开始实施的财税体制改革重点建立了适应市场经济体制需要和大国优势与后发优势发挥的财税体制，提高了政府配置资源的比重，增强了中央级政府的财力和宏观调控能力，形成了更加有助于后发优势与大国优势充分发挥的体制和制度环境。

（二）中央财政支出占财政支出的比重

1952～2015 年，我国中央财政支出占财政和支出比重变化情况见图 8-2。从图 8-2 的中央财政支出占全部财政支出比重变化可以发现：1952～1960 年期间，中央财政支出占全部财政支出比重由 72.4% 下降到 43.29%，尽管出现了较大幅度下降，但中央财政支出的比重仍然在较高水平。[①] 这段时间进行的大规模重工业项目建设是奠定整个国家经济发展的基础，是属于全国性的建设项目，只能由中央政府主导，统筹安排。1961 年开始中央财政支出占全部财政支出上升到 1966 年的 63.7% 的高位后进入了逐渐下降的区间。1999 年后，中央财政支出占全部财政支出的比重下降到 30% 以下，1999 年后继续下降，甚至 2000 年后一段时间低于 20%。中央财政支出比重下降一方面反映出财政支出中的中央对地方分权，赋予地方政府更大的财政支出权力，充分发挥地方政府在提供地方公共品中的信息优势，便于直接受辖区民众监督，有助于提供适合地方经济社会发展所需的公共品和公共服务，有利于提高财政支出效率，但也有可能会强化地方利益，甚至导致地方封锁，全国市场的分割，不利于大国优势的发挥。另一方面如果中央财政支出比重太低，不利于发挥中央统筹全国经济社会发展的优势，不利于促进全国性公共品的地区间均等化，不利于发挥大国优势。整体上看，1995 年以后，在财政收入和支出占 GDP 比重回升后，中央财政支出比重下降上述两种情形都存在，但第二种情形更多一些。

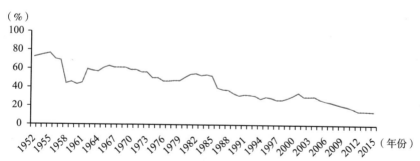

图 8-2　1952～2015 年中央财政支出占财政支出的比重变化路径

资料来源：根据《新中国六十年统计资料汇编》和《中国统计年鉴》相关数据整理而成。

---

① 数据来源于《新中国六十年统计资料汇编》。

（三）经济建设支出占财政支出的比重

图8-3是1952~2015年中国财政经济建设支出占财政支出比重变化趋势。从图8-3的经济建设支出占财政支出比重看，中国财政支出结构具有如下的特点：1950~1960年，经济建设支出占财政支出比重处于上升阶段，从25.5%上升到70.5%的水平；1960~1968年处于下降区间，从70.5%的高位下降到1968年的46.15%；1969~1978年再次处于缓慢上升时期，由1968年的46.15%上升到1978年的64.08%。整体上看，改革开放前的财政经济建设支出比重都处在较高水平，说明财政支出的主要目标是经济建设，结合中央财政支出占财政支出比重变化的路径可以发现，1978年前的财政支出重点在于奠定后发大国经济发展的物质基础。1978年后，经济建设支出占财政支出的比重逐渐下降，直到2007年，经济建设支出占财政支出比重仅为17.2%，之后，该比重逐渐上升，到2015年，上升到25.29%。理论上看，在奠定后发大国发展基础的时期，需要形成包括基础设施和装备工业在内相对完整的工业和国民经济体系，经济建设支出比重处于较高水平具有一定合理性但也不能超过合理界限。随着相对完整的工业和国民经济体系的形成，市场机制在资源配置中发挥基础性和决定性作用的物质条件的具备，财政支出的重点就应该转移到提供科学、教育、文化、卫生、社会保障等公共服务领域，经济建设支出占财政支出的比重就应该相对下降。由于后发大国幅员宽广，地区间差异大，地区间基础设施的水平差距比较大。在市场机制作用下基础设施建设一般是向经济发展较快的地方集中，因此，随着经济发达地区发展到较高水平后，地区间发展差距会逐渐扩大，会导致大国劣势逐渐出现，为了抑制大国劣势，

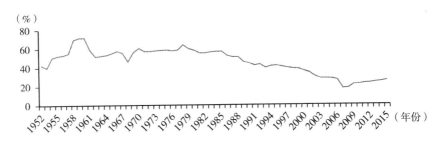

图8-3 1952~2015年经济建设支出占财政支出的比重变化路径

资料来源：根据《新中国六十年统计资料汇编》和2009年以后各年的《中国统计年鉴》相关数据计算而来。

说明：2006年后财政统计口径发生变化，财政经济建设支出是由一般公共预算中经济建设相关支出加总作为财政经济建设支出总和，将其与一般公共预算总支出相比得到财政经济建设支出占财政总支出的比重。

后发大国仍然需要在一段时期内使经济建设支出维持在一定的水平，包括提高经济欠发达地区基础设施的水平，改善经济欠发达地区基础设施条件，改善其经济发展的条件，以促进大国内部地区间经济的协调发展。

（四）财政农业支出占财政支出的比重

1952~2015年，中国财政农业支出占财政支出比重变化趋势见图8-4。从图8-4的财政农业支出占财政支出比重变化趋势看，1950~1964年呈上升趋势，1950年财政农业支出占财政支出的比重仅为4.03%，1964年的比重也只有17.01%，而同期的农业产值占同期GDP的比重是38.75%。1965~1971年财政农业支出占财政支出比重从17.01%下降到8.3%，同期农业产值占GDP比重分别是38.26%和34.23%。1972~1979年财政农业支出占财政支出比重由8.5%上升到13.6%。1980年财政农业支出比重再次进入下降区间，直到1985年的7.66%。1986年后缓慢上升，一直到1991年上升到10.26%。1992~2007年的15年时间内，财政农业支出比重长期处于下降区间，其间1998年东南亚金融危机期间由1997年的8.3%上升到1998年的10.69%后继续延续下降趋势，直到2007年下降到最低点的6.84%，然后，逐年缓慢上升，2016年达到9.9%。城乡经济结构是后发大国经济结构的重要内容，在奠定后发大国经济发展物质基础时期，资源配置适当地向工业尤其是重工业倾斜具有一定的经济合理性，但也必须确保一定水平的财政农业投入，否则，可能导致农业发展停滞，会间接影响城市工业经济的发展。在市场发挥资源配置基础性作用阶段，资源向要素收益率高的城市工商业部门流动的过程中，如果财政支出也严重向城市和工商业倾斜可能会恶化农村和农业领域的经济发展环境，导致农村和

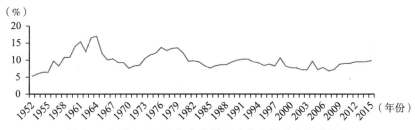

图8-4　1952~2015年农业财政支出占财政支出的比重

资料来源：根据《新中国六十年统计资料汇编》和2009年以后各年《中国统计年鉴》相关数据计算而来。

说明：2006年后由于统计口径变化，财政农业支出的数据是以一般公共预算中农林水务支出数据近似替代之前的财政农业支出数据，可能存在一定偏差。

农业领域要素过度流失，进一步扩大和强化城乡发展差距，导致城乡二元经济差距扩大。因此，在后发优势和大国优势发挥时期维持一定水平的财政农业支出占财政支出的比重有助于抑制城乡发展差距扩大，确保城乡经济的协调发展。

四、中国城市偏向的二元财政制度的基本事实

从前文的分析可以看出，新中国成立以来，在后发大国经济发展框架下，中国财政制度具有典型的城乡二元财政的特征。改革开放以前，为了在较低的经济发展水平下奠定后发大国经济发展的物质基础，我们建立了中央高度集权的、经济建设（尤其是重工业）偏向和城市偏向的、农村和农业歧视的财政制度安排。该财政制度安排在建立相对完整的工业和国民经济基础，形成后发大国经济发展物质基础的同时，也扩大了城乡差距，形成了典型的城乡二元经济结构。随着国家发展物质基础的形成，后发优势和大国优势充分发挥的物质条件具备后，中国逐步建立了社会主义市场经济体制，为了充分发挥后发优势与大国优势，形成了包括包干制、分税制在内的财政制度。在以经济建设为中心的时期，由于市场机制的不健全，政府在经济增长中发挥了较大的作用，经济增长导向的政府绩效考核机制导致事实上城市偏向二元财政制度的延续。随着经济发展水平的提高，城乡差距、地区间发展差距逐渐扩大，后发劣势和大国劣势逐渐显现，为了抑制后发劣势与大国劣势，2004 年以后，财政制度安排上出现了明显的变化，国家加大了对农业农村的财政支持力度，城市偏向的二元财政制度开始出现弱化、消减的趋势。

中国城市偏向的二元财政制度的演变轨迹可以通过二元财政对比度、财政支农支出占财政支出的比重等指标来刻画。GDP 增长率（GDPu）、农业劳动力占总劳动力的比重（gl）和财政支农支出减去农业各税后的财政投入导致的财政资金对农业的净流入（gnt）等指标也是反映城市偏向的二元财政制度的重要补充变量。

这里的二元财政是指一个国家或地区的财政收入来源与支出对象的农村农业和城市非农业两大部分。为定量分析二元财政强度，先确定如下一些变量。

财政支出结构系数，指财政支出中农业支出与非农业支出间的比率，可用数学公式表示如下：

$$FR = g_1/g_2 \qquad (8-1)$$

其中，FR 为财政支出结构系数，g_1 为政府对农业部门的财政支出，2006 年以前财政农业支出直接采用《中国统计年鉴》中财政农业支出相关数据，2007 年开始，我们采用农林水务支出的相关数据作为财政农业支出的数据。一般地，预算内或者一般公共预算财政支出中的国防、外交、行政管理支出以及科教文卫支出提供的服务在城乡居民、农业与非农产业之间是基本均等的，因此财政非农业支出为当年的预算内支出或者一般公共预算支出减去国防、行政管理、外交、科教文卫支出和财政农业支出后的部分，财政非农业支出记为 g_2。显然，FR 的值越大，说明财政支出越偏向农业部门；反之，则反是。

产值结构系数，指在二元经济结构中非农业产值与农业产值之间的比率，用数学公式可表示如下：

$$GR = AG/NG \qquad (8-2)$$

其中，GR 是产值结构系数，AG 为农业产值，NG 为非农业产值。该系数的经济学含义是，GR 的值越小，产业结构越高级。

农业财政投入力度。农业财政投入力度是指政府对农业部门的财政支出与农业产值比率，其公式为：

$$A = g_1/AG \qquad (8-3)$$

其中，A 表示农业财政投入力度，g_1 为政府对农业部门的财政支出，AG 是农业部门产值。这个数学公式的含义是，单位农业产值所获得的财政支持，A 的值越大，表明农业部门所获得的财政支持力度越大。

非农业财政投入力度。非农业财政投入力度是指政府对非农业部门的财政支出与非农业产值比率，可用公式描述如下：

$$N = g_2/NG \qquad (8-4)$$

其中，N 为非农业财政投入力度，g_2 为政府对非农业部门的财政支出，NG 是非农业部门的总产值。该式的经济含义是，单位非农业产值所获得的财政支持，N 值越大，表明非农业部门所获得的财政支持力度越大。

二元财政对比度。二元财政对比度是指农业部门与非农业部门的财政投入力度之比，用公式表示如下：

$$\pi = A/N \qquad (8-5)$$

其中，π 表示二元财政对比度，A 和 N 的含义由上文的公式所定义。π 的经济学含义是，农业部门单位产值所耗费的财政支出与非农业部门单位产值所耗费的财政支出之比。这个指标将政府的财政支出结构与国民经济的产值结构综合在一起，既考虑到财政支出自身的内部构成，又兼顾了国民经济的产业结构变动。表 8 - 3 是反映中国城乡二元财政演变路径的相关指标，图 8 - 5 反映了 1952 ~ 2015 年的中国二元财政对比度变化路径。

表 8 - 3　　　　　　　　1952 ~ 2015 年中国二元财政演变趋势

年份	产值结构系数	财政支出结构系数	农业财政投入力度	非农业财政投入力度	二元财政对比度
1952	1. 03	0. 13	0. 026	0. 204	0. 128
1953	0. 85	0. 15	0. 031	0. 181	0. 172
1954	0. 85	0. 11	0. 034	0. 254	0. 135
1955	0. 87	0. 12	0. 035	0. 264	0. 133
1956	0. 77	0. 20	0. 060	0. 236	0. 255
1957	0. 68	0. 16	0. 054	0. 232	0. 233
1958	0. 52	0. 18	0. 097	0. 279	0. 349
1959	0. 37	0. 17	0. 150	0. 330	0. 456
1960	0. 31	0. 23	0. 263	0. 347	0. 759
1961	0. 57	0. 34	0. 123	0. 209	0. 591
1962	0. 66	0. 30	0. 084	0. 181	0. 462
1963	0. 68	0. 41	0. 111	0. 183	0. 605
1964	0. 63	0. 40	0. 119	0. 186	0. 639
1965	0. 62	0. 23	0. 084	0. 221	0. 379
1966	0. 61	0. 19	0. 077	0. 251	0. 306
1967	0. 68	0. 20	0. 064	0. 216	0. 294
1968	0. 73	0. 21	0. 046	0. 162	0. 282
1969	0. 62	0. 18	0. 065	0. 226	0. 286
1970	0. 55	0. 13	0. 062	0. 254	0. 243
1971	0. 52	0. 15	0. 073	0. 250	0. 291
1972	0. 49	0. 15	0. 078	0. 252	0. 309
1973	0. 50	0. 19	0. 093	0. 248	0. 374
1974	0. 52	0. 21	0. 096	0. 233	0. 410
1975	0. 48	0. 23	0. 101	0. 213	0. 473
1976	0. 49	0. 28	0. 113	0. 200	0. 565

续表

年份	产值结构系数	财政支出结构系数	农业财政投入力度	非农业财政投入力度	二元财政对比度
1977	0.42	0.26	0.113	0.186	0.612
1978	0.38	0.25	0.148	0.225	0.657
1979	0.44	0.27	0.138	0.224	0.618
1980	0.42	0.25	0.110	0.189	0.583
1981	0.46	0.19	0.071	0.167	0.427
1982	0.48	0.20	0.068	0.164	0.418
1983	0.48	0.19	0.068	0.173	0.390
1984	0.46	0.16	0.062	0.182	0.338
1985	0.39	0.14	0.060	0.165	0.367
1986	0.36	0.17	0.067	0.146	0.455
1987	0.36	0.17	0.061	0.125	0.488
1988	0.34	0.18	0.056	0.106	0.526
1989	0.33	0.21	0.063	0.097	0.651
1990	0.36	0.23	0.061	0.096	0.638
1991	0.32	0.24	0.066	0.086	0.760
1992	0.27	0.24	0.065	0.073	0.892
1993	0.24	0.22	0.064	0.068	0.940
1994	0.24	0.23	0.056	0.060	0.934
1995	0.24	0.20	0.048	0.058	0.825
1996	0.24	0.22	0.050	0.056	0.899
1997	0.22	0.20	0.054	0.058	0.919
1998	0.21	0.28	0.080	0.059	1.335
1999	0.19	0.20	0.075	0.071	1.057
2000	0.17	0.20	0.084	0.074	1.137
2001	0.16	0.20	0.094	0.076	1.231
2002	0.15	0.18	0.098	0.083	1.183
2003	0.14	0.18	0.103	0.081	1.267
2004	0.15	0.22	0.113	0.077	1.456
2005	0.13	0.18	0.112	0.082	1.373
2006	0.12	0.20	0.136	0.081	1.683

续表

年份	产值结构系数	财政支出结构系数	农业财政投入力度	非农业财政投入力度	二元财政对比度
2007	0.11	0.13	0.155	0.138	1.128
2008	0.11	0.14	0.182	0.149	1.222
2009	0.11	0.13	0.212	0.174	1.217
2010	0.11	0.13	0.218	0.178	1.222
2011	0.10	0.12	0.215	0.184	1.167
2012	0.10	0.13	0.235	0.193	1.217
2013	0.10	0.12	0.241	0.209	1.152
2014	0.10	0.11	0.243	0.212	1.144
2015	0.10	0.12	0.286	0.231	1.235

资料来源：根据历年《中国统计年鉴》相关数据计算而成。

图 8 – 5　1952～2015 年中国城乡二元财政对比度变化路径

从图 8 – 5 反映的中国城乡二元财政对比度的情况看。1998 年以前我国都存在明显的城乡二元财政问题，财政对农业的支持度低于平均的财政支持水平。1952～1960 年城乡二元财政对比度呈上升趋势，财政对农业的支持度呈上升趋势；1960～1970 年二元财政对比度处于下降阶段，财政对农业的支持度下降；1971～1978 年二元财政对比度处于上升阶段，财政对农业的支持度处于上升时期；1978～1984 年二元财政对比度在下降区间，财政对农业的支持度下降；1985～2006 年财政对农业的支持度整体呈上升趋势，其间 1992～1995 年、1998～1999 年略有波动，但整体上保持了上升趋势，二元财政对比度趋向于偏向农业的财政支持度；2006 年后，财政对农业的支持度开始下降，但仍保持在 1 以上。

第二节　中国城乡二元经济结构演变的基本事实

作为典型后发大国，中国具有典型的城乡二元经济结构的特征。我国城乡二元经济结构经历了初步形成、强化、初步出现弱化趋势的三个阶段。衡量城乡二元经济结构的经济指标一般包括城乡居民收入比①、二元反差系数②和二元对比系数③等。上述指标在反映城乡二元结构时基本一致，但也各有侧重。二元对比系数和二元反差系数是以农业产值、非农业产值和对应劳动力比重反映的。二元对比系数与农业产值比重正相关，与农业劳动力比重负相关，与非农业产值比重负相关，与非农业劳动力比重正相关。即二元对比系数越大城乡二元差距越小；反之，越小。二元反差系数越大，城乡二元差距越大；反之，越小。城乡居民收入比是从城市居民可支配收入和农民纯收入来反映城乡二元差距的。农民纯收入中包括来源于农业的收入和来源于非农业收入两个部分，但农民收入主要来源于农业收入或者全部来源于农业时，城乡居民收入比与二元对比系数和二元反差系数反映的城乡二元差距是一致的；但若非农收入占农民可支配收入比重高，城乡居民收入比缩小尽管反映了农民收入相对提高，但同时可能意味着农业与非农产业之间差距扩大，从而出现城乡居民收入比和二元对比系数、二元反差系数反映的城乡二元差距不一致的问题。当然，当非农收入占农民纯收入比重较低时，至少低于50%时，城乡居民收入比和二元对比系数与二元反差反映的城乡二元差距具有一致性。相对而言，二元对比系数和二元反差系数更能从城乡经济结构角度反映城乡二元差距，城乡居民收入比只能反映收入差距，但这种收入差距可能不能全面反映城乡二元结构差距，甚至出现城乡居民收入比反映的差距缩小和真实的城乡二元差距的情况。

---

① 城乡居民人均收入比表示城市居民人均收入与农村居民人均收入之间的倍数关系，它用城镇居民人均收入比上农村居民人均收入得到。比值越大，城乡差距越大；反之，越小。

② 二元反差系数是衡量城乡二元经济差距的一个综合性指标，它表示农业部门与非农业部门收入或产值比重与劳动力比重的差的绝对值的平均值。二元反差系数越大，城乡二元差距越大；反之，越小。

③ 二元对比系数是测度二元经济反差程度的一个综合性指标，是二元经济中农业部门的比较劳动生产率与非农业部门的比较劳动生产率的比率（比较劳动生产率是一部门的收入比重与劳动力比重的比率）。对于发展中国家中农业部门的比较劳动生产率因收入比重低，劳动力比重高，导致比较劳动胜率小于1，而非农业部门比较劳动生产率大于1，从而二元对比系数小于1。一般地，二元对比系数越小，城乡差距越大；反之，越小。

借助于我国改革开放以来国家统计局的相关数据，通过适当处理得到反映我国城乡二元经济结构演变的相关数据及对应的变化趋势（见表8-4、图8-6）。

表8-4　　　　　　　1952~2015年中国二元经济结构变化情况

年份	农业比较劳动生产率	非农业比较劳动生产率	城乡居民收入比	二元对比系数	二元反差系数	城乡差距基尼系数
1952	0.58	3.96	—	0.15	0.37	0.37
1953	0.53	4.09	—	0.13	0.41	0.40
1954	0.53	3.97	—	0.13	0.40	0.40
1955	0.54	3.98	—	0.14	0.40	0.40
1956	0.51	3.89	—	0.13	0.42	0.42
1957	0.48	3.88	—	0.12	0.44	0.44
1958	0.41	4.06	—	0.10	0.50	0.49
1959	0.33	3.99	—	0.08	0.55	0.55
1960	0.29	3.88	—	0.07	0.57	0.57
1961	0.45	3.31	—	0.14	0.44	0.44
1962	0.48	3.50	—	0.14	0.43	0.43
1963	0.49	3.54	—	0.14	0.43	0.43
1964	0.47	3.35	—	0.14	0.43	0.43
1965	0.47	3.45	—	0.14	0.44	0.44
1966	0.46	3.49	—	0.13	0.44	0.44
1967	0.49	3.37	—	0.15	0.42	0.42
1968	0.51	3.29	—	0.16	0.40	0.40
1969	0.46	3.55	—	0.13	0.44	0.44
1970	0.43	3.73	—	0.11	0.47	0.47
1971	0.41	3.82	—	0.11	0.49	0.49
1972	0.40	3.93	—	0.10	0.50	0.50
1973	0.40	3.88	—	0.10	0.49	0.49
1974	0.41	3.86	—	0.11	0.49	0.49
1975	0.39	3.90	—	0.10	0.50	0.50
1976	0.40	3.86	—	0.10	0.50	0.50

续表

年份	农业比较 劳动生产率	非农业比较 劳动生产率	城乡居民 收入比	二元对比 系数	二元反差 系数	城乡差距 基尼系数
1977	0.36	4.03	—	0.09	0.53	0.53
1978	0.34	4.03	2.56	0.08	0.54	0.54
1979	0.38	3.66	2.53	0.10	0.50	0.50
1980	0.37	3.63	2.50	0.10	0.51	0.51
1981	0.39	3.41	2.24	0.12	0.49	0.49
1982	0.42	3.18	1.98	0.13	0.46	0.46
1983	0.42	3.12	1.82	0.13	0.46	0.46
1984	0.41	2.97	1.83	0.14	0.45	0.45
1985	0.37	3.04	1.86	0.12	0.48	0.48
1986	0.35	2.99	2.13	0.12	0.49	0.49
1987	0.35	2.91	2.17	0.12	0.48	0.48
1988	0.34	2.89	2.17	0.12	0.49	0.49
1989	0.33	2.88	2.28	0.12	0.49	0.49
1990	0.36	2.78	2.20	0.13	0.47	0.47
1991	0.33	2.82	2.40	0.12	0.49	0.49
1992	0.29	2.87	2.58	0.10	0.51	0.51
1993	0.27	2.88	2.80	0.09	0.53	0.53
1994	0.27	2.83	2.86	0.10	0.52	0.52
1995	0.28	2.77	2.71	0.10	0.51	0.51
1996	0.28	2.65	2.51	0.10	0.50	0.50
1997	0.26	2.57	2.47	0.10	0.50	0.50
1998	0.26	2.48	2.51	0.10	0.49	0.49
1999	0.25	2.42	2.65	0.10	0.49	0.49
2000	0.23	2.36	2.79	0.10	0.49	0.49
2001	0.22	2.28	2.90	0.10	0.48	0.48
2002	0.22	2.22	3.11	0.10	0.48	0.48
2003	0.21	2.16	3.23	0.10	0.47	0.47
2004	0.22	2.09	3.21	0.11	0.45	0.45
2005	0.20	2.05	3.22	0.10	0.45	0.45
2006	0.19	2.02	3.28	0.09	0.45	0.45

续表

年份	农业比较劳动生产率	非农业比较劳动生产率	城乡居民收入比	二元对比系数	二元反差系数	城乡差距基尼系数
2007	0.19	1.96	3.33	0.10	0.44	0.44
2008	0.19	1.91	3.31	0.10	0.43	0.43
2009	0.19	1.87	3.33	0.10	0.42	0.42
2010	0.19	1.81	3.23	0.10	0.41	0.41
2011	0.19	1.77	3.13	0.11	0.39	0.39
2012	0.20	1.72	3.10	0.11	0.38	0.38
2013	0.20	1.69	3.03	0.12	0.37	0.37
2014	0.20	1.66	2.92	0.12	0.36	0.36
2015	0.20	1.62	2.90	0.12	0.35	0.35

资料来源：根据历年《中国统计年鉴》和《新中国六十年统计资料汇编》相关数据整理而成。

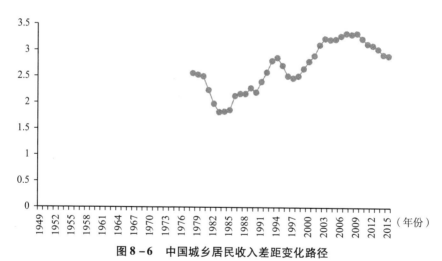

图 8 - 6　中国城乡居民收入差距变化路径

说明：图中的数据保留了小数点后较多的位数，表 8 - 4 中的数据一般保留了小数点后两位数字，因此，图中反映的情况更加精确一些。其中，1978 年以前的城乡居民收入数据没能通过适当途径获得，因此城乡居民年收入差距的数据从 1978 年开始整理并绘成示意图。

从图 8 - 6 可以看出，我国城乡居民收入比变化的路径是：从 1978 ~ 1984 年城乡居民收入比由 2.56 下降到 1983 年的 1.82 左右，1985 ~ 1994 年处于扩大区间，1994 ~ 1997 年期间短暂缩小，从 1997 年开始直到 2009 年城乡居民收入差距持续扩大，2009 年后呈现出缩小的趋势。我国呈现居民收入差距总体上经历了改革开放初期短暂缩小，然后长期扩大，再次短暂缩小，进而长期扩大，最后出现缩小趋势的过程，收入差距扩大的时间远多于收入差距缩小的时间。

图 8－7 是 1952～2015 年中国二元对比系数变化路径和趋势的示意图。从图 8－7 可以发现，反映中国城乡二元差距的二元对比系数的变化路径是：1952～1960 年处于扩大区间，城乡二元差距处于扩大区间；1961～1968 年处于缩小区间，城乡二元差距缩小；1969～1978 年期间呈现扩大趋势，城乡二元差距处在缩小区间；1978～1984 年是处于上升阶段，城乡差距缩小；然后，1985～1993 年下降，城乡差距扩大；1994 年后开始呈现扩大趋势，反映出城乡二元差距逐渐缩小的变化方向；2003 年以后，二元对比系数逐渐上升，反映出城乡二元差距趋于缩小。

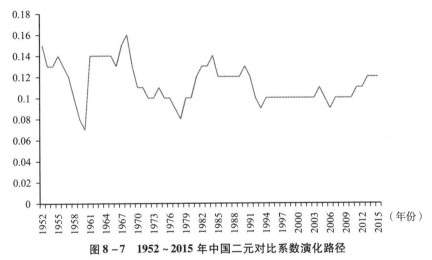

图 8－7 1952～2015 年中国二元对比系数演化路径

说明：图中的数据保留了小数点后较多的位数，表 8－4 中的数据一般保留了小数点后两位数字，因此，图中反映的情况更加精确一些。

图 8－8 是 1952～2015 年中国城乡二元反差系数变化路径和趋势的示意图。从图 8－8 反映的中国的二元反差系数来看，1952～1960 年，城乡差距呈扩大趋势；1960～1969 年呈缩小趋势；1970～1978 年期间城乡差距扩大；1978～1984 年为缩小时期；1985～1993 年主要呈现扩大特征；1994 年以后，城乡二元差距呈现缩小的趋势。

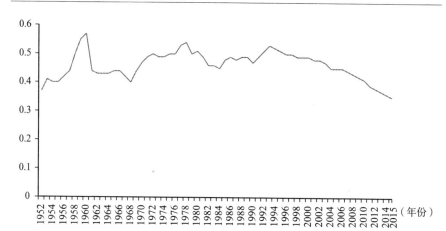

图 8 - 8　1952 ~ 2015 年中国二元反差系数变化路径

说明：图中的数据保留了小数点后较多的位数，表 8 - 4 中的数据一般保留了小数点后两位数字，因此，图中反映的情况更加精确一些。

图 8 - 9 是中国城乡差距基尼系数变化路径和趋势示意图。从 8 - 9 的中国城乡差距基尼系数看；1952 ~ 1960 年，城乡差距在扩大；1961 ~ 1969 年城乡差距在缩小；1970 ~ 1978 年城乡差距呈扩大趋势；1978 ~ 1984 年短暂缩小；1985 ~ 1993 年城乡差距扩大；1994 年后，呈现出了逐渐缩小的趋势。

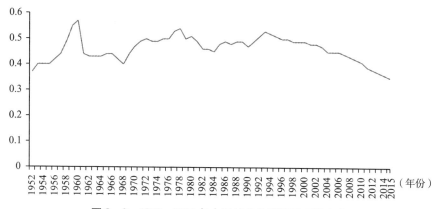

图 8 - 9　1952 ~ 2015 年中国城乡差距基尼系数变化

说明：图中的数据保留了小数点后较多的位数，表 8 - 4 中的数据一般保留了小数点后两位数字，因此，图中反映的情况更加精确一些。

整体上看，城乡居民收入比、二元对比系数、二元反差系数、城乡差距基尼系数反映的城乡二元差距变化具有整体上的一致性，但也存在局部的差异。主要原因在于这几项指标反映的城乡二元差距的侧重点有所不同：城乡居民收入比是侧重于收入角度，农民来源于非农业的收入增加可能导致城乡居民收入差距缩小，但这如果伴随着农民来源于农业收入减少，城乡居民收入差距缩小则可能意味着城乡差距扩大。二元对比系数主要考虑了农业与非农业比较劳动生产率之间的相对变化关系，主要考虑了农业产值与农业劳动力或者乡村人口以及非农业产值与非农业劳动力或者城镇人口比重的相对变化关系，如果伴随着农业产值比重下降农业人口比重出现更大幅度下降，则意味着农业比较劳动生产率上升，城乡二元差距缩小。但市场经济条件下农村劳动力流出是按照人力资本多寡从多到少的顺序进行的，这就意味着，随着劳动力流出增加，农村劳动力整体素质是逐渐下降的，尽管反映在农业比较劳动生产率上升的城乡差距在缩小，但包括劳动力素质在内的实际的城乡差距可能在扩大。农业劳动力向非农业流动伴随着劳动生产率提高，如果在非农业领域就业的农民收入与提高的劳动生产率相适应，则意味着二元对比系数变化方向与城乡居民收入差距变化趋势一致；反之，则可能出现二元对比系数反映的城乡差距变化方向与城乡居民收入差距变化方向不同。二元反差系数是从农业产值占 GDP 比重与农业人口与全国总体人口的比重的相对关系、非农业产值占 GDP 比重与非农业人口占全国总人口比重来反映城乡二元差距的，该项指标主要从产值与人口相对关系来看城乡二元差距，该差距越小，城乡二元差距越小；反之，越大。城乡差距基尼系数的指标反映的内容与二元反差系数反映的内容比较一致。如果城乡居民收入都来自各自对应的城市非农产业和农业，二元反差系数、城乡差距基尼系数与城乡居民收入比反映的城乡二元差距变化一致；反之，则可能出现偏差。

总体上看，从改革开放以来的情况看，1978～1984 年这段时间城乡二元差距是缩小，1985～1994 年前后扩大，1995～1997 短暂缩小。1998 年后三项指标变化方向略有些差别，由城乡居民收入比和二元对比系数反映的城乡差距呈扩大趋势，由二元反差系数反映的城乡差距经历了扩大，2003 年后逐步缩小的过程。

总体上看，我国财政制度变迁的方向是财政分权程度越来越大，财政支出用于经济建设的支出和对农业的支出比重降低，满足城乡居民公共需求的财政支出比重越来越高，公共资源配置上具有长期的城市偏向性，近期略有转变。

第九章　中国财政制度演变对二元经济结构影响的实证分析

第一节　引　　言

新中国成立以来，在后发大国经济发展的框架下我国的财政制度安排整体上经历了两个阶段：即为后发大国发展奠定基础的阶段和服务于后发优势与大国优势的公共财政阶段，当前已经开始进入抑制后发劣势与大国劣势阶段并向积累可持续发展能力的阶段过渡。新中国成立以来的财政体制经历了从高度集权、"分灶吃饭"到"分税制"财政体制的变化，从建立健全政府公共收入体系到公共财政导向下的预算管理改革与支出制度建设，① 从国有财政向多种所有制财政，从城市偏向财政向城乡一体化财政和从生产建设财政向公共服务财政的转变。② 财政制度变迁主要表现在两个方面：其一，从财政支出结构看经济建设支出占财政支出比重下降，民生支出比重上升。③ 其二，从政府间财政管理权限配置角度看，财政支出纵向分权程度先降低然后逐步提高，地方财政支出占财政支出比重提高；从财政收入分权看，经历了从中央高度集中到向地方分权，再向中央适度集中的过程，最新的变化方向是再次向地方分权。其三，从财政对产业发展支持角度看财政支农支出占全部财政支出比重经历上升和下降多次反复。

---

① 贾康：《中国财税改革 30 年：简要回顾与评述》，载《财政研究》2008 年第 10 期，第 2~20 页；《"十二五"时期中国的公共财政制度改革》，载《财政研究》2011 年第 7 期，第 1~12 页。

② 高培勇：《公共财政：概念界说与演变脉络——兼论中国财政改革 30 年的基本轨迹》，载《经济研究》2008 年第 12 期，第 4~16 页。

③ 这里主要考察一般预算支出内的支出结构变换，因政府性基金、政府债务支出中经济建设支出比重的数据难以准确统计，不纳入本书考查范围。

伴随着财政制度安排的变化，我国城乡二元经济结构也在发生明显变化。从二元反差系数、二元对比系数和城乡居民人均收入比等反映城乡二元差距的指标看，城乡二元差距在中国形成后发大国发展物质基础阶段后开始扩大，在后发优势和大国优势充分发挥阶段，随着市场机制在资源配置中作用的扩大和充分发挥，城乡二元差距进一步扩大，二元结构强度显著增强。财政制度客观上具有适应后发大国经济发展的要求，服务于后发优势与大国优势的基本事实，在现实中，由于政策决策者主观认知、决策、执行能力和利益群体干扰导致财政制度变迁具有滞后或者超前于经济发展阶段，偏离经济发展和社会公平的可能。

从财政制度安排与城乡二元经济结构变化的关系看，具有明显的阶段性。后发大国发展初期，在重工业发展资金严重缺乏和融资渠道受限的条件下，通过财政制度安排筹集建设资金具有一定的合理性，这可能导致城乡差距扩大；在后发大国发展物质基础基本形成后，市场机制在资源配置中的作用逐渐增强，农业与非农业经济发展受市场机制支配，城乡发展差距具有扩大的趋势；财政制度顺应市场机制要求追求资源配置效率最大化，继续实行城市和工商业倾斜的财政制度，将导致城乡差距扩大；如果财政制度安排追求城乡公平发展目标，可能会导致实际的经济增长率低于潜在经济增长率，影响经济增长；在后发劣势和大国劣势越来越充分释放的条件下，为促进经济结构协调，促进后发大国经济持续稳定增长，财政制度必须抑制大国劣势和后发劣势。有效的财政制度安排应该有助于缩小城乡发展差距。总之，后发大国经济发展阶段与财政制度安排之间具有一定的耦合关系，它们相互依存，相互支持，推动经济发展阶段的顺次推进。围绕财政制度安排对城乡收入差距的影响已经产出了大量的研究成果，部分成果显示：中国重工业偏向发展战略下实施包括城市和重工业偏向的财政制度是导致城乡差距扩大的重要原因；市场经济条件下我国财政的纵向分权和地方政府间的竞争也是导致城乡二元差距扩大的重要原因。

我国后发大国物质基础奠定前后财政制度安排对城乡二元差距的影响机制是否有显著差别，如何理解我国不同经济发展阶段财政制度安排导致城乡二元差距变化的差异，对于理解我国作为典型后发大国财政制度安排的变迁机制和优化财政制度安排具有重要的指导意义。

根据获得的数据资源，分别运用全国时间序列数据和省级面板数据建立计量模型可以对中国财政制度变迁与城乡二元经济结构关系进行实证分析。首先运用全国数据主要考察 1952～2015 年中国整体财政制度变迁与城乡二元经济结构的关系，然后，运用面板数据模型考察 1994～2015 年全国各省财政制度变迁与城乡二元经济结构变化之间的关系。

第二节　研究成果的回顾

围绕财政制度对城乡二元经济结构影响的研究主要在经济发展战略、财政分权、政府间竞争、城乡财政资源配置结构等对城乡二元差距的视角下展开的。中国改革开放前的财政制度安排对城乡二元经济结构的影响似乎已经成为共识，但严格的理论论证和实证分析的文献还不太多。研究改革开放以后财政制度安排直接或间接影响城乡差距的文献比较多，主要集中在财政分权、地方政府竞争、城乡基本公共服务差距对城乡差距的影响方面。1994 年分税制改革以后我国财政制度变迁最典型的特征是财政分权度的提高，财政分权对经济增长的作用机制和实证分析的文献已经很多，经济制度对城乡差距的影响主要是在城乡二元经济结构的背景下研究财政支出、二元金融结构、FDI 等对城乡收入差距的影响，但是，直接研究财政制度变迁和城乡二元经济结构转化之间的实证分析文献还不多。从现有文献看，财政制度变迁与城乡二元经济结构转化关系的研究主要沿着财政分权和财政支出结构等对反映城乡二元差距的城乡居民收入比、二元反差系数、二元对比系数、城乡基尼系数影响的线索展开。

整体上看，现有文献考察财政分权、城乡公共服务供给、城乡基础设施差距等对城乡差距影响的研究结果比较一致地认为，我国财政分权以及城乡二元公共服务、基础设施供给机制和制度安排是我国城乡差距扩大的重要原因。[①]

财政分权的经典文献为研究财政分权对城乡差距的影响提供了理论基础。在分权和收入差距研究理论中，普鲁德霍姆（Prud'homme）认为，一般情况下，没有限制的分权会导致地区间发展差距扩大。20 世纪 80 年代，

---

① 解垩：《财政分权、公共品供给与城乡收入差距》，载《经济经纬》2007 年第 1 期，第 27～30 页；刘乐山：《公共产品供给的差异：城乡居民收入差距扩大的一个原因解析》，载《人文杂志》2005 年第 1 期，第 129～133 页；平新乔、白洁：《中国财政分权与地方公共品的供给》，载《财贸经济》2006 年第 2 期，第 49～55 页；冉光和、唐文：《财政支出结构与城乡居民收入差距的实证分析》，载《统计与观察》2007 年第 4 期，第 75～77 页；金双华：《公共产品供给与城乡收入差距》，载《东北财经大学学报》2008 年第 9 期，第 46～51 页；李民仓：《城乡收入差距的体制性原因探析》，载《西安联合大学学报》2004 年第 6 期，第 31～33 页。

拉丁美洲的财富大量集中到几个大城市的过程支持了这一观点。马斯格雷夫从财政职能角度，认为收入分配职能应该由中央政府履行。① 施蒂格勒强调中央政府在协调地方政府之间的利益关系，有效地解决分配不公问题上具有十分重要的作用。夏葡（Sharp）认为国家宏观调控和社会福利分配职能应该由中央政府来执行。众多研究成果反映分权背景下"发展型政府"（Weingast，2006；Oi，1999；Jin，Qian and Weingast，2005）和"竞争型政府"（Herrmann-Pillath and Feng，2004）行为在促进增长的同时，导致城乡发展差距扩大（钱颖一、温加斯特，1997；钱颖一、罗兰，2000）。

有部分国外学者从城市偏向的制度安排和政府的行为模式对城乡差距影响角度开展研究，他们认为财政资源城乡非均衡配置是城市偏向制度的主要表现，这种制度安排可能对城乡发展差距产生影响。城市偏向制度的实证研究早期主要集中于对城市偏向的具体测度，包括其在价格及非价格等方面。而后，城市偏向制度安排对经济发展的影响逐渐成为实证研究的重要内容。利普顿（Lipton）最早提出城市偏向的概念，并认为它是导致一些发展中国家深陷贫困的重要原因。② 斯图尔特和琼斯（Stuart and Jones）指出城市偏向制度安排对减少发展中国家贫困有一定积极作用。③ 雷德克利夫特（Redclift）通过对墨西哥和巴西食品能源政策的分析，发现城市偏向是造成农村贫困的重要因素。④ 伦敦和史密斯（London and Smith）根据跨国截面数据，利用回归分析方法考察了城市偏向政策对经济增长的影响，得出城市偏向制度对经济增长产生负面影响的结论。⑤

中国财政制度安排和城乡差距与发展中大国特征密切相关，适应发展中大国发展阶段性目标的财政制度安排可能会对城乡二元经济结构的产生影响。王永钦等从经济分权和大国治理的关系角度对经济增长锦标赛竞

---

① ［美］理查德·马斯格雷夫、佩吉·马斯格雷夫：《财政理论与实践》，中国财政经济出版社 2003 年版，第 481 页。

② Lipton，M.，*Why Poor People Stay Poor：Urban Bias in World Development*，MA：Harvard University Press，1977.

③ Stuart Corridge & Gareth Ajones，"The Continuing Debate about Urban Bias：The Thesis，Its Critics，Its Influence，and Implications for Poverty Reduction"，*Report to Department for International Development*，2005.

④ Redclief，M. R.，"Urban Bias' and Rural Poverty：A Latin American Perspective"，*Journal of Development Studies*（S0022 - 0388），1984，20（3）：pp. 123 - 138.

⑤ London Bruce & David A Smith，"Urban Bias，Dependence，and Economic Stagnation in Noncore Nation"，*American Sociological Review*（S0003 - 1224），1988，53（3）：pp. 454 - 463.

争、城市倾向的经济制度和城乡差距进行了分析，认为政治集权下的经济分权给地方政府提供了发展经济的动力，但内生于这种激励结构的相对绩效评估又造成了城乡和地区间收入差距的持续扩大等问题。①②③

作为典型的后发大国，中国在后发大国经济发展初期，为了奠定后发大国发展的物质基础，长期执行重工业优先的追赶型发展战略，导致基础设施、公共服务等财政支出制度和财政收入制度具有明显的城市、工业和经济建设的偏向性④⑤，这些制度安排都可能是导致城乡差距扩大的重要原因。⑥ 林毅夫等从重工业优先的追赶发展战略、经济政策的偏向性、城市化和城乡差距进行了研究。⑦⑧⑨

由于财政制度变迁滞后于经济发展阶段转换导致改革开放后较长时期内中国仍然继续延续了城市偏向的二元财政制度，这也对中国城乡二元经济结构转换产生了一定影响。陈钊、陆铭在检验城市化的城乡差距效应时，引入了城市偏向的经济政策变量，但没有阐述城市偏向的经济政策与城乡差距之间的作用机制。⑩ 程开明运用省级面板数据对我国城市偏向政策影响城乡差距的效应进行了回归分析和检验，认为城市偏向是城乡差距不断扩大的重要原因。⑪ 任太增对我国城市偏向财政制度安排和城乡差距关系的研究表明，在城市偏向制度下，城乡收入差距在初次分配之前已经被决定。⑫ 城市偏向制度不仅直接影响着城乡收入差距，导致城乡收入差距的固化，还通过限制城乡要素的自由流动，破坏城乡收入差距的自我矫

①③　王永钦等：《中国的大国发展道路——论分权式改革的得失》，载《经济研究》2007年第1期，第6~16页。

②　陶然、刘明兴：《中国城乡收入差距，地方政府开支及财政自主》，载《世界经济文汇》2007年第2期，第1~21页。

④⑦　高培勇：《公共财政：概念界说与演变脉络——兼论中国财政改革30年的基本轨迹》，载《经济研究》2008年第12期，第4~16页。

⑤　林毅夫、陈斌开：《重工业优先发展战略与城乡消费不平等——来自中国的证据》，载《浙江社会科学》2009年第4期，第10~16页。

⑥⑨　杨志勇、杨之刚：《中国财政制度改革30年》，格致出版社2008年版。

⑧　林毅夫、陈斌开：《重工业优先发展战略与城乡消费不平等——来自中国的证据》，载《浙江社会科学》2009年第4期，第10~16页；陈斌开、林毅夫：《发展战略、城市化与中国收入差距》，载《中国社会科学》2013年第4期，第81~102页。

⑩　陈钊、陆铭：《城市化、城市倾向的经济政策与城乡收入差距》，载《经济研究》2004年第6期，第50~58页。

⑪　程开明：《从城市偏向到城乡统筹发展——城市偏向政策影响城乡差距的Panel Data证据》，载《经济学家》2008年第3期，第28~36页。

⑫　任太增：《城市偏向制度下城乡收入差距问题探析》，载《长白学刊》2008年第5期，第106~108页。

正机制，导致城乡收入差距累积性扩大。

改革开放后的一段时期内，中国的财政纵向分权进一步强化了城市偏向的财政制度，并对城乡二元经济结构产生了明显影响。马光荣等认为中国财政分权通过地方政府行为强化了城市偏向的财政政策，导致城乡收入差距扩大。[1]周世军、周勤（2011）认为，城市偏向的政策逐渐改变了城乡居民的收入结构，尤其是在转移性收入上的差距扩大趋势更为明显，这直接导致了21世纪以来中国城乡收入差距的扩大。城镇化对于缩小城乡收入差距的作用减弱以及城乡经济悬殊造成的城乡收入差距的明显扩大，也从侧面反映出政策偏向的弊端。

财政分权和集权作为财政制度的两个方面，也可能对城乡二元经济结构产生影响，1994年以后财政分权成为我国学者重点关注的问题，财政分权对城乡二元经济结构的影响同样受到国内学者的高度关注。

研究者认为分权背景下的地方政府具有"发展型财政联邦主义"的特征，是"发展型政府"和"竞争型政府"，其在促进增长的同时，导致了城乡发展差距扩大。殷德生对中国1994年财政制度改革以来的财政分权对经济增长和地区经济发展不平衡的影响进行了经验检验，发现中国财政分权水平未能有效地促进地区的经济增长，反而加剧了地区经济发展的差异程度。[2]王永钦等认为，政治集权下的经济分权给地方政府提供了发展经济的动力，但内生于这种激励结构的相对绩效评估又造成了城乡和地区间收入差距的持续扩大、地区之间的市场分割和公共事业的公平缺失等问题。[3]

城乡居民收入差距作为城乡差距的重要表现之一，也与财政制度安排密切相关，学术界已有大量文献研究财政分权和城乡居民收入差距。大多数学者集中在政府行为对经济增长和城乡居民收入差距影响的框架下研究该问题。研究结果反映出以GDP为主的政绩考核制度在财政分权框架下通过对财政资源配置的城乡空间结构不均衡的影响导致城乡差距扩大（陈丽华、许云霄、辛奕，2012；赖小琼、黄智淋，2011；李尚蒲、罗必良，2012；贺俊、吴照龙，2013）。比如，马光荣、杨恩艳利用1986~2004年中国省际面板数据对财政分权对城乡居民收入差距的实证研究发现，分权

①　马光荣、杨恩艳：《中国式分权、城市倾向的经济政策与城乡收入差距》，载《制度经济学研究》2010年第1期，第10~24页。

②　殷德生：《最优财政分权与经济增长》，载《世界经济》2004年第11期，第63~71页。

③　王永钦等：《中国的大国发展道路——论分权式改革的得失》，载《经济研究》2007年第1期，第6~16页。

和竞争驱动了地方政府采取城市偏向而漠视农村的经济政策，导致了城乡收入差距的扩大。另外，中国式的分权对城乡收入差距的影响存在显著的跨时差异和地区差异。① 陈安平的研究却发现财政分权使地方政府可以控制的财政资源显著增加，但人均财政支出水平的上升却使城乡收入差距不断拉大。具体看，财政分权有助于基本建设支出和农业支出比重的增加，其中基本建设支出会拉大城乡收入差距，农业支出则有利于城乡收入差距的缩小，科学教育支出不但有助于经济增长，也有助于城乡收入差距的改善。② 也有部分研究成果反映出财政分权导致城乡发展差距缩小（苏素、宋云河，2011；李伶俐、谷小菁、王定祥，2013；许海平、傅国华，2013）。另外，具体在我国不同地区，财政分权对城乡居民收入差距的影响存在差异，有研究成果显示财政分权是导致城乡差距扩大或者缩小在东部地区和中西部地区、短期或者长期中具有不确定性（陈工、洪礼阳，2012；贾俊雪、宁静，2011；余长林，2011；范晓莉，2012；李雪松，2012）。

财政分权通过上级政府对下级政府的政绩考核制度与政府间竞争紧密联系，财政分权和政府竞争可能导致工业化和城市化失衡，进而导致城乡二元经济结构变化。范晓莉（2016）认为财政分权长期内会显著缩小城乡收入差距，但短期却对城乡收入差距带来较大的正向冲击效应；城市化在短期能显著缩小城乡收入差距，并且城市化对城乡收入差距的影响力度更为明显，长期则不利于城乡收入差距的缩小。③ 李伶俐等（2013）认为，财政分权下政府主导的城市化进程初期会通过正向边际净效应缩小城乡收入差距，但如果超过合理限度则会扩大城乡收入差距。④

1994 年后，中央政府在加大财政集权力度的同时通过财政转移的方式给地方政府拨款，由于现行体制下地方政府财政支出中具有城市偏向性，陶然和刘明兴认为地方政府的开支越来越多地由上级政府转移支付提供不仅会减少地方政府发展经济的动力，还会间接加剧城乡差距。毫无疑问，

---

① 马光荣、杨恩艳：《中国式分权、城市倾向的经济政策与城乡收入差距》，载《制度经济学研究》2010 年第 1 期，第 10 ~ 24 页。

② 陈安平：《财政分权、城乡收入差距与经济增长》，载《财经科学》2009 年第 10 期，第 93 ~ 101 页。

③ 范晓莉：《城市化、财政分权与中国城乡收入差距相互作用的计量分析》，载《现代财经》2012 年第 3 期，第 44 ~ 53 页。

④ 李伶俐等：《财政分权、城市化与城乡收入差距》，载《农业技术经济》2013 年第 12 期，第 4 ~ 14 页。

中国城乡收入差距的一个根源是城市偏向的经济政策，中国式的财政分权体制和政府间的竞争激励了地方政府实施城市倾向的经济政策。

财政分权直接会影响地方政府可用财力的多寡，进而影响农村地方政府提供公共服务的能力，导致城乡基本公共服务差距扩大。解垩基于1994～2004年间省级面板数据的估计结果显示，农村公共品供给增加对降低城乡收入差距有显著的作用。财政分权程度、政府财政支出结构也对城乡收入差距有显著的影响。① 贾康、孙洁认为，农村公共产品与服务存在供给不足的问题，在我国长期没有得到有效解决，一方面是由于政府投资不足，另一方面是供给由政府包办利用非政府力量不足。②

财政制度安排中的公共支出规模与结构也是影响城乡二元经济结构的重要因素。邵宜航和刘雅南（2007）拓展了松山（Matsuyama，1992）的分析框架，发现政府的公共支出尤其是对欠发达地区的财政转移更有利于缩小两部门之间的经济差距。林光彬（2004）、宋洪远等（2003）认为政府的财政资金流出额逐年扩大和农村公共支出占财政支出比重的逐年降低以及公共支出在城乡之间分配存在的严重不平等是直接导致城乡之间经济差距扩大的根源。

作为财政支出制度重要内容的财政支农资金也是影响农业和农村经济增长，进而影响城乡二元经济结构变化的很重要因素。陆铭、陈钊（2004）和陆文航（2006）研究发现农村公共支出与城乡经济差距之间有着明显的负向关系。彭锻炼（2007）发现财政支农支出、义务教育和医疗卫生投入是缩小城乡经济差距的有效途径之一。也有部分研究显示农村公共支出效率十分低下，对城乡经济差距的缩小没有任何帮助（沈坤荣、张璟，2007；文峰，2009），甚至有部分研究发现农村公共支出会拉大城乡之间的经济差距（李秉强，2007）。夏龙、冯涛（2010）以城乡经济互动关系为基础，将乘数加速数模型扩展为含公共支出的两部门增长模型，推导出通过扩大农村公共支出缩小城乡经济差距存在阈值条件，回答了公共支出影响城乡差距的机制问题，并在实证分析的基础上提出继续扩大对农村的公共支出能够促进二元经济转换的结论。

从已有的相关研究成果看，主要从我国财政的公共性程度、城市偏向

① 解垩：《财政分权、公共品供给与城乡收入差距》，载《经济经纬》2007年第1期，第27～30页。

② 贾康、孙洁：《农村公共产品与服务提供机制的研究》，载《管理世界》2006年第12期，第60～66页。

政策和财政分权视角研究了财政制度与城乡差距的关系。现有研究成果主要将视野局限在计划经济体制和市场经济体制下研究财政制度安排对城乡居民收入差距、城乡基本公共服务差距等城乡差距的影响上，尽管有部分研究成果涉及新中国成立后重工业优先的城市偏向的经济发展战略及其相关经济制度安排对城乡居民收入差距和城乡差距的影响，但没有系统地将中国财政制度变迁放在后发大国经济发展框架下讨论财政制度安排对城乡二元经济结构转化的影响。在分析城市偏向财政制度和财政分权对城乡差距的影响上尽管存在一定关联性，但中国的城市偏向财政制度安排既存在于奠定后发大国发展基础阶段的经济制度中，也存在于后发优势和大国优势发挥阶段的改革开放后的财政纵向分权的制度背景下，两种背景下的城市偏向财政制度的形成机制、运行逻辑及其对城乡差距的影响机制各不相同，这需要进一步深入研究。综观现有研究文献，我们认为，只有将中国财政制度变迁及其影响的城乡二元经济结构转化放在后发大国经济发展框架下才能对中国财政制度变迁逻辑和城乡二元经济结构转化机制和规律有较客观、全面和清晰的认识。

第三节　财政制度变迁与城乡二元经济结构互动基本理论分析

一、财政制度与城乡二元经济结构的关联机制

在刘易斯的二元经济理论中，城乡二元经济结构转化过程就是工业化、城市化和农业现代化联动的经济发展过程。城市现代工业部门增长吸纳边际产出率低的农业部门的剩余劳动力，带动工业部门扩张和农村剩余劳动力转移，工业化带动城市化。随着现代工业部门的扩张，农业部门劳动力逐渐减少，农业内部要素结构改善，人均土地和资本要素占有量增加，农业现代化启动并持续推进。当农业劳动力减少，农业部门劳动力工资也由其边际产品决定并与城市现代部门产业工人工资接近时，二元经济结构就收敛为一元的现代经济形态，经济现代化完成。财政制度对二元经济结构转化的影响可以分别从封闭经济和开放经济两种情形下讨论。

（一）封闭经济条件下财政制度对城乡二元经济结构转化的影响

农业是后发大国工业化的基础和前提。在城乡经济关系中，从供给角

度看，农业部门为城市居民提供生活资料，为非农产业提供部分原材料。城市工业部门扩大再生产的前提是农业部门提供的农产品能满足农业部门自身和日益扩大的城市部门对农产品的需求。因此，农业部门生产发展水平决定着城市部门的生产规模和城市化水平。从需求角度看，农业部门是城市工业品需求的重要组成部分，农业部门的发展水平决定的农民对工业品的消费能力从需求上影响城市部门的发展速度和水平。农业部门的供给能力和农业发展水平与农业劳动力、土地和资本投入相关，其中，资本包括农业生产者的私人资本和基础设施等政府投资形成的社会资本。在劳动力可以在城乡之间自由流动的条件下，农业能容纳的最优劳动力数量要求农业土地、资本所能承载的劳动力要素的收入水平要达到或者接近城市现代部门劳动力的工资。①

城市部门在二元经济结构转化中处于主导地位，对城乡二元经济结构转化起带动作用。从供给角度看，城市部门负责提供城市部门和农业部门的生产消费和生活消费所需的工业品，其产出水平对应的就业机会决定其对农村剩余劳动力的吸纳能力。从需求角度看，城市部门的消费包括消费城市部门生产的工业品、服务和农业部门提供的农产品。城市部门的就业供给能力受到城市现代工业部门和服务部门的私人投资和基础设施投资等公共投资的规模和增长的限制。现代工业部门的生产和再生产还必须受制于农业部门和城市部门对工业品和服务的需求规模和增长率。此外，城市的人口承载能力还要受到城市基础设施等公共投资的约束，适度的基础设施投资是确保城市容纳现代工业部门和服务业部门的存量人口、增长的城市人口、农村转移到城市人口的前提。

财政制度安排是影响城乡二元经济结构转化的重要制度安排。财政制度主要通过对来自农业部门和城市部门的税收在城市和农村支出结构安排形成农业生产、消费和城市生产与消费，进而对城乡经济相对发展速度的影响来影响城乡二元经济结构，换言之，城乡之间的财政支出结构以及城乡内部的生产和消费的财政支出结构会影响城乡经济结构的变化方向和变化速度。在农村内部，农业相关要素的初始配置和再配置结构能反映要素禀赋结构且在市场机制正常发挥作用的条件下，财政收入和支出制度会影响农业要素的产出率、农产品供给能力，影响农民收入水平及其对工业品的消费能力，还影响农业部门可以容纳的最适农业劳动力和农业人口规

---

① 根据劳动力城乡流动相关理论，还必须考虑到农业劳动力在城市找到工作的概率、劳动力流动的有形成本和心理成本等。

模。财政对农村投入越多，农业生产的条件越好，劳动生产率越高，提供农产品越多，农民收入越高，对城市部门工业品的消费能力越强，农村对城市部门的市场贡献越大，农业越能有力支持城市部门的发展。在城市内部，财政制度安排带来的资源在城市生产性投入越多，城市现代部门（含工业和服务业）规模越大，扩张越快，对农村剩余劳动力吸纳能力越强；城市部门劳动生产率越高，工人工资越高，收入增长越快，城市部门本身对工业品消费能力越强；财政制度安排对城市公共服务（主要指教育、医疗、社会保障、科技等财政支出）和基础设施投入越多，城市的产业和人口容纳能力越强，越有利于转移农村剩余劳动力，有利于优化农村内部要素结构，促进农业和农村经济发展。

从城乡之间的互动关系看，城乡经济运行只有满足相关的条件才能确保城乡经济协调运行。其一，对于农业部门，需要城乡财政收入和支出制度安排使农产品供给能满足农村内部和城市日益扩大的非农人口对农产品的需求，农民收入增加能够为城市现代部门的工业品提供足够消费需求；其二，对于城市部门，该部门应能提供足够的就业机会吸收农村部门的剩余劳动力，且城市能承接城市产业部门吸收的劳动力及其家庭人口；其三，在城乡经济之间，从供给角度看，应该是农村部门要能够满足城乡生产生活对农产品的需求，城市部门要能提供自身及农业部门对工业品的生产和消费需求；从需求角度看，城乡经济部门对农产品的需求能够消化农业部门的农产品产出，城乡生产和消费需求要能够消化城市部门的工业品供给。只有满足上述条件，城乡经济才会相互协调，相互促进，城乡二元经济结构才能逐渐转化为城乡一体的现代经济结构。如果财政制度安排导致财政对农业和农村投入偏少，就可能导致城市部门工人收入高于农村部门；如果城市消费性基础设施投入不足导致城市人口容纳能力不足，城乡劳动力和人口流动将受阻，将导致农业内部要素禀赋结构低下，农业比较劳动生产率远低于非农业的比较劳动生产率，以比较劳动生产率衡量的城乡二元差距就会扩大；如果城乡要素结构优化机制受阻，城乡部门人口比重与产值比重差距扩大，通过城乡差距基尼系数反映的城乡二元差距会扩大；农业农村内部要素禀赋结构低下导致农民劳动生产率低，当农民收入主要来源于农业部门时，农民与城市居民收入差距也会扩大，城乡差距扩大。

财政的城乡支出制度安排还需要考虑财政资源作为一种稀缺资源在城乡之间配置对经济增长的影响。一般地，由于城市现代部门相对于传统农业部门受自然条件影响较小，技术进步较快、资金周转速度快、产品的需求价格弹性和需求收入弹性大，加之城市具有要素集聚优势，对于城市现代部门和农村传统农业部门的通用性要素（如劳动力、资本等要素）而言，要素收益率更高。因此，等量财政资源配置到城市现代部门更有利于带动、促进经济增长。随着现代部门增长的市场需求约束的增强，追求产出增长的财政资源配置模式需要及时切换到通过促进公平，扩大市场需求，缓解市场需求对增长的约束，即财政资源配置模式需要从城市偏向模式切换到农村偏向的模式，通过加大对农村、农业的财政投入，提高农业要素产出率和收益率，吸引要素流入，增强农业部门的供给和需求能力，缓解城市现代部门发展的市场需求约束。由此可见，财政资源城乡空间配置需要处理好效率和公平的关系，重点配置在城市在短期内有助于提高效率，重点配置到农村和农业有助于缓解经济增长的需求约束，从而在长期内有助于提高财政资源的配置效率，还同时有助于缩小城乡差距，促进城乡协调、平衡发展。

财政制度对城乡二元经济结构转化的影响在不同的经济发展阶段具有不同表现形式。在城市部门工业品供给能力不足的条件下，经济增长属于供给约束型增长阶段，该阶段资本供给是约束经济增长的主要因素，城市偏向的财政制度有助于缓解城市部门的资本供给约束，有助于促进经济增长。城市偏向的财政制度安排在促进城市现代部门发展的同时，会在一定程度上抑制农业部门的发展，导致城乡二元差距扩大。随着城市部门工业品供给能力增强，需求成为城市部门进而整体经济增长约束条件，城市偏向的财政制度安排会继续抑制农业部门的增长和农民消费能力增强，强化需求对城市部门和整体经济增长的约束，不仅不利于经济增长，还会抑制城乡经济的良性互动，阻止城乡差距缩小。

财政制度对城乡二元经济结构的影响还受到资源配置机制的影响。在政府主导的资源流动受到约束的计划经济体制下，财政制度主要通过对公共资源城乡配置的影响直接影响城乡经济相对发展速度和水平，财政制度的资源配置对非公共资源配置的作用较小；在市场经济体制下，财政制度安排一方面会直接影响城乡公共资源配置结构，影响城乡相对发展速度和水平，另一方面还会通过财政资源城乡配置结构间接带动更大规模私人资源在城乡之间流动，影响资源在城乡之间的配置结构，对城乡经济发展速度和水平产生比计划经济下更大的影响。

政府管理体制是财政制度影响城乡二元经济结构的重要制度条件。在单一制的政治体制下，中央与地方之间是委托代理关系，中央政府对地方政府的激励和约束制度安排直接影响地方政府的资源配置行为。城乡财政资源配置结构会直接影响城乡经济的相对发展速度和发展水平，影响城乡二元经济结构的演变方向和速度。以 GDP 为导向的财政纵向分权会带来财政支出向城市和经济建设倾斜，忽视农业和农村发展的财政制度安排，这种制度安排无疑会加大城乡二元经济结构差距，强化城乡二元结构，具体机制如下：第一，重视 GDP 考核的中央与地方的纵向财政分权制度会诱使地方政府财政支出向城市和经济增长快的相关领域倾斜，导致城乡之间财政支出的不均衡。第二，城市偏向财政制度导致城市非农部门经济增长外部条件优于农业部门，城市非农部门要素收益率高于农业部门的要素收益率，引致农业部门劳动力、资金流出，出现非农部门要素供给增加，快速增长；农业部门要素短缺，增长缓慢。由于非农部门资本有机构成高于农业部门，非农部门的产值增长快于就业人口增长，比较劳动生产率上升；相反，农业部门的比较劳动生产率则由于就业人口比重高、产值增长慢，比较劳动生产率下降，导致城乡二元差距扩大。第三，财政对农业投入不足导致农业劳动生产率增长率低于城市非农产业劳动生产率增长率，当农民主要收入来源于农业时，农民收入增长慢于城市居民收入增长，城乡居民收入差距扩大。

（二）开放条件下财政制度对城乡二元经济结构的影响

开放经济条件下财政制度安排对城乡二元经济结构的影响具有不同于封闭经济条件下的机制和后果。

其一，封闭经济条件下，国内城乡经济之间平衡的内在要求迫使财政制度将城市偏向程度控制在维持城乡经济平衡发展限度内，即财政制度尽管具有城市偏向性，但必须维持城乡经济的最低水平的平衡，或者说，当城市偏向财政制度导致城乡经济结构失衡抑制城市经济增长时会倒逼政府对城市偏向的财政制度作出调整，加大对农业农村的财政支持力度，促使城乡经济结构恢复平衡，进而带动城市部门进而整体经济增长。开放经济条件下城乡之间的农产品供求关系和工业品供求关系的平衡被纳入世界经济系统中，国内农业部门农产品供给不足可以通过国际市场农产品进口来维持城乡经济系统对农产品的需求，同样，城市工业品的需求也可以通过出口借助于国际市场来消化国内的需求不足的需求缺口。因此，整体上看，开放经济条件下缺乏城乡财政支出结构自动调整和校正机制，可能导致城市偏向财政制度长期维持，不利于优化城乡财政资源配置结构，更不利于促进城乡经济结构协调和平衡，城乡经济的差距可能会变得更大。

其二，在开放经济条件下，由于可以借助于农产品和工业品的进出口维持农业与非农业的均衡，在追求经济增长的激励下，地方政府可以采取力度更大的城市偏向的财政制度安排，这样会更进一步扩大农业与非农业的要素收益率差距，导致农业部门要素更大规模地流向城市非农产业部门，即财政制度直接配置的财政资源可能引致更大规模的要素在农业与非农业之间流动，导致城乡二元差距加速扩大。

二、财政制度影响城乡二元经济结构的途径

财政制度安排对城乡二元经济结构变化的影响主要通过财政支出结构、不同层级政府间财政管理权限的分配对城乡经济增长和对城乡居民消费的影响来体现。财政支出结构和管理权限配置具体表现为财政的经济建设支出比重、农业财政支出比重、中央与地方财政支出比重、财政支出或者收入占 GDP 的比重等方面。在后发大国的经济发展的不同阶段，财政支出规模和结构影响城乡二元经济结构演变的机制存在一定的差异。

城乡二元差距可以从城乡居民福利差距角度来衡量。城乡居民福利差距就是城市居民和农村居民的福利的对比。福利是一个基于个人主观感受、难以直接量化的指标。个人福利是收入等变量的函数，大概可以把相关变量分解为精神和物质两个既相对独立又具有一定联系的方面。精神方面因素具有一定的独立性，[1] 但也受物质因素影响，主要涉及个人的消费观念、习惯、价值观等因素，其对居民福利的影响难以直接通过数据有效度量。考虑到观念、习俗、生活习惯、意识形态、价值观等具有相对的稳定性，按照经济学研究的一般处理方式可以假定它们对所有微观经济主体而言是相同的，而且是相对不变的，从而将城乡居民的福利差距主要集中在来源于物质消费的差异。由于消费包括对私人品和公共品的消费，城乡差距缩小可以进一步分解为城乡居民人均收入差距缩小对应的对私人物品消费的福利差距和对公共服务消费差距导致的福利差距两个方面。由于私人品的消费主要取决于个人收入，进而城乡差距可以转为城乡居民人均收入和公共服务消费上的差距。

从生产角度看，在完全竞争市场假设条件下，考虑城乡居民收入分别

---

[1]　人们的观念、信仰、习俗、生活习惯等在一定程度上影响人们的福利，观念、信仰等具有较强的独立性，习俗、生活习惯等具有一定独立性，但也在较大程度上受经济发展的影响。

单纯来源于从事非农业生产和农业生产，城乡居民的收入取决于非农业和农业的要素边际产出。从事农业生产的农民人均收入和从事非农业生产的城市居民劳动要素的边际产出都是资本（物质资本和人力资本）等要素的函数。显然，土地是影响农业部门人均收入的重要因素。农业部门的要素包括农业生产者投入的私人资本（含物质资本、金融资本和人力资本）和政府投入并形成的公共资本。假定工农业产品等价交换，不存在价格"剪刀差"，城乡居民人均收入直接取决于农业和非农业的生产函数。

作为影响农业和非农业人均收入重要变量的资本投入，公共资本应该主要由政府提供，私人资本由家庭、个人投入。除特定经济发展阶段外，政府配置给农业和非农业的公共资本应该以城乡、农业与非农产业协调发展为目标，实行均衡配置。私人资本追求的目标是经济收益最大化。私人投资收益率是公共资本、技术等的函数，其投资多少决定于私人资本要素的边际收益率。如果城乡居民生产条件中的公共资本是无差异的，则城乡居民收入差距和福利差距主要来源于城乡居民生产投入的私人资本的差距。

公共投资形成的公共品具有消费和生产的双重属性，它不仅直接满足人们的消费及其对应的福利，还具有生产功能，通过对文化教育、劳动技能、思想观念、组织管理等影响个人人力资本禀赋的存量、要素投资的产出率和收益率，进而影响要素所有者的收入和福利。政府在城乡之间的公共投资结构不仅通过财政支出影响农业和非农业居民私人资本的收益率和城乡居民的收入水平，在追求要素收益最大化的经济理性驱动下，政府公共投资城乡结构还通过影响私人投资在农业与非农业的收益率差距影响要素在城乡之间的流动和再配置，导致城乡或农业与非农业之间的要素密度和要素结构差异。财政在农业和非农业的支出不均衡，非农业投资要素收益率高于农业投资的要素收益率时，追求收入最大化的经济动机必然引导私人投资向政府公共资本投资多的非农产业和城市流动、积聚，造成农业和农村的劳动力、资本等要素流失，降低农业和农村资本、劳动力、技术等要素的密度。当农业和农村内部劳动力、资本与土地要素的结构决定的劳动力、资本产出低于城市非农产业部门劳动力、资本要素产出率和对应的要素收益率时，就会出现农业和农村劳动力资本的累积性流出，导致农业和农村经济进入循环衰退的路径，城乡差距累积性扩大。

从消费角度看，城乡居民对公共服务消费差距也是影响其福利差距的重要因素。在政府财政支出总规模和公共服务投入－产出比率既定的情况下，居民公共服务消费直接取决于城乡财政支出结构。公共品的供应具有较强的规模经济、范围经济和集聚经济效应。规模经济效应是指提供的公共服务规模越大，单位公共服务的生产成本越低，比如由国家统一提供的国防服务的成本就远低于由各地方分散提供国防服务的成本。范围经济效应是指同时为居民提供的公共服务种类越多，由于某些政府支出可以为多种公共服务提供共同服务，因此，多种公共服务可以共同分摊为其提供共同服务的政府服务的成本，单项公共服务的生产成本因此而降低。集聚经济效应是指在拥挤效应不明显的条件下，人口密度程度越高的地方，人均公共消费的公共服务生产成本越低。因此，影响城乡居民公共服务消费水平的因素至少包括：其一，财政支出在城乡之间配置状况。人均公共支出越多，居民可消费的公共服务水平越高。其二，在财政对城乡公共服务投资比例既定的情况下，人口集中程度越高（在边际聚集效应大于边际拥挤成本的情况下），人均公共服务消费水平越高。农村居民居住分散，公共品供给的聚集经济效应和规模经济效应较低，这本身就会导致在人均财政支出相同情况下农村居民公共服务消费少于城市居民的消费，如果政府将较大比重的财政支出投向城市，城市居民人均财政支出大于农村居民的人均财政支出，必然进一步扩大城乡居民公共服务消费差距，导致城乡居民福利差距扩大。

财政制度在上述机制下具体通过以下几个途径影响城乡二元经济结构的变化：

第一，财政农业投资性支出占财政支出比重影响城乡二元经济差距。财政对农业投资主要通过作用于农业劳动生产率来影响城乡二元经济差距。一方面，在城乡劳动力要素自由流动的情况下，财政提高农业投资占财政支出的比重意味着降低财政对城市非农产业的投资比重，在非农产业资本—劳动比例既定的条件下会减少非农业对农业劳动力的需求。如果农业本身土地－劳动力比固定，即劳动力不能替代土地，由于农业土地总量固定（甚至由于工业化和城市化而减少），将出现劳动力过剩，这将导致劳动生产率低下。其次，财政对农业投资比重提高可能影响非农业部门吸纳农村劳动力，不利于降低农业劳动力占总劳动力的比重，不利于提高农业比较劳动生产率，从而不利于以二元对比系数反映出来的城乡二元差距的缩小。另外，财政对农业的投资会直接影响农业生产条件，进而影响农业劳动生产率。如果财政对农业投资改善和增强了农业和农村经济发展的基础，则有利于农业和农村经济增长，即使农业劳动力比重不变，也有利于提高农业比较劳动生产率，进而有助于缩小城乡二元差距。由此可见，财政对农业支出比重高低对农业劳动生产率会产生几种可能的影响，既可能整体上提高农业劳动生产率，缩小城乡二元差距，也可能降低农业劳动生产率，扩大城乡二元差距。

第二，财政消费性支出主要通过对城乡居民消费的直接影响和对生产的间接影响影响城乡二元差距。财政对科学、教育、文化、卫生的支出具有双重属性，一方面，消费性财政支出提供的公共品可以直接被城乡居民消费，转化为消费福利，城乡支出比重直接影响城乡居民福利差距，影响的城乡居民福利衡量的城乡二元差距。另一方面，这类支出对应的公共品和公共服务被消费后会转化为人力资本，财政支出结构的城乡差距会影响城乡居民的人力资本差距，进而影响劳动生产率差距和收入差距，对城乡二元经济结构产生影响。社会保障的城乡支出结构一方面会通过影响相关主体的可支配收入，影响城乡居民收入结构，影响城乡二元差距；另一方面会降低个人和社会经济活动的不确定性，降低社会相关主体为规避不确定性风险而支付的交易费用影响经济增长。因此，社会保障支出的城乡结构也会间接影响城乡经济增长的速度和水平，影响城乡二元差距。

第三，财政经济建设性支出占财政支出的比重主要通过对城乡经济增长速度和水平的影响来影响城乡二元经济结构。从长期来看，如果经济建设财政支出缓解了道路、交通等基础设施以及具有很强的正外部性特征的装备工业部门对经济增长的约束，会有助于经济增长和经济结构的改善。当然，如果财政的经济建设性支出在城乡、农业与非农业的非均衡性配置，可能会导致短期的城乡经济增长和发展水平的差距，影响城乡经济差距。从整体上看，财政对农业的投资性支出一方面会有助于农业经济增长，另一方面也会间接带动和促进城市经济增长；同样，财政对城市的投资性支出也会产生两方面作用，一方面有助于城市经济增长，另一方面间接带动农业和促进农业经济增长。由此可见，考察财政的农业与非农业支出结构对城乡二元差距的影响必须同时考虑在农业和非农业投资的直接影响和间接外溢效应，如果财政对农业的投资对农业产生的直接正面效果大于等量城市投资对农业产生的间接正面影响，财政对农业投资的增加有助于缩小城乡二元差距，反之，则会导致城乡差距扩大。

第四，财政分权程度对城乡二元差距的影响与地方政府的财政支出行为密切相关。财政分权一般可以区分为纵向财政分权和横向财政分权，纵向财政分权是中央和地方政府之间财政管理权限的划分，横向财政分权是考虑财政收入或者支出占 GDP 的比重，该比重越高意味着政府支配的资源比重越高，财政的政府集权程度越高，反之，财政横向分权程度越高。财政纵向和横向分权程度对城乡二元经济结构的影响在不同的机制下发挥作用。

财政纵向分权高意味着地方政府具有更多的财政收入和支出权力，地方政府的行为目标通过影响财政支出的城乡结构对城乡、农业与非农业的支出结构影响城乡、农业与非农业相对增长速度和发展水平，进而影响城乡二元差距。在奠定后发大国经济发展阶段，中央财政支出一定程度上具有超脱于地方政府追求地方经济增长的倾向，财政支出聚焦于包括基础设施、装备工业和教育等领域。从短期看，城市偏向的财政支出扩大了城乡发展差距，但从长期看，由于奠定了后发大国经济发展的物质基础，有助于后发优势和大国优势的发挥，有助于经济的较长时期的持续、快速增长，进而有利于缩小城乡二元差距。在后发优势和大国优势充分发挥阶段，赋予地方政府一定的财政支出和收入管理权，有助于激发地方政府发展经济，增加财政收入的积极性。一般地讲，城市空间的非农产业较之于农村的农业产业具有更快市场需求，更高劳动生产率，具有集聚经济优势和规模经济优势，从而有更快的增长率，追求经济增长的地方政府会理性地选择将更多财政支出配置在城市空间，直接导致城乡二元差距扩大。但是，城市和农村经济之间的内在关联机制，即农业的发展一定程度上决定了城市劳动力供给的最大规模、商品粮供给水平、消费工业品市场规模，进而决定了城市经济发展水平，因此，城乡财政支出结构的城市偏向不可能超越城乡财政支出结构的合理水平，一旦农业和农村财政支出比重低于临界水平，农村部门的劳动力供给、商品粮供给和市场需求将成为城市经济发展的"瓶颈"，抑制城市经济的增长。即使在开放经济条件下，国际市场可以在一定程度上缓解城市经济增长的商品粮供给不足和市场需求不足的约束，但国际市场的不确定性会加大城市经济和后发大国经济发展的不确定性，导致大国经济稳定性优势受到抑制。基于上述分析，大国财政的纵向分权都是"有底线"的财政分权，即使赋予地方一定财政收入和支出管理权利，中央政府也会将地方财政支出和收入权利控制在一定水平，以便将城乡经济的发展差距控制在一定程度之内。另外，财政支出的城市偏向也可能通过城市经济增长的外溢效应促进和带动农业经济增长，促进城乡差距缩小。比如，城市经济增长带动农产品需求增加，带动农村剩余劳动力转移，优化农业内部要素结构，促进农业技术进步，提高农业技术水平等，这些作用会间接加快农业发展，促进城乡差距缩小。因此，纵向财政分权对城乡二元经济结构的影响在不同经济发展条件下，在短期和长期内具有不确定性。

财政横向分权主要通过政府和市场配置资源的不同行为逻辑及其引致的城乡要素流动和配置效率来影响城乡二元经济结构的演变方向和进程。一般地讲，政府配置资源目标是追求宏观整体的经济社会效益目标，市场的资源配置目标是追求微观经济效益最大化。在奠定后发大国经济发展物质基础阶段，政府集中较高比重的社会资源配置在具有更强外溢性的城市基础设施和重工业部门，一方面有助于后发优势和大国优势的发挥，有助于经济较长时期的持续快速增长，但另一方面由于将资源配置在城市非农产业领域，客观上又有扩大城乡发展差距的作用。后发优势和大国优势充分发挥阶段财政的横向分权使市场配置更多的资源，由于城乡农业与非农业生产的生产方式、技术水平、市场需求、经营风险等因素影响，城市非农产业具有更高的要素收益率，追求收益率最大化的微观经济行为导致资源从农业流向城市非农业，一定程度上导致城乡差距扩大。如果财政支出改变了农村的农业部门生产条件，提高了农业要素产出率，导致要素从城市流向农村，这可能缩小城乡发展差距，促进城乡二元经济结构收敛。

第四节　中国财政制度变迁与城乡二元经济结构转换的基本逻辑

众所周知，新中国成立以后的相当长的一段时期内（1952～1978年），为适应特定国际国内形势，尽快奠定后发大国经济发展的物质基础，确定了重工业优先发展的追赶型经济发展战略，为适应该战略，建立了计划经济体制。服务于计划经济体制的财政制度具有中央高度集权的、经济建设型财政的实质。[①] 这种财政制度的主要特征表现为：第一，强烈的生产建设性。1956～1978年基本建设拨款支出居整个财政支出之首，占国家财政支出的40%左右，流动资金支出占到国家财政支出的20%左右。第二，政府支配财力比重"超高"。广泛、深度介入经济建设和事无巨细地包揽社会事业导致财政支出范围大而宽。第三，财政支出服务对象的"非

---

① 高培勇：《公共财政：概念界说与演变脉络——兼论中国财政改革30年的基本轨迹》，载《经济研究》2008年第12期，第4～16页。

普遍性"。在财政收入和支出制度安排上具有明显的所有制、身份和城乡差别特征。第四，财政管理体制上的高度集中。传统财政体制在稳定金融物价、恢复国民经济、支持社会主义改造、建立比较完整的国民经济体系，奠定国家工业化的基础和支持发展各项社会事业等方面发挥了重要作用。随着社会主义经济建设规模不断扩大，随着经济发展阶段的推移，尤其是奠定国家发展基础的任务的完成，以及追赶发展战略所依存的国际经济关系的变化，财政制度需要及时进行改革。

改革开放以来，为适应社会主义市场经济体制的要求，我国财政制度先后经历了从国有财政向多种所有制财政、从城市财政向城乡一体化财政、从生产建设财政向公共财政的变迁过程。财政体制上表现为以"分灶吃饭"方式开启财政分配关系改革，逐步过渡到"分税制"财政制度，提高了"两个比重"①，为政府履行职能提供了财力支撑，适应市场经济体制要求的政府职能调整逐步规范了财政支出范围、中央与地方之间的事权和财权，基本形成公共财政制度的框架。

在我国经济发展不同阶段，财政制度的功能不一样，对城乡二元经济结构的影响机制也明显不同。"一五"计划开始到1978年这段时期的财政制度的目标是服务于奠定后发大国发展基础，主要通过城乡差异化的财政收入制度和财政支出制度安排将主要财政资源配置在城市的工业部门（尤其是重工业部门）来实现该时期的目标，财政主要履行资源配置职能。很明显，城乡非均衡的资源配置必然影响城乡二元差距。1978年以后的财政制度主线是在国家具备后发大国发展基础的条件下，充分发挥市场机制在资源配置中的基础性和决定性作用来实现大国优势和后发优势，财政制度主要是提供市场失灵条件下的公共品和公共服务，财政制度具有公共财政制度的实质。公共财政制度是确保市场在资源配置中的基础性和决定性作用的财政制度。公共财政制度主要定位于提供城乡无差异的公共服务，这种制度如果不影响城乡要素的产出率、收益率，不影响城乡经济增长率，就不一定必然导致城乡差距缩小，也可能导致城乡差距扩大。

在传统的重工业优先的经济发展战略下形成城乡二元经济结构主要体现在经济总量、经济结构、城乡公共品供给机制和城乡居民的公共消费权利、城乡居民收入水平和消费水平等方面。财政收入制度、支出制度和预算管理制度在内的财政制度通过基础设施等生产性公共品供给的生产效

---

① 两个比重是指中央财政支出占全部财政支出的比重和财政收入占 GDP 的比重。

应、消费性公共品供给的消费效应和公共品供给收入分配的调节效应等渠道影响城乡二元经济结构。公共品的生产效应是指公共品在产业、城乡间配置结构对产出的影响，由于基础设施、产权保护、社会保障等公共品在不同产业、城乡经济发展中边际生产率不同，公共资源在不同的产业和城乡空间配置会直接影响不同产业和城乡经济发展的速度和水平。消费性公共品的消费效应是指作为消费品的公共品的消费会影响消费者的消费福利，这类公共品在城乡、地区之间的配置结构会影响城乡居民消费福利，进而影响城乡、地区之间民众的福利差距。公共资源配置的收入分配效应是指公共资源的城乡、地区配置会影响人们的可支配收入，影响人们的消费能力和消费水平，进而影响城乡居民的福利差距。

城乡二元经济结构转化是一个过程，财政制度可以影响城乡二元经济结构转化的进程和速度。城乡二元经济结构转换的一般机制是：城市现代工业在临界资本积累水平下启动并扩大生产规模，其扩张和发展带动劳动力需求增加，促进农村剩余劳动力转移，引致农业内部要素结构变化和农业劳动生产率提高，农民收入增加和城乡居民收入差距缩小。伴随现代部门快速发展的城市对农村的辐射带动和工业对农业"反哺"，农业生产的基础设施条件、技术手段改善，农业生产从传统农业向现代农业转变。伴随着农业现代化和农民收入水平提高，农村经济结构改善，农民生活水平提高，城乡二元差距逐渐缩小，最后实现传统农业和现代工业并存的二元经济结构向现代农业与现代工业、服务业并存的一元经济结构。财政制度通过收入和支出制度安排可以影响城乡、农业与非农产业的要素配置结构，影响它们的相对发展速度和水平，进而影响城乡二元经济结构转化的进程和速度。财政制度还可以在城乡经济发展的不同阶段调整城乡、农业与非农业资源配置结构与强度，影响城乡二元经济结构转化进程与速度。

财政制度在后发大国城乡二元经济结构转化中的作用包括三个阶段：初期，为了奠定后发大国经济发展的物质基础，在工业部门自我积累能力严重不足的条件下，通过财政制度安排从农业部门提取资金重点建设装备工业、基础设施等，农业和农村对城市和工业部门发展提供了支持。中期，随着后发大国发展物质基础的形成，工业部门具有自我积累和自我发展能力后，市场机制成为基础性的资源配置机制，农业部门和非农业部门各自依靠自我积累实现自我发展。该阶段由于农业与非农业部门的生产方式和面临的市场需求差异等因素，发展差距逐渐扩大。后期，为了充分发挥后发优势和大国优势，抑制后发劣势和大国劣势，财政制度需要做出重要调整，即加大对农业和农村的支持力度，促进农业和农村经济发展，缩小城乡发展差距，实现城乡经济的协调、均衡发展。

作为典型后发大国，中国财政制度变迁与城乡二元经济结构转化的关系到现在为止已经经历两个阶段，财政制度安排在两个不同机制下对城乡二元经济结构产生影响。

在奠定后发大国经济发展物质基础阶段，财政制度安排通过直接配置资源影响城乡经济相对增长速度和发展水平，导致城乡二元差距扩大。在财政收入制度安排上，农业部门除了承担农业税以外，还在国家控制的工农业产品价格"剪刀差"制度下从农业提取剩余资本支持城市工业部门发展。从财政支出制度看，财政支出的重点是城市，主要是城市工业部门，农业财政支出占全部财政支出的比重较低。综合考虑财政收入和支出制度安排，可以发现国家通过财政制度安排集中全国的财政收入重点支持城市工业部门发展。这种城市偏向的财政制度安排和资源配置的确有助于在财力有限的情况下集中全国财力重点发展城市工业，奠定后发大国经济发展的物质基础，但从农业过度提取剩余必然影响农业的基础设施、农业机械等投资，影响农业发展条件的改善，进而影响农业的发展速度和发展水平。此外，农业资本的流出不利于农业劳动生产率提高和农民收入的增加，在城乡隔离户籍制度下农民不能迁移到城市部门时必然选择理性的"偷懒""怠工"，这会导致农业生产率下降，拖累农业发展的速度。在城市工业部门获得农业的资本"输血"快速增长的同时，农业部门的缓慢发展甚至停滞必然导致城乡二元差距扩大。

在后发大国发展物质基础基本形成后，市场机制在资源配置中的作用逐渐增强，城乡资源在市场机制作用下按照效率原则自由流动。由于前期国家投资的重点在城市工业部门，尽管这些重点投资是国家整体经济发展的物质基础，但具体在城乡经济发展上必然更加有利于城市经济发展，在同一市场经济制度安排下，相对于传统农业，城市工商业部门技术水平更加先进，劳动生产率更高，市场需求增长更快，经济增长率远高于农村经济增长率，这必然导致城乡差距扩大。即使短期内农村经济部门的市场化程度更高一些，农业增长率高一些，但随着城市部门市场化程度的提高，城市部门的发展速度必然快于农村部门，城乡差距势必扩大。城乡二元经济差距扩大除了受到城市部门资本技术优势和市场需求的影响外，在市场机制条件下城乡要素在追求更高要素收益率的经济动力驱动下，还会导致农村劳动力、资本等优质要素向城市流动，强化城乡要素差距，导致城乡差距累积性扩大。当然，城乡差距的扩大除了受到城乡农业与非农业经济本身发展规律影响外，还会受到财政制度、金融等相关制度安排的影响。

我国财政制度变迁是伴随着经济发展阶段推移和经济体制转变逐步展开的，这一转变对城乡二元差距的影响具有不确定。一方面要逐步形成与市场经济体制相适应的公共财政制度，另一方面还必须适应经济发展阶段转变的要求。伴随着后发大国发展物质基础的基本形成，市场机制在资源配置中发挥基础性（甚至决定性作用）的条件已经具备，服务于奠定后发大国发展物质基础的计划经济体制向市场经济体制转轨成为经济发展阶段推移的必然要求，财政制度必然由重点服务于城市重工业发展的高度集权的、城市偏向的财政制度向公共财政制度转变。服从于公平和非歧视原则的市场经济条件下的公共财政制度未必能够缩小城乡二元差距。原因在于，如果公共财政制度只是确保城乡居民在公共服务消费上的平等权利，它不能消除导致城乡要素产出率、收益率的差距，在市场机制作用下要素由农村向城市流动可能强化城乡之间的要素差异，农村劳动和资本的过度流失必然导致城乡二元差距扩大。

在市场经济条件下，公共财政制度的资源配置能力、方向、力度大小将影响城乡二元差距变化的方向和程度。从城乡要素总量差距上看，如果财政制度安排不能顺应经济结构演变的趋势，通过财政支出流向农业和农村的要素规模不能完全抵消农村流向城市的要素规模，农村和农业发展仍将因为要素净流出导致除土地之外的要素短缺而影响农业和农村经济发展，导致农村发展滞后于城市，城乡差距将继续扩大。从城乡要素结构上看，城乡经济的增长和协调发展不仅取决于要素规模还与要素结构密切相关，劳动力、资本、土地、技术等市场配置的具有消费排他性、受益竞争性和可分割性的要素与基础设施等公共资源的合理搭配是城乡经济持续协调增长的必要条件。财政制度配置到农业和农村的公共资源如果不能满足农业和农村经济发展对道路交通、通信、水利、法律、社会治安等的需求，将导致农业和农村经济增长受制于公共资源低水平供给或者部分公共品供给的短缺，呈现出农业和农村内部私人要素和公共资源以及公共支出内部结构不平衡的要素结构失衡。农村内部的要素结构失衡必然破坏农业和农村经济内部潜在的能够带来最大产出的最优要素结构，使农业和农村的实际产出远低于最优要素结构下的潜在产出水平，影响农业和农村经济增长，导致城乡经济发展差距扩大。农业、农村与城市非农业作为国民经济的有机整体，各自的增长都有赖于要素结构的优化，从城乡、农业与非农业的公共资源配置结构看，如果某一特定时期公共资源总量既定，边际公共资源配置到城乡、农业与非农业带来的产出相等是公共资源的产出最大化的条件，但也可能出现这种情况，即更多数量公共资源配置到城市的非农产业带来的边际产出远高于配置到农村和农业带来的边际产出，配置更多公共资源到城市的非农产业更有利于提高公共资源的产出率，从而也有利于提高全社会的资源产出率，但这同时意味着农业和农村因为公共资源短缺而增长缓慢，从直接后果上看这会导致经济快速增长和城乡差距扩大。从有助于缩小城乡差距的公共资源配置角度看，为了缩小城乡发展差距，公共资源更多配置于农业与农村可能有助于优化农业与农村的要素供给结构，加快农业与农村经济增长，缩小城乡二元差距，代价是同样数量公共资源配置到城市非农业部门带来的更快经济增长。从城乡公共资源配置动态跨期最优角度看，如果初期将更多公共资源配置到城市和非农产业能够带来城市非农产业甚至全国经济持续快速增长，财政收入增加，整体技术进步，城市部门和国家具有更强财政能力和技术对农业和农村提供支持，城乡差距在一定水平时，财政、技术、产业、市场需求等方面相互配合共同对农业和农村提供支持，可能会更有助于促进农业和农村经济增长，缩小城乡二元差距，即当经济发展到一定水平时有更强的财政支持农业农村发展，更有助于城乡经济在较高发展水平上协调和平衡。

第五节　中国财政制度变迁与城乡二元经济结构演变的实证分析
——基于全国数据的考察

一、基本模型

根据财政制度安排与城乡二元经济结构转化的相关理论分析，在此提出如下假设：（1）农业部门与非农业部门的产出均依赖于劳动力、资本和财政投入；（2）农业部门和非农业部门居民收入均取决于该部门的劳动生产率，两部门之间的交换是等价交换；（3）农业部门和非农业部门人均收入取决于各自所在部门的劳动生产率，农业部门和非农业部门的生产率提高或者降低不具有外部性，即各部门的劳动生产率只对本部门人均收入产生影响，不对其他部门产生外溢效应。基于上述假设建立如下的数理经济模型：

首先，将中国经济分为农业部门和非农业部门，农业部门和非农业部门的生产函数如下：

非农业部门生产函数：$Y_1 = A_1 K_1^\alpha L_1^\beta (\alpha > 0,\ \beta > 0)$ (9 – 1)

农业部门生产函数：$Y_2 = A_2 K_2^\alpha L_2^\beta (\alpha > 0,\ \beta > 0)$ (9 – 2)

引入政府财政投资性支出，投入到以上两大部门中的财政支出分别为 G_1、G_2，农业部门和非农业部门的生产函数转化为：

非农业部门生产函数：$Y_1 = A_1 K_1^\alpha L_1^\beta G_1^\gamma (\alpha > 0,\ \beta > 0,\ \gamma > 0)$ (9 – 3)

农业生产函数：$Y_2 = A_2 K_2^\alpha L_2^\beta G_2^\gamma (\alpha > 0,\ \beta > 0,\ \gamma > 0)$ (9 – 4)

在方程（9 – 3）、方程（9 – 4）两边分别除以 L_1、L_2，得到：

非农业的人均产出方程：

$$Y_1 = A_1 K_1^\alpha L_1^\beta G_1^\gamma \Rightarrow \frac{Y_1}{L_1} = A K_1^\alpha L_1^{\beta-1} G_1^\gamma \qquad (9-5)$$

或者
$$y_1 = A_1 K_1^\alpha L_1^{\beta-1} G_1^\gamma \qquad (9-6)$$

农业部门的人均产出方程：

$$Y_2 = A_2 K_2^\alpha L_2^\beta G_2^\gamma \Rightarrow \frac{Y_2}{L_2} = A_2 K_2^\alpha L_2^{\beta-1} G_2^\gamma \qquad (9-7)$$

或者
$$y_2 = A_2 K_2^\alpha L_2^{\beta-1} G_2^\gamma \qquad (9-8)$$

对方程（9 – 6）和方程（9 – 8）求对数，可得到：

$$y_1 = A K_1^\alpha L_1^{\beta-1} G_1^\gamma \Rightarrow \ln y_1 = \ln A_1 + \alpha \ln K_1 + (\beta-1)\ln L_1 + \gamma \ln G_1 \quad (9-9)$$

$$y_2 = A K_2^\alpha L_2^{\beta-1} G_2^\gamma \Rightarrow \ln y_2 = \ln A_2 + \alpha \ln K_2 + (\beta-1)\ln L_2 + \gamma \ln G_2 \quad (9-10)$$

对以上两式求微分，可得：

$$\frac{\mathrm{d}y_1}{y_1} = \frac{\mathrm{d}A_1}{A_1} + \alpha \frac{\mathrm{d}K_1}{K_1} + (\beta-1)\frac{\mathrm{d}L_1}{L_1} + \gamma \frac{\mathrm{d}G_1}{G_1} \qquad (9-11)$$

$$\frac{\mathrm{d}y_2}{y_2} = \frac{\mathrm{d}A_2}{A_2} + \alpha \frac{\mathrm{d}K_2}{K_2} + (\beta-1)\frac{\mathrm{d}L_2}{L_2} + \gamma \frac{\mathrm{d}G_2}{G_2} \qquad (9-12)$$

或者：

$$\frac{\Delta y_1}{y_1} = \frac{\Delta A_1}{A_1} + \alpha \frac{\Delta K_1}{K_1} + (\beta-1)\frac{\Delta L_1}{L_1} + \gamma \frac{\Delta G_1}{G_1} \qquad (9-13)$$

$$\frac{\Delta y_2}{y_2} = \frac{\Delta A_2}{A_2} + \alpha \frac{\Delta K_2}{K_2} + (\beta-1)\frac{\Delta L_2}{L_2} + \gamma \frac{\Delta G_2}{G_2} \qquad (9-14)$$

方程（9 – 13）和方程（9 – 14）相减，可得：

$$\frac{\Delta y_1}{y_1} - \frac{\Delta y_2}{y_2} = \left[\frac{\Delta A_1}{A_1} - \frac{\Delta A_2}{A_2}\right] + \alpha \left[\frac{\Delta K_1}{K_1} - \frac{\Delta K_2}{K_2}\right]$$

$$+ (\beta - 1)\left[\frac{\Delta L_1}{L_1} - \frac{\Delta L_2}{L_2}\right] + \gamma\left[\frac{\Delta G_1}{G_1} - \frac{\Delta G_2}{G_2}\right] \qquad (9-15)$$

从方程（9-15）中，我们可推断以下命题：

命题 1　在其他条件不变的情况下，如果 $\frac{\Delta A_1}{A_1} > \frac{\Delta A_2}{A_2}$，那么 $\frac{\Delta y_1}{y_1} > \frac{\Delta y_2}{y_2}$；
反之则相反。这个说明，在其他条件不变的情况下，如果非农业的全要素
（TFP）增长率大于农业的全要素生产率，会出现城镇居民平均收入增长
率大于农村居民平均收入增长率，城乡二元差距扩大。

命题 2　在其他条件不变的情况下，如果 $\frac{\Delta K_1}{K_1} > \frac{\Delta K_2}{K_2}$，那么 $\frac{\Delta y_1}{y_1} > \frac{\Delta y_2}{y_2}$；
反之则相反。这个命题说明，在其他条件不变的情况下，如果城镇非农业
部门资本积累速度快于农业部门资本积累速度，会出现城镇居民平均收入
增长率大于农村居民平均收入增长率，城乡二元差距扩大。由于新中国成
立以来长期实行城市偏向的经济政策和非农业比农业更高的生产率，这种
情况属于常态。

命题 3　在其他条件不变的情况下，如果 $\frac{\Delta L_1}{L_1} > \frac{\Delta L_2}{L_2}$，那么 $\frac{\Delta y_1}{y_1} > \frac{\Delta y_2}{y_2}$，
如果城镇非农业部门的劳动人口增长率大于农村的，会出现城镇平均收入
增长率小于农村平均收入增长率，城乡二元差距缩小。对于当前中国而
言，由于农村还存在相当数量的剩余劳动力，伴随农村剩余劳动力向城市
转移，尤其是长期以来农村劳动力转移是按照人力资本多寡顺序向外转
移，具有较高人力资本的劳动力向城市非农产业转移会提高城市非农产业
劳动力的平均人力资本水平，降低农村农业部门人力资本的平均水平，并
对农业与非农业比较劳动生产率会产生影响。由于人力资本水平和人均资
本占有量等因素，转移到城市的农村劳动力产出相对于在农业部门的产出
大幅度提高，远高于农村劳动力的产出，因此，农业劳动力转移还可能扩
大城乡二元差距。

命题 4　在其他条件不变的情况下，如果 $\frac{\Delta G_1}{G_1} > \frac{\Delta G_2}{G_2}$，那么 $\frac{\Delta y_1}{y_1} > \frac{\Delta y_2}{y_2}$；
反之则相反。在其他条件不变的情况下，如果面向城镇的财政支出增长率
大于农村的财政支出增长率，会出现城镇平均收入增长率大于农村平均收
入增长率。这种情况表现为城镇财政支出增长率快于农村财政支出增长
率，静态和动态的支出结构都导致非农业产出率高于农业产出率，城乡二
元差距扩大。事实上，财政农业支出对劳动生产率的影响具有门槛效应，

即由于财政支出对农业生产率的影响取决于长期财政支出和农业投入形成的存量资本规模的大小，只有当资本投入形成有效投资并累积到一定规模时，才能对农业劳动生产率产生实质性影响，财政农业支出对农业劳动生产率、农民人均收入才会产生实质性影响，这意味着，短期、暂时性的财政农业支出规模扩大对农业劳动生产率和农民收入影响可能不显著。

方程（9-9）和方程（9-10）相除，可得：

$$\ln y_1/y_2 = \ln(A_1/A_2) + \alpha\ln(K_1/K_2) + (\beta-1)\ln(L_1/L_2) + \gamma\ln(G_1/G_2)$$

$$(9-16)$$

在重点研究财政制度变迁对城乡二元经济结构转化影响的情况下，方程（9-16）可进一步变化为：

$$\ln y_1/y_2 = (\beta-1)\ln(L_1/L_2) + \gamma\ln(G_1/G_2) \qquad (9-17)$$

根据（9-17）的思路，我们建立以下的基本计量经济模型考察财政制度变迁的二元经济结构转化效应。

$$urdg_{it} = \alpha_{it} + \beta_{it}fs_{it} + \gamma_{it}cv_{it} + \varepsilon_{it} \qquad (9-18)$$

根据前文的理论分析和现有研究成果可知，影响城乡二元经济结构的主要因素包括：第一产值占 GDP 比重、城市化率、农业劳动力比重、财政支出占地区生产总值的比重和财政分权度。在方程（9-18）中，城乡二元结构强度涉及二元对比系数和二元反差系数。财政制度变量主要涉及财政分权度、财政支出占地区生产总值的比重。控制变量分别包括非农产业产值比重、外贸依存度、外商直接投资占地区生产总值的比重等。

在控制变量中，相关变量与城乡二元经济差距之间一般具有如下关系：我国经济发展水平与城乡二元经济结构具有直接相关性，经济发展水平越高，第一产业产值比重越低，农业劳动力人口比重越低，农民人均收入越高；城市化率反映了城市人口比重，从另一侧面反映农业和非农业比较劳动生产率高低和农民与城市居民的相对收入水平；农业劳动力比重反映整体就业结构和经济发展水平，也在一定程度上影响农业比较劳动生产率，这也影响城乡二元差距。从财政制度变量看：财政分权程度体现不同层级政府财政支出比重和各级政府之间的资源配置结构，在政府间行政管理权力配置、政绩考核制度下，财政分权度直接影响包括地方农业财政支出比重、财政经济建设支出比重等，影响地方政府之间的竞争强度，进而影响城乡、农业与非农业之间的财政资源配置结构，影响农业与非农业、城市与农村之间的相对发展速度和发展水平，影响城乡二元经济结构；地方财政支出占地区生产总值的关系反映了政府控制资源在地区资源总量中的比重，市场机制下的资源在追求收益率最大化的目标下在城乡间流动，这可能导致城乡二元差距扩大；政府配置的资源也会在追求政绩最大化的目标下影响城乡二元经济结构。如前文所说，封闭经济条件下，政府有维持国内城乡经济结构最低均衡的内在要求，政府的资源配置尽管可能扩大城乡二元差距，但二元差距会被控制在一定水平；开放经济条件下政府配置资源越多，可能城乡差距会更大。究竟是政府配置的资源还是市场配置的资源对城乡二元差距影响更大需要借助于实证分析验证。

根据数据结构不同，我们分别使用全国数据验证财政制度变迁对城乡二元差距变化的影响。由于我国财政制度经历了不同阶段，因此，需要分别从 1952～2015 年全时间段和分时期的角度考察财政制度对二元经济结构的影响。具体的时期的划分要从财政制度演变、后发大国经济发展阶段和技术层面综合考虑合适的时间阶段划分。

二、基于全国数据的多元回归模型

根据我国城乡二元经济结构和财政制度变迁的主要特征、财政制度变迁对城乡二元经济演变的影响，建立以二元对比系数、二元反差系数为因变量，财政支农支出占财政支出比重、经济建设财政支出占财政支出的比重、中央财政支出占财政支出的比重、财政支出占 GDP 比重、第一产业产值比重等为自变量的多元回归模型。考察各财政制度变量对城乡二元经济结构转化的影响。数据来源于国家统计局网站提供的《新中国统计资料汇编》、1978～2015 年的统计数据，使用 EViews 9.0 对相关数据进行分析和处理。

考虑到我国作为后发大国经济发展阶段性、我国经济体制的阶段性，为考察不同经济发展阶段下财政制度对城乡二元经济结构转化的影响，我们分别考察 1952～2015 年、1952～1978 年和 1978～2015 年三个时期财政制度安排对城乡二元经济结构转化的影响。根据前面的理论分析，计量经济模型如下：

$$EYCJ_j = \alpha_t + \alpha_1 X_i + \alpha_2 F_i + \mu_i$$

其中，$EYCJ_i$ 是一组衡量城乡二元经济结构的变量，包括：二元反差系数、二元对比系数。X_i 是与经济发展阶段相关的变量，如：农业产值比重。F_i 是一组描述财政制度的变量，包括：二元财政对比度、农业财政支出比重、经济建设财政支出比重、中央财政支出比重、财政支出占 GDP 比重。

三、描述性统计

对模型中主要变量的定义和数据处理方式见表 9 – 1。

表 9 – 1　　　　　　　　　模型主要变量及含义

含义变量名	指标含义	指标设计
二元对比系数（eyd-bxs）	农业与非农业比较劳动生产率差距	农业比较劳动生产率/非农业比较劳动生产率
二元反差系数（eyf-cxs）	城乡产值结构与人口结构之差的算术年均数	（|农业产值比重 – 乡村人口比重| + |非农业产值比重 – 城镇人口比重|）/2
第一产业产值比重（ycbz）	农业产值占 GDP 的比重	农业产值/GDP
二元财政对比度（eydbd）	农业与非农业财政支出力度差距	农业财政支持度/非农业财政支持度 农业财政支持度 = $\dfrac{农业产值比重}{农业财政支出比重}$ 非农业财政支持度 = $\dfrac{非农业产值比重}{非农业财政支出比重}$
农业财政支出比重（nyczzc）	财政用于农业支出占财政支出的比重	农业财政支出/财政支出总额
经济建设财政支出比重（jjjszc）	财政用于经济建设支出占财政支出的比重	经济建设相关财政支出/财政支出总额
中央财政支出比重（zyczzc）	反映财政的中央集权程度	中央财政支出/财政支出总额
财政支出占 GDP 比重（czzgdp）	反映政府配置资源占社会总资源的比重	财政支出额/GDP
第一产业产值比重（ycbz）	从产值结构角度反映经济发展水平	农业产值/GDP

四、数据平稳性检验

在进行实证检验之前，首先对年度数据平稳性进行检验，检验采用传统的 ADF 检验方法。经检验，各变量的原序列除了二元对比系数和农业财政支出比重外均为非平稳序列，通过对各变量进行一阶差分，采用 ADF 单位根检验后，得知各变量是 I（1）单整。检验结果见表 9 – 2。

表 9 – 2 各变量的单位根检验

原序列				一阶差分			
变量	ADF	5%临界值	结论	变量	ADF	5%临界值	结论
二元反差系数（eyfcxs）	– 1.9457	– 2.9084	非平稳	Deyfc	– 6.6545	– 2.9092	平稳
二元对比系数（eydbxs）	– 3.4265	– 2.9084	平稳				
二元财政对比度（eyczd）	– 1.0532	– 2.9092	非平稳	Deyczd	– 10.6356	– 2.9092	平稳
农业财政支出比重（nyczzc）	– 2.9700	– 2.9084	平稳				
中央财政支出比重（zyzcb）	– 1.0911	– 2.9084	非平稳	Dzyzcb	– 7.6136	– 2.9092	平稳
经济建设支出比重（jjzcb）	– 0.7118	– 2.9084	非平稳	Djjzcb	– 6.1482	– 2.9100	平稳
财政支出占 GDP 比重（czgdp）	– 1.4677	– 2.9165	非平稳	Dczgdpb	– 2.2508	– 1.9471	平稳

　　城乡二元经济结构与财政制度变迁之间的关系实际上存在相互影响机制。城乡二元经济结构的经济事实反映着中国经济发展所处的水平，为了提高经济发展水平，国家在经济发展不同阶段提供不同的财政制度安排，这些财政制度安排一方面带动经济发展水平逐渐提高，尤其是城市的非农产业部门的供给能力不断增强，同时也导致城乡经济差距进一步提高，即城乡经济发展差距作为原因引起了城市偏向财政经济制度安排，而城市偏向的经济制度安排又反过来影响城乡二元经济差距。因此，财政制度安排和城乡二元经济差距之间存在相互影响的机制。为了考察财政制度安排及其变迁与城乡二元经济结构转化之间的关系，一方面需要将二元经济结构作为因变量考察财政制度安排及其变迁如何对其产生影响，另一方面也需要考察二元经济结构转化对财政制度安排的影响。对于前者，可以使用一般的多元回归模型，对于后者可行的方式是建立反映动态变化的 VAR 模型，因此，在考察财政制度变迁与城乡二元经济结构变化关系时我们先后使用两种模型进行实证分析。

五、回归结果分析

　　根据变量间格兰杰因果关系检验结果，建立包括二元对比系数、二元反差系数为因变量，财政制度变迁和经济发展阶段推移的变量为自变量的时间序列多元线性回归模型。

（一）财政制度变迁与二元对比系数的相互关系

1. 财政制度变迁对二元对比系数的影响

为检验变量间是否存在协整关系，我们采取了 E－G 两步法，即先用最小二乘法得出模型方程，生成残差序列，再对残差原序列进行单位根检验，发现二元对比系数与财政制度变迁的相关变量之间存在协整关系。具体模型估计结果见表 9－3。

表 9－3　　我国财政制度变迁的二元对比系数变化效应模型估算结果

模型变量	模型一	模型二	模型三	模型四	模型五
回归方法	LS	LS	LS	LS	LS
常数项	0.071423 ** (2.204782)	0.043907 (1.406303)	0.071423 * (2.204782)	－0.251989 ** (2.245515)	－0.042080 (－0.843998)
二元财政对比度 (eyczd)	－0.044228 *** (－4.862138)	0.316509 *** (－3.744574)	－0.044228 *** (－4.862138)	－0.188364 *** (－4.624494)	－0.027887 ** (－3.28782)
一阶自回归项（AR (1)）		0.316509 *** (3.3088672)			
农业财政支出比重 (nczcb)	0.311708 *** (4.169056)	0.298591 *** (4.262148)	0.311708 *** (4.109056)	1.082879 *** (6.036747)	－0.159740 (0.971419)
经济建设支出比重 (jjjscz)	－0.143512 *** (－7.111460)	－0.112432 *** (－5.333625)	－0.143512 *** (－7.111460)	－0.071884 (－1.112120)	－0.048887 (－1.232735)
中央财政支出比重 (zyczzc)	0.335509 *** (4.474980)	0.250374 *** (3.368549)	0.335069 *** (－4.47980)	0.788445 *** (4.063732)	0.554329 ** (4.396544)
财政支出占 GDP 比重（czzgdp）	0.351294 *** (3.166839)	0.265541 ** (2.496529)	30351294 *** (3.166839)	1.150114 *** (3.877526)	0.779348 *** (4.814453)
zyczzc × czzgdp	－1.107462 *** (－3.963025)	－0.847094 *** (－3.121597)	－1.107492 *** (－3.903025)	－2.541429 *** (－4.058247)	－2.327632 *** (－4.657495)
调整 R^2 的值	0.728526	0.759832	0.728526	0.960931	0.694497
F 值	25.49409	24.79693	25.49409	32.48248	11.74534
D－W 检验值	0.907452	1.340126	0.907452	1.551369	1.477999
样本区间	1952～2015 年	1952～2015 年	1952～2015 年	1952～1978 年	1979～2015 年

说明：回归系数后（）内为 T 统计量，*** 表示通过 1% 的显著性检验，** 表示通过 5% 的显著性检验，* 表示通过 10% 的显著性检验。

从模型拟合结果看，调整 R^2 值都比较高，模型一存在内生变量，为解决内生变量问题，在模型二中引入了因变量的一阶自回归项，消除模型中的自相关问题。为了考察后发大国经济发展不同阶段下财政制度安排对城乡二元经济结构影响是否具有系统性差异，对模型进行了 Chow 的稳定性检验。考虑到 1978 年和 1994 年是两个重要时间节点，1978 年前整体上是在建立后发大国发展物质基础时期，尽管其间经历了经济建设蒙受重大损失的十年"文革"，但相对完整的工业和国民经济体系形成是在 1978 年的正式文件中公布的，因此，我们把 1978 年作为一个重要的时间点。1978 年以后，随着经济体制改革的推进，中国财政制度也从先前中央集中为主、经济建设为主的财政制度向纵向分权和横向分权并行的分权方向演进，只是在 1994 年以前的行政性分权主要是地方政府在财政收入和支出中具有较强的控制权，中央财政收入与支出处于较弱的地位，这以后的分税制安排是顺应市场经济体制运行的需要和提高中央财政控制力的方向调整，且取得明显成效。通过 Chow 检验，1978 年前后各解释变量存在显著差别，1994 前后各解释变量没有明显不同，因此，分别就 1952～2015 年、1952～1978 年和 1979～2015 年三个时期进行回归，分别考察这三个时期财政制度变迁对城乡二元差距的影响。为了考察财政支出占 GDP 比重和中央财政支出占财政支出比重共同对城乡二元差距的影响，模型中引入财政支出占 GDP 比重和中央财政支出占财政支出比重的交叉项。

　　从各模型回归结果看，二元财政对比度、农业财政支出占财政支出比重、经济建设支出占财政支出的比重、中央财政支出占财政支出比重和财政支出占 GDP 比重对二元对比系数都具有显著影响。

　　模型一、模型三、模型四的回归结果反映出二元对比系数与二元财政对比度呈负相关关系，且显著性非常明显。这意味着二元财政对比度越高，二元对比系数越小，城乡二元差距越大。这可以解释为，一方面，农业作为国民经济基础产业对非农产业具有非常大的正外部性；另一方面，我国实质上实行整体性的城市偏向的经济制度和政策，农产品的价格长期偏低，农业对工商业提供大量隐性支持，财政对农业支持力度提高导致非农业产业从农业发展中获得较大外部收益，导致非农业产值比重快速提高，非农业的比较劳动生产率提高，相应的，财政对农业投入、农业产值增加和农业产值比重提高缓慢，导致农业比较劳动生产率上升缓慢，因此，以二元对比系数反映出来的城乡二元差距扩大。

　　1952～2015 年、1952～1978 年两个时期农业财政支出比重的系数为正，说明在其他既定的情况下，农业财政支出占财政支出比重越

高，越有助于农业发展，有助于农业比较劳动生产率提高，二元对比
系数越高，城乡二元差距越小。即财政对农业支持越多，农业产值增
加越多，越有助于缩小城乡二元差距。1979~2015 年间财政农业支出
比重的系数为负，但不显著，说明财政农业支出比重提高有导致二元
差距扩大的趋势，但不显著。

经济建设支出占财政支出比重的系数为负，说明经济建设支出占财政
支出的比重越高，二元对比系数越小，城乡二元差距越大。这可以理解为
在 1952~2015 年期间城市偏向的财政制度下，前期 1952~1978 年是为奠
定后发大国发展的物质基础，由中央政府主导的城市偏向的经济建设政
策，1978~2015 年的经济建设支出城市倾斜政策是在财政分权和地方政府
之间基于经济增长的锦标赛竞赛，而事实上存在的由地方政府主导的城市
偏向的财政政策。财政的经济建设支出比重越高，城乡基础设施差距越
大，农业与非农业增长率差距扩大，非农业产值比重快速提高，农业产值
比重相对下降，非农业比较劳动生产率上升，农业比较劳动生产率下降，
城乡二元对比系数下降，城乡二元差距扩大。

中央财政支出占财政支出的比重与二元对比系数正相关，且显著，说
明中央财政支出有助于缩小城乡二元差距。无论是奠定后发大国发展基础
阶段还是后发优势与大国优势充分发挥阶段，中央财政支出都有促进城乡
经济协调发展的政策意图，即通过协调城乡之间的财政支出来实现城乡经
济的相对均衡，因此，中央财政支出占财政支出比重提高有助于缩小城乡
二元差距。

财政支出占 GDP 比重的系数为正，说明财政支出占 GDP 比重越高，
城乡差距越小。理论上财政支出通过为城乡居民提供生产生活的公共品，
缩小城乡发展条件差距，有助于缩小城乡二元差距，这符合财政的一般
理论。

财政支出占 GDP 比重与中央财政支出占财政支出比重的交叉项系数
为负，绝对值很大，且具有显著性；说明在政府配置资源比重较高的情况
下，中央财政支出比重越高，城乡二元差距越大，这与我国长期实行的城
市偏向的财政制度安排相关，这也与一般理论分析的结论一致。

2. 财政制度变迁与二元对比系数的相互影响

为考察作为相互影响的财政制度与城乡二元差距的二元对比系数的相
互关系，建立包含二元对比系数、二元财政对比度、农业财政支出比重、
经济建设支出比重、中央财政支出比重和财政支出占 GDP 比重、第一产

业产值比重的 VAR 模型。由于前面已经对相关变量之间的平稳性和协整关系做了检验，接下来，直接进行因果关系检验、脉冲响应分析和方差分解。

根据 AIC 选择原则，模型滞后期选择滞后 2 期。

回归结果显示，AR 特征根倒数的模都在单位圆圈内部，说明 VAR 模型是平稳的（见图 9 - 1）。

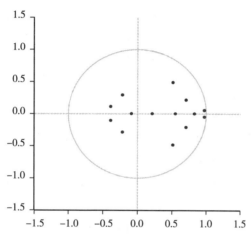

**图 9 - 1　财政制度变迁与二元经济结构转换模型
AR 特征根的倒数的模的单位圆图示**

首先，考察其他变量对二元对比系数的影响。

考察以二元对比系数为因变量的回归结果，二元对比系数受自身一个标准差的冲击后，影响逐渐减弱，到第五期降为零。

二元财政对比度一个正向冲击对二元对比系数的影响整体为正，在第 1 期略有上升，第 2 期下降到接近零的水平，第 3 期上升，第 4 期接近于零，第 10 期后又缓慢上升。

农业财政支出比重的一个正向冲击对二元对比系数的影响整体上为正，但在前 3 期影响不明显，第 4 期逐渐上升，第 8 期达到最大，然后缓慢下降，第 15 期接近于零，这可能是因为财政支农支出对农业发展的影响需要财政支农支出累积达到一定规模才会逐渐显现，这在财政对农业基本建设支出中表现十分明显，财政支农支出对农业发展的影响具有滞后性。可见，农业财政支出比重对城乡二元差距影响初期不明显，短暂扩大后逐渐弱化，但整体上对城乡二元差距起缩小的作用，见图 9 - 2。

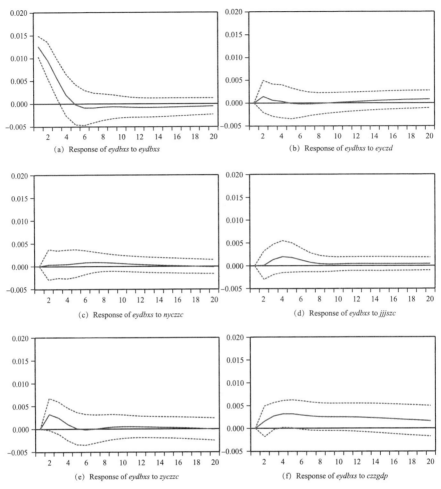

图9-2 二元对比系数对财政制度相关变量的脉冲响应

财政经济建设支出比重的一个正向冲击在第 1 期对二元对比系数的影响不明显，第 2 期逐渐上升，第 5 期达到最大，然后下降，到第 9 期收敛到接近于零。可见，经济建设财政支出比重初期有缩小城乡差距的作用，但很快达到最大水平，然后效应逐渐减弱，整体财政经济建设支出上有助于缩小城乡二元差距。

中央财政支出占财政支出比重的一个正向冲击对二元对比系数的影响是整体有助于缩小城乡二元差距。具体体现在第 1 期导致二元对比系数上升，第 2 期达到最大，第 3 期开始下降，第 5 期接近于零并长期维持该水平。整体上看，中央财政支出比重对城乡二元差距扩大起抑制作用，但政策作用时间短，初期效果较明显，但很快效应减弱，并消失。

财政支出占 GDP 比重的一个正向冲击对二元对比系数的影响为正，有缩小城乡二元差距的作用。第 1~5 期逐渐上升并在第 5 期达到最大值，然后缓慢下降，但长期保持大于零的水平。可见，财政支出占 GDP 比重有助于扩大城乡二元对比度，有助于缩小城乡二元差距。

其次，考察二元对比系数对其他财政制度变量的影响。脉冲响应图见图 9 - 3。

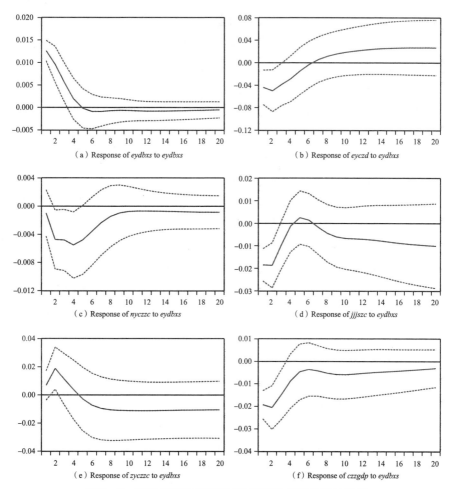

（a）Response of *eydbxs* to *eydbxs*

（b）Response of *eyczd* to *eydbxs*

（c）Response of *nyczzc* to *eydbxs*

（d）Response of *jjjszc* to *eydbxs*

（e）Response of *zyczzc* to *eydbxs*

（f）Response of *czzgdp* to *eydbxs*

图 9 - 3　财政制度相关变量对二元对比系数的脉冲响应

二元财政对比度在受到二元对比系数一个正的冲击后第 1 期产生负的影响，然后逐渐增强，到第 6 期达到零，然后逐渐提高，并长期维持一定的正面影响趋势。这说明，城乡二元差距短期导致二元财政差距扩大，然后又逐渐缩小城乡二元财政差距。这与一般的理论分析一致，即为了缩小城乡差距，财政倾向于加大对农业的支持力度这导致二元财政对比度扩大。

二元对比系数一个正面冲击后对农业财政支出占财政支出比重产生负面影响，第 1 期产生负的影响，然后逐渐提高，到第 4 期开始转向导致财政支农支出比重提高，然后又逐渐提高。整体上，城乡二元差距对农业财政支出比重产生负面影响。这可能与地方政府追求地方财政收入增加和地方经济增长率的逻辑相关，城乡差距越大，越是诱使地方政府降低农业财政支出比重，实行城市偏向的财政支出政策。但从长期看，为了实现城乡经济协调发展，城乡差距会引导财政支农支出比重提高。

经济建设支出占财政支出比重在受到二元对比系数一个正向冲击后，第 1 期产生较大的负面影响，然后逐渐提高对经济建设支持力度，到第 4 期时接近于零，随后影响由正转负，并持续、逐渐扩大。可见，城乡二元差距对经济建设财政支出比重起负面作用。

中央财政支出比重受到二元对比系数一个正面冲击后在第 1 期产生正面影响，并快速上升，第 2 期达到最大，然后快速下降，到第五期降到零后进一步下降到负数，并长期维持在相对稳定的负的水平。可见，城乡二元差距先是促使中央财政支出比重提高，但力度逐渐减弱，然后是中央财政支出比重下降，并在较长时间内维持。这可以解释为：中央政府有缩小城乡二元差距的政策意向，但随着城乡差距的缩小，中央财政支出比重逐渐下降。

财政支出占 GDP 的比重受到二元对比系数一个正面冲击后第 5 期产生较大的负面影响，随后逐渐向零收敛，到第 6 期时接近于零，然后长期维持在较低的负的水平。整体上看，城乡差距对财政支出占 GDP 比重起负面作用，但效应是先强后弱。这可以理解成城乡差距影响财政收入增加，进而导致财政支出占 GDP 比重下降，随着城乡差距缩小，财政收入逐渐增加，财政支出占 GDP 比重逐渐提高。

最后，通过方差分解考察财政制度变迁对二元对比系数变动的贡献度（见表 9-4）。

　　　　　　　　财政制度对二元对比系数变化的贡献度　　　单位：%

Period	S. E.	EYDBXS	EYCZD	NYCZZC	JJJSZC	ZYCZZC	CZZGDP
1	0.012618	100.0000	0.000000	0.000000	0.000000	0.000000	0.000000
2	0.016305	94.33986	0.761847	0.047769	0.003193	3.939787	0.907544
3	0.017676	90.19314	0.764033	0.092326	0.585412	5.255856	3.109228
4	0.018201	86.14562	0.759529	0.148596	1.736172	5.271195	5.938894
5	0.018573	82.74962	0.731654	0.268863	2.587253	5.066074	8.596536
6	0.018879	80.31734	0.721721	0.448807	2.936067	4.910581	10.66549
7	0.019123	78.50544	0.716519	0.654035	3.003410	4.786231	12.33436
8	0.019329	76.97910	0.705300	0.835202	2.988482	4.701726	13.79019
9	0.019523	75.57289	0.691404	0.966159	2.959921	4.658957	15.15067
10	0.019712	74.24979	0.681082	1.047925	2.937356	4.634573	16.44927
11	0.019898	73.01948	0.679335	1.092993	2.925021	4.608847	17.67432
12	0.020076	71.89537	0.690184	1.114241	2.920072	4.576981	18.80315
13	0.020244	70.87923	0.717295	1.120681	2.918380	4.541489	19.82292
14	0.020399	69.96322	0.763401	1.117949	2.918060	4.504731	20.73264
15	0.020541	69.13686	0.829709	1.109659	2.919286	4.466944	21.53754
16	0.020671	68.39122	0.915645	1.098446	2.922911	4.427396	22.24439
17	0.020790	67.71946	1.019250	1.086426	2.929526	4.385992	22.85935
18	0.020897	67.11575	1.137802	1.075320	2.939182	4.344051	23.38790
19	0.020994	66.57417	1.268362	1.066491	2.951516	4.304151	23.83531
20	0.021082	66.08831	1.408068	1.061009	2.965995	4.269556	24.20706

从表9－4可以看出，二元财政对比度对城乡二元差距的影响是先提高，后下降，再逐渐提高，在第20期上升到1.4%，贡献度整体较低。农业财政支出占财政支出的比重是经历先降低，然后逐渐提高，到第13期上升到1.12%后又逐渐下降。经济建设支出占财政支出比重的贡献是先较低快速提高，在第7期达到3%后缓慢下降。中央财政支出占财政支出的比重是快速上升，在第4期达到5.27%后逐渐下降。财政支出占GDP比重对城乡二元对比系数的影响是逐渐提高，在第20期达到24.2%，然后还存在进一步提高的趋势。

（二）稳健性检验

为检验财政制度变迁与城乡二元差距关系的稳健性，采用替换因变量的方式做稳健性检验。二元对比系数和二元反差系数都是衡量城乡二元差距的重要指标，这里用二元反差系数替换二元对比系数，其他自变量保持不变，再次建立基于与前一模型相同数据来源的多元线性回归模型，检验财政制度变迁与城乡二元差距的关系。

1. 财政制度变迁对二元反差系数的影响

二元反差系数也是反映城乡二元差距的重要指标之一，通过建立以二元反差系数为因变量，财政制度变迁相关变量等为自变量的模型也可以检验财政制度变迁对城乡二元经济结构的影响。考虑到 1978 年是中国经济发展阶段和经济体制的重要分水岭，该年前后中国作为后发大国的经济发展阶段有显著差别，因此，对 1978 年进行 Chow 突变点检验，通过检验发现该点前后模型发生了明显变化，因此，分别考察 1952 ～ 1978 年和 1979 ～ 2015 年财政制度对二元反差系数的影响。模型回归结果见表 9 - 5。

表 9 - 5　　　　　　　　　财政制度对二元反差系数的影响

变量	模型一（LS）	模型二（LS）	模型三（LS）	模型五（LS）
常数项（c）	0.425665 *** (5.565429)	0.220412 *** (3.216195)	0.968007 *** (4.815467)	0789613 *** (8.472396)
农业财政支出比重	-0.480552 *** (-2.722296)	-0.491662 *** (-3.531592)	-1.745294 *** (-5.431466)	0.078379 (-0.223401)
经济建设财政支出比重	0.566695 *** (11.899949)	0.314701 *** (5.673980)	0.218646 * (1.888357)	0.092634 (1.350759)
中央财政支出比重	-0.476848 *** (-2.693845)	-0.303369 ** (-2.139055)	-1.148317 ** (-3.304008)	-0.780787 ** (-2.732073)
财政支出占 GDP 比重	-0.892948 *** (-3.409466)	-0.494117 ** (-2.295006)	-1.580367 *** (-2.974385)	-1.991160 *** (-5.852379)
$czzgdp \times zyczzc$	1.038632 ** (1.977308)		3.333322 *** (2.971414)	4.164622 *** (3.776316)
调整 R^2 值	0.768697	0.854758	0.935201	0.876358
F 值	31.57164	46.23985	48.10791	43.99458
DW 值	1.117081	1.627983	1.754083	0.855282
样本区间	1952 ～ 2015 年	1952 ～ 2015 年	1952 ～ 1978 年	1979 ～ 2015 年

说明：回归系数下面（　）里的数据是 t 检验值，*** 代表在 1% 水平下显著，** 代表在 5% 水平下显著，* 代表在 10% 的水平下显著。

从表 9 - 5 的回归结果可以发现：

农业财政支出比重与二元反差系数除了 1979 ～ 2015 年期间外都是负相关，且显著性很明显，这说明从整体上看，财政农业支出比重提高有助于缩小城乡二元差距。这与一般的理论分析一致，即财政对农业支出比重越高，农业产值增长越快，农业产值比重越高，农业产值比重与人口比重之间差距越小，二元反差系数越小，城乡二元差距越小。1979～2015 年期间财政支出比重提高与二元反差系数正相关，但不显著，说明财政支出比重提高导致二元反差系数扩大但不具有稳定性。

经济建设财政支出比重与二元反差系数呈正相关关系，说明财政经济建设支出比重提高导致城乡差距越大。由于经济建设财政支出的重点主要在城市，经济建设财政支出比重越高，城市非农业产值增长速度越快，城乡经济发展差距越大。由于城市非农产业的资本有机构成远高于农业，城市非农产业产值增长速度、产值比重提高速度高于城市劳动力增长速度和城市人口增长速度，导致城市非农产业产值比重与人口或劳动力比重的差距扩大，二元反差系数扩大。1979～2015 年的财政经济建设支出对城乡二元反差系数的影响为正，但不显著。这段时期，财政从竞争性领域逐渐退出，财政经济建设支出虽然有助于改善城市经济发展条件，有助于非农产业产值增加和产值比重提高，但这也带动农村劳动力向城市非农产业转移，导致城市非农产业劳动力比重上升，受非农产业部门资本有机构成较高的影响，城市非农产业劳动力比重提高大于农村剩余劳动力的情况下，也可能大量使用资本节约型技术，导致城市非农产业劳动力人口比重快速上升，加之城市还存在大量非正规就业领域，从而导致城市劳动力和人口比重上升速度与非农产值比重上升速度之间的不确定性。在追求利润最大化动机下，厂商也可能长期使用劳动力密集技术，导致二元反差系数反向变化。因此，财政经济建设支出比重提高对二元反差系数的作用具有不确定性。

中央财政支出占总财政支出的比重与二元反差系数负相关，且显著性明显，说明中央财政支出比重提高有助于缩小城乡二元差距。无论是在封闭经济阶段还是开放经济阶段，无论是在奠定后发大国发展基础阶段还是后发优势与大国优势发挥阶段，无论是计划经济时期还是市场经济时期，中央财政支出都需要照顾到大国内部的城乡、农业与非农产业发展的协调发展，因此，中央财政支出占财政支出比重提高有助于缩小城乡二元差距。

财政支出占 GDP 的比重与二元反差系数负相关，且具有显著性，表明财政支出占 GDP 比重越高，城乡二元差距越小。这可以理解为，财政支出作为公共资源的配置本身具有缩小产业和城乡及地区间发展差距的作用，财政支出占 GDP 比重的提高具有缩小纯市场机制下产业和城乡及地区发展差距的作用，这符合公共经济学的一般理论。

财政支出占 GDP 比重与中央财政支出占财政支出比重的交叉项与二元反差系数正相关，系数绝对值较大，且显著，说明在财政资源配置比重高和中央财政资源配置比重高的情况下会导致城乡差距扩大。原因还是在于中国长期形成的城市偏向的财政制度安排，必然导致城市发展速度高于农村的发展速度，从而导致城乡差距扩大。相对而言，1978 年后市场机制在资源配置中的作用增强后财政资源配置的城市偏向还会引导更多的资源向城市流动，因此，财政支出占 GDP 比重和中央财政支出占 GDP 比重的交叉项对城乡二元差距的影响在 1978 年后的系数远大于在这之前的系数。

2. 财政制度变迁与二元反差系数的相互影响

二元反差系数与影响其变化的财政制度变量和第一产业产值比重之间具有相互影响的关系，全面考察财政制度与二元反差系数及第一产业产值比重之间的关系需要将相关变量作为内生变量处理，建立 VAR 模型。理论上看，二元反差系数既是财政制度安排的背景和前提，也是财政制度安排作用的结果。同样，财政制度安排一方面会影响二元反差系数的变化，另一方面也会受到二元反差系数变化的影响。

通过对二元反差系数、财政制度等相关变量进行协整检验。通过检验发现它们之间至少有三个协整方程。根据 AIC 选择原则，模型滞后期选择滞后 2 期。通过对包含二元反差系数、财政制度变量的 VAR 模型稳定性进行检验，发现 AR 特征根的倒数的模都在单位圆内，说明 VAR 模型是平稳的，见图 9 - 4。

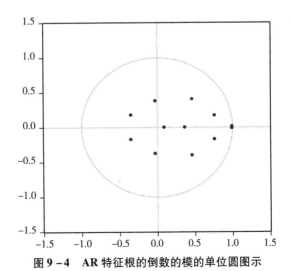

图 9 - 4   AR 特征根的倒数的模的单位圆图示

首先，考察二元反差系数对财政制度相关变量的脉冲响应图（见图 9 - 5）。运用脉冲响应图分析 VAR 模型相关变量的动态变化关系。

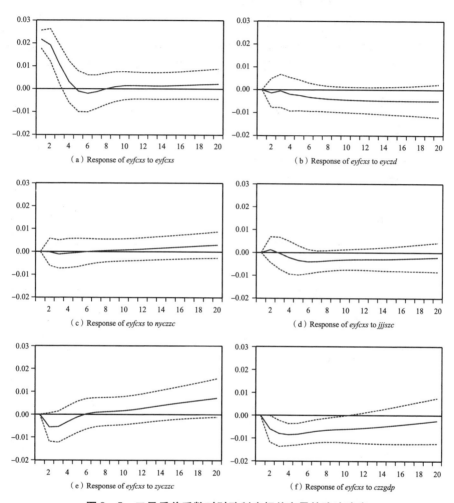

图 9 - 5　二元反差系数对财政制度相关变量的脉冲响应

二元财政对比度的一个单位标准差对二元反差系数整体上产生负面影响，并且负面影响逐渐扩大，即二元财政对比度提高导致二元反差系数缩小，城乡差距逐渐缩小。

二元反差系数在受到农业财政支出比重的一个单位标准差的冲击后整体上产生负的影响，第 1 期到第 5 期产生的影响为负，第 7 期收敛到零后逐渐扩大。整体上，农业财政支出占财政支出比重对二元反差系数先产生负的影响，然后缓慢变为正面影响，整体上影响很小。

经济建设财政支出比重一个单位标准差的冲击对二元反差系数的影响先是略微大于零的正面影响，很快变成负的影响，并长期保持负面影响。整体上，经济建设支出对二元反差产生负的影响。

二元反差系数在受到中央财政支出比重一个单位标准差的冲击后，第1期到第4期产生向负的影响，但负面影响快速减弱，第5期达到零，然后逐渐扩大。整体上，中央财政支出对二元反差系数的影响是先负后正，以正面影响为主。

其次，考察财政制度相关变量对二元反差系数的脉冲响应。财政制度相关变量对二元反差系数的脉冲响应见图9-6。

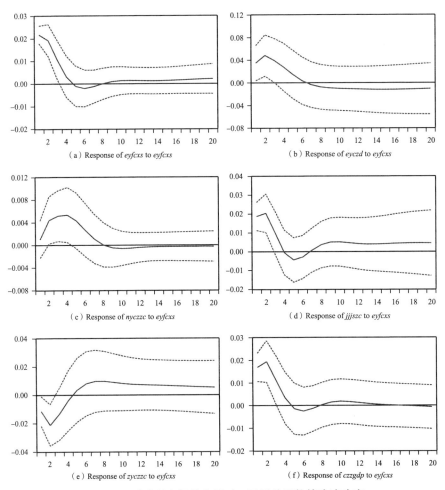

（a）Response of *eyfcxs* to *eyfcxs*

（b）Response of *eyczd* to *eyfcxs*

（c）Response of *nyczzc* to *eyfcxs*

（d）Response of *jjjszc* to *eyfcxs*

（e）Response of *zyczzc* to *eyfcxs*

（f）Response of *czzgdp* to *eyfcxs*

图9-6　财政制度相关变量对二元反差系数的脉冲响应

从图 9 − 6 可以发现：

给二元反差系数一个正向冲击，二元财政对比度先短暂上升，很快下降，在第 6 期下降到零后继续小幅下降，并长期稳定在较小的负的水平；给二元反差系数一个正向冲击，农业财政支出占财政支出的比重在第 1 期到第 8 期经历先上升后下降的变换，第 8 期下降到零后，长期维持零的水平；给二元反差系数一个正向冲击，经济建设支出占财政支出的比重第 1 期到第 4 期下降并产生负的影响，然后缓慢上升，在第 7 期达到零后稳定维持略大于零的水平；中央财政支出占财政支出的比重受到二元反差系数一个正向冲击后从负的水平逐渐上升，在第 4 期上升到零后一直稳定在略大于零的水平；财政支出占 GDP 比重在受到二元反差系数一个正向冲击后快速下降，在第 4 期降到零后，一直维持在零附近。

最后，通过方差分解考察财政制度和产业结构变化度二元反差系数变化的贡献度，方差分解表见表 9 − 6。

表 9 − 6　　　　　财政制度对二元反差系数变化的贡献度　　　　单位：%

Period	S. E.	二元反差系数	二元财政对比度	农业财政支出比重	经济建设支出比重	中央财政支出比重	财政支出占 GDP 比重
1	0.021714	100.0000	0.000000	0.000000	0.000000	0.000000	0.000000
2	0.030176	92.25276	0.221574	0.003633	0.161992	3.456699	3.903338
3	0.033419	85.19112	0.201929	0.122600	0.143082	5.464992	8.876279
4	0.034906	78.86162	0.507011	0.158825	0.528465	5.875082	14.06900
5	0.036162	73.56495	0.928518	0.162816	1.402444	5.583559	18.35771
6	0.037354	69.24099	1.609110	0.152628	2.448922	5.237247	21.31111
7	0.038408	65.59587	2.432008	0.149262	3.356438	5.010684	23.45573
8	0.039355	62.47736	3.351158	0.155931	4.045118	4.863008	25.10742
9	0.040255	59.77047	4.306661	0.171852	4.549296	4.761424	26.44030
10	0.041133	57.35588	5.263462	0.197867	4.937133	4.718048	27.52761
11	0.041998	55.13611	6.206382	0.237611	5.260170	4.769367	28.39036
12	0.042853	53.05586	7.126261	0.295960	5.543221	4.958508	29.02019
13	0.043705	51.08905	8.015731	0.377841	5.790610	5.320595	29.40617
14	0.044563	49.22359	8.866323	0.487141	5.997178	5.874951	29.55081
15	0.045432	47.45153	9.669299	0.626375	6.156766	6.626251	29.46978
16	0.046317	45.76437	10.41619	0.796831	6.266186	7.570546	29.18588
17	0.047225	44.15152	11.09942	0.998893	6.325687	8.700661	28.72382
18	0.048163	42.60104	11.71264	1.232277	6.337801	10.00833	28.10791
19	0.049135	41.10155	12.25070	1.496068	6.306094	11.48365	27.36194
20	0.050147	39.64388	12.70970	1.788666	6.234448	13.11365	26.50965

在表 9 – 6 中，二元财政对比度对二元反差系数的影响从小到大，在第 20 期达到 12.7%；农业财政支出占财政支出的比重对二元反差系数的影响也是从小到大，逐渐提高，但整体上影响较小，到第 20 期达到 1.79%；经济建设支出占财政支出的比重对二元反差系数的影响是先上升，到第 18 期达到 6.34% 后逐渐下降；中央财政支出占财政支出的比重对二元反差系数的影响也是从小到大，在第 20 期达到 13.11%；财政支出占 GDP 比重对二元反差系数的影响较大，经历从小到大，然后逐渐下降的过程，在第 14 期达到最高的 29.55%。

六、财政制度变迁与城乡二元经济结构关系的综合分析

城乡二元经济结构表现在多个不同方面，财政制度的城乡二元经济结构转化效应也需要从多个方面分析。城乡二元经济结构主要包括城乡产业发展水平的差距、不同产业比较劳动生产率差距、城乡居民收入差距、城乡基本公共服务的差距等方面。前面已经涉及的二元对比系数是从农业与非农业的比较劳动生产率角度来衡量城乡二元差距；如果农业产值比重与农村劳动力或者人口比重相等，或者对应的城市人口或者非农业劳动力比重与非农业产值比重相等，从劳动力或者人口与产值的对应关系看城乡之间不存在二元差距问题。因此，用农业与非农业的劳动力比重与产值比重的对应关系加权平均也可以衡量城乡二元差距大小，这就是二元反差系数；如果城市化与产业结构演化同步，即城市人口占总人口的比重或城市劳动力占总劳动力比重与非农产业产值占 GDP 比重相同，对应的是农业人口占总人口或者农业劳动力占总劳动力的比重与农业产值占 GDP 比重相等，也不存在城乡二元差距问题。此外，城乡差距基尼系数（城乡人口或劳动力比重与农业或非农业产值比重的差的算数平均数）、城乡居民的收入差距、城乡基本公共服务均等化程度也是反映和影响城乡差距的重要方面。从城乡居民收入差距与其他反映城乡二元经济结构的指标的关系看，城乡居民收入差距包含了城乡二元经济结构差异，但还包含了劳动力要素流动、优化配置、经济增长等因素。相对而言，二元对比系数、二元反差系数、城乡差距基尼系数主要反映城乡二元经济结构状况。

综合来源于全国数据的财政制度变迁与城乡二元经济差距的实证分析结果可以得到如下的基本结论：

农业财政支出占财政支出的比重与二元对比系数正相关，与二元反差系数负相关，说明财政农业支出比重提高有助于缩小城乡二元差距；

经济建设支出比重提高与二元对比系数负相关，与二元反差系数正相关，说明经济建设支出占财政支出比重提高导致城乡二元差距扩大；中央财政支出占财政支出比重与二元对比系数正相关，与二元反差系数负相关，即中央财政支出占财政支出比重提高有助于缩小城乡二元差距，这也意味地方财政支出比重提高或者财政分权程度提高导致城乡差距扩大；财政支出占 GDP 比重提高与二元对比系数正相关，与二元反差系数负相关，说明财政支出占 GDP 比重提高有助于城乡二元差距缩小；财政支出占 GDP 比重与中央财政支出占财政支出比重的交叉项与二元对比系数负相关，与二元反差系数正相关，说明在财政支出占 GDP 比重提高和中央财政支出占财政支出比重提高的情况下，会导致城乡二元差距扩大。

第六节　财政制度变迁与二元经济结构转换的相互关系
——基于省级面板数据的考察

为全面考察财政制度变迁与城乡二元经济结构之间的关系，在前文借助于全国时序数据实证分析的基础上，这里进一步基于省级面板数据建立面板数据模型考察我国财政制度变迁与城乡二元差距的相互关系。

一、指标和数据

（一）数据来源

这里选取 1994～2015 年中国 31 个省（区、市）的有关统计数据进行实证分析。所使用的原始数据主要来自中经网统计数据库、中国经济社会发展统计数据库、国务院发展研究中心信息网、《中国统计年鉴》、《中国农村统计年鉴》、《中国人口和就业统计年鉴》、《新中国六十年统计资料汇编》、各省（区、市）统计年鉴，部分数据通过定制 EPS 数据库获得，个别年份缺失的数据根据该指标历年数据进行估计得到。

（二）主要变量的描述统计量

表 9－7 是各省、自治区、直辖市 1994～2015 年期间相关变量的描述统计情况。

表9-7　　　　各省（区、市）1994～2015年二元经济结构转化
相关变量的描述统计指标值

项目	二元对比系数	二元反差系数	城镇化率	农业财政支出比	财政分权度	财政支出比重	外贸依存度	外商直接投资比重
均值	0.2113	0.3040	0.4064	0.8375	0.9205	0.1937	0.2537	0.4865
中位数	0.2029	0.3043	0.4065	0.8500	0.7758	0.1532	0.1217	0.2369
最大值	0.4829	0.5782	0.8960	0.9956	4.1928	1.3459	1.8037	7.1975
最小值	0.0673	0.0268	0.1332	0.5400	0.3250	0.0492	0.0316	0.0168
标准差	0.0780	0.0997	0.1527	0.0795	0.5988	0.1620	0.3322	0.7357
偏度	0.8300	-0.1004	0.5218	-0.6100	2.7859	3.9108	2.6118	4.3952
峰度	3.7211	3.5530	3.343	3.3816	11.4603	22.9378	9.6031	27.7715
JB统计量	84.070	8.8824	30.980	41.9434	2633.94	11773.2	1819.443	17733.04
伴随概率	0.00000	0.0118	0.00000	0.00000	0.00000	0.00000	0.00000	0.00000
样本数	616	616	616	616	616	616	616	616
个体数量	28	28	28	28	28	28	28	28

二、单位根检验

本书分别采用 LLC、IPS、ADF-Fisher 和 PP-Fisher 等 4 种方法进行面板单位根检验。从面板数据图形上看，面板数据反映的特征是既有截距项，又是有明显的趋势的。除了个别异常值以外，各个省（区、市）的数据特征都呈现出了明显的趋势特征。因此，在单位根检验中选用既有截距项又有趋势特征的检验模型。经过单位根检验，并对原序列修正后得到的新变量如表9-8。

表9-8　　　　　　　变量单位根检验结果

变量	LLC	IPS	ADF	PP
二元对比系数（eydbxs）	-4.6944 ***	-3.0009 ***	101.187 ***	75.7293 ***
二元反差系数（eyfcxs）	-0.4615	0.5685	53.6882	44.1549
二元反差系数一阶差分（deyfcxs）	-10.1143 ***	-10.1125 ***	212.360 ***	289.589 ***

续表

变量	LLC	IPS	ADF	PP
城镇化率 (*czhl*)	− 18. 2787 ***	16. 7198 ***	528. 116 ***	359. 864 ***
非农产值比重 (*fnczb*)	12. 8877 ***	− 12. 1809 ***	273. 789 ***	372. 120 ***
财政分权度 (*czfqd*)	− 10. 6250 ***	− 10. 9138 ***	224. 791 ***	239. 672 ***
财政支出/GDP (*czzczgdp*)	− 10. 6367 ***	− 12. 5588 ***	252. 388 ***	261. 489 ***
外贸依存度 (*wmycd*)	− 15. 7931 ***	− 14. 0770 ***	283. 898 ***	324. 215 ***
外商投资/GDP (*fdibgdp*)	− 12. 6634 ***	− 14. 2799 ***	301. 864 ***	788. 649 ***

说明：①所有检验方法的原假设 H:0 均为存在单位根。② * 、 ** 、 *** 分别表示在10% 、5% 、1% 的水平上显著，下同。

经过检验，除二元反差系数是非平稳序列，一阶差分序列为平稳序列外，其他变量均为平稳序列。

三、协整检验

从表9 - 9 中单位根检验结果来看，*eydbxs* 、*czhl* 、*fnczbz* 、*czfql* 、*czzgdp* 、*waycd* 、*fdibgdp* 原序列均为平稳序列，为识别各变量间是否具有长期稳定关系，分组对变量进行协整检验。第一组：*eydbxs* 、*czhl* 、*fnczbz* 、*czfql* 、*czzgdp* 、*waycd* 、*fdibgdp*；第二组：*eyfcxs* 、*czhl* 、*fnczbz* 、*czfql* 、*czzgdp* 、*waycd* 、*fdibgdp*。分别对两组序列进行 Kao 检验和 Pedroni 检验后发现，两组序列的各变量之间存在协整关系。协整检验结果如表9 - 9。

表9 - 9　　　　　　　　面板数据协整检验结果

	检验方法	统计量名	统计量（p 值）
第一组变量	Kao 检验	ADF	− 5. 788352 （0. 0000）
	Pedroni 检验	Panel v-Statistic	− 0. 854989 （0. 8037）
		Panel rho-Statistic	4. 291416 （1. 0000）
		Panel PP-Statistic	− 1. 343337 （0. 0896）
		Panel ADF-Statistic	− 0. 189580 （0. 4248）

续表

	检验方法	统计量名	统计量（p 值）
第二组变量	Kao 检验	ADF	−5.578362（0.0000）
	Pedroni 检验	Panel v-Statistic	−0.854989（0.8037）
		Panel rho-Statistic	4.291416（1.0000）
		Panel PP-Statistic	−1.343337（0.0896）
		Panel ADF-Statistic	−0.189580（0.4248）

四、回归结果及分析

在对面板数据模型进行估计时，需要对所建立模型进行设定检验，判断数据模型是采用混合回归模型、变截距模型还是变系数模型中的哪一种。为选择合适的面板数据模型，先对各方程进行截面固定效应模型的冗余性检验。似然比检验采用固定效应模型还是混合效应模型，然后采用Hausman 检验，判断模型是采用固定效应模型还是个体固定效应模型。考虑到财政分权与财政支出占 GDP 比重可能共同对城乡二元差距产生影响，因此，模型中引入财政分权与财政支出占 GDP 比重的交叉项作为自变量，同时考虑到外贸依存度与非农产值比重可能共同对城乡二元差距产生影响，因此在模型中引入外贸依存度与非农产值比重的交叉项，考察其对城乡二元差距的影响。

（一）财政制度变迁的二元对比系数的影响

首先，建立以二元对比系数为因变量的随机效应模型，通过 Hausman检验，拒绝固定效应和随机效应不存在系统性差异的原假设，采用固定效应模型。回归结果见表 9 - 10。

表 9 - 10　　　　　　　财政制度变迁对二元对比系数的影响

变量	模型一	模型二	模型三
常数项（c）	1.0124 *** （27.9313）	0.252145 *** （20.75115）	0.255321 *** （20.81015）
城镇化率（czhl）	0.2501 *** （10.5123）	0.083233 *** （2.487902）	0.076950 ** （2.290443）
非农产值比重（fnczbz）	−1.1540 *** （−21.3911）		

变量	模型一	模型二	模型三
财政分权度（czfql）	0.0268 *** (3.1677)	-0.036766 *** (-3.154540)	-0.034031 *** (-2.898031)
财政支出占 GDP 比重 （czzgdp）	0.1866 *** (6.4878)	-0.349925 *** (-4.964894)	-0.354570 *** (-5.035667)
外贸依存度（waycd）	-0.0135 (-0.9856)	0.753782 *** (6.011726)	0.806571 *** (6.295563)
外商直接投资比重 （fdibgdp）	-0.0055 * (-1.6836)		-0.007426 * (-1.726174)
非农产值比重与外贸依存度的 交叉项（fnczbz × waycd）		-0.839861 *** (-6.013629)	-0.892217 *** (-6.253113)
财政支出占 GDP 比重与财政 分权的交叉项 czzgdp × czfql		0.100517 *** (4.615700)	0.099253 *** (4.562829)

从表 9 - 10 可以发现：城镇化率与二元对比系数正相关，即城镇化率提高有助于缩小城乡二元差距。原因在于，城镇化率提高有助于降低农村人口占总人口的比重，提高农村人口的土地等要素占有规模，进而有助于提高农业劳动生产率，提高农业比较劳动生产率缩小城乡二元差距。

非农产值比重提高与城乡二元对比系数负相关，即非农产值比重越高，城乡二元差距越大。原因在于，非农产值比重提高意味着非农业比较劳动生产率提高，在农业与非农业人口和劳动力比重既定的情况下，非农业产值比重提高意味着非农业的比较劳动生产率提高。在总产出一定的情况下非农业产值比重提高对应着农业产值比重降低，在农业人口和劳动力比重不变的情况下，农业比较劳动生产率下降。非农业比较劳动生产率上升和农业比较劳动生产率下降意味着城乡二元差距扩大。

引入财政分权与财政支出占 GDP 比重的交叉项和外贸依存度与非农产值比重交叉项后，财政分权度与二元对比系数负相关，即财政分权度提高导致二元对比系数反映的城乡二元差距扩大。在市场经济条件下，在分税制和中央对地方政府政绩考核制度下财政分权度提高意味着地方政府把更多财政资源配置到城市的非农产业，这会扩大城乡间差距，因此，财政分权提高导致城乡差距扩大。

财政支出占 GDP 比重与二元对比系数负相关，即财政支出占 GDP 比重提高使二元对比系数下降，城乡二元差距扩大。具体原因与财政分权对城乡二元差距的影响相同，都是受到政绩考核制度影响财政支出的城市偏向导致城乡差距扩大。

引入财政分权与财政支出占 GDP 比重的交叉项和外贸依存度与非农产值比重交叉项后外贸依存度与二元对比系数呈正相关关系，即外贸依存度提高导致城乡二元差距缩小。改革开放以来的相当长一段时期内，在国际市场上中国的比较优势就是劳动密集型产品，外贸依存度提高意味着大量农村劳动力转向非农产业，促使农村劳动生产率提高，城乡二元差距缩小。

引入财政分权与财政支出占 GDP 比重的交叉项和外贸依存度与非农产值比重交叉项后外商直接投资与二元对比系数呈负相关关系，可能是因为外商直接投资主要集中在非农业领域，外商投资比重提高有助于增加非农业产值，提高非农业产值比重，在农业与非农业劳动力比重既定的情况下，外商直接投资占 GDP 比重的提高有助于提高非农业比较劳动生产率，导致农业比较劳动生产率相对于非农业比较劳动生产率下降，城乡二元差距扩大。

财政支出占 GDP 比重和财政分权与二元对比系数呈正相关关系，即财政支出占 GDP 比重与财政分权程度同时提高的情况下有助于提高二元对比系数，带来城乡差距缩小。可能的原因是，在城乡要素自由流动的情况下，财政支出占 GDP 比重与财政分权程度提高有助于地方政府实行有助于经济增长的政策；这有助于农村劳动力转移，提高农业劳动生产率；有助于提高城市对农村、非农业对农业的外溢作用，从而缩小城乡二元差距。

非农产值比重与外贸依存度与二元对比系数负相关，意味着非农产值比重与外贸依存度提高导致城乡二元差距扩大，原因在于，外贸依存度与非农产值比重提高会提高非农业比较劳动生产率，在其他既定的情况下，导致城乡差距扩大。

（二）稳健性检验：财政制度变迁与二元反差系数的关系

二元反差系数与二元对比系数一样都是反映城乡二元差距的重要变量，为考察财政制度变迁对城乡二元差距变化影响的稳健性，我们采取变换被解释变量但不改变解释变量的方式建立计量经济模型，回归结果见表 9 - 11。需要说明的是，二元对比系数增大意味着城乡二元差距缩小，二元反差系数减小意味着城乡二元差距缩小。

回归模型以二元反差系数为因变量，自变量包括财政分权、财政支出占 GDP 比重、城镇化率、非农产值比重、外贸依存度和对外直接投资占 GDP 比重，考虑到财政分权与财政支出占 GDP 比重可能共同对城乡二元差距产生影响，模型中引入财政分权与财政支出占 GDP 比重的交叉项作为自变量，考虑到外贸依存度与非农产值比重可能共同对城乡二元差距产生影响，在模型中引入外贸依存度与非农产值比重的交叉项，考察其对城乡二元差距的影响。首先建立随机效应模型。先对随机效应模型进行 Hausman 检验，拒绝随机效应模型和固定效应模型没有系统性差别的原假设，选择固定效应模型。回归结果见表 9 – 11。

表 9 – 11　　　　　　　　　财政制度对二元反差系数的影响

变量	模型一	模型二	模型三
常数项（c）	– 0. 2015 *** （– 5. 4493）	0. 391880 *** （34. 70259）	0. 391829 *** （35. 12537）
城镇化率（$czhl$）	– 0. 4622 *** （– 19. 2127）	– 0. 351491 *** （– 11. 36700）	– 0. 35139 *** （– 11. 44087）
非农产值比重（$fnczbz$）	0. 9054 *** （16. 5966）		
财政分权度（$czfql$）	– 0. 0220 *** （– 2. 5762）	0. 027533 ** （2. 547434）	0. 027489 *** （2. 569091）
财政支出占 GDP 比重（$czzgdp$）	– 0. 2051 *** （– 7. 0537）	0. 3544441 *** （5. 469150）	0. 354515 *** （5. 478995）
外贸依存度（$waycd$）	– 0. 0197 （– 1. 4274）	– 0. 547058 *** （– 4. 612700）	– 0. 547898 *** （– 4. 759757）
外商直接投资比重（$fdibgdp$）	8. 35E – 05 （0. 0253）	– 0. 000118 （– 0. 029873）	
非农产值比重与外贸依存度的交叉项 $fnczbz \times waycd$		0. 574471 *** （4. 374364）	0. 575305 *** （4. 487030）
财政支出占 GDP 比重与财政分权的交叉项 $czzgdp \times czfql$		– 0. 122233 *** （– 6. 105199）	– 0. 122213 *** （– 6. 112902）

从表 9 – 11 的回归模型反映的回归结果可以发现：

城镇化与二元反差系数负相关，说明城镇化率提高有助于二元反差系数缩小，城乡二元差距缩小。这与二元反差系数本身的含义一致，在经济增长下非农产值比重提高，城镇人口比重提高意味着非农产值比重与城镇人口比重之间的差距缩小，对应着农业人口与农业产值比重差距缩小，二元反差系数缩小，城乡二元差距缩小。

非农业产值比重与二元反差系数正相关，即非农业产值比重提高带来二元反差系数扩大。非农业产值比重提高在其他因素既定的情况下意味着非农业产值比重与非农业人口比重差距扩大，城乡二元差距扩大。回归结果与以二元对比系数为因变量的回归模型的回归结果一致。

在引入交叉项的模型中，财政分权与二元反差系数正相关，即财政分权程度提高导致二元反差系数扩大，二元差距扩大。原因在于：财政分权意味着地方财政支出比重提高，由于地方财政支出受到政绩考核制度和农业与非农业经济对政绩影响程度的差异，地方政府更多将财政资源配置在城市的相关产业，导致城乡差距扩大。尽管地方政府在提高非农产值比重的同时也带动农村劳动力向城镇非农产业转移，农业劳动力在追求高于从事农业生产收入的动力下大规模向城镇非农产业转移，间接带来非农业经济增长，但城市偏向的财政支出结构收益更多仍然是城市，因此，财政分权程度提高导致城乡二元差距扩大。

在引入交叉项的模型中，财政支出占 GDP 比重与二元反差系数正相关，即财政支出占 GDP 比重提高导致二元反差系数扩大，城乡二元差距扩大。财政支出占 GDP 比重提高意味着政府资源配置比重提高，由于地方财政支出的城市偏向性，尽管财政支出城市偏向也会对农业与农村经济产生一定外溢作用，但受益于城市偏向的财政资源配置城市非农经济增长更快，因此，财政支出占 GDP 比重提高导致城乡二元差距扩大。

在引入交叉项的模型中，外贸依存度与二元反差系数呈负相关关系，即外贸依存度越高，二元反差系数越低，城乡二元差距越小，外贸依存度提高导致城乡二元差距缩小。原因是，在市场机制下，中国较长时期内大规模出口劳动密集型的商品，出口带动农村劳动力向非农产业的转移，伴随农村劳动力的大规模转移，农业劳动生产率提高，城乡二元差距趋于缩小。

在引入交叉项的模型中，外商直接投资与二元反差系数负相关，意味着外商投资占地区生产总值比重提高导致二元反差系数减少，城乡二元差距缩小。原因是，外商投资一方面主要集中在非农产业会带来城市非农业增长，另一方面，外商投资由于主要目标是追求经济效益，这就促使外商投资企业采用反映中国要素禀赋结构的劳动力，外商投资占 GDP 比重提高意味着外商投资快速增长，导致农村劳动力的大量转移，进而带动农业和农村要素禀赋结构改善和农业经济增长，当外商投资对农业农村经济增长的效果大于对城市非农经济的增长效果时，外商直接投资占地区生产总值比重提高就会有助于缩小城乡二元差距。

非农产值比重与外贸依存度的交叉项与二元反差系数正相关，说明非农产业比重提高和外贸依存度提高导致二元反差系数扩大，城乡二元差距扩大。原因在于，外贸依存度提高与城市非农产业快速发展意味着城市非农产业快速增长，这必然扩大农村与城市产业之间的发展差距，导致城乡二元差距扩大。

财政支出占 GDP 比重与财政分权的交叉项与二元反差系数负相关，说明财政支出占 GDP 比重提高和财政分权程度提高导致城乡二元差距缩小。原因在于，财政配置的资源占社会资源比重越高，财政分权制度下导致的城市偏向的资源配置规模越大，城市偏向的公共资源配置结构在促进城市非农产业发展的同时对农业农村经济增长产生更强的外溢作用，更加有助于农业农村经济的快速发展，带动城乡差距缩小。

五、财政制度对城乡二元经济结构影响的综合分析

根据变化因变量的基于全国省级面板数据的财政制度变迁对城乡二元差距影响的实证分析结果见表 9 - 12。

表 9 - 12　　　　　基于面板数据模型的财政制度变迁的
二元经济结构转化效应结果比较

变量	二元对比系数	二元反差系数
城镇化率	+	
非农产值比重	−	+
财政分权度		+
财政支出占 GDP 比重	−	+
外贸依存度	+	−

变量	二元对比系数	二元反差系数
外商直接投资比重	－	○
财政支出占 GDP 比重与财政分权的交叉项	＋	－
非农产值比重与外贸依存度的交叉项	－	＋

说明：＋表示正相关，－表示负相关，○表示不显著。表中，由于二元对比系数与二元反差系数分别从相反方向反映城乡差距变化，即二元对比系数扩大（缩小）意味着城乡差距缩小（扩大），二元反差系数缩小（扩大）意味着城乡差距缩小（扩大），同一自变量与因变量相关性相反意味着其对城乡差距的影响方向是一致的。

从表 9 - 12 中反映的 1994 ~ 2015 年间财政制度安排对城乡二元经济结构变化方向看，财政分权度提高与二元对比系数负相关，与二元反差系数正相关，说明财政分权程度提高扩大城乡二元差距，或者说，财政集权有助于缩小城乡二元差距。从财政支出占 GDP 比重对城乡二元差距的影响看，财政支出占 GDP 比重与二元对比系数负相关，与二元反差系数正相关，说明财政支出占 GDP 比重提高有助于扩大城乡二元差距。但是，财政支出占 GDP 比重与财政分权的交叉项与二元对比系数正相关，与二元反差系数负相关，说明财政支出占 GDP 比重提高和财政分权程度提高共同导致城乡二元差距缩小。

第七节　财政制度安排对城乡二元差距 影响实证分析的简要总结

综合考察财政制度安排对城乡二元经济差距影响的实证结果，我们发现，在奠定中国发展基础阶段，财政制度安排具有明显的城市偏向、经济建设偏向和重工业偏向特征。在相对封闭经济条件下，由于财政制度安排受制于城乡经济均衡的内在强制约束，中央财政支出比重的提高具有缩小城乡二元差距的作用，财政支出占 GDP 比重提高也具有缩小城乡二元差距的作用。在后发优势和大国优势发挥阶段，尤其是 1994 年以后的时间内，由于市场机制的作用，城乡要素自由流动，要素配置效率提高，尽管出现农村劳动力、资本等要素向城市流动，但从二元对比系数与二元反差系数所反映的城乡差距变化看，财政纵向分权和反映政府配置资源规模的财政支出占 GDP 比重分别有扩大城乡二元差距的作用，但财政支出占

GDP 比重提高和财政分权程度提高共同作用则有助于缩小城乡二元差距。在开放经济条件下，外商直接投资有扩大城乡二元差距的作用，外贸依存度提高有缩小城乡二元差距的作用；非农产值比重提高和外贸依存度提高共同作用会导致城乡二元差距扩大。

比较奠定后发大国发展基础阶段的财政制度与后发优势和大国优势与后发优势充分发挥阶段的财政制度，我们发现财政制度安排对城乡二元差距影响的差异在于：第一，资源配置机制不同。为后发大国经济发展奠定基础阶段主要依靠国家计划机制配置资源，城乡之间的要素配置结构主要受到国家计划影响，财政对公共资源的配置不会引致其他资源在城乡之间流动；后发优势与大国优势发挥阶段主要依靠市场机制配置资源，借助于财政渠道的城乡资源配置通过影响城乡要素收益率，引致城乡之间要素大规模流动，即使小规模公共资源配置只要导致城乡间要素收益率差距，就会引致大规模的城乡要素流动，进而影响城乡相对发展速度和城乡差距。第二，国际经济环境不同。为后发大国发展奠定基础阶段，进出口经济活动对城乡之间的发展差异影响很小；在后发优势和大国优势充分发挥阶段，外贸依存度提高和外商投资规模扩大会直接影响国内非农产业发展，影响城乡要素流动，影响城乡要素禀赋结构，影响城乡相对发展速度，进而影响城乡发展差距。在改革开放前的封闭经济条件下，尽管有通过财政制度安排加快城市工业尤其是重工业发展的政策意图，但大国内部城乡、农业与非农业发展的内在均衡要求迫使财政制度安排必须关注城乡协调发展；否则，国民经济发展就会因城乡、农业与非农业关系紧张而被迫调整，正常发展可能被打断，甚至导致国民经济陷入崩溃边沿。在开放经济条件下，可以通过农产品与工业品的进出口与国内生产结合实现城乡、农业与非农业的均衡和协调，财政制度主动实现城乡、农业与非农业均衡与协调发展的压力减轻，财政制度对城乡协调发展的功能可能减弱。

简言之，我国作为典型后发大国经济发展不同阶段财政制度安排对城乡差距的影响机制存在很大差别：改革开放前，为奠定后发大国发展基础，财政制度必须承担起城乡、农业与非农业协调发展的责任，农村 - 农业与城市 - 非农业的关系具有对应性，财政制度作为主导的、最主要的资源配置方式，必须同时实现农业与非农业、城市农村之间的协调和均衡发展。改革开放后社会经济运行借助于财政制度安排和市场机制安排共同配置资源，同时还借助于国际市场实现农业与非农业的结构协调和均衡发展，农村－农业和城市－非农业之间的内在联系被弱化。既然农业与非农业协调和均衡可以部分借助于国际市场实现，国内财政制度协调和均衡城乡、农业与非农业经济协调的压力减轻。但是，财政资源城乡配置结构小规模失衡就可能导致城乡要素收益率差距拉大，引致大规模城乡要素流动，导致城乡差距扩大，城乡经济结构失衡。因此，后发优势与大国优势发挥阶段的财政制度调整城乡、农业与非农业发展差距的机制具有完全不同于奠定后发优势与大国优势发挥基础阶段的机制，服务于奠定后发大国发展基础的财政制度必须调整到服务于后发优势与大国优势充分发挥阶段的财政制度。

第十章　推动财政制度转变，促进城乡二元经济协调发展

　　作为典型的后发大国，中国城乡二元经济结构的形成和演化有特殊的机制和路径。奠定后发大国发展基础的、城市偏向的二元财政制度是二元经济结构形成、强化和固化的重要原因，是导致城乡差距扩大的重要制度安排，使中国经济走上独立、自主、可持续发展道路，也是后发优势和大国优势充分发挥的必要前提。随着经济发展条件的变化，该制度对城乡协调发展的负面影响越来越明显，转变城市偏向的二元财政制度成为二元经济结构协调发展的必然要求。城市偏向的二元财政制度的转变要受到经济发展阶段、国家承担制度变迁成本的能力、城市偏向的二元财政制度运行阶段、公共决策机制等因素制约。从制度目标、制度的净收益角度看城市偏向的二元财政制度已经失去其存在的合理性，但由于配套制度演进速度不一致、制度变迁主体激励不相容以及公共决策机制等原因，城市偏向的二元财政制度转变进程缓慢。要加快城市偏向的二元财政制度转变必须瓦解原城市偏向的二元财政制度体系的内在结构，打破制度变迁的路径依赖，健全公共决策机制，强化推动财政制度变迁的激励，力争形成与后发大国新发展阶段相适应的财政制度。在此基础上，实施农业农村偏向的财政制度，促进城乡协调发展。

第一节　引　　言

　　新中国成立后，受当时国际国内发展环境制约，我国选择了重工业优先的经济发展战略，并配套安排了城市偏向的二元财政制度在内的一系列经济制度。这些制度在奠定中国经济社会发展基础的同时，也抑制和阻碍了农村和农业经济发展，导致了城乡经济结构失衡。这种失衡成为较长时

期中国经济的典型特征，也成为制约中国经济协调发展的重要因素之一，阻碍后发大国的后发优势和大国优势充分发挥，进而成为经济社会可持续发展的重要障碍。改革开放以来，我国财政制度进行了一系列改革，初步建立了适应社会主义市场经济体制要求的公共财政框架，财政支出规模与结构的变化、税收制度的多次调整、财政管理体制的调整等财政改革使我国财政制度逐渐趋近公共财政制度，反映出我国财政制度对经济发展环境变化的适应性逐渐增强。随着市场机制在资源配置中的作用越来越大，伴随着财政分权、经济快速增长，城乡二元经济结构也快速发生变化。尽管二元经济结构演变具有其内在的、不以人的主观意志为转移的规律性，但毫无疑问，财政制度安排是影响城乡公共资源配置、农业与非农业要素收益率、要素城乡流动的重要因素，是导致城乡二元经济结构转化的重要原因。顺应经济发展条件的变化，适时转变集权型、城市偏向的二元财政制度是促进城乡二元经济结构转化，实现城乡经济协调发展的重要前提。尽管转变城市偏向的二元财政制度，建立与市场经济相适应的公共财政制度的必要性和迫切性已在学术界形成共识，并进行了大量政策实践，但只有深入研究城市偏向的二元财政制度转变的条件、机制和路径选择等问题后才能促成城市偏向的二元财政制度转变的顺利实现，才能形成适应后发大国新发展阶段的财政制度。

纵观新中国成立以来财政制度演变，财政制度变迁的一个基本特征是没有及时适应经济发展阶段转变，存在明显的变迁滞后的事实。财政制度变迁滞后是导致我国城乡经济结构调整滞后、困难重重的重要原因，也是导致当前我国城乡经济结构失衡、地区经济结构失调、内外经济失衡、经济结构升级缓慢，以及技术进步陷入困境等经济问题，影响后发大国优势发挥，并导致后发大国劣势凸显的部分原因。但是，整体上看，影响我国城乡二元经济结构的重要制度原因还是奠定后发大国发展基础阶段的财政制度变迁滞后，适应后发优势与大国优势发挥的财政制度建设和完善滞后，因此，加快城市偏向的财政制度变革，完善中国特色后发大国的公共财政制度是我国当前财政制度建设的重要问题。

第二节 文 献 回 顾

学术界对我国计划经济体制下财政制度基本特征有不完全一样的归

纳，但对基本特征的描述基本一致。一部分学者将我国计划经济体制下的财政制度的基本特征归纳为经济建设性财政、城市偏向的财政、国有经济财政、中央集权财政等方面；部分学者在公共财政这一参照系下将计划经济体制下的财政制度归纳为城乡二元财政。在本研究框架下我们将我国这段时期财政界定为奠定后发大国发展基础的财政。在诸多关于我国改革开放前计划经济体制下财政的研究视角下，城市偏向的二元财政制度受到了学术界高度关注，对于其形成的机制、表现、对中国经济社会发展产生的影响及其向城乡一体财政制度转变的必要性和对策已有大量的研究，这一视角与本研究视角比较接近，但本研究关于我国财政制度与城乡二元经济结构影响的研究还涉及经济建设财政、工业偏向的财政和国有企业为主的财政这几个方面的内容。由于城乡二元财政对城乡二元经济结构的影响比较大，因此，全面梳理现有城市偏向的二元财政制度的相关文献对于建立城乡协调发展的财政具有十分重要的参考价值。[①]

　　学者们在探讨城市偏向的二元财政制度的形成机制时大多从新中国成立以来的重工业优先的发展战略和城市偏向的经济制度与政策安排角度展开。刘明慧和崔慧玉认为，在工业化初期，为了实施追赶发展战略，受"工业偏好"思想的支配，中国对城市和乡村、工业和农业、市民和农民实行不同的资源倾斜政策。[②] 陈宗胜等认为，为了保证重工业优先发展战略的实施，除了实行城乡分治的户籍制度，中国财税和社会保障体制方面也长期实行城乡有别的二元歧视性政策。[③] 文峰在后发大国经济发展的视角下对我国计划经济体制下财政制度形成机理进行了阐释，他认为，为了在人均产值很低的条件下启动和实施以资本密集型的重工业为主的工业化，中国实行了农业支持工业的城市偏向的二元财政制度。[④] 林毅夫等也系统分析了新中国成立以后在追赶发展战略下包括财政、金融、外贸等经

　　[①]　这里的城市偏向的二元财政制度是指服务于重工业优先工业化战略的一种财政制度安排，目的是通过在城乡间区别配置财政收入和支出制度从农村和农业提取剩余资本转移到城市工业，以加快以重工业为核心的工业化进程。该制度具体表现在城乡财政收入制度上农民负担重于城市居民，在城乡公共品供给和消费上的严重城市偏向和农村歧视等方面。

　　[②]　刘明慧、崔慧玉：《二元结构下的财政支出结构调整》，载《东北财经大学学报》2006年第1期，第13～17页。

　　[③]　陈宗胜等：《中国二元经济结构与农村经济增长和发展》，经济科学出版社2008年版，第92～157页。

　　[④]　文峰：《消除二元财政体制，促进二元经济结构转换》，载《开发研究》2004年第2期，第45～48页。

济制度和社会制度形成的基本逻辑，其研究成果受到国内外学者普遍认同。① 胡鞍钢在《中国政治经济史论：1949～1976》中，站在后发大国经济发展的视角，结合当时国内外政治经济形式对这种制度安排给予了较全面和实事求是的评价。②

现有研究文献对我国城市偏向的二元财政制度的主要内容进行了较全面的归纳，形成了基本一致的认识。文峰认为，我国改革开放前的财政制度具有从农村和农业获得财政收入多，支出少的城市偏向的二元特征，而且当农业基本完成了向工业提供积累的任务之后，仍然延续了城乡、工农业之间不平等的财政制度。③ 刘明慧和崔慧玉指出，在工业与农业之间，国家的资源配置严重不均，长期过度倾斜于工业，对农业公共投资严重不足，导致农业发展严重滞后于工业发展。④ 陈宗胜等从国家对农业和农村的财政投入不足与乡镇财政危机，农村居民不合理的税费负担与积重难返的农村税费改革，农村公共品供给不足，农村社会保障制度缺失等方面总结了城市偏向的二元财政制度的主要内容。⑤ 卢洪友、朱华荣重点从城乡公共品供给制度上分析了城市偏向的二元财政制度的内容，他们认为我国城市偏向的二元财政制度集中体现在"一品两制"和"一纵两横"上。⑥ 郭金洲则把城市偏向的二元财政制度归纳为农村财政收入分配格局和城乡财政资源配置的倾斜性、城乡公共服务供给和城乡税费体制的二元结构等方面。⑦ 秦海林指出，中国财政管理体制具有鲜明二元特征，表现在城乡居民承担的税收义务和税收负担不同，财政支出的优先顺序和比重不

① 林毅夫等：《中国的奇迹：发展战略与经济改革》，上海三联书店、上海人民出版社1999年版。

② 胡鞍钢：《中国政治经济史论：1949～1976》，清华大学出版社2002年版。

③ 文峰：《消除二元财政体制，促进二元经济结构转换》，载《开发研究》2004年第2期，第45～48页。

④ 刘明慧、崔慧玉：《二元结构下的财政支出结构调整》，载《东北财经大学学报》2006年第1期，第13～17页。

⑤ 陈宗胜等：《中国二元经济结构与农村经济增长和发展》，经济科学出版社2008年版，第92～157页。

⑥ 卢洪友、朱华荣：《论二元财政结构非均衡制度安排及化解路径》，载《现代财经》2006年8月第26卷第8期，第3～6页、第23页。

⑦ 郭金洲：《统筹城乡发展的财政政策：基于二元财政结构的分析》，载《经济研究参考》2008年第56期，第49～54页。

同。①② 郭金洲认为，长期以来，二元财政政策没有兼顾城乡公共品供给的均衡性，导致了农村基础教育、社会保障、基础设施等建设的滞后以及公共服务能力的严重不足，另外，我国的税收体制将财富从农村转移到城市，未体现能力纳税原则。③ 蒲晓红和成欢从缴费、待遇和补贴水平等三个维度对西部地区的新农保制度进行评估分析发现新农保制度具有鲜明的二元财政色彩。④

此外，国内大量文献在财政分权和中央政府对地方政府政绩考核机制下地方政府之间事实上存在追求 GDP 增长的锦标赛竞争机制，地方政府为追求经济增长和财政收入最大化，导致城乡财政支出结构失衡、经济建设支出和社会服务类支出结构失衡。客观地讲，在中国的政治体制下，地方政府官员的行为是导致城市偏向的二元财政制度的重要原因，但城乡二元经济结构、地方政府官员行为和城市偏向的二元财政制度之间具有复杂的双向因果关系，即地方政府官员行为是影响城市偏向的二元财政制度的原因，但城乡二元经济结构又是影响地方政府官员行为，进而导致城市偏向的二元财政制度的原因，城市偏向的二元财政制度又是影响城乡二元经济结构转换的重要因素。

城市偏向的二元财政制度对城乡经济社会发展的影响也备受学者关注。傅道忠指出，在很大程度上，我国的城乡差距与长期推行城乡有别的二元财政政策和制度有关。⑤ 何振一认为公共分配的城乡二元结构制度安排长期没有得到改革，是造成农村财政困境的根本症结所在。⑥ 秦海林认为，在过去的六十年里，城市偏向的二元财政制度及相关的配套制度是农

①　秦海林：《二元经济中的二元财政测度与分解研究》，载《中央财经大学学报》2007 年第 1 期，第 7 ~ 12 页。

②　秦海林：《农村居民实际税负变化与二元财政测度》，载《财经论丛》2010 年第 5 期，第 31 ~ 38 页。

③　郭金洲：《统筹城乡发展的财政政策：基于二元财政结构的分析》，载《经济研究参考》2008 年第 56 期，第 49 ~ 54 页。

④　蒲晓红、成欢：《西部地区新型农村社会养老保险制度水平的评估》，载《经济理论与经济管理》2012 年第 8 期，第 91 ~ 100 页。

⑤　傅道忠：《城乡差距及其二元财政成因探析》，载《财贸研究》2004 年第 2 期，第 59 ~ 63 页。

⑥　何振一：《关于城乡二元结构下农村财政困难的深层思考》，载《地方财政研究》2004 年第 1 期，第 5 ~ 8 页。

村居民长期贫困的根源之一。①②③ 李春根指出，二元财政结构是我国农村居民税负沉重的重要原因。④曾国安、胡晶晶把我国城市偏向的二元财政制度归纳为财政支出制度和税收制度两个方面，城市偏向的财政制度强化了城乡分离的二元经济结构，导致了城乡居民收入分配失衡的进一步恶化，拉大了城乡教育、社会保障和基础设施差距，导致了农村居民税外费用负担的加重。⑤ 这些研究成果反映出城市偏向的二元财政制度是导致农村发展滞后，城乡发展差距扩大的重要原因。客观地讲，在市场经济体制下，城乡要素自由流动会带来城乡要素配置结构的改善，这一方面会提高要素配置效率，推动经济增长；另一方面可能导致城乡要素流向变化，使城乡经济发展差距扩大。如果财政制度抑制城乡要素流动和优化配置，在控制城乡差距扩大的同时也可能会损害经济增长，使整体经济增长率低于潜在经济增长率，导致城乡经济的低水平均衡。如何看待城乡差距扩大？财政制度安排如何兼顾城乡公平和经济增长？财政应该在城乡经济发展的哪个阶段以多大力度介入并影响城乡发展差距？这些问题确实值得深入思考。

　　鉴于城市偏向的二元财政制度对城乡经济协调发展的不利影响，研究者从城乡经济协调发展角度出发从不同角度探讨了转变城市偏向的二元财政制度的对策。文峰、李正彪从制度变迁路径依赖角度分析了阻碍城市偏向的二元财政制度转变的因素。⑥ 秦海林、席文在分析二元财政制度安排的"内在的自我增强机制"基础上，提出采取边际调整的改革措施促进城市偏向的二元财政制度转变的对策。⑦事实上，城市偏向的二元财政制度是中国作为后发大国经济发展特定阶段的制度安排，随着经济发展阶段的推移必然要被新的财政制度安排所替代，但财政制度转变不是自发实现的，需要充分考虑相关影响因素，考虑财政制度的供给和需求匹配等。

　　① 秦海林：《二元经济中的二元财政测度与分解研究》，载《中央财经大学学报》2007 年第 1 期，第 7~12 页。

　　② 秦海林、李志勇：《二元财政政策影响城乡差距的实证分析》，载《中央财经大学学报》2011 年第 9 期，第 7~12 页。

　　③⑦ 秦海林、席文：《二元财政的制度变迁：基于路径依赖的视角》，载《经济理论与经济管理》2013 年第 7 期，第 46~57 页。

　　④ 李春根：《制度外财政、农民负担与政权合法性———对农村税费改革的一个解释》，载《山西财经大学学报》2006 年 6 月第 3 期，第 108~111 页。

　　⑤ 曾国安、胡晶晶：《论中国城市偏向的财政制度与城乡居民收入差距》，载《财政研究》2009 年第 2 期，第 36~39 页。

　　⑥ 文峰、李正彪：《制度演进视角的中国城市偏向的二元财政制度变迁》，载《经济问题探索》2008 年第 6 期，第 1~4 页。

综上，学术界对我国城市偏向的二元财政制度的含义、表现、特征及其对城乡经济社会发展的影响有比较一致的认识，对城市偏向的二元财政制度转变的方向也有一致的期待，但大多立足于经济体制、政府行为和城乡经济关系视角讨论，没有将城市偏向的二元财政制度置于后发大国经济发展的视角，并把城市偏向的二元财政制度当成后发大国财政制度演进的一个阶段来思考和看待，理论分析和对策研究的视野还有进一步拓展的空间。

第三节　影响城市偏向二元财政制度变革的因素分析

城市偏向的二元财政制度是作为后发大国中国经济发展第一阶段为奠定后发大国发展基础而采用的一种财政制度安排，具有典型的城市偏向性、经济建设性、中央集权性和国有企业主导的特征。随着后发大国发展基础的、相对完整的工业和国民经济体系的形成，它已经完成了自己的历史使命，应该适时向适应后发优势和大国优势发挥的大国特色的公共财政制度转变。受多种原因影响，城市偏向的二元财政制度一度被固化，成为阻碍中国后发优势和大国优势发挥的制度瓶颈。分析城市偏向的二元财政制度固化的原因是推动城市偏向的二元财政制度向新的有助于城乡协调发展的财政制度转变的前提。

一、城市偏向的二元财政制度演进机制的基本理论分析

服务于重工业优先发展战略的、城市偏向的经济制度，尤其是城市偏向的二元财政制度使我国能够在较低的经济发展阶段集中有限资源在较短时间内启动大规模工业化，并在较短时期内建立起相对完整的工业和国民经济体系，为新中国政权稳定和经济发展奠定了必要的物质基础。但该制度安排同时也在一定程度上阻碍了农业和农村经济的发展，形成和强化了城乡二元经济结构。随着经济发展阶段的转换和经济体制的转轨，城市偏向的二元财政制度与市场经济体制和统筹城乡发展的经济发展理念的不协调越来越明显，能否尽快实现城市偏向的二元财政制度向城乡一体、城乡统筹的财政制度转变直接影响到经济社会发展体制转轨的顺利实现，关系到后发优势与大国优势能否充分发挥，关系到后发大国经济社会能否持续协调发展。

从配置效率角度看，城市偏向的财政制度安排具有一定的合理性，城乡二元差距一定程度扩大也具有一定的经济必然性。作为经济要素集聚的场所，城市在集聚大量要素的同时也会对基础设施和公共服务产生较大的需求，有效供给公共品和公共服务有助于城市"增长极"的形成、成长和壮大，有助于形成城市的要素、产业集聚、集群的态势，有助于提高城市空间的要素产出率，有助于提高全国资源配置效率。城市对要素吸纳和集聚在短期内会导致农村要素流出，不利于农村经济增长，从中长期看，城市对农村的"反哺"又会有利于农村经济的发展，有助于缩小城乡发展差距。公共品具有生产和消费两重属性：生产属性是指公共品的有效提供具有降低生产成本、降低交易成本、分散市场风险、提高要素产出率和收益率，进而促进经济增长的作用；公共品的消费属性是指公共品的有效提供能够满足社会公众的公共消费，提高公众的福利水平。教育、医疗卫生等公共服务的消费也会转化为人力资本，人力资本提高有助于提高劳动生产率，有助于促进经济增长。现实中的公共品具有生产和消费双重属性，但又很难直接将公共品划分为生产性公共品和消费性公共品，有些公共品具有消费和生产的双重属性。从财政制度提供的公共品的生产属性看，财政制度安排会影响公共品和公共服务供给规模、结构和城乡与地区间公共品供给水平差距。由此来看，城市偏向的二元财政制度短期内具有加快城市经济发展，提高整体资源配置效率的作用，在长期城市偏向的二元财政制度作用下优先发展起来的城市可以通过对农村经济的辐射带动作用，加快农村经济发展，缩小城乡发展差距，实现城乡经济的长期动态的协调发展。需要说明的是，城市偏向的二元财政制度决定的城市偏向的公共品供给是在保障城乡居民基本公共服务消费权利，在城乡劳动力、人口自由流动的条件下，才具有一定的合理性，并且是在短期内具有一定合理性，即这种财政制度安排只能在一定时期内实施，具有暂时性特征。由此可见，城市偏向的二元财政制度通过将较大比重的要素直接和间接地配置到城市空间，加快城市经济的发展，城市的优先发展吸引农村要素流出，加剧农村要素的短缺，强化要素对农业和农村经济发展的约束，导致城乡二元差距扩大，然后，城市对农村的"反哺"又会缩小城乡二元差距，进而实现城乡协调发展。

城市偏向的二元财政制度安排在奠定后发大国发展基础的目标下借助于国家力量形成，这种制度安排会形成相应的利益群体和利益集团，并会对城市偏向的二元财政制度演进产生一定的阻碍作用。着眼于国家整体、长期发展的城市偏向的二元财政制度安排本意是短期内通过城乡、工农业的非均衡发展奠定后发大国长期发展的物质基础，在实践中，这种财政制度在配置资源过程中对城乡居民的经济社会利益会产生相应的影响，城乡居民的就业、收入和福利等有相当一部分来源于这种财政制度安排，这种制度安排导致的城乡居民利益差异可能会固化为经济地位、社会福利水平、价值观念、对国家财政经济制度安排偏好等不同的利益群体，甚至演化成利益集团。利益集团的力量对比、价值取向以及对国家政策和制度安排的影响必然对城市偏向的二元财政制度的演变产生影响。城市偏向的二元财政制度的受益者具有维持、巩固城市偏向的二元财政制度的动机，城市偏向的二元财政制度的利益受损者具有改变城市偏向的二元财政制度的动机和激励，两个重要的利益群体相对力量大小直接对城市偏向的二元财政制度的变化方向产生影响。当然，具有截然不同观念和制度诉求的利益群体会对财政制度变革产生一定影响，政府尤其是中央政府的中立性具有更大作用，即如果中立的中央政府如果能够合理判断城市偏向的二元财政制度演变的条件、时机，借助于国家力量推动也能够超越于特定利益集团的制度诉求加快财政制度的变革。

城市偏向的二元财政制度的制度绩效变化是影响该制度变迁的重要因素。从成本收益权衡角度看，一个制度安排存在的合理性在于该制度的收益大于制度运行的成本，当制度运行的成本大于制度产生的收益时，该制度就失去了其存在的经济合理性。由于制度安排涉及一国内部不同利益群体，因此加总不同利益群体在一项制度安排下的成本和收益有一定困难，理论上可以根据不同利益群体对国家政策和制度安排的影响力或者不同利益群体人口占总人口的比重设置相应的权重，来加权加总不同利益群体在某一制度安排下的制度运行的社会总成本和总收益，从而得到该制度的收益与成本，进而得到制度的净收益。由于利益群体人数多少与其对国家政策和制度安排的影响力往往是负相关的，因此两种权重设置方式计算出的制度安排的总成本和收益存在显著差别。一般地讲，根据对国家政策和制度安排影响力大小设置的权重能够体现对制度变迁的影响力大小，具有实际的可操作性，按照人口比重设置的权重是考虑到社会公平，在伦理上具有合理性，但对于制度变迁来看可操作性较差。从国家整体来看，如果不考虑制度安排的成本和运行成本，重点考虑制度运行的机会成本的话，城市偏向的二元财政制度的收益主要是提高资源配置效率，短期内快速推进工业化进程，使城市居民福利水平提高。制度的成本带来农业和农村的落后和滞后发展，农民福利受损，长期内还会制约工业化的可持续性和经济发展的协调性。动态地看，城市偏向的二元财政制度在运行初期的短期内收益大于成本，但随着制度的延续，边际收益会逐渐降低，边际成本会快速上升，并进入边际收益小于边际成本的阶段，这时候，从经济合理性角度看，城市偏向的二元财政制度会逐渐失去其存在的合理性。

城市偏向的二元财政制度的变迁存在制度变迁路径依赖和制度锁定的可能。由于制度安排与相关制度会相互适应，提高制度耦合效率，相关制度之间的协调性会逐渐增强，并相互支持、相互强化；随着制度的实施，人们逐渐形成稳定的制度收益预期，并自觉遵守制度，制度运行成本降低。既定制度安排下的获益较多的利益群体演化成利益集团，主动维护制度的存在，并阻止制度变迁，导致制度僵化或者长期沿着促使安排的制度完善、强化的路径演进。基于上述原因，一项制度安排一旦形成，就具有自我强化的机制，具有明显的"抗变性"，进而僵化。随着城乡居民两大利益群体形成并形成不同利益集团，由于城市居民利益集团对政策影响力具有明显优势，会主导制度安排，会通过对农民让渡部分利益以换取维持既定制度的稳定性，或者利用制度安排的主导权直接阻止制度变迁，使城市偏向的二元财政制度强化、固化、僵化。显然，城市偏向的二元财政制度在完成其经济发展使命后就应该及时向城乡一体的财政制度转变，但城市偏向的二元财政制度转变能否及时展开不是自发的，转变的进程快慢还受到相关一些因素的约束。

二、影响二元财政制度变迁的主要因素分析

从制度的成本收益角度看，城市偏向的二元财政制度变革的根本原因是制度安排的成本与收益发生了根本变化。中国城市偏向的二元财政制度实际上是镶嵌在中国经济社会体系内的一个制度单元，包括财政收入、支出、预算管理、财政体制等财政制度。城市偏向的二元财政制度体系的整体经济效益和成本收益变化是决定其变革与否的关键。

（一）城市偏向的二元财政制度体系的经济效益动态变化分析

城市偏向的二元财政制度体系包括两个层次：第一层次是城市偏向的二元财政制度本身包含的财政收入与支出等公共服务和基础设施供给制度、预算安排制度以及政府间财政关系的财政体制安排等。第二层次是城市偏向的二元财政制度的基础制度和配套制度，包括宪法、政治体制、政府管理体制等宏观层面的政治制度、户籍管理制度、金融制度，以及企业

与农村集体经济组织与家庭经营组织等微观经营制度等，这一层次制度构成城市偏向的二元财政制度的制度环境。城市偏向的二元财政制度体系的主体是第一层次的二元财政制度。从后发大国经济发展基本逻辑看，城市偏向的二元财政制度安排的目的是将资源集中配置于城市工业部门奠定国民经济长期发展的物质基础，当此目标完成后，城市偏向的二元财政制度的使命就完成了，应及时转向服务于后发优势与大国优势的公共财政制度。包括财政制度、金融制度相关制度耦合形成的、服务于城市工业优先发展的制度体系在多长时间内奠定国民经济长期发展的基础，要取决于这些制度安排的整体制度效益。整体制度的效益越好，形成国民经济基础所需要的城市偏向的二元财政制度持续的时间越短；反之，需要延续较长的时间。

城市偏向的二元财政制度对国家整体经济发展的作用包括两个方面：其一，对农村经济发展的抑制效应，该财政制度安排导致农业过重的税负和公共基础设施与公共服务供给不足抑制农业及农村经济增长，不利于农民收入增加。其二，该财政制度安排把资本等要素从农村向城市转移有助于城市工业发展和城市经济增长。城市具有潜在的集聚经济效应，要素集中配置尤其是公共品的优先供给使城市具备要素集聚的条件，随着要素流入，要素密集程度提高，加之非农产业市场需求增长快，技术进步快等因素使城市要素产出率远高于分散在农村的要素产出率，导致城市经济快速增长。城市经济的快速增长和农村经济的缓慢增长甚至停滞导致城乡二元差距扩大。由于城市要素产出率高于农村的要素产出率，一定程度上要素向城市流动、集聚有助于提高要素产出率，提高资源配置效率，但这又会对农村经济增长产生抑制作用。只要城市偏向的二元财政制度引起的城市经济增长效应强于其对农村经济增长抑制效应，城市偏向的二元财政制度安排就有利于提高资源配置效率，有利于经济增长，但这种是城市偏向的、增长导向的财政制度也有其负面作用。

城市偏向的二元财政制度不仅导致城乡经济发展差距扩大，还可能导致城乡居民收入差距和福利差距扩大。如果劳动力和资本等要素可以在城乡之间自由流动，劳动力的流动与城乡经济增长相互适应，则城乡差距扩大只是导致城乡经济空间发展差距扩大，不会导致城乡居民收入和福利差距扩大。如果劳动力在城乡之间的流动受到制度的抑制，城乡要素流动单纯或者主要表现为资本等要素的流动，城市偏向的二元财政制度带来的资本要素的城市偏向配置必然加大城乡劳动力要素的平均边际产出和人均收入差距，导致城乡居民收入差距、消费差距和福利差距的扩大。

由此可见，如果城市偏向的二元财政制度安排带来的城市经济增长进而国家经济发展的收益大于城乡居民收入差距扩大和城乡经济空间发展差距扩大的成本，一定程度上看，城市偏向的二元财政制度具有存在的经济合理性；反之，则意味着其经济合理性下降，甚至丧失存在的合理性。在不考虑城市偏向的二元财政制度安排的成本和制度运行成本的情况下，城市偏向的二元财政制度安排奠定国家经济发展基础的任务所用时间越短，城乡二元差距越小，财政制度整体效益越高；反之，越低。从基于城市偏向的二元财政制度安排的成本收益角度看，城市偏向的二元财政制度越是在较短的时间内完成奠定国家发展基础的任务，该制度存在的时间越短；城市偏向的二元财政制度导致的城乡二元差距越大，就需要尽快结束这种财政制度。

（二）城乡居民公平认知对城市偏向的二元财政制度变迁的影响

城市偏向的二元财政制度相关群体对成本收益的感知是决定城市偏向的二元财政制度转变方向和进程的重要因素。制度是社会人行为的规范体系，它必然会影响人的行为选择集和利益结构。由于制度不是完全中性的，因此，同样的制度对不同人群利益有差别，某些人从制度安排中受益，有的人利益因此受损，不同人在同一制度安排下对受益与受损的感知存在差异，这种差异会表现为制度安排公平性的不同认知。农民和市民在同一财政制度安排下受益多寡也存在明显差异，农民对自身利益受损而产生的不公平感和城市居民因受益而感知到的福利增加之间的动态变化是城市偏向的二元财政制度收益在不同社会群体中的重要表现。城市偏向的二元财政制度的机会成本包括城市偏向的财政制度使农业、农村经济发展受阻，扭曲城乡经济结构，降低国家整体资源配置效率；收益主要是城市偏向的二元财政制度安排引致的城市偏向资源配置提高资源配置效率，带来总产出增加和国家发展能力增强。从制度安排对社会总福利的影响看，当城市偏向的二元财政制度安排在减少一部分社会成员福利的同时带来更大的国家整体福利增加时，城市偏向的二元财政制度净收益为正，且当福利增加者对福利受损者提供相应补偿时，城市偏向的二元财政制度具有继续存在的经济合理性。随着城市偏向的二元财政制度的延续，城乡居民福利差距越来越大，该制度对国家整体经济发展的负面影响也越来越大，制度的整体配置效率越来越低，制度安排的净收益越来越小，当净收益接近零时，从效率角度看结束城市偏向的二元财政制度转变的时机就到来了。从城市偏向的二元财政制度的利益相关者角度看，随着时间的推移，城市偏向性的财政制度安排对农村经济社会发展造成的损失越来越大。伴随着城市工商业资本积累能力增强，城市偏向财政制度的资源非均衡配置对城市发展的边际贡献越来越低，实现的要素城乡转移换取城市发展的机会成本越来越高，边际收益降低。与此同时，农民作为利益受损群体对财政制度的不公平感越来越强，城市偏向的二元财政制度运行的边际成本越来越高，城市居民享受优于农村居民待遇的惯性越强，城市偏向的二元财政制度给城市居民带来的边际福利越来越低，为城乡居民带来的、由城乡居民感知到的福利增量越来越低。当城乡居民整体感知到的城市偏向的二元财政制度的净收益接近零时，城市偏向的二元财政制度就到了向城乡无差异的财政制度转变的临界点了。

（三）国家发展理念对城市偏向的二元财政制度变革的影响

国家对公平和效率关注的偏向性也是影响财政制度变迁的重要因素。公平和效率在经济社会发展中是一对对立统一的范畴，在一国经济社会发展中，公平和效率的主体和主导地位因国家发展阶段而异。国家作为财政制度的供给者，其价值观对财政制度安排有十分重要的影响。一国内部有不同人群，不同人群有不同价值观，理论上，各人群的价值观都会影响国家的制度安排，但现实中，只有成为国家的主导性价值观的价值观才会对制度安排产生实质性影响。在不同政治背景下，国家的主导价值观具有动态性和差异性：在民主政治国家内部，不同政党代表不同利益集团，国家主导价值观是强势利益集团的价值观，或者国家主导性价值观是各利益集团价值观妥协的结果；在威权政治国家，主导价值观是执政党的价值观。一般地，国家的主导性价值观的演变有规律可循，在经济发展水平较低时，为了维持社会有机体的稳定，需要在社会成员间比较公平地分配生存资料以维持人的基本生存，公平观念事实上在国家价值观中处于主导地位；随着经济发展水平提高，为了激发人们创造财富的积极性，追求效率成为国家的主导性价值观；在人均收入水平得到进一步提高的发达阶段，伴随经济增长，收入差距快速扩大，人们希望缩小收入差距，增进社会公平，维持社会稳定，公平再次成为国家主导性的价值观。在预期政权会无限期延续的情况下，政府会在满足人们基本生存条件的情况下，尤其是当国家在面临外部发展竞争甚至生存竞争压力的条件下，为了追求经济的长期发展，在一定时期内会牺牲短期公平争取较快的经济增长，增加社会财富。一部分地区或者群体被迫为国家整体和长期的经济社会发展承担更多损失，或者说，不同社会群体在分担国家发展成本上可能存在不平等的情况，某些群体承担得更多，另外的某些群体承担得少一些。当经济发展到了一定水平后，国家将关注重点转移到社会公平，并通过转移支付等途径对前期做出牺牲的群体给予补偿（也可能对该群体的后代提供补偿）。对于后发大国，为在较短时间内奠定较长期经济发展的基础，国家可能通过包括财政、金融、户籍等制度安排让农村或农民为城市和工业提供资本积累，从而使农民承担更多的国家发展的成本。当国家发展基础奠定以后，再调整制度安排，通过转移支付、政府投资等途径增加对农村等经济落后地区的支出，加快落后地区经济发展，缩小城乡和地区间经济发展差距。理论上，后发国家与先发国家的差距越大，政府短期内发展经济的愿望越强烈，价值理念上对效率的偏向性越强；居民对国内贫富差距的心理承受能力越强，对不公平财政制度的承受能力越强；不公平财政制度的既得利益集团对政策影响力越大，不公平财政制度稳定性越强，惯性越大；国家对公平的关注程度越低，城市偏向的财政制度持续时间会越长，财政制度的城市偏向性越强。反之，财政制度的城市偏向越弱，维持的时间会越短，向城乡一体财政制度转变的进程可能会快。

（四）利益集团对城市偏向的二元财政制度变革的影响

利益集团作为一种客观的社会存在，会在一定程度上影响城市偏向的二元财政制度演变的方向和进程。一般地讲，在和平时期，利益群体和利益集团是客观存在的社会政治现象。为追求社会群体特定利益，它们往往借助于政治游说、贿赂等途径影响国家政策和制度安排，进而维护和追求群体利益。国家内部不同利益群体实力均衡是形成相对公平制度安排的必要条件。现实情况是，不同的利益群体由于群体规模大小不同，维护和追求群体或集团利益的能力有较大差别，强势利益集团往往能通过其代理人借助各种渠道影响财政制度和其他公共政策，维护和争取更多的群体和集团利益，而弱势群体和集团则难以对财政制度和其他公共政策施加有效的影响，只有被动接受不利于自己的制度安排和公共政策。城市偏向的二元财政制度无论从税收负担、公共品和基础设施的成本分摊，还是从财政支出中受益多寡都是公共决策结果的一种表现。

各利益集团在制度安排中的博弈不是影响城市偏向的二元财政制度变迁的唯一政治因素。在不同政治体制的国家内，决策层在公共决策中的独立性有很大差别。在集团政治国家，大多数社会成员都已经进入不同的利益集团，并通过代理人维护和争取集团利益，公共政策决策过程完全是利益集团博弈的过程。在政治集权程度较高的国家，或者政府具有较强中立性的国家，尽管也存在利益集团，但决策层在公共政策决策中具有较强的独立性，能够超越不同利益集团的干扰使公共政策决策能够较充分地体现国家的主导性价值观，兼顾公平和效率，从国家整体和长远利益角度维护不同利益群体的利益。在这种情况下，城市偏向的二元财政制度会随着国家经济发展阶段的推移调整，形成城乡公平发展的财政制度。

在利益集团存在的情况下，制度变迁过程是不同利益集团利益格局调整的过程。制度变迁阻力大小与利益受损者感知到的被剥夺感正相关，利益受损者感知的利益受损越大，其对制度变迁的抗拒越强烈，制度变迁阻力越大；反之，越小。从城市偏向的二元财政制度向城乡公平财政制度的转变来看，制度变迁过程也是城乡利益格局调整过程，该过程伴随着农民受益和城市居民既得利益被稀释，为减少制度变迁的阻力，需要尽量维持城市居民的既得利益，并在此基础上增加农民的福利，即通过帕累托改进的方式推进财政制度变迁。在城市偏向的二元财政制度变迁中，国家可以通过对城市居民"赎买"的办法减少财政制度变迁的阻力，即不减少城市居民已经或正在享受的公共福利的条件下为城乡居民提供公平的公共品和公共服务，以换取他们对财政制度变迁的支持。国家承担的"赎买"支出的能力又取决于经济实力的大小，国家财力越强，承担"赎买"成本能力越强，城市偏向的二元财政制度变迁的阻力可能越小，制度变迁可能会越顺畅。

整体上看，城市偏向的二元财政制度转变要取决于该制度的目标是否达到、制度变革决策机制、影响该制度变革决策的力量对比等因素，每一个因素都有导致城市偏向的二元财政制度转变的临界点，各因素既单独影响城市偏向的二元财政制度转变又相互作用共同影响城市偏向的二元财政制度转变。因此，城市偏向的二元财政制度转变的时机需要综合考虑经济因素、政治因素、意识形态诸因素的作用，在条件成熟的情况下推进制度变革。

第四节　推动城市偏向的二元财政制度
变革的动力系统分析

在制度变迁的理论框架下，城市偏向的二元财政制度变迁是指该制度的边际收益小于边际成本，或者说，经济主体可以从新的制度安排中获得大于原有制度安排的净收益，原制度安排被新的制度安排替代的过程。从制度变迁理论看，由于人们的有限理性和资源的稀缺性，制度的供给是有限的、稀缺的，随着外界环境的变化或自身理性程度的提高，人们会不断提出新的制度的需求，以实现新增的收益，当现存制度不能满足人们的需求时，或者说，人们会从新的制度中获得超出旧制度安排的增量收益时，制度变迁就会发生。制度变迁的成本与收益的对比对于制度变迁起着关键作用，只有在预期收益大于预期成本的情形下，行为主体才会促进直至最终实现制度的变迁。

一、对制度变迁主体的分析

弄清楚制度变迁的主要行动主体及主体间的相互关系对于推动制度变迁具有十分重要的作用。当制度变迁被提上日程后，由于制度变迁会损害原来制度安排下既得利益集团的利益，他们会采取各种可能方式阻碍新制度安排的形成，甚至使新制度"流产"，因此，厘清制度变迁中主体间的行为方式及其在制度变迁中的作用对于推动制度变迁具有重要意义。

对于对经济社会发展具有全局性作用的重要制度的变迁，由于对整体经济社会发展具有基础性、全局性的影响，牵涉到所有社会成员的利益，区分制度变迁的主导者和主体十分重要。制度变迁的主导者主要是国家层面的领导集团，他们立足于国家整体经济社会发展全局和长远，会根据经济社会发展的环境、阶段，借助于经验或相关理论对全局性、长远性制度安排提出整体性安排，对全局性和基础性制度变迁的时机、节奏进行统筹、协调。制度变迁的主体是指切身利益与制度安排高度相关并实际领导、参与制度变迁的主体，制度变迁的主体可能是中央政府或某一个、某几个相关的具体部门，或者是地方政府，或者是特定利益集团。对于关键性、全局性、基础性的制度安排，由于涉及面广，牵涉的利益群体和人数多，制度的供给主体主要是政府，越是基础性、全局性和关键性的制度，制度供给主体在权力层级中层次越高。当然，这些基础性、全局性、关键性制度变迁中还有大量的参与者，制度安排对他们的利益有或多或少，或大或小的影响，他们对新的制度安排会采取支持、反对或者观望的态度，从而对制度变迁起着发动、促进、推动或者阻碍作用。全面了解制度变迁中相关主体对制度变迁的态度和影响有助于制订合理的制度变迁方案，推进制度变革顺利开展。

二、城市偏向的二元财政制度变迁的动力系统分析

城市偏向的二元财政制度属于国家的基础性、全局性、关键性的制度之一，该制度变迁的动力主要来源于中央政府和地方政府、城乡居民群体、企业等主体基于经济发展阶段转换、城镇化、外部竞争或自身群体利益驱动等方面。

第一，城市偏向的二元财政制度转变是后发大国经济发展阶段转换的必然要求。后发大国经济发展不同阶段对财政制度的需求是财政制度演变的内在动力之一。在形成国家发展能力阶段，财政制度通过城市和工业偏向的资源配置职能奠定了国家经济发展的基础，解决后发大国国民经济发展物质基础、人力资本基础和制度基础等问题。在后发优势和大国优势充分发挥阶段，工业品的生产和供给能力形成后，在庞大国内市场支撑下，城市工业具备了很强的自我扩张能力，市场需求成为制约工业化和国家整体经济发展的关键因素。市场机制在充分尊重微观主体经济利益的基础上，借助于高效率的信息生成和传递机制，协调供求矛盾，具有明显的效率优势。由于后发大国具有潜在的后发优势和大国优势，市场机制使后发大国的经济优势得以充分发挥，推动后发大国经济持续、快速增长。因此，建立适应市场经济体制要求的财政制度是发挥后发大国优势的必要条件。从总供求关系角度看，城市工业的快速扩张必然因为农村和农业发展不足或者滞后而受到抑制，甚至停滞。尽管在开放条件下国际市场会在一定程度上缓解后发大国内部工业品、农产品的总供求约束，但国际市场的不确定性也使后发大国总供求关系面临国际市场波动带来的不确定性，加大后发大国经济波动的风险。显然，主要依靠国内市场实现总供求均衡是后发大国经济发展到一定阶段的必然要求。基于以上分析，在后发优势和大国优势充分发挥的同时通过财政制度安排，促进农业和农村经济增长，增加农民收入，提高农民消费能力，扩大总需求，缓解总供求矛盾，有助于后发大国经济持续健康增长。通过财政制度安排，推进城市化、工业化、农业现代化协调推进，促进城乡经济协调发展，也是奠定后发大国经济持续、健康增长的基础。相反，如果继续延续城市偏向的二元财政制度必然不利于城乡要素合理流动、优化配置，不利于大国优势和后发优势的发挥，不利于市场机制作用的充分发挥，也不利于提高资源配置效率，不利于城乡经济协调，不利于经济的持续、快速增长。

第二，实现城乡经济结构协调发展需要转变城市偏向的二元财政制

度。城市偏向的二元财政制度安排的目的是通过资源倾斜配置实现城市和工业的优先发展，如果在城市工业具备自我生存和自我发展的资本积累能力后继续延续城市和工业优先的城市偏向的二元财政制度，必然进一步扩大城乡、工农业之间的发展差距，导致经济结构的失衡，不利于后发大国经济结构协调和持续增长。终止农业支持工业、农村支持城市的城市偏向的二元财政制度，并在适当时机开始工业支持农业，城市带动农村的财政制度安排有助于加快农业和农村经济增长，补足国民经济发展中的短板，缩小城乡、工农业之间的发展差距，促进经济结构的协调和国民经济的持续增长。值得说明的是，由于后发大国潜在经济体量大，随着后发优势与大国优势的展开，经济规模扩大后，即使较小规模的工业品出口和农产品及原材料进口都会对国际市场产生很大冲击，遭到相应贸易国的抵制，反过来对本国经济产生不利影响。因此，城乡与工农业经济结构失衡通过国际市场获得平衡的难度加大，风险增高，后发大国国内工农业、城乡结构失衡越严重，通过国际市场再平衡的难度越大。

第三，追求公平的公共消费权利也是城市偏向的二元财政制度变革的重要动力。在城乡劳动力、资本等要素自由流动的条件下，农村居民出于获得高于农业生产的要素收益和享受更多、更高质量公共品和公共服务消费的动机从农村流向城市，必然加重城市的就业和公共消费服务供给的压力，进而加大城市偏向的二元财政制度改革的压力。其一，城市内部拥有城市户籍的居民和从农村来到城市从事工商业生产的农民在公共消费权利上的不平等必然带来一系列的经济或社会问题。比如，农民消费不足，农民工文化素质不高，社会治安状况变差，等等，加大城市管理难度，甚至影响城市的健康、持续发展。其二，城乡公共品供给水平差距引致大量农民从农村向城市流动，导致城市人口过度膨胀，同时，农村劳动力和人口的过度流失，影响城市和农村的健康发展。其三，城乡基础设施等公共品供给差距也是影响农业和农村经济增长的重要因素。由于基础设施等公共服务短缺导致农村要素产出率和收益率低于城市，引致农村劳动力、资本等要素向城市流动，加剧了城乡经济结构失衡。显然，适时变革城市偏向的二元财政制度是维护公民公平的公共消费权利，促进城乡协调的必要条件。民众对公共消费国民待遇要求是随着公平意识的觉醒、强化而增强的，这种意识越强，城市偏向的二元财政制度导致城乡公共消费差距引致的人口城乡流动规模越大，对城市偏向的二元财政制度的冲击越大，变革城市偏向的二元财政制度的迫切性越强。

第四，不同层级政府间变革城市偏向的二元财政制度的压力传导机制越顺畅，城市偏向的二元财政制度变革越顺畅，进度越快。城市偏向的二元财政制度作为特定经济发展阶段的一个基础性、全局性的制度安排是立足于后发大国国家整体、长远发展的财政制度，中央政府处于主体地位，发挥着主导作用。在经济发展的初期，出于对国家利益的高度认同，中央政府与地方政府有着高度一致的认识。随着经济发展阶段推移，中央政府与地方政府感受到城市偏向的二元财政制度变革的必要性、紧迫性出现了一定差异，侧重点也明显不一致。比如，中央政府主要从国家整体的经济社会发展要求、财力约束等角度看待城市偏向的二元财政制度变革的必要性，地方政府则主要从其行为是否符合中央政府或者上级政府政绩考核要求、地方财力约束、地方城市管理中面临的城市居民和农村居民群体对公共品和公共服务的需求等方面体会到财政制度变革的压力。中央政府主要从国家整体、宏观、长远角度，地方政府则主要从中观、短期、直接财力与利益群体压力等短期角度看待城市偏向的二元财政制度变革的必要性。在推动城市偏向的二元财政制度变迁的问题上，中央政府主要是制定制度变革方案、设计制度变迁路径、推动地方政府执行等，是制度变革的主动供给方，是制度变迁的第一行动团体，对制度变革可能会遇到的约束和压力直接承担成本较少；地方政府主要从执行中央政府的政策、从地方具体情况出发具体实施制度变革、直接承受制度变革的压力，属于制度变迁的第二行动团体。在后发大国，由于制度变迁存在一定风险，不同地方遇到制度变革的阻力和约束存在差异，为了降低制度变迁的风险，提高制度供给的有效性，中央政府会通过制度变迁局部试点—经验总结—推广的方式推动制度变迁，赋予地方政府一定的自主权。地方政府则会利用中央政府与地方政府之间的信息不对称，采取机会主义行为，变通制度变革力度、调整制度变革进度、转移制度变革压力、弹性推进制度变革等方式，使实际的城市偏向的二元财政制度变革偏离中央政府期望的方向，延缓甚至拖延制度变革进度，导致制度变革"走样"、延缓、进展缓慢，甚至"搁浅"。因此，中央政府与地方政府对城市偏向的二元财政制度变革的必要性、紧迫性认识的一致性越强，中央政府与地方政府之间的信息不对称程度越低，中央政府对地方政府推进城市偏向的二元财政制度变革的激励强度越大、压力越大，中央政府与地方政府在推进城市偏向的二元财政制度变革的激励相容性越强，城市偏向的二元财政制度变革的动力越强。

第五，城市偏向的二元财政制度面临的外部制度竞争压力也是影响制度变革的重要因素。任何一个国家都会与世界上其他国家之间存在物资、人员、信息等交流，不同国家之间既相互联系、相互影响，也相互竞争。尽管存在世界观、价值观、国情等方面的差异，但追求更高水平的福利是所有国家民众的共同追求，财政制度安排则是影响人们福利的重要因素之一，财政制度相对于其他影响民众福利的因素更具有基础性、全局性、关键性。为了获得更多的福利，达到更高的生活水平，人们可以通过跨国、跨地区流动或者要求甚至施压本国、本地区政府要求提供并实施高效率的制度，促进经济增长，提高公共服务供给效率和供给水平等。由于财政制度在所有经济、社会制度安排是于基础性、关键性、全局性地位，因此，提供适宜的财政制度安排是提高民众福利水平的基础，财政制度的竞争也成为国家之间制度竞争的基础和关键。一般地讲，民众提高生活水平的愿望越迫切，人口跨国、跨地区流动障碍越小，国家之间发展的物质基础差异越小，历史文化相似度越高，国家之间财政制度竞争程度越高，向福利水平高的国家的制度趋同的压力越大，财政制度变革的压力也越大。中国在经济发展初期阶段，在相对封闭的条件下实行了后发大国经济发展的特定财政制度安排，导致财政制度与其他先发国家财政制度演变路径出现了一定时期的"分叉"，当重新融入国际社会后，民众感知到不同财政制度安排带来的生活水平和福利水平的差距，财政制度面临其他先发国家财政制度强有力的竞争。尽管理性地看待国家之间民众生活水平和福利水平的差距，是要涉及包括财政制度等多因素共同作用的结果，但财政制度上的差异与生活水平、福利水平差异的结果之间的联系很容易被民众简单化、线性地理解，这必然增强我国财政制度变革的压力和紧迫感。因此，国际财政制度竞争作为一种外在压力，也是推动我国城市偏向的二元财政制度变革的因素之一。

综上，作为经济发展的重要制度安排，城市偏向的二元财政制度是内生于后发大国经济发展之中的一种重要制度安排，它既是推动后发大国经济发展阶段推移的影响因素，也会受到后发大国经济发展阶段变化的影响，即随着后发大国经济发展阶段变化和经济结构的演化，财政制度也需要发生相应的调整和变化，否则，将成为后发大国经济发展的障碍。作为一种制度安排，城市偏向的二元财政制度必然涉及相关利益群体、利益集团的利益，利益群体对制度安排和政策影响力、制度需求偏好也是影响城市偏向的二元财政制度变革的重要因素。作为制度的供给者，政府提供具体制度安排的经济社会环境、制度需求变化和制度供给能力的变化，不同层级政府在制度供给中的相互关系进而对制度供给的偏好等也是影响城市偏向的二元财政制度变革的重要因素。但是，驱动城市偏向的二元财政制度变革的动力各不相同，只有将各动力整合起来才能形成合力，对城市偏向的二元财政制度变革产生强大的驱动力。

制度变革动力系统对制度变革的推动作用最终只能通过制度变革的主体和主导者的具体行动才能影响制度变革的方向和进程。城市偏向的二元财政制度涉及农村居民、城市居民、城乡各种企业、中央政府和各级地方政府等相关主体。他们在制度变革动力系统中或主动适应或被动服从经济运行的规律，微观主体主要从关注自身利益出发对制度变革产生影响。从前面的分析可以看出，变革城市偏向的二元财政制度是后发大国经济持续、健康发展的必然要求，只有变革城市偏向的二元财政制度才能带来中国最大限度的经济增长和社会进步，只有立足于全国、全体民众的整体、长远利益的中央政府主导制度变革，促成不同利益群体、各级政府以及各级政府的相关部门协同才能启动、推进财政制度变革，提供更有效的财政制度安排，促进后发大国经济可持续发展。

第五节　中国城市偏向的二元财政制度变迁的路径及反思

在特定国际国内政治经济条件下，遵循后发大国经济发展的内在逻辑，中国建立了城市偏向的二元财政制度，该制度在形成后没能随着经济发展阶段的变化而及时调整，滞后的财政制度变革对城乡经济发展及后发优势与大国优势发挥产生了一定的不利影响。随着经济发展阶段的转变，城市偏向的二元财政制度尽管已经展开了阶段性、局部的变化，但还面临着一些约束。总结城市偏向的二元财政制度变迁的路径和影响因素有助于发现抑制城市偏向的二元财政制度变迁的障碍，顺利推进城市偏向的二元财政制度向有助于后发优势与大国优势发挥的、城乡协调发展的具有中国特色的后发大国公共财政制度方向转变，促进中国经济持续、健康的发展。

一、中国城市偏向的二元财政制度演变的基本路径

我国城市偏向的二元财政制度经历了一个形成、固化、僵化和逐渐弱化的过程。从城乡关系的角度看，我国财政制度目前已经经历了两种财政制度形态：从新中国成立到城乡隔离的户籍管制制度的建立是政策上城市

偏向的二元财政制度的形成期，之后经历整个计划经济时期直到改革开放初的固化和僵化时期，这段时期的财政制度是政策上的城市偏向的财政制度。改革开放后到 21 世纪初是事实上的城市偏向的财政制度时期，也是政策上的城乡二元财政制度开始放松时期。从 21 世纪初开始（严格说是从 2004 年开始）出现弱化趋势，并开始出现向有助于城乡统筹协调发展的、农业农村偏向的财政制度转变，开始出现农业农村偏向的财政制度。

新中国成立后，根据当时国内外政治经济形势，在国民经济恢复任务完成后我国确立了重工业优先的经济发展战略，配套实行了一系列经济社会制度。1951 年政务院通过的《中华人民共和国劳动保险条例》建立起城乡以国有企业为主体的国家所有制企业与农村集体经济组织并存的、以所有制为标志的二元化的社会保障制度框架；以 1958 年 1 月 9 日第一届全国人大常委会第 91 次会议通过并颁布实施的《中华人民共和国户口登记条例》为标志，形成了城市户口和农村户口区分、隔离的户籍制度。从此，对于几亿农村人口而言，户籍制度成了一道横亘在城乡之间不可逾越的城墙。① 实际上，以户籍制度为依托，我国政策性的城市偏向的城乡二元财政制度也完全建立起来。城乡公共服务、基础设施供给机制与消费权利、城乡公共服务成本分摊机制、税收制度、国家预算制度等相互联系的制度是城市偏向的二元财政制度体系的主要内容。该制度体系的主要特征表现在：城乡居民通过不同的税收和收费制度提供财政收入，作为自然纳税人的农民税收负担重于城市居民；城乡居民享受不同的公共服务，城市居民享有政府提供的养老、医疗、失业、工伤、生育保障、住房、子女上学等公共服务，农村居民享受的公共服务除少量城乡居民共享的公共服务外，其他的公共服务主要是由集体经济组织提供的有限合作医疗、五保供养等有限范围、低水平的公共服务；城市基础设施由国家财政提供，农村基础设施主要由农村集体经济组织自我提供，国家承担有限的财力支持。这种城市偏向的二元财政制度与城市偏向的金融制度、国有企业制度、集体经济经营制度、汇率制度、户籍制度、进出口制度等构成以城市为重点的、重工业优先的经济发展战略的完整制度生态，形成了制度目标明确、核心制度、基础性制度和辅助性制度相互协调、配合的完整制度体系。

毋庸讳言，我国城市偏向的二元财政制度在国家经济发展基础极差的条件下，启动了重工业优先的经济发展战略，并在短时间内（从"一五"

---

① 戴坚：《我国现行户籍制度的成因及其影响》，载《天水行政学院学报》2008 年第 3 期，第 63～66 页。

计划开始到 1978 年为止，还要除去"文革"动乱的十年）建立了相对完整的工业和国民经济体系，为我国经济发展奠定了基础。但是，农业和农村发展也因此受到严重抑制，农民生活水平长期没能提高，这也直接影响到了国民经济的持续、稳定增长。农业发展停滞、农村经济落后和农民收入低，消费能力弱，直接导致国内消费需求不足，一定程度上导致我国从 20 世纪 90 年代中期以后经济发展供求失衡和需求结构失衡，即在人均收入很低的情况下出现有效需求不足，尤其是国内消费需求不足，经济增长严重依赖于投资和出口拉动。显然，长期依靠农业无偿提供积累形成的工业生产能力与农村落后消费能力和城市有限消费之间的矛盾必然寻求新的途径解决，即当工业产出不能在国内消化并实现供求均衡时，在开放经济条件下必然转化为对国际市场的高度依赖以及通过投资形成产出—投入转化机制形成的体内循环来维持供求均衡。

我国政策性的城市偏向的二元财政制度是后发大国经济发展特定阶段的制度安排，应该随着经济发展阶段的推移及时调整。理论上，当我国建立起相对完整的工业体系和国民经济体系，工业具备自我积累，自我发展能力后就应该及时终止城市和工业偏向的二元财政制度，以促进城乡平衡、协调发展。从 1952 年开始，经过二十多年的努力，到 20 世纪 70 年代后期，我国已经建立起相对完整的工业和国民经济体系，培养了一大批具有一定文化知识的劳动力队伍，为全国市场统一提供了政治经济条件，基本具备了后发大国经济发展的能力，可以通过制度安排进入后发大国经济发展的第二阶段，即后发优势和大国优势充分发挥作用的阶段。但是，财政制度并没有随着经济发展条件的变化而及时调整，一定程度上影响了作为后发大国的中国经济后发优势与大国优势的发挥，对经济发展也带来了一定不利影响。

从 1978 年开始，政策上城市偏向的二元财政制度进入事实上的城市偏向二元财政制度阶段。改革开放后，城市偏向的二元财政制度没能随着经济发展阶段转变而调整，相反，城乡居民在公共品的消费权利等方面的差距进一步扩大了，具体体现在城乡基本公共服务差距、财政农业支出相对规模以及财政向地方分权导致的财政支出严重地向城市倾斜、向工商业倾斜等方面。在基本公共服务方面：作为农村改革标志的家庭联产承包责任制导致绝大多数农村经济组织的瓦解，以此为依托的小范围、低水平农村公共品供给体制陷入停滞状态，包括合作医疗、集体内部五保供养、"低保"家庭的救济都停止或者处于瘫痪状态，除了全国性的国防、外交等公共品由国家统一提供外，农村集体经济组织丧失了提供社会保障、基础设施等公共品的能力，义务教育也演化为农民自己负担的教育。在城市，随着国有企业制度改革的开启，适应市场经济体制要求的养老保险、医疗保险、失业保险等社会保障在20世纪90年代后期和稍晚的时间先后建立起来，保障范围覆盖了企业职工、城市居民、城市低收入者等群体，义务教育、基础设施也持续、稳定推进、完善。这一阶段尽管农民开始在城市从事二、三产业工作，但在取得城市户籍之前仍然不能享受城市居民可以享受的由城市政府提供的较全面的城市公共服务。在财政农业支出规模上，尽管财政支农支出绝对规模在扩大，但是，财政支农支出占财政支出比重也持续下降。财政农业投入不足直接影响农业生产条件改善，甚至导致不能对改革开放前建成的农田水利、道路等农业基础设施进行必要维护、保养，导致很多农村基础设施条件变差、恶化，甚至失去应有的功能。在财政体制上，由于中央对地方的财政分权和上级政府对下级政府的政绩考核制度的综合作用，导致地方财政支出严重向城市倾斜，向非农业为主的城市基础设施等经济建设领域倾斜，城乡之间的发展差距因此进一步扩大。

21世纪初，城市偏向的二元财政制度演变进入"拐点"。随着市场机制作用的增强，由于财政制度变迁滞后，后发优势与大国优势不能得到充分发挥，后发劣势和大国劣势逐渐出现并成为制约中国经济持续、稳定、健康增长的重要因素。地区间与城乡间发展差距持续扩大，经济增长严重依赖出口和投资，技术研究开发能力不足，关键核心技术受制于人等，成为制约新时期中国经济持续增长的约束条件。为了抑制后发劣势与大国劣势，进一步挖掘后发优势与大国优势，财政制度出现新的重要的转变，尤其是在涉及城乡统筹协调发展方面中央做出了一系列重要的调整。

2002年，中共十六大报告第一次提出"统筹城乡发展"思想。报告指出，统筹城乡经济社会发展，建设现代农业，发展农村经济，增加农民收入，是全面建设小康社会的重大任务。统筹城乡发展是党中央根据新世纪我国经济社会发展的时代特征和主要矛盾，致力于突破城乡二元结构，破解"三农"难题，全面建设小康社会所做出的重大战略决策。2002年的全国人民代表大会报告开启了中国城乡经济发展的新阶段，也开启了财政制度变革的新阶段，敲响了城市偏向的二元财政制度变革的号角。

回顾2004年以来各年的中央一号文件的主要内容可以基本了解城乡统筹发展的财政制度的基本轨迹：

2004 年的中央一号文件以"关于促进农民增加收入若干政策的意见"为题，聚焦"农民增收"，旨在通过一系列措施尽快扭转城乡居民收入差距不断扩大的趋势。文件提出了对种粮农民的直接补贴、良种补贴、农机补贴的"三项补贴"，深化粮食流通体制改革，降低农业税负等财政制度安排，开启了城乡统筹和对农业"多予、少取、放活"的政策进程。以此为标志，财政农业支出规模大幅度增加，财政农业支出占财政支出的比重出现上升趋势。

2005 年的中央一号文件以"关于进一步加强农村工作提高农业综合生产能力若干政策的意见"为题，聚焦"提高农业综合生产能力"，旨在解决农业投入不足、基础脆弱等问题。在财政制度方面，文件要求继续加大"两减免、三补贴"等财政对农业的政策支持力度，明确了稳定、完善支持粮食生产的有关政策。

2006 年的中央一号文件标题为"关于推进社会主义新农村建设的若干意见"，聚焦"社会主义新农村建设"，目的在于落实中共十六届五中全会提出的建设社会主义新农村的重大历史任务。文件明确要求加快建立以工促农、以城带乡的长效机制，全方位协调推进农村经济、政治、文化、社会和党的建设。值得一提的是，文件明确提出全面取消农业税，这对于降低农业税负，增加农民收入，增强财政对农业支持力度具有十分重要的里程碑意义。

2007 年的中央一号文件以"关于积极发展现代农业扎实推进社会主义新农村建设的若干意见"为题，聚焦"现代农业"，旨在夯实产业基础，确保新农村建设沿着健康的轨道向前推进。第一次明确强调把基础设施建设和社会事业发展的重点转向农村，注重开发农业的多种功能，培育现代农业经营主体，大力发展农民专业合作组织，要求在全国建立农村最低生活保障制度。强调把基础设施和社会事业发展重点转向农村无疑对于扭转城市偏向的财政制度具有十分重要的标志性意义。

2008 年的中央一号文件以"关于切实加强农业基础设施建设进一步促进农业发展、农民增收的若干意见"为题，聚焦"农业基础设施建设"，旨在加强农业基础地位，保障主要农产品基本供给，解决农村社会管理和公共服务的矛盾。文件要求巩固、完善、强化强农惠农政策，提升农业科技、人才、服务等支撑能力，提高农村生产和农村生活的基本公共服务水平，首次提出建立新型农村社会养老保险制度，强调保障农民土地权益。财政对农业农村的支持力度进一步增强。

2009 年中央一号文件以"关于 2009 年促进农业稳定发展农民持续增收的若干意见"为题，聚焦"农业稳定发展"，旨在应对国际金融危机，防止粮食生产滑坡与农民收入徘徊。在财政方面，文件要求较大幅度增加农业补贴，提高政府对粮食最低收购价格的水平，增加政府农产品的储备，加强农产品进出口调控，加大力度解决农民工就业问题，将农村民生建设重点投向农村电网、乡村道路、饮水安全、沼气、危房改造等领域。

2010 年的中央一号文件以"关于加大统筹城乡发展力度进一步夯实农业农村发展基础的若干意见"为题，聚焦"统筹城乡发展"，旨在以城乡统筹破解"三农"难题，协调推进工业化、城镇化和农业现代化，实际上也是应对后发大国发展结构性问题的重要措施。文件明确要求推动资源要素向农村配置，首次提出促进农业发展方式转变，突出把农田水利作为农业基础设施建设的重点、良种培育作为农业科技创新的重点、主产区作为粮食生产支持政策的重点，提出深化户籍制度改革等系列举措。值得一提的是，深化户籍制度改革意味着要着手破解城乡二元基本公共服务体制，是统筹城乡发展的重要举措，对于城乡要素自由流动、合理配置具有十分重要的作用。

2011 年的中央一号文件以"关于加快水利改革发展的决定"为题，聚焦"水利改革发展"，旨在有效缓解水利"基础脆弱、欠账太多、全面吃紧"等问题。文件首次全面阐释水利的重要地位，提出突出加强农田水利等薄弱环节建设、全面加快水利基础设施建设、建立水利投入稳定增长机制、创新水利发展体制机制等重要举措。财政制度对农业的支持聚焦于解决农业发展的水利基础设施的关键、"瓶颈"问题。

2012 年的中央一号文件以"关于加快推进农业科技创新持续增强农产品供给保障能力的若干意见"为题，聚焦"农业科技创新"，旨在依靠科技进步实现农业增产增收、提质增收、节本增收。文件明确了农业科技的公共性、基础性、社会性的定位，首次强调"三农"政策的强农、惠农、富农三大指向，提出推进农业科技创新、提升技术推广能力、发展农业社会化服务、加强教育科技培训等系列举措。文件对于农业科技的定位有助于加强财政对农业科技的支持，有利于提高农业科技对农业发展的支撑作用。

2013 年的中央一号文件以"关于加快发展现代农业进一步增强农村发展活力的若干意见"为题，再次聚焦"现代农业"，核心是创新农业经营体系，激活农村和农民自身的活力。在财政方面，文件要求优化财政补贴结构，新增补贴向主产区和优势产区集中、向新型生产经营主体倾斜，培育和壮大新型农业生产经营组织。文件首次提出发展家庭农场、建立严格的工商企业租赁农户承包耕地的准入和监管制度，强调建立归属清晰、权能完整、流转顺畅、保护严格的农村集体产权制度，这对于增强财政对农业微观经济主体的支持具有十分很重要的指导作用。

2014 年的中央一号文件以"关于全面深化农村改革加快推进农业现代化的若干意见"为题，聚焦"农村改革"，旨在贯彻落实中共十八届三中全会精神，破除农业农村体制机制弊端。文件强调确保谷物基本自给、口粮绝对安全，提出建立农产品目标价格制度、最严格的食品安全监管制度、粮食主产区利益补偿与生态补偿机制、农业可持续发展长效机制等重要举措，系统提出农村土地产权改革的要求，确定了开展村庄人居环境整治、推进城乡基本公共服务均等化等重点工作。文件对农村改革的定位和推进城乡基本公共服务均等化的表述对增强财政对农业农村发展的支持力度具有十分重要的指导作用。与推进城乡基本公共服务均等化的表述相联系，2012 年国务院印发了《国家基本公共服务体系"十二五"规划》，规划明确指出其目的是，高举中国特色社会主义伟大旗帜，以邓小平理论和"三个代表"重要思想为指导，深入贯彻落实科学发展观，把基本公共服务制度作为公共产品向全民提供，着力保障城乡居民生存发展基本需求，着力增强服务供给能力，着力创新体制机制，不断深化收入分配制度改革，加快建立健全符合国情、比较完整、覆盖城乡、可持续的基本公共服务体系，逐步推进基本公共服务均等化。①

2015 年的中央一号文件以"关于加大改革创新力度加快农业现代化建设的若干意见"为题，再次聚焦"农业现代化"，通过一系列举措，在经济增速放缓背景下继续强化农业基础地位、促进农民持续增收。文件首次提出推进农村一、二、三产业融合发展，明确推进农村集体产权制度改革与农村土地制度改革试点等工作，首次提出完善农产品价格形成机制，加强农村法治建设。文件再次提出继续强化农业的基础地位和促进农民增收，有助于进一步增强财政对农业的支持力度，进而通过财政支持促进农民收入增加，缩小城乡居民收入差距。

2016 年的中央一号文件以"关于落实发展新理念加快农业现代化实现全面小康目标的若干意见"为题，继续聚焦"农业现代化"，旨在用发

---

① 资料来源：《国家基本公共服务体系"十二五"规划》，http：//www.china.com.cn/policy/txt/2012－07/20/content_25965719.htm。

展新理念破解三农新难题，加快补齐农业农村短板。文件首次提出推进农业供给侧结构性改革，要求着力构建现代农业产业体系、生产体系、经营体系，实施藏粮于地、藏粮于技战略，提出推进"互联网＋"现代农业、加快培育新型职业农民、推动农业绿色发展、培育壮大农村新产业新业态等创新措施。

2017 年的中央一号文件以"关于深入推进农业供给侧结构性改革加快培育农业农村发展新动能的若干意见"为题，聚焦"农业供给侧结构性改革"，旨在从供给侧入手、在体制机制创新上发力，从根本上解决突出的农业结构性、体制性矛盾。文件在优化产品产业结构、推行绿色生产方式、壮大新产业新业态、强化科技创新驱动、补齐农业农村短板、加大农村改革力度等方面进行全面部署，提出建设三区三园一体，大规模实施节水工程、盘活利用闲置宅基地，大力培育新型农业经营主体和服务主体，积极发展生产、供销、信用"三位一体"综合合作等创新举措。农业供给侧结构性改革的方向为财政对农业支持方式提出了新的要求。

2017 年，中共十九大提出了实施乡村振兴战略。2018 年的中央一号文件《中共中央 国务院关于实施乡村振兴战略的意见》发布。围绕实施好乡村振兴战略，文件谋划了一系列重大举措，确立起了乡村振兴战略的基本框架。《乡村振兴战略规划（2018～2022 年)》在财政投入方面明确提出，建立健全实施乡村振兴战略财政投入保障制度，明确和强化各级政府"三农"投入责任，公共财政更大力度向"三农"倾斜，确保财政投入与乡村振兴目标任务相适应。围绕乡村振兴战略财政提出，坚持把农业农村作为财政支出的优先保障领域，公共财政更大力度向"三农"倾斜，健全投入保障制度，创新投融资机制，加快形成财政优先保障、金融重点倾斜、社会积极参与的多元投入格局，确保投入力度不断增强、总量持续增加，确保财政投入与乡村振兴目标任务相适应。同样是 2017 年国务院印发《"十三五"推进基本公共服务均等化规划》的通知，规划在对《"十二五"推进基本公共服务均等化规划》的实施效果和取得的成绩给予充分肯定的同时，也指出了存在的不足，比如，城乡区域间资源配置不均衡，硬件软件不协调，服务水平差异较大等。规划在指导思想中明确提出，统筹运用各领域各层级公共资源，推进科学布局、均衡配置和优化整合。加大基本公共服务投入力度，向贫困地区、薄弱环节、重点人群倾斜，推动城乡区域协调发展。这无疑对于进一步缩小城乡和地区之间基本公共服务差距提出了新的要求，必然有助于进一步缩小城乡与地区间基本公共服务方面的差距。

2019 年中央一号文件《中共中央 国务院关于坚持农业农村优先发展做好"三农"工作的若干意见》对持续推进脱贫攻坚、夯实农业基础、扎实推进乡村建设、补齐农村人居环境和公共服务短板、发展壮大乡村产业、全面深化农村改革、完善乡村治理机制等做出了全面规划。为确保农业农村优先发展，明确提出"四个优先"，即优先考虑"三农"的干部配备，优先满足"三农"发展的要素配置，优先保障"三农"的资金投入，优先安排农村的公共服务。其中，在优先保障"三农"资金投入上，明确提出坚持把农业农村作为财政优先保障领域和金融优先服务领域，公共财政更大力度向"三农"倾斜。在优先安排农村公共服务上，提出"推进城乡基本公共服务标准统一、制度并轨，实现从形式上的普惠向实质上的公平转变。完善落实农业农村优先发展的顶层设计，抓紧研究出台指导意见和具体实施办法"。①

2004 年以后每年的中央一号文件充分体现了中央对农业农村的高度重视，意味着城乡发展关系进入新的阶段，也意味着中国财政制度转变进入新的时期。表现为财政农业支出力度进一步增强，财政农业支出结构进一步优化，支持方式不断改善和优化。财政对农村基本公共服务的支持力度不断增强，财政对农村公共服务领域财政支出的优先性越来越明显。通过政策导向和政绩考核制度的优化，地方财政支出城市偏向逐渐改变，并出现向优先满足农村财政支出的方向调整。

整体上看，中国财政制度在经历奠定后发大国发展基础的城市偏向、经济建设偏向、国有经济偏向的、集权型的城市偏向的二元财政制度向改革开放后到 2004 年的在财政纵向分权主导下的、配合以经济建设为主的政绩考核制度下的事实上的城市偏向、经济建设为主的不规范的公共财政制度转变的基础上，开始转向城乡统筹进而农业农村优先的农村偏向的公共财政制度转变。最近的一次财政制度转变尽管仅是刚刚开始，但确实是顺应作为后发大国经济发展阶段转换的需要而做出，必然有助于进一步延续中国作为后发大国的后发优势和大国优势，抑制后发劣势和大国劣势发挥，补足农业农村发展的短板，加强积累技术进步能力，优化经济结构，促进经济持续、稳定增长。中国的财政制度转型具有复杂性，既有奠定后发优势与大国优势的城市偏向、经济建设偏向的财政制度向有助于后发优

---

① 资料来源：《中共中央 国务院关于坚持农业农村优先发展做好"三农"工作的若干意见》。

势与大国优势发挥的中国大国特色市场经济体制的公共财政转变，也有中国特色的市场经济条件下公共财政制度向进一步挖掘后发优势与大国优势，积累技术进步能力和经济持续增长能力的、农业农村偏向的财政制度转变，还有从奠定后发优势与大国优势的、经济建设为主的城市偏向的二元财政制度向农业农村优先的财政制度转变，三种形态的财政制度和三种形态财政制度转型在同一经济发展阶段并存进一步加大了我国财政制度转变的复杂性和难度。当前，由城市偏向的二元财政制度向城乡均衡发展的公共财政制度和农业农村偏向的财政制度转变是我国财政制度转型的主体，如何加快城市偏向的二元财政制度向城乡统筹、协调发展的公共财政制度转变是关系到城乡经济结构改善、优化和协调发展的关键。分析导致这一财政制度转变缓慢的原因是顺利推进这一财政制度转变的重要内容。

二、对中国城市偏向的二元财政制度转变缓慢原因的基本分析

回顾中国城市偏向的二元财政制度变革的过程可以发现，一系列经济社会问题阻碍了城市偏向的二元财政制度向城乡一体的财政制度转变的进程，城市偏向的二元财政制度存在僵化、固化甚至强化的倾向，城市偏向的二元财政制度变革的过程艰难、曲折。

第一，体制转轨和发展阶段转换叠加，多重矛盾交织，导致维持社会稳定和推进改革对财力的需求超出财政承担能力，财力"瓶颈"制约了城市偏向的二元财政制度的变革。20 世纪 90 年代前后一段时间内，中国经济进入体制转轨和新一轮重化工业化交织的时期。经济体制转轨是指计划经济体制向市场经济体制转变，经济发展阶段转换是指随着经济发展阶段的推移，50~70 年代的重工业对国民经济发展的支撑作用已经不能适应经济发展新阶段对基础工业的需求，需要新一轮的重化工业化来为国民经济发展提供新的支撑。前一轮重化工业化的成果在市场经济体制出现困难，重工业企业经营转型困难时加重了财政的压力。新一轮的重化工业化在技术水平和资金募集程度上相比于前一发展阶段的工业化对资金具有更高的要求，市场化制度建设滞后限制了民间投资主体对本轮重化工业化的参与。部分具有全局性、长远性的重化工业项目由于收益的外溢性、资本积累能力不足、投资风险大使民间投资主体参与意愿不足，导致新一轮重化工业化的压力主要转化成了政府的财政负担，导致财政投资规模扩大，一定程度上加重了财政的财力负担。

向市场经济体制转轨对财政资金的需求增大了短期内的财政压力。经

济体制转轨实质上是利益结构的调整，为了减少制度变迁的阻力，需要对原有制度下的既得利益集团提供一定的经济补偿，这需要财政承担相应的支出责任。体制转轨的时间要求越紧，利益集团既得利益越大，对制度变迁的影响越大，财政支出压力越大。为了形成多种所有制形式并存的所有制基础，促进非公有制经济的发展，增强微观经济主体的活力，需要通过税收等方式对企业提供一定的激励，这在短期内会导致财政收入减少，使财政收入增速下降。为了增强国有企业活力，推进国有企业经营市场化，必须解决国企职工社会保障问题，"剥离"国有企业办社会的公共服务提供的问题，这些问题的解决也是以政府财力支持为基础。为后发大国奠定基础阶段的"经济建设财政"导致教育、医疗卫生、社会保障、就业等公共服务供给不足，不利于市场机制作用的充分发挥，建设市场经济要求财政优先保证这些公共服务的有效提供。弥补前一发展阶段公共服务供给不足，满足经济发展水平提高后人们对更高层次和更高水平公共服务需求，财政需要承担更大的支出责任；开放条件下公共服务消费的国外示范效应导致民众对公共服务需求增加，对政府公共服务供给的期望值提高；城乡劳动力流动壁垒降低后城市人口增加导致对城市公共服务需求增加；为弥补农村长期公共品供给不足导致的全社会公共服务需求增加等因素叠加在一起导致提供公共服务的财政支出大幅度增加，需要财政承担更大的支出责任。适应于经济起飞阶段的基础设施已经难以继续适应经济发展新阶段对基础设施的要求，建设适应新经济发展阶段的基础设施需要财政承担相应的支出责任。由于市场机制的不健全和公共品供给机制的僵化，政府承担着公共品供给几乎全部的责任，上述财政支出需求短期大幅度增加与改革开放后财政收入占国内生产总值比重下降形成鲜明对比，财政收支矛盾激化加大了城市偏向的二元财政制度转变的难度。财政资金供求方面的矛盾在城市偏向的二元财政制度转变中通过各种不同形式表现出来，比如城乡基本公共服务差距不断扩大、农村居民综合税负远高于城市居民①；财政农业和农村投入绝对量略有增加但比重持续下降；上级政府把财政对农业、农村投入和城市偏向的二元财政制度转变的责任转嫁给县乡（镇）基层政府，由于基层政府财力短缺，城市偏向的二元财政制度转变处于停滞状态。

第二，计划经济时期形成的政府管理体制和分权型国家治理模式也是

---

① 这里的综合税负包括农业各项税收、制度内的农业非税负担和农民承担的制度外负担等。

阻碍城市偏向的二元财政制度变革的重要因素。众所周知，我国计划经济体制下的城市偏向的二元财政制度同时也是典型的经济建设财政，全口径财政支出中的经济建设支出占财政支出的比重严重偏高，财政支出对经济增长的影响十分明显，这形成了财政支出与经济增长之间高度关联的路径依赖。在我国政治体制中，中央与地方之间的委托代理关系事实上要求地方政府对中央政府的高度服从和忠诚，以确保全国的高度统一和中央政策的贯彻实施，因此，中央对地方的政绩考核制度是内生于大国集权型治理结构中的制度安排。上级政府对下级政府的政绩考核制度既有助于国家统一和上级政策的实施，也内生出政府行为单纯对上负责，对民众需求关注度低的倾向。这种政绩考核机制指导下的政府行为与市场经济条件下弥补市场失灵，提供公共品和公共服务，接受辖区选民监督和约束的公共财政逻辑要求相矛盾，也构成经济建设型财政和集权型财政向市场经济条件下的公共财政和城乡一体化财政转化的障碍。

　　分权治理机制下的委托代理成本加大了城市偏向的二元财政制度转变的难度。对于大国，中央政府难以获得对全国有效治理的信息，必须通过中央对地方政府的委托代理机制来实现对全国广大地方的治理，因此，分权治理是大国治理的必然要求。在分权治理模式下，为了激励地方政府按照中央政府意志行事，中央政府必然制定一定的行为规则和考核地方政府执政能力和效果的绩效目标。行为规则负责约束地方政府，绩效目标承担激励地方政府的作用。由于经济建设是后发国家经济发展的主要任务，因此，经济增长成为中央政府激励地方政府的主要指标。从机制设计理论的基本原理出发，考核地方政府的经济增长既能够减少中央政府考核地方政府的信息获取成本，也符合激励相容原则，因此，地方政府具有明显的GDP竞争的强大压力和动力。为追求任期内经济增长和财政收入增长，地方政府理性选择提高财政支出中对经济增长作用更大、更直接、见效更快的经济建设支出比重，压缩或控制经济增长效果较差的"三农"支出比重，这势必使地方政府将财政支出的重点放在城市，弱化对农村、农业的财力投入和相关制度调整，地方政府的这种行为模式导致城市偏向的二元财政制度转变缓慢。

　　第三，利益集团也是阻碍中国城市偏向的二元财政制度变革的重要因素。城市偏向的二元财政制度的目标是为国家长期发展奠定基础，但客观上形成了一个特定的城市利益群体，并逐渐演化成为利益集团。占总人口较小比重的城市居民是城市偏向的二元财政制度的既得利益群体，占人口绝大多数的农民是利益受损的群体。由于农民人口总量大，加之新中国成立以来农民组织发育缓慢，还没能形成自觉维护该自身利益的利益集团，难以主动影响国家制度和政策的变革方向和进程。改革开放以来，随着农村年轻、有文化的劳动力向城市转移，进一步削弱了农民群体的组织力量，留守农村老年农民更难有意识、自觉地推进城市偏向的二元财政制度变革。变革城市偏向的二元财政制度，维护农民群体利益主要依靠政府站在国家整体经济社会发展的高度对财政制度的调整。随着经济发展阶段推移，尽管中央政府具有较强的变革城市偏向的二元财政制度的动力和意愿，但由于处于代理人地位的地方政府考虑到城市居民的压力对其政绩和其他利益的影响，缺乏推进城市偏向的二元财政制度变迁的积极性和主动性。显然，缺乏直接利益主体推动的制度变迁无疑会因为政府需要协调多重目标，照顾多方利益，面临多重委托代理关系激励不足等约束而被推迟。

众所周知，我国城市偏向的二元财政制度和相关制度安排导致城乡居民在公共服务消费权利、发展空间、收入水平、社会福利水平等方面的差别，造成了城乡"断裂"，城乡二元差距衍生出的高度依赖投资和出口的经济增长模式越来越难以持续。城乡二元经济结构成为主宰中国经济社会发展全局的关键，城市偏向的二元财政制度则是二元经济结构存在和延续的制度基础，城市偏向的二元财政制度变革的进程直接影响二元经济结构变革的进程。在政府管理体制框架不变的情况下，城乡二元经济结构也是强化城市偏向的二元财政制度的基础。尽管城市偏向的二元财政制度的使命已经完成，制度净收益已经接近制度变革的临界点，但经济发展阶段、财政运行的内在矛盾、观念、意识、政府决策机制、利益集团等因素抑制了城市偏向的二元财政制度转变的进程和进度。不可否认，二元财政制度的变革是以经济发展理论和财政制度演变理论为基础、理论研究不足也是导致城乡二元财政制度变革缓慢的重要原因。

第六节　中国城市偏向的二元财政制度
变革的现实背景和基本内容

大多数正式制度安排都是基于一定的理性设计而形成服务于特定目的，随着经济社会发展条件的变化又被新的制度替代，会经历一个形成、完善、逐渐失去存在合理性，然后被新的制度所替代的过程。服务于奠定后发大国经济发展基础的城市偏向的二元财政制度也会经历从形成到完成使命，然后被新的财政制度替代的过程。随着我国经济从奠定后发大国经济发展基础的阶段进入到后发优势与大国优势充分发挥作用的阶段，经济总量大幅度增加，经济结构快速变化，随着后发劣势与大国劣势开始出现，财政制度变革滞后对经济发展的掣肘越来越明显，甚至已经成为中国经济继续稳定增长的障碍，推进城市偏向的二元财政制度转变已经势在必行了。

一、中国城市偏向的二元财政制度变革的现实条件

中国经济协调运行和持续增长已经明显受制于城市偏向的二元财政制度。根据相关研究，一个国家开始进入工业支持农业，城市带动乡村的经济发展阶段的标志是：农业产值在国民生产总值15%以下，农业劳动力比重在20%以下，农业人口在总人口比重50%以下，且总人口处在人口增长的第三阶段中后期，经济发展总水平比较高，人均GDP在2000美元以上。2004年乡村人口占总人口比重为58.2%，农业就业人口占总就业人口比重为46.9%，农业产值占GDP比重为15.2%，人均国内生产总值10651元人民币，人均GDP达到1274美元；2006年人均GDP达到2000美元。2004年的相关经济指标表明，我国基本具备进入城乡经济发展转折点的条件。2004年中央一号文件《关于促进农民增加收入若干政策的意见》提出要按照统筹城乡经济社会发展的要求，坚持"多予、少取、放活"的方针……深化农村改革，增加农业投入，强化对农业的支持与保护。中共六届五中全会提出："让公共财政的阳光普照农村"。中共十八届三中全会提出："城乡二元结构是制约城乡发展一体化的主要障碍。必须健全体制机制，形成以工促农、以城带乡、工农互惠、城乡一体的新型工农城乡关系，让广大农民平等参与现代化进程、共同分享现代化成果。……统筹城乡基础设施建设和社区建设，推进城乡基本公共服务均等化。"[①] 财税体制改革的目标是围绕城乡基本公共服务均等化完善公共财政体系。由此可见，我国应该进入了城市偏向的二元财政制度转变的加速阶段。从上述重要文件的表述可以看出，从2004年起，我国经济发展阶段就已经进入新的发展阶段，财政制度也应该开始进入新的阶段，变革城市偏向、工业偏向的财政制度已经成为理论界和政府的共识。

---

① 《中共中央关于全面深化改革若干重大问题的决定》，2013年11月12日中国共产党第十八届中央委员会第三次全体会议通过。

从城市偏向的二元财政制度本身和其制度环境看，我国经济发展由奠定后发大国发展基础阶段转向后发优势与大国优势充分发挥阶段，以市场经济体制的完善为主线的经济、政治、社会、文化的多维制度建设已经展开并深入推进，与计划经济体制相关联的制度体系已经发生了明显甚至根本性变化，城市偏向的二元财政制度本身也出现了局部或者阶段性变化，整体上看形成了一系列有利于城市偏向的二元财政制度变革的条件。

随着公共财政理念的普及，实现城乡基本公共服务均等化已成为学术界和各级政府的共识，城市偏向的二元财政制度的变革在公共服务领域出现重大进展。财政制度从农业支持工业、农村"哺育"城市的阶段逐渐向工业"反哺"农业，城市带动乡村的阶段转变。在弥补农村公共品供给不足方面，财政制度已经做出了一些制度安排并付诸实施，诸如，取消农业税，加大农业补贴力度（良种补贴、粮食直补，农机具补贴、对农业生产资料价格进行综合补贴、粮食风险基金），实施农村义务教育经费保障制度，建立和完善农村社会保障制度（新型农村合作医疗、新型农村养老保障、农村最低生活保障等）等已相继实施并产生明显的经济与社会效益。从城市偏向的二元财政制度变革的配套制度安排看，户籍制度改革在经历了缓慢推进、一度僵持后进入快速整体推进阶段，越来越多农村居民有更多机会选择到城市工作、生活甚至转化为城市居民并享受城市公共服务，这意味着农民事实上已经获得制度上和政策上的支持通过"用脚投票"的方式"倒逼"城市偏向的二元财政制度的变革。农村村级自治组织的建立增强了农民对村级公共服务"用手投票"的能力，强化了对村级组织权力运作的监督和约束，标志着农民可以通过投票要求村级组织有效提供公共品和公共服务，降低了政府管理中从上到下政绩考核中信息成本，部分解决了上下级政府在提供农村公共品的制度安排中激励不相容的问题，基本建立起了农村基层基于有效提供公共服务的治理机制。此外，金融制度、微观经营制度、政府绩效考核制度等相关制度也已经发生或者正在发生或大或小的变化，甚至已经发生局部或者阶段性的质变，标志着城市偏向的二元财政制度的制度环境已经开始或正在发生变化。

尽管出现了一些有利于城市偏向的二元财政制度变革的趋势，推进城市偏向的二元财政制度变革还面临许多障碍。比如，农村还有相当大比重农民缺乏在城市就业、居住和生活的能力，还不能充分利用"用脚投票"机制"倒逼"城市偏向的二元财政制度变革。部分农民民主意识不强，行使民主权利的能力不足，难以通过"用手投票"机制对村级组织公共服务提供行为施加有效的影响，更难以主动对城市政府施加有效的影响以维护自己正当的公共消费权利。此外，在人口快速城市化阶段，缩小城乡基本公共服务差距必然对财政支出形成巨大需求，在财政支出结构难以做出适应性调整减少其他财政支出的情况下必然会受到财政收入的约束。城乡隔离户籍制度改革在农民成为户籍上的城市居民方面仍然存在一定门槛，相关配套制度安排还没有有效衔接，比如公共服务财政拨款还没有与实际居住人口挂钩，未取得城市户籍的流动人口获得城市居民相同公共服务消费权利必然加大城市公共服务的支出压力，这势必招致城市政府和城市居民的抵制。作为城市偏向的二元财政制度转变重要代理人的地方政府既有履行中央政府委托事项的职责，也有服务于所在地的地方利益甚至追求自身利益的行为动机，如何构建科学的监督激励机制将其行为规范到转变城市偏向的二元财政制度的方向上来也需要认真对待。推进城市偏向的二元财政制度转变不仅要依托已经推进的相关制度，需要消除阻碍城市偏向的二元财政制度变革的制度障碍，还需要提供一些城乡一体财政制度运行的制度安排，为新的财政制度运行提供适宜的制度环境，这些工作需要统筹考虑，整体推进，制度安排的难度很大。

综合考察城市偏向的二元财政制度变革的经济环境和制度环境可以看出，城市偏向的二元财政制度已经完成其奠定后发大国发展基础的使命，在经济进入后发优势和大国优势充分发挥阶段后，城市偏向的二元财政制度明显已经不能适应经济社会发展的要求，需要尽快向市场经济条件下的具有大国特色的、符合中国发展新阶段要求的公共财政制度转变。尽管我国国家财力还不强大，但在现有国家财力约束条件下，合理调整城乡财政支出结构、财政的经济建设型支出、行政管理支出和科教文卫、社会保障等公共服务支出结构，适时推进城镇化，降低公共服务的生产成本，也可基本满足城乡基本公共服务均等化的要求。从城市偏向的二元财政制度及其相关制度变迁来看，城市偏向的二元财政制度及其制度环境也已经发生了一些有利于城市偏向的二元财政制度转变的变化，但政府绩效考核机制、公共政策决策机制、公共服务均等化的预算制度等转变滞后，部分辅助性制度安排形成缓慢，一定程度上阻滞了城市偏向的二元财政制度向新财政制度转变的进程。

实现城市偏向、工业偏向的二元财政制度向适应后发优势与大国优势充分发挥阶段的财政制度转变还需要调整城乡、工农业财政支出的重点、力度，这也面临很大的压力和挑战。仅从财政资源城乡配置的边际产出看，配置到城市的财政资源的边际产出一般会高于配置到农村带来的边际产出，将财政资源更多配置到农村可能会带来城乡均衡发展和公平发展的收益，但也可能因此降低经济增长速度，导致财政收入增速下降，只有配置到农村的公共资源所带来的边际城乡均衡发展的收益、边际城乡公平发展的收益大于重点投到城市产生的边际要素产出率时，扩大财政对农村投入，提高财政对农村在经济上的投入比重才是合理的。改变城市偏向的财政制度可能会影响城乡资源配置效率和经济增长，进而影响财政收入增加，影响财政对农村和农业投入的力度和可持续性。财政资源向农村倾斜对经济增长和财政收入的影响是实在的、具体的和当前就可观察的，对城乡协调发展和后发优势与大国优势的促进作用是间接的，具有较长时滞的，是宏观和全国性的，即财政资源配置变化的成本和收益是不对称的。因此，合理把握财政制度的城乡均衡力度和时机对于可持续推进城市偏向的二元财政制度变迁，促进后发大国经济可持续增长具有十分重要的意义。

二、中国城市偏向的二元财政制度转变的目标与方向

在后发大国经济发展的逻辑下，财政制度安排是与经济发展阶段高度相关的。在为后发大国奠定发展基础的阶段，财政制度的主要功能是重点发展基础设施、教育、重要的装备工业，形成国家的发展能力。随着经济发展进入后发优势与大国优势充分发挥阶段，财政制度的基本职能转向奠定市场机制作用充分发挥的公共服务基础，统筹城乡与区域协调发展，财政制度使命变成提供公共服务，统筹城乡与地区协调发展。随着经济发展阶段的进一步推移，财政制度的主要职能和重点会进一步转变和调整。

我国城市偏向的二元财政制度已经完成其使命面临向新的财政制度转变的任务。新中国成立后，在后发大国的基本国情和当时的国内外政治经济形势下，中国选择了重工业优先的经济发展战略。通过城市偏向、经济建设为重点、高度集权的财政及金融、外贸等制度安排集中配置国内资源，在较短的时间内建立起门类齐全、具有较强独立发展能力的工业和国民经济基础。经过二十多年的实践，尽管财政制度也做出过局部调整，甚至反复，但基本保留了具有城乡二元结构特征的、城市和经济建设偏向的财政制度的实质。到 20 世纪 70 年代末期，我国已经建立起相对完整的工业和国民经济体系，经济发展进入后发大国经济发展的新阶段。根据后发大国经济发展逻辑，在后发大国具备自我发展能力后，就需要充分利用国内市场统一、需求大，资源等要素供给充足，技术进步空间大、速度快等优势，充分发挥市场机制在资源配置中的优势，享受后发优势"红利"和大国"红利"。要让市场机制在资源配置中发挥基础性甚至决定性作用，必须奠定其有效运行的基础，其基础包括公平意识、风险意识、信用意识等市场经济伦理，包括公共财政制度、金融制度、外贸制度、微观经济运行制度、宏观调控制度等正式制度，其中，公共财政制度是市场经济条件下的基础性制度。要发挥后发大国优势就需要充分激活后发大国巨大的国内市场，而城乡间、地区间要素充分流动，农村市场的激活是国内大市场发挥作用的必要条件，要激活农村消费就必须加快农村和农业经济的增长，这就需要改变城市偏向的财政制度，改善农村农业生产、生活条件。

后发优势与大国优势发挥阶段的财政制度的一个重要方面是公共财政制度。在后发大国经济发展的基础设施、人力资源、统一市场、基础工业等条件具备后，通过市场机制配置资源有助于后发优势与大国优势的充分发挥。市场机制在经济发展的其他基础条件具备后可以充分利用经济主体追求利益最大化的动力机制，借助于价格机制、供求机制、竞争机制等市场机制提高资源配置效率，同时借助于开放的国际市场获取国外成熟技术，充分利用国外资本、管理等要素，将后发大国的劳动力、自然资源、市场等优势充分发挥出来，将潜在后发优势和大国优势转化为持续、快速的经济增长。市场机制作用的充分发挥需要能够有效弥补市场失灵的、有效提供公共品和公共服务的、所有人和经济主体平等享受政府提供的公共品和公共服务的、法治化的、非营利的公共财政制度为其提供支持。

后发优势与大国优势发挥阶段的公共财政面临着公平与效率冲突的决策。在城乡经济空间之间，从公平角度看，政府应该确保城乡经济空间内的居民和所有经济主体都平等地、无差异地享受到由政府提供的公共品和公共服务。由于公共品和公共服务的提供具有明显的规模效应和范围效应。人口集中程度越高，公共品和公共服务的需求规模越大，种类越多，政府提供的公共品规模越大，种类越多，公共品的平均生产成本越低，单个公共服务消费者承担的公共品和公共服务成本越低，这意味着在人口集中居住的城市提供公共品比在人口居住分散的农村地区提供更有助于降低公共品和公共服务供给成本，或者更有助于提高财政公共服务支出的效率。如果公共服务的目标是确保所有居民都享受到基本均等的公共品和公共服务，如果允许城乡居民在城乡之间自由流动和迁移，而且迁移成本为零，或者所有居民都可以承受迁移成本，则公共品和公共服务的均等化的公平目标和效率目标可以同时实现。但是，如果考虑到城乡经济空间的经济发展均衡，则城乡公共财政支出的公平目标和效率目标兼顾的难度会加大。因为基础设施等公共支出是空间经济发展的重要前提条件，要促进城乡经济均衡发展就需要均衡配置基础设施和公共服务，而公共基础设施对产出的贡献则与要素空间集聚、单位空间的经济产出密切相关，相对而言，城市空间主要是工商业，具有明显的空间集聚效应，单位空间的经济产出远高于农业经济空间的产出，为城乡产业发展提供均等化的基础设施和公共服务就意味着牺牲投向城市基础设施等公共服务支出所产生的一部分效率，公共支出的效率和公平原则会出现冲突。

事实上，公共财政的公平原则和效率原则的统一是一种动态的、发展中的统一。在经济发展的不同阶段，公共支出的效率和公平应该有所侧重，可以实现公平和效率跨时期的统一和协调。具体在城乡公共支出中，在经济发展水平较低的阶段，考虑到城市工商业的市场需求增长快，城市具有集聚经济效应，要素在城市空间集聚可以提高要素的产出率，城乡要素在追求更高要素产出率的动机下流动可以提高整体要素的配置效率。要素配置效率提高可以带来更多财政收入，在财政收入增加的基础上可以在将来为农村经济空间提供更多的公共品和公共服务。简言之，在城乡公共服务的效率和公平关系上，在经济处于较低发展阶段时可以在确保城乡居民基本公共服务消费权利的基础上对效率多侧重一些，适当提高城市空间的财政支出比重。随着经济发展水平提高，可以逐渐增加对农村的公共资源配置，提高农村公共支出在全部财政支出中的比重，实现跨期的城乡公共支出的公平与效率的统一。

与公共财政制度改革方向相联系还涉及政府配置资源占社会总资源的比重即财政收入或支出占国内生产总值或者社会生产总值的比重的变化。该问题的理论依据在于，为后发国家发展奠定基础阶段所投资的项目大多属于为国民经济发展提供基础性支撑，在较长时期内对经济社会发展具有时间外溢性，对其他竞争性产业发展具有空间外溢性，民间投资者缺乏投资意愿、积极性和投资能力，需要以国家为主体利用税收或其他财政收入形式筹集资金建设。随着后发大国发展基础的形成，大量竞争性领域的投资由市场配置资源具有更高的配置效率。如果市场在资源配置中发挥基础性和决定性作用的条件完全具备，政府配置资源在全社会总资源中的比重一定程度下降有助于资源配置效率提高和经济增长。如果全国统一市场、基础设施、市场规则等市场发挥在资源配置中的基础性和决定性作用的条件还不具备，还需要政府在这些方面发挥主导性作用，则适当提高政府配置资源的比重更有助于后发优势和大国优势的发挥。

政府配置资源比重的高低对城乡二元差距会产生一定的影响。如果政府配置资源按照以资源配置效率为目的、按照城乡中性原则配置（忽视城市或者农村偏向财政支出对不同身份居民福利的偏向性），则有助于提高公共资源在城乡之间的配置效率，有助于充分发挥城市产业的竞争优势和城市经济空间的要素和产业集聚的经济优势，进而有助于提高全社会的资源配置效率，促进经济增长，但这可能会导致城乡差距的阶段性扩大。在追求城乡均衡发展时期，如果政府配置的资源继续延续城市和工商业偏向的路径，则会进一步加大城乡之间要素的流动规模，扩大城乡、农业与工商业之间的要素差距，导致城乡差距快速、累积性扩大，加大城乡二元经济差距缩小的难度。

后发优势与大国优势发挥阶段的财政制度另一重要方面是处理城乡经济结构问题。后发优势和大国优势发挥阶段的财政制度安排需要关注宏观经济总量增长与城乡经济结构协调的关系。在市场机制对资源配置发挥基础性甚至决定性作用的条件下，劳动力、资本等要素在城乡之间的自由流动和优化配置会导致城乡经济结构的多重均衡的可能，不同均衡情形对后发大国经济整体发展产生不同的影响。

第一种可能的均衡是：在后发大国初步奠定经济发展基础时通过财政制度安排，使公共资源在城乡之间均衡配置，城乡经济在发展差距较小的情况下同步、缓慢、均衡增长。这种均衡增长路径的优势是城乡差距较小，发展比较均衡；缺点是人为通过财政、金融等制度安排抑制了资源向具有更高产出率的城市集聚，抑制了城市的集聚经济效应的发挥，不利于全国资源配置效率提高和大国优势的充分发挥。

第二种可能的均衡是：始终实行城乡要素自由流动的制度安排，不通过制度影响城乡之间的资源流动，财政制度只是顺应经济发展的规律，在具有更高增长潜力的城市空间配置更多的基础设施等公共服务，让城市的潜在集聚经济优势和工商业高成长性的优势发挥出来，当城市快速发展与农村的缓慢增长甚至停滞导致城乡差距扩大，农村要素没有进一步向城市流动的必要性时，达到城乡之间的另一种均衡。这种均衡是不稳定的，因为在这种增长路径下，农产品和工业品的供求关系会不断失衡，不能保障后发大国经济持续增长，经济面临着停滞和倒退，需要调整财政制度安排，通过实行农村和农业偏向的公共资源配置来促进农业、农村增长，缩小城乡发展差距，维持国家整体经济持续增长。这种均衡的优点是充分发挥了城市经济增长的优势，有助于一定时期的资源配置效率的最大化和经济增长最大化，缺点是城乡经济发展差距扩大，结构严重失衡，会导致增长被周期性打断，会导致城乡居民不能公平享受经济增长的好处。

第三种可能的均衡是：允许一段时期内城市经济的领先、快速增长，在城乡发展差距达到一定程度但还没有完全达到使整体经济结构失衡到难以继续增长的某一临界点就调整财政制度，引导公共资源和其他私人资源在城乡之间合理配置，使城乡经济在较小差距的水平下恢复协调增长。这种均衡的优点是既发挥了城市经济的优势，有助于城乡之间要素的合理流动、优化配置和经济增长的最大化，有利于发挥后发大国经济的优势，但又没有导致城乡经济结构的严重失衡，将城乡经济结构失衡可能带来的负面影响控制在一定范围内。由于是在城乡发展差距不是很大的情况下通过调整财政制度对经济进行干预，城乡经济回到协调增长轨道上的难度较小。

从三种可能的城乡经济均衡及其对经济增长和公平效率的影响看，财政制度安排的城乡偏向性和倾斜力度大小对整体经济增长和城乡发展差距的影响存在较大差别。第一种类型的财政制度安排具有明显的农业、农村偏向性。因为城市的工商业产品的市场需求增长快，要素收益率高，城市具有潜在的集聚经济效应，中性的财政制度即城乡无差别的财政制度安排必然会导致城市增长快于农村经济增长，导致城乡差距扩大。只有农业、农村偏向的财政制度才能促进农村经济较快增长，这实际上抑制了城市经济增长，使城乡经济发展被控制在农村经济发展水平的城乡经济的低水平均衡。第二种均衡事实上实行的是中性的财政制度安排，其中，财政制度只是通过公共资源配置适应或者满足城市经济增长对公共资源的需求，进而带来城市经济以远高于农村经济增长率的增长，这种中性财政制度安排自然会导致城乡结构失衡。如果城乡居民不能自由流动，这必然会影响城乡居民公平享受城市经济快速增长的发展机会和发展成果。但如果这种财政制度长期保持直到城乡发展差距扩大导致的经济结构失衡达到经济难以进行下去的极限的情况下再实行农村偏向的财政制度安排，由于城乡差距已经很大，财政制度安排要缩小城乡差距，促进城乡经济协调增长必然需要很大规模和力度的财力对农村的支持，财政成本很高，而且持续时间可能会很长。这种增长路径可能会周期性地、反复被打断。第三种均衡中的财政制度安排实际上是分阶段的财政制度安排，即在后发大国经济发展初期时实行城市偏向的财政制度，奠定后发大国经济发展的基础，该任务完成后经济发展进入后发优势与大国优势发挥阶段，顺应经济发展阶段变化依次实行中性财政制度安排和渐进的农业、农村偏向的财政制度安排。这种财政制度安排注意了财政制度安排变化的条件和时机，既有助于发挥后发大国的优势和市场机制的优势又避免了城乡经济的异质性和市场机制作用对后发大国经济增长可能造成的负面影响，既注重效率，又注重公平。当然，财政制度安排变化的时机和力度选择十分重要，即在后发大国经济发展初期通过城市和工业偏向的财政制度安排奠定经济发展的基础，当城市工业体系基本形成且具备自我生存和自我发展能力后开始实施中性财政制度，当城乡经济发展差距达到一定程度，但还没有导致城乡经济结构严重失衡使国家整体经济增长停滞的时候就开始实施农业、农村偏向的财政制度安排。

后发优势与大国优势发挥阶段的财政制度第三个重要方面是财政管理体制的设计与运行。财政体制的实质是政府间财政管理权的分配，主要是中央政府与地方政府以及各级地方政府之间财权与事权的划分，它与政治体制和行政管理体制紧密相连。对后发大国，在中央集权财政管理体制下集中全国资源可以在较短时间内完成一些重要的项目，比如，建设一批关系后发大国经济发展全局的基础工业、基础设施，发展基础教育等，形成全国的统一市场，有助于奠定后发大国发展的基础。但中央集权由于缺乏必要的信息和激励不相容，中央集权过多可能抑制地方政府发展经济的积极性，放大中央集权的弊端。相应的，如果中央对地方充分分权，赋予地方政府较大的财政管理权，可以充分调动地方政府发展经济，尤其是发展符合地方资源禀赋优势的产业，但过度分权的风险可能使后发大国不能集中资源完成一些重要、关键性、事关国家发展全局和长远的项目，使地方不顾资源禀赋条件，竞相发展短期经济利益最大化的产业，相互封锁市场，导致大国地区之间的差别化优势和统一市场优势被抑制。从后发大国高度中央集权和高度分权的优势和不足可以发现，在经济发展初期，为了奠定较长时期经济发展的基础，后发大国可以实施中央集权程度较高的财政体制。在国家发展基础形成后，为了充分调动地方发展经济的积极性，充分发挥各地优势可以实施中央对地方适度放权的分权型财政管理体制。但为了全国市场的统一，必须通过财权分配、转移支付制度安排等制度安排维护中央对全国的一定的、必要的控制力。当然，维护全国市场统一还可以通过政府管理体制和中国共产党的组织系统、干部异地交流等方式来辅助实现。因此，在中央对地方适度分权的大背景下，财政管理体制设计应该体现如下思路：将税基流动性强，具有宏观调控功能和收入分配功能的税种确定为中央财政收入，确保中央财政收入占全部财政收入的比重达到一定水平；将涉及全国市场统一、具有较强外溢性的相关事务纳入中央事权范围和支出责任范围；转移支付制度既要体现中央对地方的控制力和对全国的协调能力，也要发挥地方政府根据各地方的资源禀赋，在充分发挥地方优势的基础上发展地方经济的积极性，避免地方政府的预算软约束下局部化、短期化的机会主义行为；政府管理体制上既要强调中央的控制力和掌控全局的能力，也要充分发挥地方政府服务地方经济社会事业，满足辖区选民需求的积极性；在干部任期和跨地区交流机制设计中，既要充分调动地方政府官员发展地方经济，服务辖区选民的积极性，也要避免地方政府官员长期在固定地方任职导致的"山头主义"和"本位主义"的行为倾向，避免出现"地方诸侯"。

综上，后发大国在奠定国家发展基本能力后进入后发优势与大国优势充分发挥的发展阶段，财政制度安排的方向具有服务于市场机制作用充分发挥，统筹城乡与工农业发展，激励地方政府发展地方经济，改善地方治理的特征。当然，财政制度变迁不只是单纯的基于理性设计并借助于政治体制"自上而下"推动和实施过程，还是新制度克服旧制度的阻碍，在观念、理念、利益博弈中，由相关利益主体在利益驱动下自发推动新制度替代旧制度的、渐进的制度变迁过程。

第七节 加快有利于城乡协调发展财政制度形成的对策

遵循后发大国经济发展的基本逻辑，在统筹城乡经济社会发展目标的指引下推进城市偏向的二元财政制度转变是一个系统工程。具体而言，需要营造有利于制度变迁的良好环境，形成包括政府、城乡居民等在内的制度变迁行动团体，形成推动制度变迁各力量协同的机制，弱化、消除制度变迁的阻力，扎实推进各项制度变革，巩固各项制度变迁的成果。

第一，营造有助于城市偏向的二元财政制度向城乡协调发展财政制度转变的环境。转变城市偏向的二元财政制度不仅会影响该制度下既得利益群体的利益，增加制度运行的成本，一定程度上还会遇到新制度预期结果不确定带来的动力不足的问题，这些都会阻碍旧制度的退出和新制度的形成和作用的发挥。为形成有助于转变城市偏向的二元财政制度的社会环境，可以采取如下措施：其一，深化制度变迁的必要性的认识，并在全社会形成共识。城市偏向的二元财政制度是后发大国经济发展特定阶段的制度安排，这一制度安排具有明显的城市和工业偏向性和农村、农业歧视性，这尽管有利于长期经济发展，但不是公平的财政制度安排。这一制度安排在奠定后发大国发展基础上发挥了重要作用，但随着其任务的完成，它已经成为阻碍经济社会进一步发展的障碍，只有尽快变革该制度，实行适应后发优势和大国优势发挥的财政制度安排才能促进经济社会的继续发展。需要通过理论探讨和政策宣传强化城市偏向的二元财政制度变迁的必然性和紧迫性，并尽快在全社会达成共识。其二，承认城市偏向的二元财政制度下城市居民和国有经济主体是既得利益者，站在减少制度变迁阻力的角度通过包括分化既得利益团体，或者对既得利益群体提供一定补偿，或者转化部分既得利益成员的身份，使既得利益群体成为新制度安排的受益者等方式减少制度变迁的阻力，变旧制度的既得利益者为新制度安排的响应者和推动者。其三，尽快培育新制度的倡导者和拥护者，壮大制度变迁的推动者群体。农民、非公有制经济主体等是城乡一体化的公共财政制度和农村和农业偏向的财政制度的潜在受益者，通过宣传或者制度试点等方式强化他们对新制度带来收益的预期，引导他们对城市偏向的二元财政制度变迁的理解、支持和推动，是推动制度变迁的重要工作。

　　第二，瓦解城市偏向的二元财政制度的自我强化机制，打破城市偏向的二元财政制度变迁的路径依赖。在制度变迁路径依赖理论框架下，城市偏向的二元财政制度与相关制度耦合会产生收益递增效应，并不断强化该制度的存在，从而导致制度"锁定"或者制度变迁的路径依赖。从制度安排和制度环境关系的视角看，推进城市偏向的二元财政制度转变应该从分化、瓦解其制度环境和该制度安排的要件入手。由于城乡隔离的户籍制度、地方政府政绩考核制度、城乡公共服务供给制度、城市偏向和所有制偏向的财政金融制度等是城市偏向的二元财政制度的制度环境，因此加快户籍制度、地方政府政绩考核制度、城市偏向的基本公共服务供给制度等制度改革进程，巩固已经完成的城市偏向的二元财政制度改革的相关成果，切断新制度向旧制度回归、倒退的机制是瓦解城市偏向的二元财政制度的收益递增机制，打破制度演变中的路径依赖，推进城市偏向的二元财政制度变革的重要措施。实事求是地说，城市偏向的二元财政制度与相关制度耦合的制度体系的确在一定时间内高效率地支持了以城市为重点的、重工业优先的经济发展战略，但由于该战略本身已经随着经济发展阶段转移转换为服务于后发优势和大国优势的统筹城乡发展的战略，原有的制度耦合效率越高越不利于新战略的实施，因此必须拆解原有城市偏向的二元财政制度体系。

　　第三，选准制度变迁的着力点，整合促进城市偏向的二元财政制度向城乡协调发展财政制度转变的各种动力，形成制度变迁的合力。制度变迁的着力点是指当旧的制度失去存在的合理性后，选择某个具体领域开启制度变迁进程。精准选择制度变迁的着力点有利于顺畅地推动制度变迁进程。制度变迁中的着力点就像撬动重物的支点的选择，选准了支点可以用一定的推动力高效率地推动制度变迁。根据前面的分析，中国城市偏向的二元财政制度内生出了既得利益群体和利益受损群体，该制度在完成其历史使命后逐渐失去存在的必要性。在市场机制作用下，城乡要素空间流动、城市化、工业化既体现经济发展的内在规律，也符合城乡经济主体的利益要求，还会驱动政府职能调整，"倒逼"城市偏向的二元财政制度变革，驱动公共财政制度、工业"反哺"农业、城市带动乡村的财政制度和分权型财政制度形成和完善，因此，工业化、城市化、人口的乡城迁移等相互联系、相互驱动的经济现象是驱动城市偏向的二元财政制度变迁的重要契机。城乡之间要素流动受到要素所有者经济利益的驱动，要素收益差距除受到不同经济活动的影响外主要受到公共资源配置格局的影响。在要素产业和行业间流动不受限制的情况下，影响要素流向的主要因素就是公共资源的城乡空间配置和农业与非农业的配置，最主要的是公共资源在城乡之间配置带来的城乡公共品和公共服务的供给水平差距，政府间的财政管理权限的配置和政府管理体制则是影响城乡公共品和公共服务供给的重要因素，因此，城乡公共服务均等化是城市偏向的二元财政制度变迁的着力点。

以城乡基本公共服务均等化为抓手可以推动城市偏向的二元财政制度的主要方面的改革，也会带动城市偏向的二元财政制度相关的配套制度和制度环境的改革。以城乡基本公共服务均等化为着力点可以带动城乡教育、医疗卫生、社会保障、基础设施等基本公共服务制度的改革和建设，推动户籍制度、政府间事权与财政分配、政府绩效考核制度等制度的改革。以城乡基本公共服务均等化为着力点的制度变革可以巩固已经实施的财政对"三农"支持的政策，并进一步扩大支持范围，提高支持力度，提高支持效益。在考虑可持续性和财力可及性的条件下尽量缩小城乡居民公共服务的差距，推进城乡居民公共服务消费的"国民待遇"。以城乡基本公共服务均等化为着力点还可以巩固城市偏向的二元财政制度变迁的成果，形成制度变迁的"棘轮效应"①，只要开启了顺应工业化、城市化、农业现代化的城乡基本公共服务均等化的改革，只要"三化"还没有达成

①　这里是指财政制度变迁一旦进入城乡财政制度一元化的路径，在相关制度安排和制度变迁机制的推动下，形成的逐步巩固已有制度变迁成果，制度变迁方向不可逆的制度演进机制。

内在的均衡，后发大国的后发优势与大国优势就存在继续拓展的空间，劳动力、人口、资本城乡流动就会继续，城乡基本公共服务均等化就必须在广度和深度上继续推进。

在城乡基本公共服务均等化机制的推动下，城市偏向的二元财政制度改革和新的财政制度的建设在具体实施中需要整体规划和顶层设计：梳理出城乡基本公共服务的范围和应该达到的层次或水平，建立量化的考核指标；科学划分各级政府在基本公共服务均等化政策目标中的职责，根据支出责任与财力相匹配的原则合力划分各级政府的事权、支出责任和财权，完善转移支付制度，力求做到事权划分清楚、财政支出责任到位、财力可及。根据我国财政制度演进的路径，在城市偏向的二元财政制度形成和完善中的一段时期内主要强调了中央财政收入的集中度，但中央财政支出责任相对较少，因此，在城市偏向的二元财政制度变革中要在稳定中央财政收入集中度的情况下适度增加适合中央政府履行的、关系到全国市场统一和后发大国优势发挥的事权和支出责任，实现政府间事权、支出责任与财力的匹配。

第四，建立中央政府强力推动的、地方政府积极响应、配合的制度变迁机制。为充分挖掘后发优势和大国优势的潜力，最大限度发挥后发优势和大国优势，财政制度的取向必须向充分发挥市场在资源配置中的决定性作用，在城乡统筹发展和维护中央权威前提下向地方适度分权的制度变迁方向。财政制度变迁顺利推进必须消除和减小制度变迁阻力，其中，利益结构调整、制度设计和制度运行成本的分担以及化解制度变迁阻力等工作具有整体性和全局性，必须发挥中央政府对制度变迁的主导作用，调动地方政府具体执行和参与制度设计的积极性。中央政府在制度变迁中的主导性和具体制度设计的主体性主要体现在规划制度变迁的方向，掌握制度变迁节奏，把握阶段性制度变迁的重点，设计新制度和制度体系的主要框架，协调相关部门和政府在制度变迁中的行为，监督、激励地方政府、相关部门参与制度变迁等，其中，在政府管理框架下政府绩效考核机制是统帅、引领相关政府部门和各级政府制度变迁行为的关键。曾经以地方政府政绩考核制度、地方分权制度等为主要支撑的地方政府竞争机制在改革开放以来的40多年成就了中国经济发展奇迹，但由此造成城乡发展差距扩大的不利结局，旧的政绩考核机制也演化成为城乡二元经济结构转换和统筹城乡发展的阻力和障碍，因此，适时调整、优化政绩考核机制是推进城市偏向的二元财政制度变革的关键。

城市偏向的二元财政制度变革涉及中央政府、中央各部委、地方政府之间存在的一系列委托代理关系，最优的政绩考核机制设计关键是降低委托代理中的信息成本和强化激励相容性。作为委托者的中央政府和代理者的地方政府及相关部门在推进城市偏向的二元财政制度变革上的能力、努力程度、意愿等方面存在严重的信息不对称，地方政府和相关部门存在通过信息误导中央政府和隐藏大量不利于其自身利益的信息的主观动机，中央政府全面、准确获得地方政府和相关部门在制度变迁中的相关信息的成本高昂。地方政府和相关部门在城市偏向的二元财政制度变迁中的利益具有复杂性，包括维护在旧的城市偏向的二元财政制度中既得利益、变革城市偏向二元财政制度收益的不确定性、变迁城市偏向的二元财政制度需要承担大量的成本、积极参与城市偏向的二元财政制度可以获得中央政府奖励的收益、在中央政府不能获得完全信息条件下消极参与制度变迁可以获得的收益、作为民众和中央政府代理人的公共利益、单纯的地方政府和相关部门在制度变迁中本位利益等，地方政府和相关部门作为代理人追求委托人利益和作为理性政治人追求自身利益的对立性或者一致性程度直接决定了政绩考核制度中的激励相容程度，两者利益一致性越强，地方政府和相关部门参与、配合制度变迁的意愿越强，中央推动制度变迁获得的支持越多；反之，越低。在政绩考核制度中，中央需要考核代理人地方政府和相关部门的内容越多，各项内容之间的相容性越差，需要的信息量越大，信息成本越高。如果抓住城市偏向的二元财政制度转变后的财政制度的关键特征或者制度运行的关键性、标志性结果，可以最大限度降低信息成本，比如，将涉及城乡居民收入差距大小、农村最低收入群体收入增加、要素与产品流通费用高低综合反映的地方营商环境是后发优势与大国优势充分发挥的财政制度的关键、核心特征等。通过指标的量化，形成可以加总的综合性指标，可以最大限度降低政绩考核制度的信息成本。合理分担信息收集的成本也是降低制度安排信息成本的方式，由于接近和直接受到制度影响的群体具有评价地方政府和相关部门推进旧制度变迁和实行新制度效果的信息优势，可以低成本获得相关信息，因此，提高制度受益群体的农民群众、企业等对政府和相关部门在转变城市偏向的二元财政制度，推进制度转变中的评价在地方政府政绩中的权重，可以大大节约中央政府考核地方政府和相关部门推进城市偏向的二元财政制度变革的信息成本。从激励相容性方面考虑，对地方政府和相关部门而言，追求 GDP 增长最大化和推进城市偏向的二元财政制度变迁实现统筹城乡发展、发挥大国优势与后发优势之间缺乏兼容性，导致其缺乏推进城市偏向的二元财政制度转变的积极性。因此，改变以 GDP 为主要目标的政绩考核制度，将考核重点转移到统筹城乡发展的目标上来，比如，重点考核缩小城乡居民收入差距情况，或者农村最低收入群体收入增加情况、地方营商环境等，可以突出制度变迁的目标，强化地方政府和相关部门推进制度变迁的激励。

政绩是地方政府官员追求的重要中介目标，包含政绩考核内容的政绩考核制度无疑是引导地方政府制度变迁行为的重要制度安排。政府行为主要是政府官员尤其是决策者的行为驱动的，决策者的行为是受其行为目标引导的。作为理性决策者的政府官员，追求包括政治利益和经济利益的最大化是其行为的必然逻辑。在推动制度变迁的政绩考核制度设计中，为强化地方政府主动推动城市偏向的二元财政制度变迁的动机，引导地方政府官员和地方政府行为的政绩考核制度应该突出制度变迁的目标导向，将完成制度变迁目标作为考核地方政府和地方政府官员绩效的重要内容，强化地方政府推动城市偏向的二元财政制度转变的积极性和动力。从政绩考核制度的内容看，应该适当弱化地方经济增长在考核指标体系中的地位和权重，强化城乡公共服务均等化、城乡发展差距、营商环境等指标。在考核主体上，应该合理划分上级政府、同级政府、下级政府、辖区群众、企业等的权重，弱化地方政府行为单纯对上负责的倾向。

作为后发大国财政制度演变的阶段性制度安排，城市偏向的二元财政制度的转变涉及多方面因素，需要形成各种推动因素相互协调的协同机制。营造有利于城市偏向的二元财政制度转变的制度环境，选准城乡基本公共服务均等化为着力点，强化中央政府的主导作用，优化政绩考核机制，增强地方政府推动制度变迁的积极性是推动城市偏向的二元财政制度变迁的重要措施。可以取消或者减少城市户籍的附加福利，赋予常住居民平等的公共消费权利等方式稀释城市偏向的二元财政制度下的既得利益群体的既得利益。形成基于改善地方营商环境的地方政府之间的竞争态势有助于进一步挖掘和拓展后发优势与大国优势。建立城乡居民基于基本公共服务、就业、收入和发展机会等的自由选择机制，确立并切实保障城乡居民在自由流动条件下的上述平等权益等措施可以"倒逼"地方政府创新制度，推进城市偏向的二元财政制度变迁。

值得注意的是，从政府政策目标和政策意图的利益群体偏向性角度看，在后发优势和大国优势发挥阶段，我国政府主要目的是通过制度安排优化资源配置加快经济增长，增加社会财富，属于中性政府，中央和各级地方政府的公共决策具有很强的中立性和独立性，受到特定利益集团的干扰较小，能够在维护国家整体利益的前提下兼顾不同利益群体的利益。当然，也不排除在追求经济增长的制度安排和运行中形成了特定的利益群体，不同群体在经济增长中获益大小存在差别，造成了事实上的收入差距。客观上，改革开放以来，我国已经形成了一定的利益群体和利益集团，利益集团已经对政府公共决策产生了影响，可能还将继续产生影响。在这种情况下，为了确保公共决策的公平性，需要必须进一步完善政治体制，加强对政府的监督和约束，完善公共决策机制和程序，同时，扶持农民利益群体形成利益集团，以增强其维护和争取群体利益的能力。

参 考 文 献

［1］ H. 钱纳里等：《工业化和经济增长的比较研究》，上海三联书店、上海人民出版社 1995 年版。

［2］ Jeffrey Sachs、胡永泰、杨小凯：《经济改革和宪政转轨》，载《经济学（季刊）》2003 年第 7 期。

［3］ 白旻：《大国优势、边界效应与后发大国产业发展的自主创新战略》，载《北方经济》2009 年第 3 期。

［4］ 彼得·M. 杰克逊：《公共部门经济学前沿问题》，郭庆旺等译，中国税务出版社、北京腾图电子出版社 2000 年版。

［5］ 蔡昉：《中国产业升级的雁阵模型分析》，载《经济研究》2009 年第 9 期。

［6］ 陈安平：《财政分权、城乡收入差距与经济增长》，载《财经科学》2009 年第 10 期。

［7］ 陈斌开、林毅夫：《发展战略、城市化与中国收入差距》，载《中国社会科学》2013 年第 4 期。

［8］ 陈工、洪礼阳：《财政分权对城乡收入差距的影响研究——基于省级面板数据的分析》，载《财政研究》2012 年第 8 期。

［9］ 陈丽华、许云霄、辛奕：《城市化进程中以财政制度创新缩小城乡收入差距》，载《财政研究》2012 年第 1 期。

［10］ 陈钊、陆铭：《城市化、城市倾向的经济政策与城乡收入差距》，载《经济研究》2004 年第 6 期。

［11］ 陈宗胜、钟茂初、周云波：《中国二元经济结构与农村经济增长和发展》，经济科学出版社 2008 年版。

［12］ 程开明：《从城市偏向到城乡统筹发展——城市偏向政策影响城乡差距的 Panel Data 证据》，载《经济学家》2008 年第 3 期。

［13］ 大国经济课题组：《大国的经济特征及其评价指标体系》，载

《求索》2009 年第 9 期。

[14] 代述强:《对我国城乡二元经济结构与城乡收入差距的探讨》, 载《新学术》2007 年第 6 期。

[15] 邓力平、曾聪:《浅议"大国财政"构建》,载《财政研究》 2014 年第 6 期。

[16] 邓力平:《中国特色的社会主义财政:"四位一体"的分析》, 经济科学出版社 2011 年版。

[17] 邓力平:《中国特色社会主义财税思考》,厦门大学出版社 2016 年版。

[18] 范晓莉:《城市化、财政分权与中国城乡收入差距相互作用的 计量分析》,载《现代财经》2012 年第 3 期。

[19] 方晓利、周业安:《财政分权理论述评》,载《教学与研究》 2001 年第 3 期。

[20] 傅道忠:《城乡差距及其二元财政成因探析》,载《财贸研究》 2004 年第 2 期。

[21] 高培勇:《公共财政:概念界说与演变脉络——兼论中国财政 改革 30 年的基本轨迹》,载《经济研究》2008 年第 12 期。

[22] 谷书堂:《社会主义经济学通论——中国转型期经济问题研 究》,高等教育出版社 2000 年版。

[23] 郭超利、王晓蓉:《我国城乡居民收入差距研究》,载《兰州交 通大学学报》2006 年第 10 期。

[24] 郭金洲:《统筹城乡发展的财政政策:基于二元财政结构的分 析》,载《经济研究参考》2008 年第 56 期。

[25] 郭熙保、崔晓勇:《信息化、工业化与后发优势》,载《教学与 研究》2003 年第 3 期。

[26] 郭熙保、胡汉昌:《后发优势新论——兼论中国经济发展的动 力》,载《武汉大学学报》2004 年第 3 期。

[27] 郭熙保、胡汉昌:《技术模仿还是制度模仿——评杨小凯和林 毅夫关于后发优势与劣势之争》,载《学术月刊》2004 年 第 4 期。

[28] 郭熙保、胡汉昌:《论制度后发优势的实现机制》,载《上海行 政学院学报》2005 年第 1 期。

[29] 郭熙保、胡汉昌:《论制度模仿》,载《江汉论坛》2004 年

第 3 期。

[30] 郭熙保：《经济发展：理论与政策》，中国社会科学出版社 2000
　　 年版。

[31] 郭熙保、王松茂：《我国技术后发优势战略的回顾与重构》，载
　　 《福建论坛》2004 年第 3 期。

[32] 何振一：《关于城乡二元结构下农村财政困难的深层思考》，载
　　 《地方财政研究》2004 年第 1 期。

[33] 贺大兴、姚洋：《社会平等、中性政府与中国经济增长》，载
　　 《经济研究》2011 年第 1 期。

[34] 贺俊、吴照龙：《财政分权、经济增长与城乡收入差距——基
　　 于省际面板数据的分析》，载《当代财经》2013 年第 5 期。

[35] 贺俊、吴照龙：《政府公共支出结构与内生经济增长——基于
　　 省际面板数据的分析》，载《上海经济研究》2013 年第 6 期。

[36] 洪银兴：《成为经济大国后的经济思维》，载《光明日报》2010
　　 年 3 月 16 日。

[37] 胡鞍钢：《中国政治经济史论（1949 – 1976）》，清华大学出版
　　 社 2008 年版。

[38] 胡汉昌、郭熙保：《后发优势战略与比较优势战略》，载《江汉
　　 论坛》2002 年第 9 期。

[39] 胡怀国：《从新古典主义到阿玛蒂亚·森的能力方法》，载《经
　　 济学动态》2010 年第 10 期。

[40] 胡亚文、成前、倪志良：《浅谈关于大国财政的几点看法》，载
　　 《财政监督》2015 年第 10 期。

[41] 黄琪轩：《大国经济增长模式及其国际政治后果——海外贸易、
　　 国内市场与权利转移》，载《世界经济与政治》2012 年第 9 期。

[42] 霍利斯·钱纳里、莫伊思·塞尔奎因：《发展的型式（1950 ~
　　 1970）》，经科学出版社 1988 年版。

[43] 贾俊雪、宁静：《地方政府支出规模与结构的居民收入分配效
　　 应及制度根源》，载《经济理论与经济管理》2011 年第 8 期。

[44] 贾康：《大国财政的新任务》，载《当代经济》2007 年第 12 期
　　 （上）。

[45] 贾康：《"十二五"时期中国的公共财政制度改革》，载《财政
　　 研究》2011 年第 7 期。

[46] 贾康、孙洁:《农村公共产品与服务提供机制的研究》,载《管理世界》2006 年第 12 期。

[47] 贾康:《中国财税改革 30 年:简要回顾与评述》,载《财政研究》2008 年第 10 期。

[48] 简新华、许辉:《后发优势、劣势与跨越式发展》,载《经济学家》2002 年第 6 期。

[49] 江小娟:《大国双引擎增长模式与中国经济增长的主要支点》,载《管理世界》2010 年第 6 期。

[50] 姜文学:《国际经济一体化的新特征与大国战略》,东北财经大学出版社 2009 年版。

[51] 解垩:《财政分权、公共品供给与城乡收入差距》,载《经济经纬》2007 年第 1 期。

[52] 金双华:《公共产品供给与城乡收入差距》,载《东北财经大学学报》2008 年第 9 期。

[53] 靖学青:《大国经济发展模式与中国经济增长的主要支撑点》,载《上海经济研究》2000 年第 5 期。

[54] 赖小琼、黄智淋:《财政分权、通货膨胀与城乡收入差距关系研究》,载《厦门大学学报(哲学社会科学版)》2011 年第 1 期。

[55] 李春根:《制度外财政、农民负担与政权合法性——对农村税费改革的一个解释》,载《山西财经大学学报》2006 年第 3 期。

[56] 李稻葵:《大国发展战略》,北京大学出版社 2007 年版。

[57] 李建军:《现代财政制度下中国式大国财政构建》,载《财政监督》2015 年第 10 期。

[58] 李伶俐、谷小菁、王定祥:《财政分权、城市化与城乡收入差距》,载《农业技术经济》2013 年第 12 期。

[59] 李民仓:《城乡收入差距的体制性原因探析》,载《西安联合大学学报》2004 年第 12 期。

[60] 李齐云:《西方财政分权理论及启示》,载《山东科技大学学报(社会科学版)》2003 年第 9 期。

[61] 李尚蒲、罗必良:《城乡收入差距与城市化战略选择》,载《农业经济问题》2012 年第 8 期。

[62] 李溦:《农业剩余与工业化资本积累》,云南人民出版社 1993 年版。

[63] 李晓佳:《财政支农支出与农村居民消费的动态效应分析》,载

《经济学动态》2010 年第 9 期。

[64] 李秀林、王于、李淮春：《辩证唯物主义和历史唯物主义》，中国人民大学出版社 1995 年版。

[65] 李雪松、冉光和：《财政分权、农业经济增长和城乡收入差距》，载《农业技术经济》2013 年第 1 期。

[66] 李由：《大国经济论》，北京师范大学出版社 2000 年版。

[67] 李玉双、彭晓莲：《大国区域经济周期的差异性：以中国省际数据为例》，载《湖南商学院学报》2013 年第 4 期。

[68] 理查德·马斯格雷夫、佩吉·马斯格雷夫：《财政理论与实践》，中国财政经济出版社 2003 年版。

[69] 林毅夫、陈斌开：《重工业优先发展战略与城乡消费不平等——来自中国的证据》，载《浙江社会科学》2009 年第 4 期。

[70] 林毅夫：《后发优势与后发劣势——与杨小凯教授商榷》，http：//ccer. pku. cn/download/1819 - 1. cn。

[71] 林毅夫：《新结构经济学》，北京大学出版社 2012 年版。

[72] 林毅夫：《新结构经济学——重构发展经济学的框架》，载《经济学（季刊）》2010 年第 10 期。

[73] 刘红梅、张忠杰、王克强：《中国城乡一体化影响因素分析——基于省级面板数据的引力模型》，载《中国农村经济》2012 年第 8 期。

[74] 刘后平：《我国城乡居民收入差距问题研究》，载《山西财经大学学报》2006 年第 4 期。

[75] 刘建国：《发展中大国区域经济发展若干理论探讨》，载《江淮论坛》1991 年第 5 期。

[76] 刘乐山：《公共产品供给的差异：城乡居民收入差距扩大的一个原因解析》，载《人文杂志》2005 年第 1 期。

[77] 刘明慧、崔慧玉：《二元结构下的财政支出结构调整》，载《东北财经大学学报》2006 年第 1 期。

[78] 刘尚希等：《大国财政》，人民出版社 2016 年版。

[79] 刘尚希：《国家治理与大国财政的逻辑关联》，载《财政监督》2015 年第 10 期。

[80] 刘少奇：《国家的工业化和人民生活水平的提高》，载《刘少奇选集（下卷）》，人民出版社 1950 年版。

［81］卢洪友、朱华荣：《论二元财政结构非均衡制度安排及化解路径》，载《现代财经》2006 年第 8 期。

［82］陆铭、陈钊：《城市化、城市倾向的经济政策与城乡收入差距》，载《经济研究》2004 年第 6 期。

［83］陆铭、陈钊、万广华：《因患寡，而患不均：中国收入差距、投资、教育和增长的相互影响》，载《经济研究》2005 年第 12 期。

［84］陆铭：《城市、区域和国家发展——空间政治经济学的现在与未来》，载《经济学（季刊）》2017 年第 4 期。

［85］陆铭：《中国的大国发展道路》，中国大百科全书出版社 2008 年版。

［86］吕冰洋：《大国财政与社会治理》，载《财政监督》2015 年第 10 期。

［87］马从辉：《我国城乡居民收入差距原因分析》，载《经济学家》2002 年第 4 期。

［88］马光荣、杨恩艳：《社会网络、非正规金融与创业》，载《经济研究》2011 年第 3 期。

［89］马光荣、杨恩艳：《中国式分权、城市倾向的经济政策与城乡收入差距》，载《制度经济学研究》2010 年第 1 期。

［90］马万里、李齐云、张晓雯：《收入分配差距的财政分权因素：一个分析框架》，载《经济学家》2013 年第 4 期。

［91］迈克尔·波特：《国家竞争优势》，华夏出版社 2002 年版。

［92］毛中根：《大国经济内需驱动的国际经验及启示》，载《中国流通经济》2011 年第 2 期。

［93］莫亚琳、张志超：《城市化进程、公共财政支出与社会收入分配——基于城乡二元结构模型与面板数据计量的分析》，载《数量经济技术经济研究》2011 年第 3 期。

［94］南进亮：《日本的经济发展》，对外贸易教育出版社 1989 年版。

［95］欧阳峣：《大国综合优势的提出及其研究思路》，载《经济学动态》2009 年第 6 期。

［96］欧阳峣等：《大国经济发展理论》，中国人民大学出版社 2014 年版。

［97］欧阳峣等：《大国综合优势：中国经济竞争力的一种诠释——

兼与林毅夫教授商榷》，载《经济理论与经济管理》2009 年第 11 期。

［98］欧阳峣、刘智勇：《发展中大国人力资本综合优势与经济增长——基于异质性与适应性视角的研究》，载《中国工业经济》2010 年第 11 期。

［99］彭真善：《缩小我国城乡居民收入差距的财税对策》，载《税务研究》2006 年第 12 期。

［100］平新乔、白洁：《中国财政分权与地方公共品的供给》，载《财贸经济》2006 年第 2 期。

［101］平新乔：《中国财政分权与地方公共品的供给》，载《财贸经济》2006 年第 12 期。

［102］蒲晓红、成欢：《西部地区新型农村社会养老保险制度水平的评估》，载《经济理论与经济管理》2012 年第 8 期。

［103］钱颖一、周业安：《地方政府竞争与经济增长》，载《中国人民大学学报》2003 年第 1 期。

［104］乔宝云：《增长与均等的取舍：中国财政分权政策研究》，人民出版社 2000 年版。

［105］秦海林：《二元财政转换与二元经济增长》，载《经济学家》2007 年第 5 期。

［106］秦海林：《二元经济中的二元财政测度与分解研究》，载《中央财经大学学报》2007 年第 1 期。

［107］秦海林、李志勇：《二元财政政策影响城乡差距的实证分析》，载《中央财经大学学报》2011 年第 9 期。

［108］秦海林：《农村居民实际税负变化与二元财政测度》，载《财经论丛》2010 年第 5 期。

［109］秦海林、席文：《二元财政的制度变迁：基于路径依赖的视角》，载《经济理论与经济管理》2013 年第 7 期。

［110］冉光和、唐文：《财政支出结构与城乡居民收入差距的实证分析》，载《统计与观察》2007 年第 4 期。

［111］任太增：《城市偏向制度下城乡收入差距问题探析》，载《长白学刊》2008 年第 5 期。

［112］苏素、宋云河：《中国城乡收入差距问题研究》，载《经济问题探索》2011 年第 5 期。

［113］孙早等：《后危机时代大国产业战略与新兴战略产业发展》，载《经济学家》2010 年第 10 期。

［114］谭崇台：《发展经济学》，山西经济出版社 2001 年版。

［115］陶然、刘明兴：《中国城乡收入差距、地方政府开支及财政自主》，载《世界经济文汇》2007 年第 2 期。

［116］童有好：《大国经济浅论——兼谈我国的经济发展战略》，载《经济体制改革》1999 年第 3 期。

［117］王海军：《FDI 与中国二元经济结构演化——一个动态实证分析的考量》，载《技术经济与管理研究》2010 年第 6 期。

［118］王京晶：《FDI 对二元经济结构的影响因素探析》，载《世界经济研究》2008 年第 7 期。

［119］王俏丽、唐志军：《比较优势背景的大国优势与机制催生》，载《改革》2010 年第 2 期。

［120］王颂吉、白永秀：《中国城乡二元经济结构的转化趋向及影响因素——基于产业和空间两种分解方法的测度与分析》，载《中国软科学》2013 年第 8 期。

［121］王永钦等：《中国的大国发展道路——论分权式改革的得失》，载《经济研究》2007 年第 1 期。

［122］威廉·阿瑟·刘易斯：《二元经济论》，北京经济学院出版社 1989 年版。

［123］文峰、李正彪：《制度演进视角的中国城市偏向的二元财政制度变迁》，载《经济问题探索》2008 年第 6 期。

［124］文峰：《消除二元财政体制，促进二元经济结构转换》，载《开发研究》2004 年第 2 期。

［125］西蒙·库兹涅茨：《各国的经济增长》，商务印书馆 1999 年版。

［126］西蒙·库兹涅茨：《现代经济增长》，北京经济学院出版社 1989 年版。

［127］夏龙、冯涛：《公共支出与二元经济结构转换的阈值条件分析》，载《农业技术经济》2010 年第 12 期。

［128］小艾尔弗雷德·钱德勒：《规模与范围：工业资本主义的原动力》，华夏出版社 2006 年版。

［129］许海平、傅国华：《城乡收入差距与财政分权的空间计量研究》，载《经济与管理研究》2013 年第 6 期。

[130] 亚当·斯密：《国民财富的性质和原因的研究》，商务印书馆1972 年版。

[131] 杨灿明、赵福军：《财政分权理论及其发展述评》，载《中南财经政法大学学报》2004 年第 4 期。

[132] 杨汝岱、姚洋：《有限赶超和大国经济发展》，载《国际经济评论》2006 年第 4 期。

[133] 杨志勇、杨之刚：《中国财政制度改革 30 年》，格致出版社2008 年版。

[134] 殷德生：《最优财政分权与经济增长》，载《世界经济》2004年第 11 期。

[135] 余长林：《财政分权、公共品供给与中国城乡收入差距》，载《中国经济问题》2011 年第 9 期。

[136] 曾国安、胡晶晶：《论中国城市偏向的财政制度与城乡居民收入差距》，载《财政研究》2009 年第 2 期。

[137] 曾剑秋、丁珂：《内外经济循环理论与大国经济发展策略》，载《北京邮电大学学报（社会科学版）》2007 年第 3 期。

[138] 曾铮：《"不均质"大国的理论框架及其经济学界定——基于逻辑、测算模型和对中国的分析》，载《中国工业经济》2008年第 6 期。

[139] 张皓：《大国模式与中国经济增长》，载《经济理论与经济管理》2001 年第 9 期。

[140] 张焕明、陈年红：《经济分权、人口迁移与大国发展之路——基于人均产出增长地区差距的实证分析》，载《财经研究》2012 年第 1 期。

[141] 张李节：《大国优势与我国经济增长的潜力》，载《现代经济》2007 年第 6 期。

[142] 张培刚：《农业国与工业化（上卷）：农业国工业化问题初探》，华中工学院出版社 1984 年版。

[143] 张培刚：《新发展经济学》，河南人民出版社 1992 年版。

[144] 周黎安等：《转型中的地方政府：官员激励与治理》，格致出版社 2017 年版。

[145] 邹薇、张芬、周浩、刘兰：《中国经济增长与收入差距：理论与实证研究》，武汉大学出版社 2011 年版。

[146] Abramovitz M. , "Catching Up, Forging Ahead, and Falling Behind", *The Journal of Economic History*, 1986, Vol. 46 (2), pp. 385 – 406.

[147] Abramovitz M. , *Thingking about Growth*, Cambridge University Press, 1989.

[148] Amiti M. , "Regional Specialization and Technical Leapfrogging", *Journal of Regional Science*, 2001, Vol. 41 (1), pp. 149 – 172.

[149] Arrow K. J. , "The Economics Implication of Learning by Doing", *Review of Ecnomic Studies*, 1962, Vol. 29, pp. 155 – 173.

[150] Arthur W. B. , *Increasing Returns and Path Dependence in Economy*, University of Michigan Press, 1994.

[151] Balassa B. , "The Changing Pattern of Comparative Advantage in Manufactured Goods", *Review to Economics and Statistic*, 1979, Vol. 61 (2), pp. 259 – 266.

[152] Brezis E. S. , Tiddon D. , "Economic Growth, Leadship and Capital Flows: The Leapfrogging Effect", *The Journal of international Trade & Economic Development*, 1998, Vol. 7 (3), pp. 261 – 277.

[153] Brizis E. S. , Krugman P. R. , Tsiddon D. , "Leapfrogging in International Competition: A Theory of Cycles in National Technological Leadership", *The American Economic Review*, 1993, Vol. 83 (5), pp. 1211 – 1219.

[154] Bruce L. , Smith D. A. , "Urban Bias, Dependence, and Economic Stagnation in Noncore Nation", *American Sociological Review*, 1988, Vol. 53 (3), pp. 454 – 463.

[155] Chikan A. , Kovacs E. , Tátrai T. , " Macroeconomic Characteristics and Inventory Investment: A Multi-Country Study", *International Journal of Production Economics*, 2005, Vol. 93 – 94, pp. 61 – 73.

[156] Corridge S. , Jones G. A. , "The Continuing Debate About Urban Bias: The Thesis, Its Critics, Its Influence, and Implications for Poverty Reduction", *Report to Department for International Development*, 2005.

[157] Dixit A. K. , "Growths Patterns in a Dual Economy", *Oxford Economic Papers*, 1970, Vol. 30 (3), pp. 199 – 204.

[158] Gerschenkron A. , *Economic Backwardness in Historical Perspective*, Harvard University Press, 1962.

[159] Graham J. F. , "Economic Development of the Atlantic Provinces in a National Perspective" *Dalhousie Review*, 1963 (4), pp. 50 – 60.

[160] Hayek F. A. , "The Use of Knowledge in Society", *American Economic Review*, 1945, Vol. 35 (4), pp. 519 – 530.

[161] Ireland P. N. , Schuh S. , "Productivity and US Macroeconomic Performance: Interpreting the Past and Predicting the Future with a Two-Sector Real Business Cycle Model", *Review of Economic Dynamics*, 2008, Vol. 11 (3), pp. 473 – 492.

[162] Jin J. , Zou H. F. , "Fiscal Decentralization, Revenue and Expenditure Assignments, and Growth in China", *Journal of Asian Economics*, 2005, Vol. 16 (6), pp. 1047 – 1064.

[163] Lipton M. , *Why Poor People Stay Poor: Urban Bias in World Development*, MA: Harvard University Press, 1977.

[164] Montinola G. , Qian Y. Y. , Weingast B. , "Federalism, Chinese Style: The Political Basis for Economic Success in China", *World Politics*, 1995, Vol. 48 (1), pp. 50 – 81.

[165] Musgrave R. A. , *The Theory of Public Finance*, New York: McGraw-Hill, 1959.

[166] Oates W. , *Fiscal Decentralization*, Harcourt, Barce and Jovanovich, 1972.

[167] Qian Y. , Roland G. , "Federalism and the Soft Budget Constraint", *American Economic Review*, 1998, Vol. 88: 1143 – 1162.

[168] Qian Y. , Weingast B. , "Federalism as a Commitment to Preserving Market Incentives", *Journal of Economic Perspectives*, 1997, Vol. 11 (4), pp. 83 – 92.

[169] Redclief, M. R. , "Urban Bias' and Rural Poverty: A Latin American Perspective", *Journal of Development Studies*, 1984, Vol. 20 (3), pp. 123 – 138.

[170] Tibeout C. , "A Pure Theory of Local Expenditures", *The Journal of Political Economy*, 1956, Vol. 64 (5), pp. 416 – 424.

[171] Tommasi M. , Weinschelbaum F. , *Centralization VS. Decentralization: A Principal – Agent Analysis*, Mimeo, Universidad de San Andrés, 2003.

后　　记

本书是国家社会科学基金后期资助项目的结项成果，感谢基金对本研究项目的支持。在写完全部内容后总感觉还应该就本项目的研究深层背景写几句。

作为一个出生于 20 世纪 70 年代中国农民的儿子，对中国农村的贫穷和城乡差距有着深刻的记忆，对城市生活的向往一直伴随着我个人成长，也一直是推动我不断学习、努力的动力。还在小学的时候，在享受农村低水平的和谐的同时，总是羡慕城市的繁华和富足，也时常对导致城乡差距的原因苦思冥想，还经常异想天开地约上一帮小朋友在家乡的山坡上指点江山，在懵懵懂懂的发展理念指导下规划家乡产业发展、人居环境改善，希望自己的父母、兄弟、亲戚朋友们都能够过上与城市一样的生活。

现实是残酷的，在贫穷的农村真的想要过上城市居民的生活还是必须要通过自己的努力，从升学的独木桥上挤过去。家里兄弟姊妹多，父母是真正的农民，仅凭他们的肩挑背扛难以承担我们兄弟几人全部上学的费用。看着他们的瘦削、疲惫的身影，真的多次想过放弃读书，早点分担一些他们的负担。为了能够让家里有一个人通过读书走出农村，也附带给贫穷的家庭带来一点现在很多人都不以为然的荣耀，比我更小的弟弟也先后放弃读书，过早地走向社会，承担起远远不该他们那个年龄应该承担的艰辛和压力。我毫无选择，只能背负着沉重的良心负担和家人的期望拼命读书。一直想着等到我有所成绩后一定好好回报他们，让他们也过上好一些的生活，至少，我应该把他们对我的付出完全偿还给他们。可是，这个愿望根本不能实现了，父亲在我刚刚取得博士学位时就生病了，在现有的医学条件下难以治愈，在我刚刚在城市租房稳定下来的时候，父亲就离我而去，现在每每想起都会心痛不已。母亲在我刚到城市买了房子后第二年就患上严重的疾病卧床不起，两年后也去世了，她连我在城市的新房子都没看上一眼就走了，每当想起双亲为我的付出却没能真正得到儿子的孝顺就早早离去便泪眼婆娑。

其实，在家国同构的视域下，一个在贫穷的摊子上起步发展的大国与农村一个贫穷的家庭治家又何其的相似，如果不能有一部分人勒紧腰带、过紧日子，让一部分产业、地方先行发展起来，整个国家可能永远难以形成发展的基础，难以走出贫穷、落后的困境。记得小时候，老家有很多的水果，一年四季至少有七八个月都可以吃到新鲜的水果，产量也还不小，但是，每当水果成熟的时候，生产队总会把最好的水果和大多数的水果送到镇上，交给国家。不仅是水果，还有粮食，甚至农民自家养的牲畜也要交一部分给国家，满足城市居民的消费需求。农民还需要每年抽出一定时间自带口粮义务修公路，但农民自己却很少使用公路，坐车的时间就更少了。那时候，我就有一种感觉，农民太辛苦了，城市人真幸福。我也一直在想农民什么时候才能过上城市人的生活，农村什么时候才能得到城市的回报。

随着年龄的增长，国家也在变化、在发展。改革开放后，农民种的粮食开始也要交一部分给国家，再后来就是可以交一部分钱而不需要劳神费力把粮食挑到镇上的粮站去了，再后来，钱也不需要交了，甚至近几年还可以获得一定种粮直补资金；农民由一开始大量对城市付出，到付出减少，到不直接付出，甚至还可以得到少量的财政补贴资金。最初是农民免费给国家修公路，近几年，农民把路基整好后财政可以出钱硬化乡村道路。小时候上学的学校是农民自己出钱盖的，学生自带凳子上学，现在国家出钱建漂亮的农村学校，还免除了义务教育阶段的全部学杂费。原来农民都住茅草房，顶多是木结构的瓦房，再后来是砖木结构的楼房，现在，农民也可以有钱自建框架结构的楼房，并配备彩色电视机、洗衣机等现代的家用电器。农村大量的土地因为劳动力外出务工或者在城市买房而撂荒，有的地方被成片开发，变成了现代化程度较高的农场了，甚至都可以用无人机播种、打药，用无人驾驶的收割机收割了。农村的医疗保险在经历旧合作医疗破产停滞一段时间后重建了新的农村合作医疗保险，再后来和城市居民医疗保险合并。农民由养儿防老，开始逐渐可以参加城乡居民养老保险，尽管获得的养老金不多，但总算有了。这变化发生在三四十年的时间内，远远超出我小时候的想象了。我在想，如果没有当初农民、农业和农村对城市的付出和贡献，城市能不能这么快地发展起来，并把发展的福利外溢到农业、农村，并惠及农民呢？

2004年以后，国家对农业农村财政投入大幅度增加，促进农业农村发展的政策先后提出：城乡基本公共服务均等化；新增公共服务财力优先投向农村；要求财政农业投入不能低于某一增长速度；坚持农业农村优先发展，在财力投入上坚持把农业农村作为财政优先保障领域和金融优先服务领域，公共财政更大力度向"三农"倾斜。2019 年 1 月《中共中央 国务院关于坚持农业农村优先发展做好"三农"工作的若干意见》更是将农业农村发展放到优先的地位，在要素、财力、干部配置等方面对农业农村给予优先保障。期待我国农业农村能够更快地发展起来，农民能够过上更好的生活，城乡差距能够尽快缩小，并协调发展。

整体上看，我国城乡之间的关系经历了三个发展阶段，对应的财政制度也经历了三个阶段。第一阶段是国家需要在一穷二白的基础上奠定发展基础，农业、农村和农民为城市、为国家发展做出了很大牺牲，做出了很大贡献，这段时间的财政制度是从农村多取、少予。第二阶段是改革开放后直到 2004 年前后，这段时期国家具备发展的物质基础，市场机制的作用逐渐增强，城市经济快速发展，城乡差距快速拉大，城乡经济结构严重失衡，财政制度上是纵向财政分权与中央对地方以经济增长为主的政绩考核制度导致的事实上的城市偏向的财政制度。第三阶段是以 2002 年中国共产党第十六次全国代表大会提出的统筹城乡发展为标志的工业支持农业，城市带动乡村的发展阶段，财政制度上表现为财政对农业农村的支持力度逐渐增强，进而形成农业农村优先的财政制度。

其实，国家的农业、工商业与城乡之间的关系就像一个家庭里面不同成员之间的关系一样，为了家庭的发展，短期内一部分成员为另一部分成员做出牺牲，付出代价，等到家庭发展壮大了，那些为家庭发展做出牺牲的家庭成员应该获得必要的补偿，这才符合公平和谐家庭的基本要求。国家也应该在发展到一定时候对为国家做出贡献的农民、农村给予必要的补偿，确保城乡、农业与非农业的协调。

我是一个无神论者，但我真希望在我有生之年，我的父母能够转世，我能够通过一定的途径和方式回报他们对我的养育之恩。当然，我也应该对为我做出牺牲的兄弟们给予必要的补偿，否则，我将终生愧疚、不安！祝愿养育了城市和国家的农村越来越漂亮，农业越来越强大，农民越来越富足和幸福。

2019 年 8 月于成都

图书在版编目（CIP）数据

后发大国经济发展视角下财政制度变迁与二元经济结构转换：
基于中国的研究/文峰著 . —北京：经济科学出版社，2020. 3
国家社科基金后期资助项目
ISBN 978 - 7 - 5218 - 1361 - 6

Ⅰ. ①后⋯　Ⅱ. ①文⋯　Ⅲ. ①财政制度 - 经济体制改革 -
研究 - 中国②中国经济 - 二元经济 - 转型经济 - 研究
Ⅳ. ①F812. 2②F121

中国版本图书馆 CIP 数据核字（2020）第 036572 号

责任编辑：周国强
责任校对：蒋子明　靳玉环
责任印制：王世伟

**后发大国经济发展视角下财政制度变迁与二元经济结构转换：
基于中国的研究**

文　峰　著

经济科学出版社出版、发行　新华书店经销
社址：北京市海淀区阜成路甲 28 号　邮编：100142
总编部电话：010 - 88191217　发行部电话：010 - 88191522
网址：www. esp. com. cn
电子邮箱：esp@ esp. com. cn
天猫网店：经济科学出版社旗舰店
网址：http：//jjkxcbs. tmall. com
固安华明印业有限公司印装
710 × 1000　16 开　25. 25 印张　2 插页　440000 字
2020 年 3 月第 1 版　2020 年 3 月第 1 次印刷
ISBN 978 - 7 - 5218 - 1361 - 6　定价：128. 00 元